国家出版基金项目
NATIONAL PUBLICATION FOUNDATION
"十四五"国家重点图书
出 版 规 划 项 目

中国语言资源保护工程

中国濒危语言志　编委会

总主编

曹志耘

主　编

李大勤

委　员（音序）

丁石庆　刘　宾　冉启斌

本书执行编委　李大勤

中国濒危语言志

少数民族语言系列

总主编　曹志耘

主编　李大勤

海南保亭
黎语加茂话

吴艳　著

创于1897
The Commercial Press
商务印书馆

图书在版编目（CIP）数据

海南保亭黎语加茂话/吴艳著.--北京：商务印书馆，2024
（中国濒危语言志）
ISBN 978-7-100-23546-4

Ⅰ.①海… Ⅱ.①吴… Ⅲ.①黎语—介绍—保亭黎族苗族自治县
Ⅳ.①H281

中国国家版本馆CIP数据核字(2024)第056983号

海南保亭黎语加茂话

吴艳　著

出版发行：商务印书馆
地　　址：北京王府井大街36号
邮政编码：100710

印　　刷：北京雅昌艺术印刷有限公司

开　　本：787×1092　1/16　　　印　　张：19
版　　次：2024年11月第1版　　　印　　次：2024年11月北京第1次印刷
书　　号：ISBN 978-7-100-23546-4

定　　价：228.00元

地形地貌　保亭加茂镇金不弄村 /2018.12.16/ 吴艳 摄

村口　保亭加茂镇金不弄村 /2018.12.16/ 吴艳 摄

民居　保亭加茂镇金不弄村 /2017.10.3/ 吴艳 摄

纸笔调查　保亭加茂镇金不弄村 /2016.9.5/ 杨子嘉 摄

语法标注缩略语对照表

缩略语	英文	汉义
1sg	1st person singular	第一人称单数
2sg	2nd person singular	第二人称单数
3sg	3rd person singular	第三人称单数
1pl	1st person plural	第一人称复数
2pl	2nd person plural	第二人称复数
3pl	3rd person plural	第三人称复数
ASP	aspect marker	体标记
ASSOC	associative marker	联系标记
BEN	benefactive marker	受益标记
CL	classifier	量词
CONJ	conjunction	连词
INTERJ	interjection	叹词
MOOD	mood particle	语气词
NEG	negative	否定
NEG: COP	negative copula	否定系动词
NEG: EXIST	negative exist	否定动词
NMLZ	nominalizer	名物化标记
PAR	particle	助词
PREP	preposition	介词
RECIP	reciprocal form marker	相互标记
TOP	topic marker	话题标记
说明：语法词若有多种标记作用，则做相应标注，缩略语间用"/"隔开。		

2022年2月16日，智利火地岛上最后一位会说Yagán语的老人，93岁的Cristina Calderón去世了。她的女儿Lidia González Calderón说："随着她的离去，我们民族文化记忆的重要组成部分也消失了。"近几十年来，在全球范围内，语言濒危现象正日趋普遍和严重，语言保护也已成为世界性的课题。

中国是一个语言资源大国，在现代化的进程中，也同样面临少数民族语言和汉语方言逐渐衰亡、传统语言文化快速流失的问题。根据我们对《中国的语言》（孙宏开、胡增益、黄行主编，商务印书馆，2007年）一书的统计，在该书收录的129种语言当中，有64种使用人口在10000人以下，有24种使用人口在1000人以下，有11种使用人口不足百人。而根据"语保工程"的调查，近几年中至少又有3种语言降入使用人口不足百人语言之列。汉语方言尽管使用人数众多，但许多小方言、方言岛也在迅速衰亡。即使是那些还在使用的大方言，其语言结构和表达功能也已大大萎缩，或多或少都变成"残缺"的语言了。

冥冥之中，我们成了见证历史的人。

然而，作为语言学工作者，绝不应该坐观潮起潮落。事实上，联合国教科文组织早在1993年就确定当年为"抢救濒危语言年"，同时启动"世界濒危语言计划"，连续发布"全球濒危语言地图"。联合国则把2019年定为"国际土著语言年"，接着又把2022—2032年确定为"国际土著语言十年"，持续倡导开展语言保护全球行动。三十多年来，国际上先后成立了上百个抢救濒危语言的机构和基金会，各种规模和形式的濒危语言抢救保护项目在世界各地以及网络上展开。我国学者在20世纪90年代已开始关注濒危语言问题，自21世纪初以来，开展了多项濒危语言方言调查研究课题，出版了一系列重要成果，例如孙宏开先生主持的"中国新发现语言研究丛书"、张振兴先生等主持的"汉语濒危方言调查研究丛书"、鲍厚星先生主持的"濒危汉语方言研究丛书（湖南卷）"等。

自2011年以来，党和政府在多个重要文件中先后做出了"科学保护各民族语言文字"、

"保护传承方言文化"、"加强少数民族语言文字和经典文献的保护和传播"、"科学保护方言和少数民族语言文字"等指示。为了全面、及时抢救保存中国语言方言资源，教育部、国家语委于2015年启动了规模宏大的"中国语言资源保护工程"，专门设立了濒危语言方言调查项目，迄今已调查106个濒危语言点和138个濒危汉语方言点。对于濒危语言方言点，除了一般调查点的基本调查内容以外，还要求对该语言或方言进行全面系统的调查，并编写濒危语言志书稿。随着工程的实施，语保工作者奔赴全国各地，帕米尔高原、喜马拉雅山区、藏彝走廊、滇缅边境、黑龙江畔、海南丛林等地都留下了他们的足迹和身影。一批批鲜活的田野调查语料、音视频数据和口头文化资源汇聚到中国语言资源库，一些从未被记录过的语言、方言在即将消亡前留下了它们的声音。

为了更好地利用这些珍贵的语言文化遗产，在教育部语言文字信息管理司的领导下，商务印书馆和中国语言资源保护研究中心组织申报了国家出版基金项目"中国濒危语言志"，并有幸获得批准。该项目计划按统一规格、以EP同步的方式编写出版50卷志书，其中少数民族语言30卷，汉语方言20卷（第一批30卷已于2019年出版，并荣获第五届中国出版政府奖图书奖提名奖）。自项目启动以来，教育部语言文字信息管理司领导高度重视，亲自指导志书的编写出版工作，各位主编、执行编委以及北京语言大学、中国传媒大学的工作人员认真负责，严格把关，付出了大量心血，商务印书馆则配备了精兵强将以确保出版水准。这套丛书可以说是政府、学术界和出版社三方紧密合作的结果。在投入这么多资源、付出这么大努力之后，我们有理由期待一套传世精品的出现。

当然，艰辛和困难一言难尽，不足和遗憾也在所难免。让我们感到欣慰的是，在这些语言方言即将隐入历史深处的时候，我们赶到了它们身边，倾听它们的声音，记录它们的风采。我们已经尽了最大的努力，让时间去检验吧。

曹志耘

2024年3月11日

目录

第一章 导论

第一节

调查点概况

黎族是一个历史悠久的民族，是海南岛最早的居民。黎语是黎族人民共同使用的语言，属汉藏语系壮侗语族黎语支。根据语言和文化特征的不同，黎族可分为5个支系：侾支系、杞支系、本地（润）支系、美孚支系和加茂支系，每个支系都有相应的方言。黎族加茂支系自称为 t^hai^{11}（音同"人"），黎族其他支系称其为"德透"（因"吃饭"音 $tei^{51}t^hou^{55}$ 而得名）。加茂支系使用的黎语方言，被学界称为黎语加茂方言，在民间还有赛方言、台方言等称谓。加茂方言与黎语其他4种方言有很大差别，但加茂方言内部却无土语区别，本书称之为"加茂话"。

一 地理位置

黎语加茂话主要分布在海南省保亭黎族苗族自治县（以下简称"保亭"）东南部、陵水黎族自治县和三亚市交界的南田农场一带。另外，儋州、琼中、澄迈等市县也有少量分布。其中，保亭的加茂话使用人口最多，也最集中。

保亭，位于海南省南部内陆，五指山南麓。地理坐标北纬18°23′—18°53′，东经109°21′—109°48′，东接陵水黎族自治县，南邻三亚市，西连三亚市、乐东黎族自治县，北依五指山市、琼中黎族苗族自治县。县境东西宽49公里，南北长54公里，总面积1153.24平方公里。2023年保亭全县有31个民族，常住人口156108人。其中，黎族人口最多，有91605人；苗族人口次之，有6997人；其他少数民族人口为4848人。[①]

保亭的黎族有侾、杞、加茂三个支系。保亭的黎族加茂支系主要分布在加茂镇、六弓

---

① 数据来源：保亭黎族苗族自治县第七次人口普查数据，由该县统计局干部提供。

乡及什玲镇的界村什胜一带，其中加茂镇分布比较集中。加茂镇位于东经109°42′、北纬18°23′，地处保亭东南部，距保亭县城10公里；东邻六弓乡，南邻三道镇，东南与三亚市接壤，西靠新政镇，北依保城镇。镇政府驻加茂镇，因地处加茂村而得名。2023年，加茂镇辖加茂、界水、半号、石建、加答、共村6个村民委员会，下设57个村小组，总人口10682人。其中，黎族、苗族人口9540人，占89.3%；汉、苗、壮等3个民族共1142人。①

二 人文背景

（一）社会经济

加茂支系的居住地水资源丰富，土地肥沃，农业生产条件好。当地的农作物以水稻、番薯、玉米、黍为主；主要耕地类型是水田、坡地和山栏园②。

旧时水稻实行两稻轮作制。中华人民共和国成立后，政府大力兴建水利，加茂镇部分地区实行早稻、中稻和晚稻三季稻种植模式。20世纪80年代之后，开始实行稻、瓜菜或番薯轮作制度。随着社会经济的发展，农业由原来单一的耕种向多元化经营转变。目前，该镇已发展出了苗木种植和果蔬种植。与此同时，越来越多的青壮年外出打工，也逐渐形成了一种"打工经济"。

（二）社会文化

1. 饮食

粮食以稻米为主，玉米和番薯为辅。日进三餐，普遍吃水饭（用水泡干饭）或稀饭。喜食腌渍食品，常将生肉、生鱼与煮熟的大米用盐拌匀，再置于坛内封口存放，一二十天后取之食用。成年男女都有嚼食槟榔的习惯，槟榔还是定亲时不可缺少的物品。

2. 服饰

黎族加茂支系女性的传统服饰分上衣和筒裙两部分。上衣多为高领、右衽开襟、长袖的样式，颜色以蓝色、白色居多。当然，旧时也有古老的对开襟、低领、无扣黑色上衣款式。高领右开襟的上衣样式显然是受到汉族服饰的影响。

筒裙由三块图案、颜色不同的锦幅缝合而成，分裙头、裙身和裙尾三部分。裙头和裙身都以黑色横细线为主，线条之间有红、黄、绿等各种颜色；裙尾的色彩最丰富，图案最复杂，工艺也较为烦琐。筒裙长度一般以遮住小腿为宜。加茂支系女性可根据不同的场合

---

① 数据由保亭黎族苗族自治县加茂镇镇政府办公室提供。

② 山栏园指的是通过原始刀耕火种的农业耕作方式开垦出来的耕地。为了防止牛羊和野兽踩踏作物，在耕地旁边装上木制围栏，故而称山栏园。山栏园要选择在阳光充足、树木茂盛、土层较厚且有水源的山地上。选定地点后，人们伐树放火焚烧草地，最终把这些土地变为可以种植旱糯稻和其他作物的耕地。坡地指耕作多年后土地熟化的山栏园。

选择不同的筒裙款式。日常穿着的款式相对简单，花纹图案不复杂；盛装时穿着的筒裙织制工艺精细、色彩鲜艳，有的人还在裙尾处将云母片（亮片）或蚌壳嵌入花纹图案，在阳光照射下闪闪发亮。

3. 节日

加茂支系有跟汉族相同的节日，如春节、元宵节、清明节、端午节、鬼节（农历七月十四，有些地区七月十五）等，也有具有当地民族特色的传统节日，如三月三、婚庆节、观雷锋节等。

正月初四至十五是加茂支系的婚庆节，加茂支系的婚礼一般都安排在这段时间举行。大年初三下午，男方派出约20个小伙子组成的送担队伍，负责给女方送彩礼。女方家则在初四早上设婚宴。晚上男方迎新娘进门时，新娘要请几十人组成的"姊妹侬"来助兴。此时也是未婚年轻男女寻找伴侣、谈情说爱、自订终身的最佳时机。所以，婚庆节也被称为"爱情节"。

观雷锋（海南闽语音 kuan^{33}lui^{11}p^{h}oŋ^{33}）节，是一种区域性的祭神活动。"观雷锋"是摇动香火、召回雷锋神之意，这里的雷锋神即雷公。传说，过去加茂地区曾遭受旱灾，土地干裂，受灾黎民纷纷恳求雷公大发慈悲，解救苍生。雷公被深深感动，便流下了眼泪。雷公的眼泪变成了雨水，洒向人间，使大地万物复苏，五谷丰登，牛肥羊壮。此后，每年的农历七月初一至十五，黎族百姓都要举行仪式拜雷公神。这就是"观雷锋节"的由来。

4. 宗教信仰

加茂支系的宗教信仰与黎族其他支系一致，首先都以祖先崇拜为主，其次则是自然崇拜和图腾崇拜。黎族人民认为能作祟的精灵都是鬼神（vɯat^{51}），自然界的动植物及各种现象皆有灵魂，其中以祖先鬼神为最大，雷公次之。

黎族人民还认为人的生老病死都是妖魔鬼怪作祟的结果，因此，一旦遇到不吉之事就要请道公（海南闽语音 ta^{33}be^{51}）来送神驱鬼。

第二节

加茂话的方言地位

　　在黎语的5种方言中，加茂话较为特殊。1956年夏，中国科学院少数民族语言调查第一工作队海南分队对黎语做了全面的调查。1957年初，工作队将调查材料整理成《黎语调查报告初稿（二）》（油印本，以下简称《初稿》）。《初稿》指出黎–德透（加茂）方言与其他黎语方言有相当大的差异。由于语法调查不够深入，《初稿》认为差异主要体现在语音和词汇方面。1957年，工作队编写的《关于划分黎语方言和创制黎文的意见》（以下简称《意见》），对黎语的方言土语进行了如下划分：

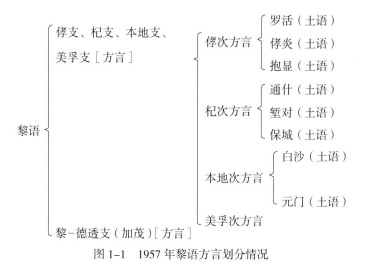

图 1–1　1957 年黎语方言划分情况

　　由图1–1可见，《意见》将加茂话与黎语其他方言划分为平行的两支方言：加茂话为一支方言，方言内部没有土语的区别；侾支、杞支、本地支、美孚支归入另外一支方言，下面再细分出侾次方言、杞次方言、本地次方言及美孚次方言4个次方言，各个次方言又可再下分土语。这足见加茂话与黎语其他方言相异程度之大。

然而，在《黎语调查研究》（1983）（以下简称《调查》）中，欧阳觉亚、郑贻青对黎语方言重新做了划分，将黎语划分为侾方言、杞方言、本地方言、美孚方言、加茂方言5种。具体如下面图1-2所示。

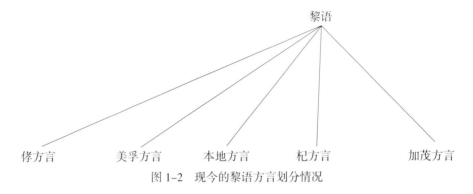

图1-2　现今的黎语方言划分情况

图1-2显示，《调查》认为加茂话与其他4种方言的语言地位相当，但同时又指出加茂话与任何一个黎语方言在语音和词汇方面都有较大的差别。比如，在语音方面，加茂话的声母较少，只有22个，但韵母很多，有145个。而韵母中，有带过渡音及不带过渡音的两套长音韵母，则是加茂话最大的语音特点。另外，考虑到加茂话与黎语其他方言间语音对应的情况较为复杂，在比较侾、杞、本地、美孚4个方言的语音对应情况时，《调查》未把加茂话纳入比较之列。但为了体现加茂话的特殊性，《调查》的作者采取了折中的办法，将加茂话与跟它稍为接近的杞方言通什土语做了比较，比较的结果依然是二者之间的语音对应规律不够整齐。至于词汇方面，加茂话和黎语其他方言的相同数只有40%左右，以至于与其他方言间不能通话。

对于比较的结果，欧阳觉亚（1988）也承认，根据语言异同情况把加茂话归入黎语的一个方言是非常勉强的。不过，他又提到："考虑到黎族有统一的自称（有些方言还有支系名称）和比较一致的文化特征，尽管其中的一个方言差别稍大一些，但还是有理由认为上述五个方言同属一个语言。"

我们认为，加茂话有着十分明显的特点，最好不要与黎语其他方言放在同一个层次上来加以认识。首先，在语音方面，加茂话声母趋于简化，但韵母众多；有两套长元音系统，两套长元音韵母并存的状况由长元音演变的不平衡性所致。其次，在词汇方面，加茂话尽管有与黎语其他方言土语相同的词汇，也有与各方言土语交叉对应的词汇，但更为重要的是，有一部分独有词，这些独有词与黎语各方言及其他壮侗语均不同源。再次，在语法方面，加茂话指示代词的语法化现象显著，趋向动词呈现出虚化为体标记的趋势，有后置助动词，等等。这些语言特点使得加茂话在黎语诸方言土语中显得非常特殊。当然，加茂话同时也具有黎语的某些共同特征，比如说有相互标记、受益标记，体貌不发达，数词系统相似，修饰语后置为优势语序等。这说明加茂话的确与黎语其他方言有一定的渊源。

第三节

加茂话的濒危状况

　　据《保亭黎族苗族自治县年鉴》（2020）介绍，加茂话使用人口仅占黎族总人口的7%。保亭的黎族有侾、杞、加茂三个支系，加茂支与其他两支不能通话。在人数不占优势、语言又不互通的情况下，为了与外界沟通，加茂支系必须掌握当地通行的交际语言。因此，在操加茂话的地区，几乎所有的成年人都通晓海南闽语，甚至70岁以上的老年人，也能够说一口流利而地道的海南闽语。这种情况在其他黎族地区不多见。由此可见，加茂话与汉语的接触已有相当长的时间。这或许跟加茂地区的历史沿革有关。早在康熙二十八年（1689年），清朝就在陵水、宝停①设军事据点以便对黎族、苗族实施统治。加之加茂地区地处藤桥水②一带，这一带的黎族与汉族早有商贸往来，在频繁的商品交易活动中，加茂支系很早就学会并熟练使用海南闽语。由于长期兼用汉语，加茂话的一些民族固有词已趋于消失；一部分副词、介词、语气助词、助动词等表抽象意义的词则借自海南闽语；一些常用词，如基数词、亲属称谓词等，年轻人已不清楚加茂话说法，甚至部分40岁左右的中年人，也很自然地优先选择海南闽语来表达。另外，一些承载本民族传统文化的形式，如歌谣、传说、祭祀词等也在悄然消逝。如今，只有极少数80岁以上的老年人能够使用加茂话来唱歌或叙述长篇故事，但已不够流利。另外，加茂支系在服饰、节日等习俗上也比其他黎族支系受到的汉族影响更深。

　　近年来，在大力开展推普工作的情况下，普通话在加茂地区逐渐成为一种使用率较高的强势语言。青少年大多不会讲黎语加茂话，也不会讲海南闽语，与父辈祖辈沟通时使用

---

① 康熙二十八年（1689年）设立宝停营，1935年始设保亭县制，县名来自宝停营。

② 今海南省三亚市东北藤桥河。

普通话，这就在客观上造成了加茂地区的多语使用状况。大体来讲，普通家庭中，父辈与祖辈还能够操加茂话，但在与下一代交流时，他们即转用普通话；政府机关、教育机构及公共场所等领域的通行用语为海南闽语；在村里，村民间则用加茂话来沟通。

联合国教科文组织濒危语言问题特别专家组曾提出测试语言活力的几大指标（范俊军等 2006），我们以此来评估加茂话的语言状况，大致得出以下结果：

表1-1　加茂话濒危状况表

濒危程度及等级	语言代际传承	语言使用人口占总人口比例	语言使用域的走向	对新语域和媒体的反应	语言教育材料和读写材料
3级	确有危险（3级）	确有危险（3级）	正在收缩（3级）	无活力（0级）	无文字（0级）

由表1-1可知，加茂话的使用范围正在逐步收缩。如任其发展，再过几十年，加茂话的生存空间将遭到更为严重的挤压。

当地人对母语漠不关心的态度是导致加茂话日渐式微的一个重要因素。在当地，人们的母语意识都较为薄弱，对于青少年不会说母语或母语程度低下的状况，大多数人并不担忧。他们认为：小孩子长大之后自然就会说母语，这是一种天性；在语言习得阶段，小孩子应当先习得最广泛通行的交际语言，才能与同龄人顺畅交流。在他们看来，学好普通话对孩子未来的教育和就业很有帮助。

综上所述，加茂话虽然还没达到极其濒危的地步，但就其语言使用现状、语言使用人群的语言态度来看，这一特殊的黎语方言正在走向濒危行列，需要我们加快记录和抢救的步伐。

第四节

相关研究概况

一 黎语研究概况

黎语很早就引起了国外学者的关注。1893年,丹麦裔美籍传教士冶基善在《海南土著的黎人和他们的语言》一文中列出了7个调查点的347个词语。这是迄今我们所能见到的最早最全的黎语调查材料(萨维纳2012:前言第1页)。但是,让学界真正认识到黎语学术价值的是美国语言学家白保罗1942年发表的《台语、加岱语和印度尼西亚语——东南亚的一个新的联盟》(中国社会科学院民族研究所语言研究室等 1980)一文。白保罗认为,包括黎语在内的加岱语是连接台语和南岛语的桥梁,要在台-加岱语的系属定性问题上有所突破,对加岱语的研究至为关键。该观点的提出对传统的汉-台关系说构成了挑战,而黎语以其独特的语言特点在侗台语的研究中占据了较为重要的位置。

国内学者对黎语展开全面系统的调查研究,始于20世纪50年代的少数民族语言普查工作。这次的普查为学界积累了极为丰富的黎语资料。1956年,中国科学院少数民族语言调查第一工作队海南分队对海南岛7个县的侾、杞、本地、美孚、黎-德透(加茂)支系的方言、土语约150个调查点进行了全面的普查,共记录词语4万多个,语法例句5000多句,长篇语料8万多字,并在此基础上完成了《关于划分黎语方言和创制黎文的意见》的拟定。《关于划分黎语方言和创制黎文的意见》选定了使用人口最多的侾方言为黎语基础方言,以侾方言罗活土语的乐东保定话为标准音点。

随后,陆续有国内外专家学者到海南岛调查黎语,出版了一些重要的论著,极大地推进了黎语的研究工作。其中,最有影响力的黎语研究专著当属欧阳觉亚、郑贻青的《黎语调查研究》(1983)。该书是黎语研究史上里程碑式的著作,为学界全面了解黎语提供了坚实的基础。该书从语音、词汇、语法三个方面对黎语5种方言8个土语点做了具体的介绍。书中还附录了黎语10个方言、土语代表点的常用词表，语料丰富翔实。除了《黎语调查研究》，欧阳觉亚、郑贻青编著的《黎语简志》（1980）也是黎语研究领域中一部有较大影响力的著作。该书以黎语标准音点侾方言罗活土语保定话为对象，简要地梳理了黎语的语言结构系统，总体上呈现了黎语的基本语言面貌。

除以上所述，还有其他一些学者也从不同的角度对黎语进行了有益的探索。其中的主要成果有：J.A.马蒂索夫的《原始黎语的声母和声调——初步近似构拟》（1986）、吴安其的《黎语古音构拟》（2000）、郑贻青和欧阳觉亚的《黎汉词典》（1993）、苑中树的《黎语语法纲要》（1994）、郑贻青的《黎语的形补词组》（1984）、符镇南的《黎语的方言岛——那斗话》（1990）、符昌忠的《黎语坡春话概况》（2005）、刘援朝的《闰黎方言牙叉土语的内部分歧》（2009）、张雷的《黎语志强话参考语法》（2010）、潘立慧的《黎语的反身代词和强调代词》（2010），等等。这些研究成果都大大充实了黎语研究的内容。

二 加茂话研究概况

虽然加茂话在黎语中非常特殊，但与黎语其他方言相比，加茂话进入研究者视野的时间较晚。在诸多黎语研究著作中，有关加茂话的论著却寥寥无几。德国民族学家史图博在1937年的《海南岛的黎族——为华南民族学研究而作》（中国科学院广东民族研究所 1964：说明第1页）一书中，对海南岛黎族的地理人文做了详尽的介绍，从人类学角度将黎族分为本地、美孚、岐（杞）、侾四个支系。因条件所限，史图博未能进入保亭黎区进行调查，所以书中也没有提到加茂支系。

首次公开介绍加茂话的是《黎语调查研究》。该著作整理出了加茂话的音系，比较了加茂话与杞方言通什土语的声韵调系统，结果显示二者之间的对应关系比较复杂。其次，值得关注的是刘援朝（2004、2006、2007、2008）的系列研究。刘（2004）认为，加茂话保留了古黎语的许多特征，将这些特征与处于黎语演变"中间状态"的杞方言通什话做比较，则可推测出黎语语音演变的路径。刘（2006）发现加茂话的语音交替现象很独特，主张对黎语方言土语重新划分。该文认为，根据黎语方言间的异同性，加茂话更像是黎语支的一支独立语言，但倘若考虑到黎族这个民族成分，把加茂话归入黎语较为妥当。刘（2007）对加茂话的指示代词kɛ⁴的语法化现象进行了简要的描写，可惜该文未能就kɛ⁴的语法化成因及功能属性展开深入探讨。刘（2008）从语音、构词法和句法方面对加茂话概况做了介绍，指出了加茂话不同于其他黎语方言的语法特点。可以说，继《黎语调查研究》之后，刘援朝的4篇文章将加茂话研究向前推进了一大步。当然，要认识加茂话的全貌，这些还远远不够。

综合上述学者们的研究，我们看到，黎语普查之初，学者们就对加茂话的方言归属存疑，直至现在，仍有很多人把加茂话视为黎语中很特别的一支方言。可是，目前公开的相关资料还不足以揭示加茂话的面貌，这使我们进一步开展黎语研究工作受到了很大限制。因而，立足于濒危语言抢救的角度，全面、深入展开对黎语加茂方言的系统调查描写，是相当迫切和极为必要的。

第五节

调查说明

一　本次调查大致过程

此次调查点为保亭黎族苗族自治县加茂镇加答村委会金不弄村。金不弄村位于加茂镇东北部，距加茂镇约5公里。该调查点与20世纪50年代黎语普查的加茂话调查点在同一区域，同属加茂镇。为具体了解加茂话内部的语言差异情况，作者还到其他乡镇做过调查。

2016年7月10日—2016年10月20日，作者对加茂话做了较为系统的调查，记录词语3000多个，收集对话、歌谣、故事等长篇话语材料及语法例句，共计10多万字。

2017—2021年间，作者还前后多次到调查点补充记录民俗文化词，并对加茂话的人文背景及个别语法现象做了补充调查。

二　发音人简况

此次调查的主要发音人的基本情况如下：

黄仁清，男，1963年3月11日生，初中文化，一直在金不弄村居住，从未外出打工。初中毕业之后，主要在家务农，调查时任金不弄村副队长。父亲及母亲均为本地人，配偶来自六弓乡田岸村委会北赖村（也是通行加茂话的地区）。母语是加茂话，会讲海南闽话，较为流利，也会说普通话。日常主要交际用语为加茂话，能用海南闽话与汉族人交流，与孙辈沟通时使用普通话。黄仁清先生为主要发音人，为我们提供了词汇、语法例句、口头叙述及部分对话材料。

黄仁芬，男，1942年11月12日生，中专文化，小学教师，也是金不弄村土生土长的居民。中专毕业之后一直在加茂镇小学当语文老师，未长时间离开出生地。父母、配偶都为当地居民。母语为加茂话，海南闽话和普通话也非常流利。本书的故事材料由黄仁芬先生提供。

黄大翔，男，1972年6月25日生，大专文化。从小在金不弄村长大，父母都为当地居民，配偶来自黎语杞方言区。曾在海南省儋州市上大学，大学毕业之后，回家务农，偶尔也到保亭县城打工，调查时任金不弄村队长。母语为加茂话，对海南闽话和普通话也较熟悉，表达能力较好。黄大翔先生主要提供语法例句、对话材料，多次协助补充相关语料。

文母进，女，1955年7月18日生，小学文化，金不弄村村民。文母进女士提供歌谣材料。

第二章 语音

第一节

声韵调系统

与黎语其他方言相比，加茂话的音位系统有自身的独特性：声母较少，有21个，没有复辅音，没有腭化和唇化音声母；韵母较多，有136个，元音分长短，根据过渡音的有无分两种长音类型，长短音的对立不是很整齐；声调有5个，其中33调仅出现在舒声韵中，其他4个声调均可与舒促声韵相配。本书对加茂话声韵调系统的处理，参考了欧阳觉亚、郑贻青（1983）归纳的加茂话音位系统，音位系统描写以50—60岁年龄段男性的语音情况为依据。

一 声母

欧阳觉亚、郑贻青（1983）记录了加茂话有22个声母。我们此次记录到21个，主要少了1个声母ɬ。据调查，加茂话ɬ声母已经并入tʰ声母。另因tsʰ声母的发音方法发生了变化，大多数人都读成了擦音s。故此次音位归纳中我们用s取代了tsʰ。

加茂话的清塞音有送气与不送气的区别；除舌根塞音之外，双唇塞音及舌尖中塞音都有清浊对立；唇齿擦音f和舌尖前擦音s有相对应的浊音；有4个鼻音和1个边音，还有2个喉音和1个舌尖前不送气的塞擦音ts。具体情况见下面的表2-1。

（一）声母表

加茂话有21个辅音声母，发音方法和发音部位见表2-1：

表2-1 加茂话声母表

发音方法 ＼ 发音部位			唇		舌尖		舌面	舌根	喉音
			双唇	唇齿	舌尖前	舌尖中	舌面前		
塞音	清	不送气	p			t		k	ʔ
		送气	pʰ			tʰ		kʰ	
	浊	不送气	b			d			
塞擦音	清	不送气			ts				
鼻音	浊		m			n	ȵ	ŋ	
边音	浊					l			
擦音	清			f	s				h
	浊			v	z				
半元音	浊						j		

（二）声母说明

1. b、d、j 3个声母的实际读音是ʔb、ʔd、ʔj，都带有先喉塞音成分ʔ。本书为了简便，不标先喉塞音成分ʔ。

2. 舌尖中音t、tʰ、d、n、l的发音部位较靠后，在齿龈的后部。

3. ts的舌位靠后，接近舌面音tɕ。

4. s有送气成分，读作sʰ。70岁以上的老年人读作塞音不突出的tsʰ，中年人个别例字s和tsʰ混读。

5. f有略强送气，实际读音是fʰ。70岁以上老年人的发音带有轻微的塞音成分，双唇稍有接触，近似pf。

6. z的舌位较靠后，接近ʐ，有些人并入j声母；但对于大多数人来说，z和j是2个音位。ȵ的舌位也靠后，介于ȵ和ɲ之间。

7. kʰ的塞音成分较轻，摩擦成分略重，近似x。有些人的个别例字中出现kʰ、x自由变读现象，如"应该"一词，有些人有时说kʰam³³，有时说xam³³。

（三）声母例词

声母	例词1	意译	例词2	意译
p	pua⁵¹	壳	pɔŋ⁵⁵	雨
pʰ	pʰɯ⁵¹	高	pʰaːŋ⁵⁵	台风
b	bɔŋ⁵¹	放	buən⁵⁵	把

m	mui¹¹	熊	məi⁵⁵	你
f	fou⁵⁵	酸	fɔ⁵⁵	斧子
v	vɔːn⁵⁵	日	vai⁵⁵	不是
t	tau⁵⁵	虱子	tou¹¹	田
tʰ	tʰou⁵⁵	饭	tʰui⁵⁵	拉
d	dəːp⁵¹	臭虫	dɯa⁵⁵	熠
n	nou⁵⁵	厚	naːŋ⁵⁵	竹笋
l	lai⁵⁵	远	liau⁵⁵	玩耍
ts	tso⁵⁵	老	tsiəŋ⁵⁵	坐
s	sai⁵⁵	树	sei⁵⁵	黑
z	zɔːt³¹	虫	ziam¹¹	苦
ȵ	ȵet⁵⁵	皱纹	ȵaːu⁵¹	猫
j	jou⁵¹	别，不要	juŋ⁵⁵	热天气~
k	ku⁵⁵	八	kiːu⁵⁵	头
kʰ	kʰai⁵⁵	鸡	kʰou⁵⁵	白
ŋ	ŋaːi⁵⁵	哭	ŋut⁵⁵	点~头
h	huən¹¹	身体	haŋ¹¹	刺
ʔ	ʔai⁵⁵	坏	ʔaːu⁵⁵	吹

二 韵母

本次调查记录到韵母136个，比欧阳觉亚、郑贻青（1983）整理出的145个韵母少了11个，新增了2个。缺少的11个韵母是6个带喉塞音韵尾韵母（eːʔ、oːʔ、uːʔ、ɯːʔ、iəʔ、uaʔ）、3个鼻韵尾韵母（iːm、ɯm、uːŋ）、1个ək韵及1个ɯəi韵。喉塞音韵尾韵母的喉塞音韵尾趋于脱落，与没有喉塞音收尾的e、o、u、ɯ、iə、ua韵母合并，加之例字又少，故不另立音位。另外，我们还记录到ɯəm韵和ɔt韵，这是欧阳觉亚、郑贻青（1983）没有提及的。

（一）韵母表

136个韵母中，单元音韵母9个、复合元音韵母28个、带鼻音韵尾韵母52个、带塞音韵尾韵母47个。列表如下：

表2-2　加茂话韵母表

		-i	-u	-m	-n	-ŋ	-p	-t	-k
a		ai	au	am	an	aŋ	ap	at	ak
		a:i	a:u	a:m	a:n	a:ŋ	a:p	a:t	a:k
ε									
e		ei	eu	em	en	eŋ	ep	et	ek
			e:u	e:m	e:n	e:ŋ	e:p	e:t	e:k
i			iu	im	in	iŋ	ip	it	
	iə		iəu	iəm	iən	iəŋ	iəp	iət	iək
			i:u		i:n	i:ŋ		i:t	i:k
	ia		iau	iam	ian	iaŋ	iap		iak
ɔ				ɔm	ɔn	ɔŋ	ɔp	ɔt	ɔk
		ɔ:i	ɔ:u	ɔ:m	ɔ:n	ɔ:ŋ	ɔ:p	ɔ:t	ɔ:k
o			ou			oŋ			ok
u		ui		um	un	uŋ	up	ut	uk
		uəi		uəm	uən	uəŋ	uəp	uət	uək
		u:i			u:n			u:t	
	ua	uai			uan	uaŋ		uat	uak
ɯ		ɯi					ɯp	ɯt	
				ɯəm	ɯən	ɯəŋ		ɯət	ɯək
			ɯ:u		ɯ:n	ɯ:ŋ		ɯ:t	
	ɯa	ɯai		ɯam	ɯan	ɯaŋ		ɯat	
ə		əi		əm		əŋ	əp		
		ə:i	ə:u	ə:m	ə:n	ə:ŋ	ə:p	ə:t	ə:k

（二）韵母说明

1. 加茂话有a、ε、e、i、ɔ、o、u、ɯ、ə 9个单元音韵母，除了ε之外，各分长短。ε只单独做韵母，不带韵尾，单元音单独做韵母时都是长元音，短元音不单独做韵母。

2. 有i、u、m、n、ŋ、p、t、k 8个韵尾，有i、u、ɯ 3个介音。

3. 高元音i、u、ɯ带韵尾时各分带过渡音的长音、没有过渡音的长音、短元音3套韵母。长元音之后的过渡音分别为：i的过渡音是e，u的过渡音是o，ɯ的过渡音是ə。为了简便，过渡音一律标ə。没有过渡音的长元音用:表示，如 iː、uː、ɯː。

4. aː发音靠后，介于ʌ和ɑ之间。a在韵尾 i、m、n、p 之前舌位较闭，近似ɐ，在韵尾 u、ŋ、k 之前舌位较开，接近 a。

5. 元音开头的音节都带有先喉塞音声母ʔ，如 ai⁵⁵"坏"的实际音值为ʔai⁵⁵"坏"。为了简便，本书不标出先喉塞音声母ʔ。

6. e 和ɛ、o 和ɔ有对立关系，有央元音ə。

7. ei 和 eu 二韵中的 e 舌位稍开偏央，介于ɛ和ə之间。

8. iə韵及 uːi 韵仅在汉借词中出现。

（三）韵母例词

韵母	例词	意译	韵母	例词	意译
a	tʰa⁵⁵	短、矮	ɔ	kɔ⁵⁵	问
ai	pai⁵⁵	走	ɔːi	hɔːi⁵⁵	石灰
aːi	paːi⁵⁵	什么	ɔːu	vɔːu⁵⁵	喊
au	tau⁵⁵	挖	ɔm	hɔm¹¹	爬~树
aːu	taːu⁵⁵	三	ɔːm	hɔːm¹¹	酒曲
am	kɯ³¹nam⁵⁵	腰	ɔn	mɔn⁵⁵	末端
aːm	naːm⁵⁵	水	ɔːn	mɔːn⁵⁵	红薯
an	pʰan⁵⁵	脸	ɔŋ	pɔŋ⁵⁵	雨
aːn	daːn⁵⁵	咬	ɔːŋ	nɔːŋ⁵⁵	稻草
aŋ	saŋ⁵⁵	牙齿	ɔp	kʰɔp⁵⁵	盖
aːŋ	saːŋ⁵¹	戳	ɔːp	kʰɔːp⁵¹	系~鞋带
ap	lap¹¹	扣	ɔt	kɯ³¹kɔt⁵⁵	果蝇
aːp	aːp⁵¹	盒子	ɔːt	zɔːt³¹	虫
at	tat⁵⁵	筋	ɔk	nɔk⁵⁵	美丽
aːt	taːt⁵¹	买	ɔːk	nɔːk⁵¹	鸟
ak	pʰak⁵⁵	贴	o	ko⁵⁵	跑
aːk	tsaːk³¹	偷	ou	vou⁵⁵	到
ɛ	n̠ɛ⁵¹	粽子	oŋ	son³³	沏~茶
e	pe⁵⁵	箭	ok	pʰok⁵⁵	趴
ei	tei⁵¹	吃	u	tsu¹¹	笑
eu	seu⁵⁵	声音	ui	fui¹¹	贼
eːu	beːu⁵¹	帽子	uːi	tuːi¹¹	引诱

em	lem⁵⁵	下一~	uəi	nuəi⁵¹	弟、妹
e:m	le:m⁵¹	藓	um	kum¹¹	阴~天
en	ken⁵¹	紧急	uəm	luəm⁵⁵	蛹
e:n	ke:n⁵¹	习惯	un	un⁵⁵	丢失
eŋ	leŋ⁵¹	做	u:n	su:n⁵⁵	站
e:ŋ	kʰe:ŋ⁵⁵	肋骨	uən	ȵuən⁵¹	山
ep	sep⁵⁵	筷子	uŋ	tuŋ⁵⁵	座
e:p	tʰe:p³¹	舔	uəŋ	tuəŋ⁵¹	腮
et	ȵet⁵⁵	皱纹	up	lup⁵⁵	疙瘩
e:t	se:t⁵¹	醒	uəp	duəp⁵¹	甲鱼
ek	tek⁵⁵	分货币	ut	pʰut⁵⁵	拜
e:k	pʰe:k⁵¹	追赶	u:t	vu:t³¹	拧
i	ti⁵⁵	胆	uət	suət⁵¹	尾巴
iu	kiu⁵⁵	巧	uk	tsuk¹¹	躲
i:u	ki:u⁵⁵	头	uək	tsuək⁵¹	漱~口
iəu	liəu³¹	找	ua	sua⁵⁵	洞
im	ȵim⁵⁵	拈、抓	uai	ȵuai⁵⁵	青苔
iəm	diəm³¹	舒服	uan	muan¹¹	淹
in	din⁵⁵	亮	uaŋ	uaŋ⁵⁵	田野
i:n	pʰi:n⁵⁵	穿~裙子	uat	kuat¹¹	吞
iən	ŋiən³¹	岳母	uak	tʰuak⁵⁵	手镯
iŋ	pʰiŋ¹¹kuəi³¹	苹果	ɯ	sɯ⁵¹	杵
i:ŋ	pi:ŋ⁵⁵	平	ɯi	lɯi¹¹	肚子
iəŋ	tsiəŋ⁵⁵	坐	ɯ:u	tʰɯ:u¹¹	红色
ip	lip⁵⁵	打闪	ɯəm	ŋɯəm³³	眯~眼
iəp	o⁵¹tsiəp⁵¹	学习	ɯ:n	kɯ:n⁵⁵	百一~
it	fit⁵⁵	扔	ɯən	pɯən⁵¹	朋友
i:t	hi:t³¹	热	ɯŋ	fɯŋ¹¹	柴火
iət	biət⁵⁵	笔	ɯəŋ	kʰɯəŋ⁵¹	姜
i:k	i:k⁵¹	安静	ɯp	ɯp⁵¹	洗澡
iək	liək¹¹	骨头	ɯt	ɯt⁵⁵	砍~草
ia	kia⁵⁵	咳嗽	ɯ:t	fɯ:t³¹	穷

iau	tʰiau^{11}	二	ɯət	huɯət^{55}	核果~
iam	ziam^{11}	苦	ɯək	luɯək^{55}	瞪~眼睛
ian	mian^{55}	麻	ɯa	luɯa^{51}	泥
iaŋ	siaŋ^{31}	快	ɯai	muɯai^{55}	玉米
iap	kiap^{55}	抢劫	ɯam	luɯam^{31}	懒
iak	siak^{55}	脏衣服~	ɯan	huɯan^{11}	烟
iə	siə^{55}	脾	ɯaŋ	suɯaŋ^{55}	鱼叉
ə	fə^{55}	九	ɯat	kuɯat^{55}	挠
əi	pəi^{11}	猪	əŋ	tsəŋ^{31}	慢
əːi	ai^{11}pəːi^{11}	反面	əːŋ	təːŋ^{11}	龙
əːu	nəːu^{11}	盐	əp	təp^{55}	布
əm	təm^{55}	竹子	əːp	təːp^{51}	挑
əːm	kəːm^{55}	肉	ət	mət^{31}	稻子
əːn	nəːn^{11}	月亮	əːk	pəːk^{31}	稻谷

三　声调

　　加茂话有5个声调，分别是高降调51、高平调55、中降调31、中平调33、低平调11，都可在舒声韵中出现。除了33调，其余4个声调都能和塞音韵尾相配，但根据韵尾的舒促，声调的具体音值稍有偏差。

（一）声调说明

　　51调：在促声韵中、连读时没有降那么低，实际调值为53调。

　　55调：在舒声韵中调值微开，实际调值为45调，而与塞音韵尾相配或连读中皆为55调。

　　31调：连读时常读成21调。

　　33调：大多见于汉借词及语流音变，如vɔːn^{33}vɔːn^{55}"天天"前一个音节的声调异化为33调。

　　11调：出现在舒声韵中，调尾微扬，实际调值为12调，与塞音韵尾相配时为22调。在汉借词中，35调和12调可自由变读，而表示疑问、质询意味的语气时，语气助词常读成35调，故将35调视为11调的变体。

（二）声调例字

51	ta³³tʰa⁵¹	结巴	su⁵¹	春~米	ka:i⁵¹	谁
55	tʰa⁵⁵	短、矮	su⁵⁵	膜	tʰuak⁵⁵	手镯
31	tʰa³¹	深	pə³¹	马	zɔ:t³¹	虫
33	va:n³³	万	ŋuəm³³	眯~眼	ka³³	剪
11	tʰa¹¹	丈夫	mui¹¹	熊	liək¹¹	骨头

四 音节结构

加茂话中可做声母的辅音有21个，能出现在韵尾位置的辅音只有 -m、-n、-ŋ、-p、-t、-k 6个；有9个元音，其中能做元音韵尾的只有短元音 -i 和 -u。

用 C_1 代表可做声母的辅音，C_2 代表辅音韵尾；V代表短元音，V_1 代表单纯长元音，V_2 代表有过渡音的长元音；T代表声调。那么，加茂话音节结构的具体情况如下：

V_1T	u⁵¹	中间	C_1V_1T	ta⁵⁵	田
VVT	au⁵⁵	我们	C_1VVT	luɑ⁵¹	泥
V_1VT	i:u⁵⁵	叫	C_1V_1VT	ta:u⁵⁵	三
C_1VVVT	muɑi⁵⁵	玉米	C_1V_2VT	fuəi⁵⁵	次一~
VC_2T	up⁵⁵	抱	VVC_2T	iak⁵⁵	割~肉
V_1C_2T	e:ŋ⁵⁵	哥哥	$C_1V_1C_2T$	la:ŋ⁵⁵	海
V_2C_2T	uət⁵⁵	密菜很~	$C_1V_2C_2T$	tʰiək³¹	小孩
C_1VVC_2T	muan¹¹	淹	C_1VC_2T	pɔŋ¹¹	雨

第二节

音变

一 变调

（一）语音变调

1.声调为55调的单音节词重叠时，前一个音节的声调一律变为33调。例如：

toŋ⁵⁵ 只→ toŋ³³toŋ⁵⁵ 只只

vɔːn⁵⁵ 天→ vɔːn³³vɔːn⁵⁵ 天天

naːm⁵⁵ 水→ naːm³³naːm⁵⁵ 稀

2.单音节念51调的，重叠后前一音节变读为11调。例如：

tsaːt⁵¹ 刚→tsaːt¹¹tsaːt⁵¹ 刚刚

pʰeːn⁵¹ 扁→pʰeːn¹¹pʰeːn⁵¹ 扁扁

taːt⁵¹ 密 →taːt¹¹taːt⁵¹ 密密

siən⁵¹ 干净→siən¹¹siən⁵¹ 干干净净

3.在"类名＋专名"格式的修饰式复合词及附注式复合词中，当两个音节相连，前一音节往往由高平调55变成中平调33。其他类型的复合词一般不发生变调。例如：

pi³³um⁵⁵	苋菜	pi³³mɔːn⁵⁵	红薯叶	pi³³kʰuən⁵⁵	桑叶
	叶子双		叶子 红薯		叶子桑树
na³³sei⁵⁵	牛皮	na³³sai⁵⁵	树皮	ma³³nɛ⁵¹	今年
	皮 牛		皮 树		年 这
ma³³tʰiəŋ¹¹	明年	ma³³na⁵⁵	后年	naːm³³tou⁵⁵	眼泪
	年 前		年 后		水 眼睛

na:m³³hɔ:t⁵¹　鼻涕　　　　na:m³³tei⁵⁵　　　蜂蜜　　　na:m³³ha:k³¹　　　痰

水　鼻子　　　　　　水　蜜蜂　　　　　　　水　喉咙

tʰɔk³³sai⁵⁵　木头　　　　tʰɔk³³tin⁵⁵　　　半路

段　木头　　　　　　段　路

另外，有些词的变调模式是固定的。如 tou³³vɔ:n⁵⁵"太阳"、tou³³kia⁵¹"木屐"两个词的前一音节都由本调55调变读为33调。

（二）语法变调

加茂话中，有一些词在句中因受到某些语法条件的制约而产生变调。

1. ta:u⁵⁵ 的变调

ta:u⁵⁵ 既是方位词"下"，也是趋向动词"下"，在句中常通过变调来区别词性。表示方位时，ta:u⁵⁵ 一般都要弱读为中平调33；做趋向动词时，ta:u⁵⁵ 不变调。例如：

bɔŋ⁵¹　　fɔ⁵¹　　ta:u³³　si:n⁵⁵　　kɛ¹¹.

放　　　斧头　下　　石头　　那

把斧头放在石头下边。

ma:i⁵¹　　kʰau³³　bɔŋ⁵¹　　ba⁵⁵　　ta:u⁵⁵.

妈妈　　就　　　放　　　梯　　下

妈妈就把梯子放下来。

luət⁵⁵　ta:u⁵⁵　lɔ⁵¹　　na:m⁵⁵　　mɔ³¹　hai⁵⁵　ei³¹.

滑　　下　　PREP　水　　　那　去　　MOOD

顺着水流滑下去啦。

2. bɛ⁵⁵ 的变调

连词 bɛ⁵⁵"和"常用不同的音高来区分所连接的语类。连接词或短语时，bɛ⁵⁵ 要弱读为33调，构成的并列结构在句中做主语；连接小句时，bɛ⁵⁵ 通常出现在后一小句句末表伴随关系，这时须念本调。例如：

kau⁵⁵　　bɛ³³　　məi⁵⁵　luŋ¹¹la:u³¹　hai⁵⁵.

1sg　　CONJ　2sg　　一起　　　去

我和你一起去。

kɔ:ŋ⁵⁵　kə:n¹¹　kai¹¹　　ti¹¹ha:u³³,　liən³¹　mə:t³¹　dou³³　kɔŋ⁵⁵　bɛ⁵⁵.

拔　草　　ASSOC　时候　　连　　稻　　都　　拔　　CONJ

拔草的时候连秧苗也给拔掉了。

nei⁵¹　leŋ⁵¹kɔŋ⁵⁵　kai¹¹　　ti¹¹ha:u³³　sa:ŋ⁵⁵kɔ³³　bɛ⁵⁵.

3sg　　做工　　ASSOC　时候　　唱歌　　　CONJ

他劳动的时候常常唱歌。

3. ŋɔ⁵⁵ 的变调

ŋɔ⁵⁵ 在句中做否定副词否定动作或性状时，一般弱读为33调；处于句首充当连词，表示一种条件、假设关系时，则维持本调不变。例如：

məi⁵⁵　tɔk⁵¹　ŋɔ³³　tɔk⁵¹　tʰak³¹tʰiːu¹¹eːŋ⁵⁵n̥uəi⁵¹?
2sg　　有　　NEG　有　　兄弟姐妹

你有没有兄弟姐妹？

nei⁵¹　ŋɔ³³　min¹¹taːi³¹　məi⁵⁵　a¹¹?
3sg　　NEG　认识　　　2sg　　MOOD

他不认识你吧？

ŋɔ³³　　　　　dat⁵⁵　tsaŋ³³　lim³¹　hai⁵⁵, ŋɔ⁵⁵　tsɯ⁵⁵　lou⁵¹　jam¹¹.
NEG: EXIST 事　　就　　少　　去　　CONJ　等　　别人　讨厌

没事少去，免得人家讨厌。

sau⁵⁵　kʰam³³　maŋ³³maŋ⁵⁵　leŋ⁵¹, ŋɔ⁵⁵　kau⁵⁵　ŋɔ³³　muan⁵⁵　tsin⁵⁵.
2pl　　应该　　好好　　　　做　　CONJ　1sg　NEG　给　　钱

你们要好好做，否则我不给钱。

另外，单独出现在句末表示疑问时，ŋɔ⁵⁵ 的句法属性开始向语气助词靠拢，声调则由高平调55变为31。例如：

məi⁵⁵　tei⁵¹　tʰou⁵⁵　ŋɔ³¹?
2sg　　吃　　饭　　　MOOD/NEG

你吃饭了吗？

məi⁵⁵　ku³¹ziau¹¹　bɛ³³　kau⁵⁵　leŋ⁵¹tou¹¹　maŋ⁵⁵　ŋɔ³¹?
2sg　　明天　　　PREP　1sg　种田　　　好　　　NEG/MOOD

你明天跟我去种田，好吗？

4. nɛ⁵¹ 和 mɔ⁵¹ 的变调

指示词 nɛ⁵¹ "这" 和 mɔ⁵¹ "那" 身担指别功能时，一律读本调。例如：

nɛ⁵¹　puən¹¹　sei⁵⁵　maŋ⁵⁵, mɔ⁵¹　puən¹¹　sei⁵⁵　ai⁵⁵.
这　　CL　　牛　　好　　那　　CL　　牛　　不好

这头牛好，那头牛不好。

加茂话的名词性词语做主语时，有时会在后面加上 nɛ⁵¹ 和 mɔ⁵¹ 标示其有定属性，此时 nɛ⁵¹ 和 mɔ⁵¹ 的指示功能已经减弱，其语法作用类似于有定标记，为了顺应这种句法身份的转变，声调一般弱读为31调。例如：

lin^{11}vɔːn^{55} nɛ^{31} taːu^{55}pɔŋ^{55}.

天　　　　这　　下　雨

天下雨了。

tiau^{31}uaŋ^{11} mɔ^{31} kui^{55} kiu^{55}.

小王　　　那　胖　非常

小王非常胖。

以上例子中的 nɛ^{51} 和 mɔ^{51} 已经虚化，不再是单纯的指示词，而是发展出类似定冠词那样的定指性用法。

（三）语用变调

系词 tsaŋ^{55} 和 ti^{51} 在语流中一般分别弱读为 33、31 调，有时也念本调，但本调和变调在语法意义上有细微的差别，用本调通常表示强调。例如：

nei^{51} ti^{51}/tsaŋ^{55} ŋɔ^{33} min^{11}taːi^{31} hu^{55} muəi^{55}.

3sg　是　　　NEG 知道　　说　汉语

他是不会说汉语。

kau^{55} ti^{51} ŋɔ^{33} tei^{51} naːm^{33}muai^{55}.

1sg　是　NEG 吃　糖

我是不吃糖的。

上述例句中的系词 ti^{51}/tsaŋ^{55} "是"是不可省略的，用本调表示肯定的语气。但当说话人无需强调时，ti^{51}/tsaŋ^{55} 可以省略，若要出现，要变读为 ti^{31}/tsaŋ^{33}。例如：

kuɯ^{31}ziau^{11} ti^{31}/tsaŋ^{33} vou^{55} tʰau^{11}siːŋ^{55}.

明天　　　是　　　　到　春节

明天是春节。

kau^{55} tsaŋ^{33} ŋɔ^{33} tian^{51} o^{51} a^{31}.

1sg　是　　NEG 想　　学　MOOD

我就是不愿意去上学呀。

二 同化

加茂话的辅音同化现象以顺同化居多。通常是前一音节的舌根音韵尾 ŋ 或 k 把后一音节开头的辅音同化为一样或发音部位相同的辅音。这种同化现象既可以发生在一个词的内部，也可以发生在词与词之间。例如：

leŋ^{51}laːi^{11} 　　　　　　　→ 　　leŋ^{51}ŋaːi^{11} 怎么

baŋ^{33}laːi^{11} 　　　　　　　→ 　　baŋ^{33}ŋaːi^{11} 时候

puək³¹huən¹¹ → puək³¹kʰuən¹¹ 平安

ŋek⁵⁵hai⁵⁵ŋek⁵⁵tʰen⁵¹ → ŋek⁵⁵kʰai⁵⁵ŋek⁵⁵kʰen⁵¹ 形容脾气犟，认死理

辅音的同化作用会导致个别单音节词发生音变。如 laːi¹¹ "什么" 和 leŋ⁵¹ "做" 组合成词时，l 声母受到了前一音节韵尾 ŋ 的影响就同化为 ŋ：leŋ⁵¹laːi¹¹→leŋ⁵¹ŋaːi¹¹ "怎么"。所以，有一部分人在读 laːi¹¹ 时，声母要么是 ŋ、l 自由混读，要么就变读为 ŋ。

第 三 节

拼写符号

一　字母表

1957年2月，黎族语言文字科学讨论会在海南黎族苗族自治州[①]召开。会议讨论通过了《关于划分黎语方言和创制黎文的意见》。其中的《黎文方案》（中国科学院少数民族语言调查第一工作队海南分队　1957：38）以黎语标准音点侾方言罗活土语保定话为对象，采用26个拉丁字母来表示黎语标准音点的12个元音和32个辅音。

本书尝试在《黎文方案》的基础上为加茂话制定拼写符号系统。加茂话与黎语标准音点的音位系统差别较大，因此在设立拼写符号时，本书遵循的原则是"与黎语标准音点相同的音位，沿用黎文原拼写符号；黎语标准音点中没有的音位另行设立拼写符号，但所选择的拼写字母须与音位的实际音值相似"，旨在尽可能地保留黎文拼写系统的体系。

表2-3　拼写字母表

Aa	Bb	Cc	Dd	Ee	Ff	Gg
Hh	Ii	Jj	Kk	Ll	Mm	Nn
Oo	Pp	Qq	Rr	Ss	Tt	Uu
Vv	Ww	Xx	Yy	Zz		

字母的读音同英文字母的读音。字母的手写字体依照拉丁字母的一般书写习惯。

---

① 州政府所在地为今海南省五指山市。

二 声母表

表2-4 加茂话声母与拼写符号对照表

声母	国际音标（声母）	拼写举例	国际音标（拼写举例）	汉语释义
b	p	bua	pua^{51}	壳
p	p^h	pur	p^{h}ɯ^{51}	高
bh	b	bhorng	bɔŋ^{51}	放
f	f	foux	fou^{55}	酸
m	m	muis	mui^{11}	熊
v	v	vorrnx	vɔːn^{55}	日
d	t	daux	tau^{55}	虱子
t	t^h	toux	t^{h}ou^{55}	饭
dh	d	dherrp	dəːp^{51}	臭虫
n	n	noux	nou^{55}	厚
l	l	laix	lai^{55}	远
z	ts	zox	tso^{55}	老、药
c	s	caix	sai^{55}	树
dz	z	dzorrtq	zɔːt^{31}	虫
ny	ȵ	nyetx	ȵet^{55}	皱纹
y	j	you	jou^{51}	别、不要
g	k	gux	ku^{55}	八
k	k^h	kaix	k^{h}ai^{55}	鸡
ng	ŋ	ngaaix	ŋaːi^{55}	哭
h	h	huens	huən^{11}	身体
零声母	ʔ	aix	ʔai^{55}	坏
w		waq	ʔua^{31}	倚靠

三 韵母表

表2-5 加茂话韵母与拼写符号对照表

韵母	国际音标（韵母）	拼写举例	国际音标（拼写举例）	汉语释义
a	a	tax	t^ha^{55}	短、矮
ai	ai	baix	pai^{55}	走
aai	aːi	baaix	$paːi^{55}$	什么
au	au	daux	tau^{55}	挖
aau	aːu	daaux	$taːu^{55}$	三
am	am	gurqnamx	$ku^{31}nam^{55}$	腰
aam	aːm	naamx	$naːm^{55}$	水
an	an	panx	p^han^{55}	脸
aan	aːn	dhaanx	$daːn^{55}$	咬
ang	aŋ	bangs	$paŋ^{11}$	困、倦
aang	aːŋ	baangs	$paːŋ^{11}$	发霉
ap	ap	laps	lap^{11}	扣
aap	aːp	aap	$aːp^{51}$	盒子
at	at	tatx	tat^{55}	筋
aat	aːt	taat	$taːt^{51}$	买
ak	ak	pakx	p^hak^{55}	贴
aak	aːk	zaakq	$tsaːk^{31}$	偷
ee	ɛ	nyee	$ȵɛ^{51}$	粽子
e	e	bex	pe^{55}	箭
ei	ei	dei	tei^{51}	吃
eu	eu	ceux	seu^{55}	声音
eeu	eːu	bheeu	$beːu^{51}$	帽子
em	em	lemx	lem^{55}	下一~
eem	eːm	leem	$leːm^{51}$	藓
en	en	gen	ken^{51}	紧急
een	eːn	geen	$keːn^{51}$	习惯

31

海南保亭黎语加茂话

32

韵母	国际音标（韵母）	拼写举例	国际音标（拼写举例）	汉语释义
eng	eŋ	leng	leŋ^{51}	做
eeng	e:ŋ	keengx	k^{h}e:ŋ^{55}	肋骨
ep	ep	cepx	sep^{55}	筷子
eep	e:p	teepq	t^{h}e:p^{31}	舔
et	et	nyetx	n̠et^{55}	皱纹
eet	e:t	ceet	se:t^{51}	醒
ek	ek	dekx	tek^{55}	分货币
eek	e:k	peek	p^{h}e:k^{51}	追赶
i	i	dix	ti^{55}	胆
iu	iu	giux	kiu^{55}	巧手~
iiu	i:u	giiux	ki:u^{55}	头
ieu	iəu	lieuq	liəu^{31}	找
im	im	nyimx	n̠im^{55}	掐、抓
iem	iəm	dhiemq	diəm^{31}	舒服
in	in	dhinx	din^{55}	亮
iin	i:n	piinx	p^{h}i:n^{55}	穿~裙子
ien	iən	ngienq	ŋiən^{31}	岳母
ing	iŋ	pingsgueiq	p^{h}iŋ^{11}kuəi^{31}	苹果
iing	i:ŋ	biingx	pi:ŋ^{55}	平
ieng	iəŋ	ziengx	tsiəŋ^{55}	坐
ip	ip	lipx	lip^{55}	打闪
iep	iəp	oziep	o^{51}tsiəp^{51}	学习
it	it	fitx	fit^{55}	扔
iit	i:t	hiitq	hi:t^{31}	热
iet	iət	bhietx	biət^{55}	笔
iik	i:k	iik	i:k^{51}	安静
iek	iək	lieks	liək^{11}	骨头
ia	ia	giax	kia^{55}	咳嗽

韵母	国际音标（韵母）	拼写举例	国际音标（拼写举例）	汉语释义
iau	iau	tiaus	tʰiau^{11}	二
iam	iam	dziams	ziam^{11}	苦
ian	ian	mianx	mian^{55}	麻
iang	iaŋ	ciangq	siaŋ^{31}	快
iap	iap	giapx	kiap^{55}	抢劫
iak	iak	ciakx	siak^{55}	脏
ie	iə	ciex	siə^{55}	尺
or	ɔ	gorx	kɔ^{55}	问
orri	ɔːi	horrix	hɔːi^{55}	石灰
orru	ɔːu	vorrux	vɔːu^{55}	喊
orm	ɔm	horms	hɔm^{11}	爬~树
orrm	ɔːm	horrms	hɔːm^{11}	酒曲
orn	ɔn	mornx	mɔn^{55}	末端
orrn	ɔːn	morrnx	mɔːn^{55}	红薯
orng	ɔŋ	borngx	pɔŋ^{55}	雨
orrng	ɔːŋ	norrngx	nɔːŋ^{55}	稻草
orp	ɔp	korpx	kʰɔp^{55}	盖
orrp	ɔːp	korrp	kʰɔːp^{51}	系~鞋带
ort	ɔt	gurqgortx	kɯ^{31}kɔt^{55}	果蝇
orrt	ɔːt	dzorrtq	zɔːt^{31}	虫
ork	ɔk	norkx	nɔk^{55}	美丽
orrk	ɔːk	norrk	nɔːk^{51}	鸟
o	o	gox	ko^{55}	跑
ou	ou	voux	vou^{55}	到
ong	oŋ	congj	soŋ^{33}	沏~茶
ok	ok	pokx	pʰok^{55}	趴
u	u	gux	ku^{55}	八

韵母	国际音标（韵母）	拼写举例	国际音标（拼写举例）	汉语释义
ui	ui	fuis	fui¹¹	贼
uui	uːi	duuis	tuːi¹¹	引诱
uei	uəi	nuei	nuəi⁵¹	弟、妹
um	um	gums	kum¹¹	阴~天
uem	uəm	luemx	luəm⁵⁵	蛹
un	un	unx	un⁵⁵	丢失
uun	uːn	cuunx	suːn⁵⁵	站
uen	uən	nguen	ŋuən⁵¹	山
ung	uŋ	dungx	tuŋ⁵⁵	座一~
ueng	uəŋ	duengx	tuəŋ⁵⁵	簸箕
up	up	lupx	lup⁵⁵	疙瘩
uep	uəp	dhuep	duəp⁵¹	甲鱼
ut	ut	putx	pʰut⁵⁵	拜
uut	uːt	vuutq	vuːt³¹	拧
uet	uət	cuet	suət⁵¹	尾巴
uk	uk	zuks	tsuk¹¹	躲
uek	uək	zuek	tsuək⁵¹	漱~口
ua	ua	cuax	sua⁵⁵	洞
uai	uai	nyuaix	ȵuai⁵⁵	青苔
uan	uan	muans	muan¹¹	淹
uang	uaŋ	wangx	uaŋ⁵⁵	田野
uat	uat	guats	kuat¹¹	吞
uak	uak	tuakx	tʰuak⁵⁵	手镯
ur	ɯ	gurx	kɯ⁵⁵	种~菜
uri	ɯi	luris	lɯi¹¹	肚子
urru	ɯːu	turrus	tʰɯːu¹¹	红色
urem	ɯəm	nguremj	ŋɯəm³³	眯

韵母	国际音标（韵母）	拼写举例	国际音标（拼写举例）	汉语释义
urrn	ɯːn	gurrnx	kɯːn⁵⁵	百一~
uren	ɯən	buren	pɯən⁵¹	朋友
urng	ɯŋ	furngs	fɯŋ¹¹	柴
ureŋ	ɯəŋ	kureŋx	kʰɯəŋ⁵⁵	姜
urp	ɯp	urp	ɯp⁵¹	洗澡
urt	ɯt	urtx	ɯt⁵⁵	砍~草
urrt	ɯːt	furrtq	fɯːt³¹	穷
uret	ɯət	huretx	hɯət⁵⁵	核果~
urek	ɯək	lurekx	lɯək⁵⁵	瞪~眼
ura	ɯa	lura	lɯa⁵¹	泥
urai	ɯai	muraix	mɯai⁵⁵	玉米
uram	ɯam	luramq	lɯam³¹	懒
uran	ɯan	hurans	hɯan¹¹	烟
urang	ɯaŋ	surangx	sɯaŋ⁵⁵	鱼叉
urat	ɯat	guratx	kɯat⁵⁵	挠
er	ə	berq	pə³¹	马
eri	əi	beris	pəi¹¹	猪
erri	əːi	aisberris	ai¹¹pəːi¹¹	反面
erru	əːu	nerrus	nəːu¹¹	盐
erm	əm	dermx	təm⁵⁵	竹子
errm	əːm	gerrmx	kəːm⁵⁵	肉
errn	əːn	nerrns	nəːn¹¹	月亮
erng	əŋ	zerngq	tsəŋ³¹	慢
errng	əːŋ	derrngs	təːŋ¹¹	龙
erp	əp	derpx	təp⁵⁵	布
errp	əːp	derrp	təːp⁵¹	挑
errt	əːt	merrtq	məːt³¹	稻子
errk	əːk	berrkq	pəːk³¹	稻谷

四　声调表

表2-6　加茂话声调与拼写符号对照表

调值	声调符号	拼写例字	汉语释义	国际音标
51	不标调	dajta	结巴	$ta^{33}t^ha^{51}$
55	x	tax	短、矮	t^ha^{55}
31	q	taq	深	t^ha^{31}
33	j	vaanj	万	$va{:}n^{33}$
11	s	tas	丈夫	t^ha^{11}

五　拼写规则

（一）长音表示法

1. 元音a[a]、e[e]、i[i]、u[u]为长音时，用复写形式表示，如daaux[ta:u⁵⁵]"三"。

2. 元音or[ɔ]、ur[ɯ]、er[ə]为长音时，以复写第二个字母r表示，如vorrnx[vɔ:n⁵⁵]"日"。

3. 长音为过渡音时，过渡音统一用字母e来表示，如nguenx[ŋuən⁵⁵]"个量词"。

说明：加茂话有两套长音系统，一套为单纯长元音，一套为带过渡音的长元音，1、2为单纯长元音表示法，3则适用于带过渡音的长元音。

（二）零声母表示法

1. 当音节以元音u开头时，用字母w来识别。此时有两种表示法：当u后面有其他元音时，把u改成w，如wangx[uaŋ⁵⁵]"田野"；当u为主要元音，在音节前加上w，如wungx[uŋ⁵⁵]"端~碗"。

2. 当音节以u以外的元音开头时，无须添加任何符号，如emx[em⁵⁵]"讨厌"、aix[ai⁵⁵]"坏人"。

（三）音节划分

以词为单位，词与词之间空一格。由两个或以上的音节构成的词，一般以音节结构和声调符号来划分。辅音字母x、s、q、j不做声母，因此不会产生音节混淆，如taauxborngx"下雨"。但音节界限不明确时，须用分隔符号"'"加以区分。

（四）大写和小写

1. 专有名词，如人名、地名、机构名称、书名等，每一个词的首字母要大写。如Bhoqdhengq[bo³¹deŋ³¹]"保亭"、Dous'urtx[tou¹¹ɯt⁵⁵]"什核村名"。

2. 每个句子的第一个词的首字母要大写。例如：

Nei nax lorrt haix, gaux yaj lorrt bheex.
3sg 只 死 去 1sg 也 死 CONJ
他要是死了，我也去死。

3. 歌谣每行开头的字母要大写。

六　拼写样品

（一）歌谣

割稻歌

Guxnerrns murngs voux merrtq leng borrngq,
八月 来 到 稻 做 穗
八月来到稻抽穗，

Murqtumx ngorx caak zangx zais'orrngj.
石榴 NEG 熟 是 半生不熟
石榴未到成熟季。

Merrtq dous bhij dhangx merrtq dous mangx,
稻 田 边 出 稻 田 好
穗长水稻长势好，

Merrtq wangx bhij dhangx zangx dorm borrngq.
稻 田野 边 出 就 包 穗
山栏稻穗正生长。

（二）口头讲述

Gaux gansnee hux di tiekqnaau nax leng ziangjcengq buri. gurqdziaus dhinx
1sg 现在 说 是 新娘 只要 做 章程 完 早上 天亮
ax zangx leng ngerruq ceek peeq leng ngerruqmurqluengx. Vanxgeesvorrnx, bo'maai
后 就 做 酒 拆 棚子 做 槟榔酒 这一天 爸妈
zangx caaux toux caaux zanx, zangx gous lou sux ferrnx murngs dei toux.
就 煮 饭 煮 菜 就 叫 别人 里 村 来 吃 饭
bo'maai zangx bhi murqluengx, zox, naamxmuraix bhorng lo mor, taiszox zangx
爸妈 就 备 槟榔 烟 糖果 放 米筐 那 老人 就
lueiq tiekqnaau lor aais lox mor bhaan daaux, gap dhox gap dhox mor.
带 新娘 PREP NMLZ 大 那 渐渐 下 沿 桌 沿 桌 那
我现在要说的是婚姻仪式结束之后要举办的（其他）仪式。早上天亮后，大家就拆棚子，忙里忙外，张罗"槟榔酒"仪式。这一天，（男方）父母准备了饭菜，请村里的人来喝酒。然后，提着放了槟榔和糖果的米筐，（男方）父母带着新娘来认亲戚，从这一桌走到那一桌，从辈分大的到辈分小的，逐一认识在场的所有亲戚。

第三章　词汇

第一节

词汇特点

一 单音节词为主

加茂话以单音节词为主。例如：

pia⁵¹	扁担	si:n⁵⁵	石头	tsɔ:n³¹	扣子

pia^{51} 扁担　　$si:n^{55}$ 石头　　$tsɔ:n^{31}$ 扣子

$lə^{51}$ 箩筐　　$pə:k^{31}$ 稻谷　　$ləm^{31}$ 鞋子

$nə:n^{11}$ 月亮　　$nɔ:ŋ^{55}$ 稻草　　$t^hi:n^{11}$ 舌头

tou^{11} 水田　　p^hi^{51} 翅膀　　lo^{31} 肚脐

do^{31} 池塘　　$zɔ:t^{31}$ 虫子　　$sa:i^{55}$ 伯父

此外，加茂话也有相当数量的双音节词，形态构词及复合构词是加茂话双音节词的主要构词方式。其中，派生词及修饰式复合词中"类名＋专名"结构最为能产。例如：

$kɯ^{31}len^{11}$　土　　　$kɯ^{31}na^{55}$　后天　　　$kɯ^{31}ziau^{11}$　明天

$nɔ:k^{51}sa:ŋ^{55}$　猴子　　$nɔ:k^{51}bat^{55}$　麻雀　　$nɔ:k^{51}pe^{51}$　燕子

二 近义词丰富

加茂话对事物及动作行为的分类较细，有不少差别细微的近义词。事物所指称的范畴不同，与之搭配的量词也有区别。例如：

up^{55}　　抱指正面搂抱　　　　　un^{51}　　抱指侧边抱小孩

$tɯa^{51}$　　晒在阳光底下晾晒　　　$lɯəŋ^{31}$　晒在阴凉处晾、晒

fit^{55}　　扔扔得较远　　　　　　fat^{55}　　扔丢掉

$hi:t^{31}$　　热~水　　　　　　　　$juŋ^{55}$　　热天气~

lo^{31}　　稀指间距小　　　　　　$fə:n^{55}$　稀专指种菜的间距

laːk⁵¹	细_{指细小}	puəŋ⁵¹	细_{专指粉粒状}

la:k⁵¹ 细_{指细小}　puəŋ⁵¹ 细_{专指粉粒状}

ŋuən⁵¹ 山_{有树木的山}　tsou⁵⁵ 山_{光秃秃，没有树木}

kuɯ³¹ŋai⁵⁵ 田鸡　tsam³³tsuak⁵⁵ 青蛙_{长腿的}

kuɯ³¹kəp⁵⁵ 癞蛤蟆　kuɯ³¹tsiːt⁵¹ 小青蛙

kuɯ³¹la:k³¹ 雨蛙_{在山上}　feːn³¹ 披_{~在肩上}

ŋau⁵⁵ 披_{~在头上}　kuɯ³¹tua³¹kəːm⁵⁵ 一块肉_{稍大}

kuɯ³¹tsə⁵¹kəːm⁵⁵ 一块肉_{稍小}　kuɯ³¹dat⁵⁵kəːm⁵⁵ 一块肉_{肉切得较方正}

kuɯ³¹tiən⁵⁵na:ŋ⁵⁵ 一根竹笋_{单纯指数量}　kuɯ³¹tou⁵⁵na:ŋ⁵⁵ 一根竹笋_{刚长出来的嫩竹笋}

三　同音词较多

加茂话有许多同音词。日常交际中，因有具体语境，同音词的使用一般不会引起歧义。例如：

suɑ⁵¹ 藤，嚼　pua⁵¹ 掰开，壳　lu¹¹ 捞_{~鱼}，摘

tʰa³¹ 深，聋　daŋ⁵⁵ 出去，浅_{水~}，像　tʰei¹¹ 犁，多

sei⁵⁵ 牛，黑　tʰau¹¹ 新，生_{~小孩}　hiːu⁵⁵ 旧，盛饭

tso⁵⁵ 老，烟　laːk⁵¹ 年轻，碗　kui⁵⁵ 铁，油

ti⁵⁵ 豪猪，胆　suɯ⁵¹ 钟，杵　pɔŋ⁵⁵ 发鬓，雨

ku⁵⁵ 脓，八　sem⁵⁵ 堵住，凉_{~水}　daːu⁵⁵ 乌龟，留_{~种}

liək¹¹ 泡，骨头　tɔŋ⁵⁵ 只_{量词}，牵_{~牛}　kuɯ³¹tin⁵⁵ 路，先

四　多义词丰富

加茂话常常运用隐喻和转喻手段来扩展词义，通过事物之间的相似性和关联性，把事物的初始意义向不同概念域投射，使词衍生出不同的义项，从而导致大量多义词的产生。例如：

tsap⁵¹tsin⁵¹"星星，闪，萤火虫，七星瓢虫"：本义为"星星"，因星星具有闪烁的特点，不仅派生出"闪烁"的义项，同时也可用以指称具有相同特征的萤火虫，而七星瓢虫壳上的黄色斑点也容易让人联想到点点星光。

mɯ³¹tiau¹¹"芝麻，痱子"：原指"芝麻"，用来比喻密集成片的痱子。

diːn⁵¹"酒杯，酒窝"：认为酒窝凹陷的形状与酒杯相似。

lu³¹nəːn¹¹"鸡窝_{专用于孵蛋}，月晕"：认为月晕的外形与鸡窝相似。

hɯa³¹"富，官"：将财富与个人的身份地位挂钩。

五　短语词汇化是多音节词的重要来源

加茂话中，一部分多音节词源于短语的词汇化，由句法单位降级而来。例如，

ai¹¹həːi¹¹ "左边" 原本是一个名物化结构，由形容词həːi¹¹ "少用的" 与名物化标记ai¹¹构成。但在实际语言运用中，ai¹¹həːi¹¹的组合性逐渐减弱，结构趋于紧密、固定，现已然成为一个意义凝固的语言单位。类似的词还有ai¹¹puək³¹ "右边"、ai¹¹pəːi¹¹ "被面"、ai¹¹mɯa⁵¹ "被里" 等。

加茂话中有关 "日食" 和 "月食" 的说法也是词汇化的结果。viːŋ⁵⁵kuat¹¹tou⁵⁵vɔːn⁵⁵ "日食"，其字面义为 "鬼神吞日头"；viːŋ⁵⁵kuat¹¹nəːn¹¹ "月食"，其字面义为 "鬼神吞月亮"。二者均为主谓短语，但在词汇化的作用之下，其短语的特性弱化，最终演变成了词汇单位。

第二节

构词法

根据构成方式的不同，加茂话的词可分为单纯词和合成词。单纯词又分为单音节单纯词和多音节单纯词。不论音节多寡，单纯词只含有一个语素。

合成词的构成方式可分形态构词和复合构词两类。形态构词法又分派生法和重叠法。派生法指的是虚语素与词根语素结合构成新词的方法。重叠法指的是实语素重叠构词的方法。复合构词指的是两个或两个以上不同的词根语素根据一定的语法关系组合成词。

一 单纯词

（一）单音节单纯词

在加茂话中，单音节单纯词最为常见，且分布于各词类中。例如：

pou^{55}	云	p^{h}a:ŋ^{55}	台风	ŋuən^{55}	个
fə:n^{55}	乡下	ta:u^{55}	下	t^{h}iau^{11}	二
huɯp^{51}	怕	su^{55}	里	ŋɔ^{55}	不

（二）双音节单纯词

由两个无意义、不能独立使用的音节合成的一个有意义的成词语素。根据构词音节的声韵特点，可分为双声、叠韵以及声韵全异三种类型。

1. 双声 由两个声母相同的音节构成。例如：

lu^{33}la^{33}	很多	lam^{55}lak^{55}	干脆	luŋ^{11}la:u^{31}	一样
lam^{55}liam^{51}	高兴	kaŋ^{33}kɔ:ŋ^{33}	蝴蝶	lu^{33}le^{55}	大方
vi^{33}van^{55}	头旋	tsam^{33}tsuak^{55}	青蛙	tam^{33}teŋ^{33}	辫子

2. 叠韵 由两个韵母相同的音节构成。这类词在双音节单纯词中所占的比例较少，例

词不多。例如：

dak³¹sak⁵⁵	打嗝	lu¹¹ku³¹	粗鲁
seŋ³³keŋ³³	故意	ta³³tʰa⁵¹	结巴

3. 声韵全异　由两个声母韵母都不相同的音节结合而成。

kut⁵⁵tsə³¹	木耳	mak¹¹kəŋ⁵¹	辣椒	kai¹¹vɔ⁵¹	螳螂
tʰam³³lau⁵⁵	蚯蚓	tou¹¹maːu⁵⁵	东西	po⁵¹suək⁵⁵	椰子
lip³¹pou¹¹	蜈蚣	tʰam³¹zəːu¹¹	腰	pan³³tsai¹¹	胸脯

（三）多音节单纯词

多音节单纯词由三个或以上无意义的音节构成。这类词一部分是固有词。例如：

tet⁵⁵tou¹¹ta³¹	鹧鸪	loŋ⁵¹ɔ⁵¹tsiːt⁵¹	手茧	mɔːt⁵⁵ok⁵¹aːi⁵⁵	咽气

还有一部分来自海南闽语的借词。例如：

dua³³tʰau¹¹sɔŋ¹¹	鳙鱼	tʰou¹¹di⁵¹koŋ³³	土地公	ta³³bɛ⁵¹koŋ³³	巫师

本书把以全借方式吸纳的汉借词都视作单纯词，不视作复合词。

二　合成词

（一）形态构词法

形态构词指的是用某种形态手段构成新词。加茂话的形态构词法主要有两种：一是派生法，二是重叠法。

1. 派生法

派生法是在词根语素上附加虚语素的构词方法。根据虚语素在词中的位置，派生合成词可分为前附式和后附式两种。

（1）前附式

虚语素附加在词根语素前面，这类语素常见的有 kɯ³¹-、mɯ³¹-、nɔːu⁵¹- 和 min¹¹-（lin¹¹-）。其中，除了 kɯ³¹-，其他虚语素仅用于名词。

A. kɯ³¹-

kɯ³¹- 可构成不同的词类。例如：

名词：	kɯ³¹vɯat⁵⁵	风	kɯ³¹len¹¹	土
	kɯ³¹pʰɔːn⁵⁵	昨天	kɯ³¹pia⁵⁵	旁边
动词：	kɯ³¹tsɯi⁵⁵	种	kɯ³¹det⁵⁵	蹦
	kɯ³¹aːu⁵⁵	休息	kɯ³¹ləːn¹¹	打呼噜
形容词：	kɯ³¹laːu⁵⁵	圆	kɯ³¹tiam⁵⁵	横
副词：	kɯ³¹fuəi⁵⁵	忽然	kɯ³¹tsaːt⁵¹	刚才

量化词：kɯ³¹pʰaːi⁵¹　　　单　　　　　　kɯ³¹um⁵⁵　　　双

　　　　　kɯ³¹pɯəŋ⁵⁵　　　一半

kɯ³¹-的指称范畴较为广泛，可构成不同语义类别的名词。例如：

动物类：　　　　　kɯ³¹tek⁵⁵　　壁虎　　kɯ³¹jaŋ⁵¹　　蜥蜴　　kɯ³¹tsaːu¹¹　布谷鸟

　　　　　　　　　kɯ³¹fuaŋ¹¹　蟋蟀　　kɯ³¹pəŋ¹¹　屎壳郎　　kɯ³¹ləːn¹¹　蛔虫

果菜类：　　　　　kɯ³¹tsa⁵¹　　菠萝　　kɯ³¹laːŋ⁵¹　茄子

自然物象类：　　　kɯ³¹vɯat⁵⁵　风　　　kɯ³¹tin⁵⁵　　路　　　kɯ³¹len¹¹　　土

　　　　　　　　　kɯ³¹puəŋ⁵¹　沙尘　　kɯ³¹tuːn³³　阵雨　　kɯ³¹tut¹¹　　岭

时间类：　　　　　kɯ³¹ziau¹¹　明天　　kɯ³¹na⁵⁵　　后天　　kɯ³¹ka³¹　　大后天

　　　　　　　　　kɯ³¹pʰɔːn⁵⁵　昨天　　kɯ³¹vɔːn⁵⁵　整天　　kɯ³¹duən⁵¹　中午

人体及动物部位类：kɯ³¹tɔ¹¹　　额头　　kɯ³¹puan⁵⁵　淋巴结　kɯ³¹ko⁵⁵　　耳朵

　　　　　　　　　kɯ³¹kaːu⁵¹sei⁵⁵　　水牛蹄　　kɯ³¹deⁿ⁵¹ɔ⁵¹　鸡嗉子

　　　　　　　　　kɯ³¹kaːu⁵¹nau⁵⁵　　黄牛蹄

工具类　　　　　　kɯ³¹tsiːu¹¹　筛子　　kɯ³¹sɯ⁵¹　　碓　　　kɯ³¹lu¹¹　　臼

　　　　　　　　　kɯ³¹tʰɔːŋ⁵¹　锤子　　kɯ³¹lɔːt³¹　　筲箕　　kɯ³¹kɔk⁵⁵　钩子

日常用具类：　　　kɯ³¹tun⁵¹　　床　　　kɯ³¹ŋəːn¹¹　凳子　　kɯ³¹lei⁵¹　坛子

其他：　　　　　　kɯ³¹siak⁵⁵　垃圾　　kɯ³¹fɯːn¹¹　戒指　　kɯ³¹u⁵⁵tso⁵⁵　老姑娘

　　　　　　　　　kɯ³¹liəŋ¹¹　妯娌　　kɯ³¹tsuən³¹　笛子　　kɯ³¹ŋaːn⁵⁵　花蒂

B. mɯ³¹-

mɯ³¹-主要用于果菜类及粮食类名词。

果菜类的如：

mɯ³¹tʰum⁵⁵　石榴　　　mɯ³¹luəŋ⁵⁵　槟榔　　　mɯ³¹boŋ³¹　柚子

mɯ³¹liət⁵⁵　菠萝蜜　　mɯ³¹tɯan⁵⁵　荔枝　　　mɯ³¹kʰɯat⁵⁵　青菜

粮食类的如：

mɯ³¹tiau¹¹　芝麻　　　mɯ³¹ŋou⁵⁵　糯稻　　　mɯ³¹tɯi⁵⁵　粳米

C. nɔːu⁵¹-

nɔːu⁵¹-用于构成专表树木等的名词。例如：

nɔːu⁵¹sai⁵⁵　树　　　　nɔːu⁵¹diau⁵⁵　大叶榕　　nɔːu⁵¹ȵum³¹　小叶榕

nɔːu⁵¹mian⁵⁵　黄麻　　nɔːu⁵¹kʰuən⁵⁵　桑树

D. min¹¹-（lin¹¹-）

min¹¹-构成的词较少，分散于不同语义类别的名词中。也有人将min¹¹-读成lin¹¹-。

所构成的词中，天象类的如min¹¹vuəi⁵⁵"天"，抽象事物类的如min¹¹taːi³¹"知道"、

min¹¹duəi⁵¹ "听到"，其他类如 min¹¹muən⁵⁵ "大门"、min¹¹lo⁵⁵ "村口"。

（2）后附式

加茂话有时会在动词词根后加上形容词性词根的重叠形式，以表示性状或程度的加深。例如：

mai⁵⁵mok³³mok³³ 看不清   tsu¹¹min³¹min³¹ 笑眯眯

kʰə:n⁵⁵be:n¹¹be:n⁵¹ 形容爬树爬得很高   kʰɛ⁵¹lə:u¹¹lə:u¹¹ 握紧紧

ɯt⁵⁵lun³³lun⁵⁵ 砍光光   kuən⁵⁵tʰa:ŋ³¹tʰa:ŋ³¹ 烧光光

这类词一般是说话人在刻意强调动作的结果和程度时才会使用。

2. 重叠法

加茂话重叠构词的类型主要有两种，一种是单音节重叠构词，另一种是四音格重叠构词。

（1）单音节重叠

这一类重叠多构成形容词，个别还可构成副词和名词。这类词由词根语素重叠而成，有两种类型。

一是单音节词根重叠后表程度加深，语义更具体。例如：

tsa:ŋ⁵¹tsa:ŋ⁵¹ 刚才   tʰa:ŋ³¹tʰa:ŋ³¹ 清   den³¹den³¹ 陡

刚   刚   清   清   陡   陡

二是单音节词根重叠之后引申出一个新的意义。例如：

tsəŋ³¹tsəŋ³¹ 小心   na:m⁵⁵na:m⁵⁵ 稀   nɛ⁵¹nɛ⁵¹ 现在

慢   慢   水   水   这 这

（2）四音格重叠

加茂话的四音格形式有固定式的，也有自由式的。自由式的四音格形式属于短语的范畴，我们这里只考虑固定式的四音格形式。

这类四音格形式由四个音节按照一定的重叠形式构成，是一个凝固的、结构化的、具有完整意义的语言单位，在句中的作用相当于一个词。加茂话四音格重叠构词常见的形式有 ABAC 式和 AABB 式，偶见 ABAB 式。

A. ABAC 式

第一音节和第三音节重叠，从词性来看，重叠的构词语素有体词性的也有谓词性的。例如：

sa⁵¹tsak³¹sa⁵¹tsei¹¹   形容随便洗（sa⁵¹ "洗"，动词）

洗   洗

kum¹¹pɔŋ⁵⁵kum¹¹tʰa:ŋ¹¹   形容光线十分昏暗（kum¹¹ "埋"，动词）

埋   雨   埋   阳光

$k^hou^{55}pu^{11}k^hou^{55}lǝp^{51}$　　　形容长得白白净净（k^hou^{55} "白"，形容词）

白　　　　白

$lǝm^{31}nɔk^{55}lǝm^{31}niau^{55}$　　　漂亮的新鞋子（$lǝm^{31}$ "鞋子"，名词）

鞋　漂亮鞋　新

$kɔːm^{11}fǝːn^{55}kɔːm^{11}t^hu^{31}$　　　全村（$kɔːm^{11}$ "个"，量词）

CL　村　CL　家

另外，第一音节和第三音节也可以是无实义的音节。例如，$ma^{33}li^{55}ma^{33}lɔk^{51}$ "糊涂"（$li^{55}lɔk^{51}$ 即为 "糊涂" 义，两个音节前附无意义音节 ma^{33} 表示强调）。再如，$lu^{33}li^{55}lu^{33}lit^{55}$ "（树枝）摇摇晃晃"（$li^{55}lit^{55}$ 是 "摇晃" 的意思，lu^{33} 为无意义音节）。

ABAC式中，第二音节和第四音节的构成成分，有些是具有独立意义的双音节词，或者彼此间存在类义关系，还可以是同范畴的语法标记。例如：

$pai^{55}tsak^{31}pai^{55}tsei^{11}$　　　形容走路不稳（$tsak^{31}tsei^{11}$ "随便"，是一个词）

走　　　走

$kɔːm^{11}naːm^{55}kɔːm^{11}len^{11}$　　　所有地方（$naːm^{55}len^{11}$ "地方"，是一个词）

CL　　　　CL

$t^hum^{11}haːu^{11}t^hum^{11}k^ham^{55}$　　　表示无须忌讳（$haːu^{11}$ 和 k^ham^{55} 都与宗教有关）

埋　祭拜埋　禁忌

$leŋ^{51}haŋ^{55}leŋ^{51}tei^{51}$　　　表示一起过日子（$haŋ^{55}$ 和 tei^{51} 都是生活的基本需求）

做　粮食做　吃

$ŋek^{55}hai^{55}ŋek^{55}t^hen^{51}$　　　形容脾气很犟（hai^{55} 是完整体标记，t^hen^{51} 为表重复的助词）

硬　　　硬

B. AABB式

大多由两个形容词性语素的重叠式组合而成，两个语素语义相似或相关，通常为双声，而且声调大都相同。例如：

$nit^{55}nit^{55}nǝːp^{31}nǝːp^{31}$　　　密密麻麻　　　　$nɔk^{55}nɔk^{55}nǝk^{55}nǝk^{55}$　　　一表人才

小　小　细　细　　　　　　　　美　美　好看 好看

$du^{55}du^{55}deŋ^{55}deŋ^{55}$　　　各种各样　　　　$din^{55}din^{55}dǝn^{55}dǝn^{55}$　　　光秃秃

种　种 各类各类　　　　　　　　光　光　亮　亮

C. ABAB式

这类格式主要是拟声词或拟态词的重叠。例如：

$p^hik^{11}p^hak^{31}p^hik^{11}p^hak^{31}$　噼里啪啦　　　　$tsi^{11}tsuǝt^{31}tsi^{11}tsuǝt^{31}$　　　窸窸窣窣

$lik^{11}lǝk^{11}lik^{11}lǝk^{11}$　　　吱吱呀呀

ABAB式也可用于列举。例如：

lo⁵⁵ kɛ¹¹   lo⁵⁵ kɛ¹¹   大大小小，参差不齐

大   这样   大   这样

在加茂话中，四音格形式能使词语增加某种修辞色彩，在需要增强表达效果的叙述语体和祭祀话语中尤为常用。

（二）复合构词

复合构词是指两个词根语素通过一定的句法手段构造成词。

1. 并列式

由两个意义相对、相近或相同，且词性相同的词根语素组合而成。二者地位平等，意义没有主次之分，共同表达一个具体而完整的概念。

（1）词根语素为名词性的。例如：

haŋ⁵⁵vo¹¹   嫁妆   muən¹¹suŋ⁵⁵   嘴巴   tʰa¹¹naːu⁵¹   夫妻

粮食 衣服   口   嘴唇   夫 妇

pəːu¹¹tsə³¹   祖宗   u⁵⁵nuəi⁵¹   姊妹   mɔn⁵⁵suət⁵¹   末尾

爷 奶   姐 妹   末端 尾部

（2）词根语素为形容词性的。例如：

fuəi⁵⁵tʰəːt³¹   夹生

熟   生

一般来说，并列式复合词不需要并列标记，但如果两个构成成分的语音形式不对等，有时需要添加表示并列的标记lep¹¹。例如：

kɯ³¹vɔːn⁵⁵kɯ³¹sɔːp⁵¹   一昼夜   kɯ³¹vɯat⁵⁵lep¹¹pɔŋ⁵⁵   暴风雨

白天   晚上   风   和 雨

kɯ³¹vɔːn⁵⁵kɯ³¹sɔːp⁵¹"一昼夜"中kɯ³¹vɔːn⁵⁵"白天"和kɯ³¹sɔːp⁵¹"晚上"两个构词语素皆为派生形式，语音形式一致，无需并列标记连接。kɯ³¹vɯat⁵⁵lep¹¹pɔŋ⁵⁵"暴风雨"中kɯ³¹vɯat⁵⁵"风"和pɔŋ⁵⁵"雨"的音节数量不同，需要在二者之间添加并列标记。

2. 修饰式

修饰式复合词在加茂话的词汇系统中占有很大的比例。在加茂话中，固有的修饰式结构是中心语素在前，修饰性语素在后。从中心语素的构成来看，修饰式复合词又可分为定中式和状中式两类。

（1）定中式

定中式复合词的中心语素一般为名词性语素，但修饰性语素可以是名词性语素也可以是谓词性语素。这里有以下几种情形值得注意：

A. 前一个语素表示事物的类别，后一个语素为事物的专称，构成"类名 + 专名"格式。两个语素结合后构成某种特定事物的名称。例如：

nɔːk⁵¹（鸟类）：nɔːk⁵¹bat⁵⁵　麻雀　　nɔːk⁵¹baːŋ⁵¹　猫头鹰　　nɔːk⁵¹kiŋ⁵¹　鸬鹚

naːm⁵⁵（流质）：naːm⁵⁵tʰɯi¹¹　口水　　naːm⁵⁵kuən¹¹　汞　　naːm⁵⁵kəːu¹¹　露珠

tʰai¹¹（某类人）：tʰai¹¹tʰa³¹　聋子　　tʰai¹¹buən⁵¹　笨蛋　　tʰai¹¹heːŋ³¹　瘸子

B. 由一个表事物类别的名词性语素与另一个复合式语素（多为述宾式）结合而成，构成"类名 + 复合语素"格式。后面的从属部分单用时有的是短语，但在结构中只作为构词语素组，用以对前一语素进行说明。两个语素结合后用于指称某一特定事物。例如：

dou⁵¹ 刀 + tʰaːŋ⁵⁵fuŋ¹¹ 砍柴→柴刀　　　　kʰua⁵⁵ 刀 + tʰəːŋ⁵⁵kiːu⁵⁵ 剃头→剃头刀

tsiək³¹ 席子 + tɯa⁵¹pəːk³¹ 晒谷子→晒席　　tʰai¹¹ 人 + haːm⁵⁵tʰou¹¹ 抓鱼→渔夫

C. 修饰性语素为形容词性语素，置于名词性语素之后，说明中心语素所指称事物的性质。例如：

tsan⁵⁵kʰa⁵⁵　干菜　　　siːn⁵⁵kʰou⁵⁵　火石　　　si³³kiːu⁵⁵ɯət⁵⁵　筐子

菜　干　　　　　　石头　白　　　　　　梳子　密

ləp¹¹sia⁵⁵　糙米　　　peːŋ³¹ziam¹¹　苦瓜　　　tsum⁵⁵tʰɯːu¹¹　蛋黄

米　糙　　　　　　瓜　苦　　　　　　蛋　红

D. 由名词性语素与动词性语素构成，动词性语素放在名词性语素后面，修饰、限定前一语素。这类情形较为少见。例如：

tsan⁵⁵pa⁵¹　芥菜　　　hɔːŋ¹¹tou⁵⁵liap⁵⁵　睫毛　　　naːm⁵⁵ɯat⁵⁵　汗

菜　腌　　　　　　毛　眼睛眨　　　　　水　冒

E. 修饰性语素和中心语素同为名词性语素，修饰性语素在后。两个语素结合表示一个完整的概念和意义。有以下几种语义关系：

a. 后一语素为前一语素所指称事物的材质或来源。例如：

tʰɯa¹¹təm⁵⁵ 斗笠　　　ləm³¹nɔːŋ⁵⁵　草鞋　　　tsiək³¹vɯən¹¹　席子

帽子 竹　　　　　　鞋 稻草　　　　　　席子 一种草

tɔːŋ⁵⁵siːn⁵⁵ 石槽　　　pai³³mian⁵⁵　被子　　　tʰei¹¹kui⁵⁵　铁犁

槽 石头　　　　　　被 麻　　　　　　犁 铁

b. 前一语素和后一语素为部分与整体的关系。例如：

vin⁵¹tʰɯ³¹　房檐　　　hɯət⁵⁵tou⁵⁵　眼珠　　　kʰou⁵⁵sai⁵⁵　树枝

檐 家　　　　　　核 眼睛　　　　　　树枝 树

hɯan¹¹tou¹¹ 田埂　　　pua⁵¹naːŋ⁵⁵　笋壳　　　tɯːn⁵⁵vo¹¹　袖子

边 田　　　　　　壳 笋　　　　　　臂 衣服

c. 前一语素隶属于后一语素，两者为领属关系。例如：

tsum⁵⁵nɔːk⁵¹　鸟蛋　　　　sai⁵⁵tso⁵⁵　拐杖　　　　tau⁵⁵kʰai⁵⁵　鸡虱
蛋　鸟　　　　　　　　木头老人　　　　　　　虱　鸡

fəːn⁵⁵lou⁵¹　客人　　　　kui⁵⁵pəi¹¹　猪油　　　　lu³¹pəi¹¹　猪圈
村子别人　　　　　　　油　猪　　　　　　　　圈　猪

此外，加茂话有少量定中式复合词的修饰性语素前置。这可能是汉语影响所致。例如：

maŋ⁵⁵tʰai¹¹　好人　　　　ai⁵⁵tʰai¹¹　　坏人　　　　maŋ⁵⁵huən¹¹　精神
好　人　　　　　　　　坏　人　　　　　　　　好　身体

sai⁵⁵kuak⁵⁵lɔ³¹　木耙　　kui⁵⁵kuak⁵⁵lɔ³¹　铁耙　　van⁵⁵nɛ⁵¹sɔːp⁵¹　今晚
木　耙　　　　　　　　铁　耙　　　　　　　今天　晚

（2）状中式

状中式复合词的修饰性语素一般是谓词性的，在表动作行为的中心语素前面出现，说明动作的方式、程度与状态。状中式复合词在加茂话的词汇系统中所占比例很小。常见的修饰性语素只有 maŋ⁵⁵ "好" 和 ai⁵⁵ "难" 两个。例如：

maŋ⁵⁵leŋ⁵¹　容易　　　　ai⁵⁵dɔːi⁵¹　难受　　　　ai⁵⁵huəi¹¹　　臭
好　做　　　　　　　　难 忍受　　　　　　　难　闻

ai⁵⁵mai⁵⁵　　丑　　　　ɔːi⁵¹leŋ⁵¹　能干　　　　maŋ⁵⁵ŋei³¹　好听
难　看　　　　　　　　会　做　　　　　　　　好　　听

这种格式可能也是复制了汉语结构的结果。

3. 述宾式

前一词根语素为谓词性，后一语素为名词性。根据前一语素词性的不同，述宾式可分为 "动＋名" "形＋名" 两种类型。

（1）"动＋名"

这一类型中，前一语素为动词性，其中的语义关系比较复杂。最常见的语义关系就是支配关系：前一语素表动作，后一语素为动作支配的对象。例如：

leŋ⁵¹kɔŋ⁵⁵　工作　　　　tset¹¹tʰɯ³¹　扫地　　　　leŋ⁵¹dat⁵¹li¹¹　唱歌
做　工　　　　　　　　扫　地　　　　　　　做　山歌

leŋ⁵¹taːk⁵¹　织布机　　　ɔp⁵¹fai³¹　雀斑　　　　tɔk⁵¹kʰiak⁵⁵　古怪
做 织锦　　　　　　　长　斑点　　　　　　　有　蹊跷

另一种是处于宾语位置的名词性语素实际上为施事。例如：

lip⁵⁵vuəi⁵⁵　闪电　　　　hu⁵⁵vuəi⁵⁵　打雷
闪　天　　　　　　　　叫　天

还有一种情况是后一语素语义上为动作所需的工具。例如：

tʰou¹¹pai⁵⁵	点火		up⁵¹naːm⁵⁵	洗澡
着 火			洗 水	

（2）"形＋名"

前一语素为形容词性，后一语素为名词性。两者之间是关涉或支配关系，不是修饰关系。例如：

pʰəːt⁵¹suŋ⁵⁵	啰唆	tʰɯːu¹¹tou⁵⁵	嫉妒	sei⁵⁵siau⁵⁵	形容心地坏
多 嘴		红 眼睛		黑 心	
dɯa⁵⁵tʰou⁵⁵	锅巴	taːk⁵¹ɔːk⁵¹	渴	paŋ¹¹tou⁵⁵	困
煳 饭		疼 喉咙		累 眼睛	

4. 补充式

前一语素表示动作，后一语素补充说明动作的结果和程度。补充成分由表趋向、情态的谓词性语素充当。例如：

mu³¹vou⁵⁵	得到	ŋei³¹nəːn¹¹	听见	huəi¹¹ŋiːŋ⁵⁵	香
得 到		听 得		闻 好闻	
mai⁵⁵lai⁵⁵	望	bun³³daŋ⁵⁵	分开	huəi¹¹hu⁵⁵	腥
看 远		分 出		闻 腥	

5. 附注式

附注式指的是对中心语素进行附注说明的构词方式。不同于附加式派生词的是，附注式复合词中表附注的语素语义没有虚化。可分为前附注与后附注两个小类。

（1）前附注

后一语素表事物，前一语素表示事物的单位，多由量词性语素充当。例如：

tʰeːm³¹tsou⁵⁵	岑	tiən⁵⁵lɯi¹¹	肠子	tʰɔk⁵⁵liək¹¹	关节
片 山		条 肚		节 骨头	
tʰɔk⁵⁵tin⁵⁵	半路	buən⁵⁵pe⁵⁵	弓	buən⁵⁵tɯa⁵⁵	篙子
节 路		根 弓		根 木筏	

（2）后附注

前一语素表示事物，后一语素为附注成分。后附注成分一般为拟声词，形象地描绘事物的性质特征。例如：

tou⁵⁵kia⁵¹	木屐	lɔːŋ⁵⁵tuŋ³¹	鼓	lɔːŋ⁵⁵se³¹	钹
眼 木屐的响声		鼓 敲鼓的声音		鼓 钹的声音	

第三节

词汇的构成

一 同源词

欧阳觉亚、郑贻青（1983：356）指出：加茂方言无论与哪一个方言相比，词汇相同数都很低；加茂方言与其他方言相同词平均数的百分比只有40.8%。我们将加茂话与其他黎语方言及台、侗水语支的语言进行比较，得出的结果是：加茂话的词汇有一部分与黎语其他方言土语同源，一部分与其他壮侗语同源，还有一部分是加茂话独有的。另外，加茂话也吸纳了不少汉借词。

（一）与黎语各方言土语一致的词

加茂话中有不少与黎语各方言、土语一致的词[①]。具体如表3-1、3-2所示。

表3-1　加茂话与黎语各方言土语一致的同源词

语言点 词	加茂	保定	中沙	黑土	西方	白沙	元门	通什	堑对	保城
远	lai^{55}	lai^1	lai^1	lai^1	lai^1	lai^1	lai^4	lai^1	lai^4	lai^1
姜	$k^h\mɯ\partial\eta^{51}$	$k^h\mɯ:\eta^1$	$k^h\mɯ:\eta^1$	$k^h\mɯ:\eta^1$	$k^h\mɯ\eta^1$	$k^h\mɯ\eta^1$	$k^h\mɯ\eta^1$	$k^h\mɯ:\eta^1$	$k^h\mɯa\eta^1$	$k^h\mɯ:\eta^1$
吩咐	$\eta a:n^{55}$	ηan^3	ηan^3	ηen^3	$\eta a\eta^3$	$\eta a\eta^3$	ηan^6	ηan^3	ηan^6	ηan^3

---

① 除了加茂话材料为作者调查，本小节所引黎语各方言土语语料全部来自《黎语调查研究》（欧阳觉亚、郑贻青1983）。所涉及的语言点为：侾方言（保定、中沙、黑土）、美孚方言（西方）、润方言（白沙、元门）、杞方言（通什、堑对、保城）。

语言点 / 词	加茂	保定	中沙	黑土	西方	白沙	元门	通什	堑对	保城
哭	ŋa:i⁵⁵	ŋai³	ŋai³	ŋei³	ŋai³	ŋai³	ŋai⁶	ŋai³	ŋai⁶	ŋai³
舌头	tʰi:n¹¹	ɬi:n³	ɬi:n³	di:n³	ɬiŋ³	ɬin³	ɬin³	ɬi:n³	ɬi:n³	ɬi:n³
布	təp⁵⁵	dop⁷	dap⁷	dap⁹	dap⁷	dap⁸	dap⁷	dop⁷	həuˀ⁴	dəp⁷
稻子	mə:t³¹	mu:n³	mu:n³	mu:n³	meuˀ³	mot⁸	mət⁸	mut⁷	mut⁸	mut⁷
不是	vai⁵⁵	gwai²	gai²	gai²	ɣai²	vai²	vai⁵	gwai²	vai²	hwai²
点头	ŋut⁵⁵	ŋut⁹	ŋut⁷	ŋoˀ³rau³	ŋot⁷	ŋut⁷	ŋək⁷	ŋut⁹	ŋut⁹	ŋut⁹
包	tʰu⁵¹	tʰu:k⁷	tʰu:ʔ⁷	tʰu:ʔ⁷	tʰuk⁷	tʰuk⁷	tʰu:ʔ⁷	tʰu:ʔ⁷	tʰuaʔ⁷	tʰu:ʔ⁷

　　加茂话有一些词仅与黎语某一两个方言或个别土语相同。总体说来，加茂话与杞方言的保城土语词汇相同数稍多。

表3-2　加茂话与部分黎语方言土语对应的同源词

语言点 / 词	加茂	保定	中沙	黑土	西方	白沙	元门	通什	堑对	保城
撮~盐	ȵim⁵⁵	tsim³	tse:m³	tse:m³	tse:m³	tem³	tem³	ȵim³	nim³	ȵim³
等~候	tʰa:u⁵¹	zo:ŋ¹	zo:ŋ¹	zaŋ¹	ŋo:ŋ¹	tʰau³	tʰau³	tʰau³	tʰau³	tʰau³
地天~	ku³¹len¹¹	van¹	ran¹	ren¹	ɣaŋ¹	faŋ¹	fan⁴	fan⁴	fan⁴	fan⁴
跌倒	da:u⁵⁵	dau²	dau²	dau²	do²	do²	do⁵	do⁵	do⁵	dɔ⁵
动	han³¹	han²	—	—	hen²	nɔŋ²	nɔŋ²	han⁵	han⁵	hən⁵
鹅	ŋə:n³¹	ŋe¹	ŋe¹	ŋe¹	ŋe¹	boŋ²	ŋuan²	ŋa:n⁵	bun⁵	ŋə:n⁵
舅母	mi¹¹	pei¹	pei¹	mi¹	pei¹	pei⁴	pei⁴	pei⁴	pʰei⁴	pei⁴
麻绳	la:m¹¹	ta:p⁸	ta:p⁸	da:i¹	ta:p⁸	duai¹	la:m²	da:i¹ pʰat⁷	da:i¹	la:m³
补~衣服	bo:m⁵¹	fo:n¹	fo:n¹	di:p⁸	fo:ŋ¹	fuaŋ¹	fu:n¹	fo:n¹	fɔ:n¹	bɔ:m¹
喂~养	fo¹¹	bou²	bau²	bou²	bau²	bau²	bau⁵	bau⁵	bo⁵	bɔ⁵

（二）与其他壮侗语相同的词

　　加茂话有部分词与黎语其他方言不同，而与壮侗语族台语支、侗水语支相同[①]。具体如表3-3所示。

表3-3　加茂话与其他侗台语的同源词

语言点\词	加茂	保定	保城	西方	白沙	泰语	版纳	龙州	布依	侗北
捉	$ha{:}m^1$	$po{:}k^7$	$pɔ{:}ʔ^8$	$po{:}k^7$	$pɔʔ^8$	$tsap^7$	—	—	—	hap^7
听~见	$ŋei^2$	$pleɯ^1$	$pleɯ^1$	$pleɯ^1$	$pleɯ^1$	—	—	—	$ȵie^1$	—
鸟	$nɔ{:}k^9$	tat^7	tat^7	sat^7	$tsʰat^8$	nok^8	nok^8	nuk^{10}	$zɔ^2$	$no^{3ˊ}$
进	$tʰau^4$	$ɬu{:}t^7$	$ɬu{:}t^7$	$ɬu{:}t^7$	$ɬu{:}t^8$	$kʰau^3$	xau^3	$kʰau^3$	$ɦau^3$	$lau^{3ˊ}$

（三）加茂话独有词

　　加茂话有不少与其他壮侗语言都不同源的词。具体如表3-4所示[②]。

表3-4　加茂话的独有词

语言点\词	加茂	保定	保城	泰语	版纳	武鸣	布依	侗南	水语	毛南
尿	$tsem^{51}$	dou^1	dou^1	$jiəu^5$	jeu^6	jau^6	$ȵu^6$	$ȵeu^5$	$ʔniu^5$	—
杀	tse^{31}	hau^3	hau^3	$kʰa^3$	xa^3	ka^3	ka^3	$sa^{3ˊ}$	ha^3	ha^3
黑色	sei^{55}	$dəm^3$	dam^3	dam^2	dam^1	dam^1	—	nam^1	$ʔnam^1$	nam^1
地方	len^{11}	kom^1	kum^1	—	—	$tiək^8$	—	—	—	—
花	$ŋua^{55}$	$tsʰe{:}ŋ^1$	$tsʰe{:}ŋ^1$	$dɔ{:}k^9$	$dɔ{:}k^9$	—	—	nuk^9	nuk^8	—
煮	$sa{:}u^{55}$	$ro{:}ŋ^2$	$lɔ{:}ŋ^2$	$huŋ^1$	—	—	$zuŋ^1$	$tuŋ^1$	$ɕuŋ^1$	$tuŋ^1$
渣滓	tu^{51}	$de{:}k^7$	$de{:}ʔ^7$	—	$saʔ^5$	ja^5	—	—	—	$ŋa^5$
硬	$lə{:}u^{11}$	$tsʰo{:}n^3$	$tsʰɔ{:}n^3$	$kʰɛ{:}ŋ^1$	$xɤ^1$	$kje{:}ŋ^1$	—	—	—	—
淹	$muan^{11}$	vat^7	vat^7	$tʰuəm^3$	$tʰom^3$	tum^6	tum^4	—	tum^4	—

---

①　本书中所引用的其他壮侗语语料来自《侗台语族概论》（梁敏、张均如 1996），所涉及的语言点为：台语支的泰语、傣语（版纳）、壮语（龙州、武鸣）、布依语，侗水语支的侗语（侗北、侗南）、水语、毛南语，保定、保城、西方、白沙分别代表黎语的侾、杞、美孚、润方言。

②　这里选择了黎语标准点侾方言保定话及与加茂话稍为接近的杞方言保城土语进行比较，泰语、傣语（版纳）、壮语（武鸣）、布依语属于台语支，侗语（侗南）、水语、毛南语属于侗水语支。

词 ＼ 语言点	加茂	保定	保城	泰语	版纳	武鸣	布依	侗南	水语	毛南
甜	tɯ⁵⁵	deːŋ¹	deːŋ¹	waːn¹	vaːn¹	vaːn¹	vaːn¹	kʰwaːn¹ˊ	faːn¹	faːn¹
瘦	ŋaːu⁵⁵	lei³	lei³	pʰɔːm¹	jɔm¹	ploːm¹	pjom¹	wum¹	ʔɣum¹	ʔwoːm¹
圆	kɯ³¹laːu⁵⁵	hwom¹	hum¹	mon²	mun²	—	duːn¹	ton²	—	doːn²

二　汉借词

因与汉语频繁接触，加茂话的词汇系统也吸纳了不少当地的汉语方言词，主要是借自海南闽语的词。汉借词多为新词或术语，但基本词汇中也渗透了不少借词。民族固有词和借词并存并用的现象很普遍，甚至部分常用词汇有逐渐被借词替换的趋势。比如，在表达亲属称谓、数字等概念时，35 岁以下的年轻人基本都使用汉借词。由此可见，加茂话受汉语影响之深。

加茂话中的汉借词，一般都遵从加茂话的构词规则。但同时，借词对加茂话也会有逆向影响，如修饰结构中出现了修饰语前置的现象。从构词特点来考察，加茂话的汉借词（海南闽语借词）有以下几种类型：

（一）全音译词

这是主要的借词类型，指将汉语的语音和语义整体照搬过来的借词。这类借词指称的一般都不是当地常见的事物及现象。因为是直接借用，故借词无论有多少个音节，皆可视为单纯词。例如：

di⁵¹tsiən³¹	地震	tui³¹ni¹¹	水泥	soŋ³³meŋ³¹	清明
pʰiŋ¹¹kuəi³¹	苹果	kau³³liaŋ¹¹	高粱	iu¹¹sai¹¹	油菜
tʰou¹¹di⁵¹koŋ³³	土地公	liak⁵¹daːu³³	绿豆	tau³³taːi³¹	厨房

（二）半音译词

半音译借词有两种类型。一种是复合词的两个构词语素一个为固有语素，一个为汉语语素。两个部分按照固有的构词规则构成新词。例如（加粗部分为汉语语素）：

tu³³tʰiək³¹lat⁵⁵	连环画	**deŋ³¹**tʰɯ³¹	房顶	dau⁵⁵**tsen³³**	蒸笼
书 小孩		顶 房		锅 蒸	
pʰun³¹sai⁵⁵	木盆	**baːn¹¹**ŋɔːu³¹	酒壶	**kʰəːn⁵⁵**mɔːu³³	上坟
盆 木头		壶 酒		上 坟墓	

还有一种类型是汉语音译词与表类属的前附虚语素或名词性语素结合。例如：

ku³¹ku¹¹　　锯子　　　　ku³¹tuan⁵⁵　　钻子　　　ku³¹pʰaːu³¹　　刨子

muat⁵⁵kiət⁵⁵　橘子　　　tʰai¹¹ua³³kok⁵⁵　外国人　　naːm⁵⁵tʰo³³fou⁵⁵　酸汤

（三）仿译词

指的是用加茂话的固有语素逐个对译汉语语素的借词。这类借词的构词形式一般合乎固有词的构词规则，但有的也会参照汉语的构词格式。例如：

mai⁵⁵taːk⁵¹　看病　　　taːu⁵⁵puət⁵¹　除夕　　　daŋ⁵⁵nən¹¹　满月
看　病　　　　　　　三　十　　　　　　　出　月

ŋei³¹hu⁵⁵　听话　　　nou⁵⁵na⁵⁵　　淘气　　　tei⁵¹tso⁵⁵　　吃药
听　话　　　　　　　厚　皮　　　　　　　吃　药

tʰɯːu¹¹tou⁵⁵　嫉妒　　maŋ⁵⁵tʰai¹¹　好人　　　ai⁵⁵tʰai¹¹　　坏人
红　眼　　　　　　　好　人　　　　　　　坏　人

半音译词与仿译词是词汇系统受汉语影响较深的体现，意味着汉语语素已经渗入加茂话的语言系统，成为构词的材料。随着使用频率的增加，借词语素与固有语素的界限越来越模糊，更多的借词语素参与到了新词的构造中。而语言接触进一步加深的结果则是加茂话固有的构词规则发生了变化，出现了新的规则，如maŋ⁵⁵tʰai¹¹"好人"、ai⁵⁵tʰai¹¹"坏人"等。

第四节

民俗文化词

一　服饰

　　加茂支系的女性传统服饰分为上衣和下装。因受汉族文化影响较深，上衣均为高领右衽开襟衣，颜色较多样，有黑色、蓝色、白色、粉色等。蓝色上衣相对常见。年轻女性的上衣下摆一般为弧状，更能凸显女性的温柔。

　　下装叫 li:n^{11}"筒裙"。li:n^{11} 一般长而宽，裙头和裙尾宽度基本一致，穿着时将多出的裙头折回身后，用裙带系紧裙子，在臀部形成一个褶纹，让裙子底部变宽，便于行走。筒裙分为三个部分，裙头和中间部分为黑色的横线条纹，裙尾部分为精美的彩色花纹。大部分女性喜在裙尾花纹处嵌入闪闪发亮的云母片。

　　旧时筒裙大多长至脚踝，但现代年轻女性将其改良成稍短的款式，显得较为青春活泼。

图 1　黎族加茂支系女性服饰
三亚海南热带海洋学院 /2013.10.5/ 王哲波　摄

图 2　筒裙下摆花纹图案　保亭加茂镇金不弄村 /2017.10.5/ 吴艳 摄

二　纺织

（一）kɯ³¹taːk⁵¹ "腰织机"

织锦技艺是黎族的传统工艺，旧时黎族妇女都要掌握这一纺织技术。近几年来，政府很重视非物质文化遗产的保护工作，各地兴起了学习传统织锦技艺的热潮，加茂地区也不例外。织锦的工具为 kɯ³¹taːk⁵¹ "腰织机"。

腰织机由长短、粗细、形状不一的木制或竹制的棍子构成。纺织的时候，操作者要戴上红藤或椰子树皮编织的腰带，将腰带两头的绳子扣在腰织机上，伸直双脚席地而坐，脚蹬脚力棍，由腰部的力量来牵引腰织机，利用身躯一俯一仰的活动使经线和纬线一张一弛。同时，熟练地用竹棍挑起部分

图 3　腰织机（正面）　保亭加茂镇金不弄村 /2017.10.5/ 吴艳 摄

图 4　腰织机（侧面）　保亭加茂镇金不弄村 /2017.10.5/ 吴艳 摄

图 5　织锦　保亭加茂镇金不弄村 /2017.10.5/ 吴艳　摄

经线，把卷有纬线的梭子穿过去，再用打纬刀把纬线压紧。这样，周而复始，美丽的花纹便织出来了。

过去，黎族姑娘在出嫁前都要学会织锦，出嫁时要身着自己亲手织制的筒裙。所以说，腰织机也是男性送给女性的定情信物。

（二）腰织机部件

1. pʰeːn⁵¹ket⁵⁵ "腰带"

一般用红藤、椰子树皮编织而成，宽度约10厘米，长短因个人体型而异，两端各有一根直径约2厘米、长约12厘米的圆棍，圆棍中间各系有一条绳子。

2. sep⁵⁵tsɯi⁵⁵ "腰力棍"

方形，宽约4厘米、长约60厘米，两端各有4个小足，用于捆绑夹线尺和腰带。

3. beːn⁵⁵kəːp³¹liːn¹¹ "夹线尺"

长度与腰力棍相同，宽约3厘米、厚约1.5厘米，主要的功用是与腰力棍一起夹紧经线。腰带、腰力棍和夹线尺一同起到固定腰织机的作用。

4. ta⁵⁵ "打纬刀"

由坚实耐磨表面光滑的木材制成。刀长约65厘米，宽约10厘米，刀背厚约2厘米，一头尖，利于穿扦。打纬刀的功能是压紧纬纱。

5. haŋ¹¹ "梭子"

用来投送纬线，起到穿经引纬的作用。其中的细竹竿约30厘米长。

6. ket⁵⁵sɔːk⁵¹ "综杆"

由木棍或竹子制成，一般长约50厘米，直径约0.5厘米，起到操纵经线交替、控制经线和纬线织造变化的作用。

7. hau¹¹ "提花综杆"

起织造图案的作用。有大小之分，大的叫 maːi⁵¹hau¹¹，小的叫 tʰiək³¹hau¹¹。提花综杆的数量多寡视图案的复杂程度而定，少则几根，多则30多根。

8. kɯ³¹tʰuət¹¹ "分经棍"

成对使用，木制或竹制，长约55厘米，宽约2厘米。一根提上，一根提下，使经线分成上下两部分，形成面经和底经。

9. hau¹¹fei¹¹ "盘线杆"

由一根长约60厘米的细竹制成，主要是控制线的密度，保持布幅的宽度一致。

10. kɯ³¹tɯp⁵¹ "脚力棍"

木制，直径约3.5厘米、长约60厘米。织布时两脚蹬其两端，与腰带、腰力棍一起绷紧经线。

11. miən¹¹ti⁵⁵ "豪猪刺"

长约20厘米，一头尖，头部串一团蜂蜡。用来挑线、接线、解结、解绞和擦磨打纬刀。

三　生活用具

（一）pʰaŋ⁵¹na⁵⁵luəŋ⁵⁵ "扇子"

当地人将槟榔树皮浸泡后压平，剪成扇子状。na⁵⁵luəŋ⁵⁵ 即"槟榔皮"之义。

图6　扇子　保亭加茂镇金不弄村 /2017.10.5/ 吴艳 摄

（二）kɯ³¹leŋ⁵⁵viːu³¹ **"葫芦水桶"**

一种挑水工具，用老葫芦瓜来制作。在瓜蒂处开个洞，用白藤编织成网状套住瓜身，并在两端系上绳子，便可用来挑水。

图 7　葫芦水桶　　保亭保城镇天艺酒店 /2018.5.27/ 吴艳　摄

（三）kɯ³¹puŋ⁵⁵ **"藤篓"**

竹藤编织制品与黎族人民的生产生活息息相关，黎族人民常常用藤类植物制成各种生活用具。kɯ³¹puŋ⁵⁵ "藤篓" 是黎族人民过去用来放置衣物的生活用具。

图 8　藤篓　　保亭保城镇天艺酒店 /2018.5.27/ 吴艳　摄

（四）tuəŋ⁵⁵ "簸箕"

tuəŋ⁵⁵是黎族地区最常见的生活用具，由竹篾编织而成，直径较大，编得较密，用途广泛。平日用于晾晒物品，还能用来扬米去糠，制作糯米酒时可用以放置待发酵的熟糯米。

图 9　簸箕　保亭加茂镇金不弄村 /2017.10.5/ 吴艳　摄

（五）kɯ³¹lɔːt³¹ "筲箕"

kɯ³¹lɔːt³¹是用细竹篾丝编织的圆形浅竹筐，主要用来洗菜。

图 10　筲箕　保亭加茂镇金不弄村 /2017.10.5/ 吴艳　摄

（六）suaŋ⁵⁵ **"蓑衣"**

20世纪50年代以前，加茂地区的雨具主要是suaŋ⁵⁵ "蓑衣"。当地的蓑衣是用一种树的叶子编制的（树名为nɔːu⁵¹tuən⁵⁵）。蓑衣的制作工序是：先把nɔːu⁵¹tuən⁵⁵的叶子晒干，然后用麻绳把叶子从颈领处开始串缀连接，每层扩大2至3厘米，长度至小腿，无袖。

四　捕捞用具

（一）nam⁵⁵dou⁵¹、kuɯ³¹tsuk¹¹ **"腰鱼篓"**

过去，采集和渔猎是黎族社会主要的经济活动内容，腰鱼篓是黎族人民日常生活不可或缺的采集用具，分男用和女用两种。男用的叫nam⁵⁵dou⁵¹，竹制，长方形，竹条稍粗；女用的称为kuɯ³¹tsuk¹¹，花瓶状，竹制，竹条较细，形状稍小，较为精致。男女外出劳作须佩戴腰鱼篓，上山时将采集的野菜野果装回；种水田或捕捞时，可将河蚌、鱼、虾、螺、蚂蚱、螃蟹等野生小动物置于篓内。

图11　腰鱼篓　保亭加茂镇金不弄村 /2018.5.26/ 吴艳 摄

（二）lai¹¹kʰɔːu⁵⁵ **"筛式渔网"**

捕鱼工具，网口用弯木或红藤条做沿，形似筛子。使用时双手把持渔网边沿捞鱼。

图 12　篩式渔网　保亭加茂镇金不弄村 /2017.10.5/ 吴艳 摄

（三）ba:u⁵⁵ "捕鱼器"

捕鱼器在当地又叫"鱼笼"。鱼笼是黎族人民最常用的捕鱼工具，用竹篾条和山藤编织而成。

图 13　捕鱼器　保亭保城镇天艺酒店 /2018.5.27/ 吴艳 摄

五 农业用具

（一）kɯ³¹tʰuːn⁵¹ "谷耙"

kɯ³¹tʰuːn⁵¹，木制，无耙齿。用以晒谷时将谷子均匀推开，收谷时将稻谷拢回。

图 14　谷耙　保亭加茂镇金不弄村 /2017.10.5/ 吴艳 摄

（二）eːk⁵¹sei⁵⁵ "牛轭"

种植水稻是黎族人民主要的农业生产活动，牛是耕种田地的重要牲畜。eːk⁵¹sei⁵⁵ "牛轭"则是牛犁地时不可或缺的工具，耕田时须套在牛颈上。牛轭为木制，呈人字形，约半米长，两棱。

图 15　牛轭　保亭保城镇天艺酒店 /2018.5.27/ 吴艳 摄

（三）lɔːŋ⁵⁵dok⁵⁵**"牛铃"**

lɔːŋ⁵⁵dok⁵⁵ "牛铃" 为木制，锁状，空心，内部有两根短木棍。旧时放牛时，为防止牛走丢，黎族人民会在牛脖上系上牛铃。牛一走动，牛铃里面的木棍相互撞击，发出"咚咚"的响声。牛走到哪儿，叮咚的牛铃声就响到哪儿。只要循着铃声就可寻得牛的踪迹，根本不用担心牛会走失。

图 16　牛铃　保亭保城镇天艺酒店 /2018.5.27/ 吴艳 摄

六　祭祀用品

kɯ³¹lou³¹**"竹编小篓"**

kɯ³¹lou³¹ 是祭祀小物件。逢年过节时，黎族人民把小篓挂在房中，并在篓内放置一些食物，用以祭祀祖先。以前也常用作装鸡粮的容器。

图 17　竹编小篓　保亭加茂镇金不弄村 /2017.05.26/ 吴艳 摄

七　婚俗

（一）boŋ⁵¹muɯ³¹luəŋ⁵⁵təːk³¹ **"问四人亲"**

男女双方定亲时，一般由双方村里四名能说会道的妇女（寡妇不能参加）带上谈定的彩礼，如槟榔、钱、烟丝等来商谈定亲。带来的槟榔是红蒂槟榔（在槟榔蒂上点上红色，有喜庆吉祥之意）。

（二）tʰiək³¹kɯ³¹u⁵⁵ **"姊妹侬"**

结婚时，为女方助兴的一群好姐妹，俗称tʰiək³¹kɯ³¹u⁵⁵ "姊妹侬"。姊妹侬主要由村里的姐妹们组成，也有其他村的好友和亲戚。姊妹侬少则二三十人，多则百人。人数越多，说明新娘的人缘越好。

（三）tei⁵¹kəːn¹¹ **"除草"**

举办婚礼当天的一项重要程序。新娘依次认识男方亲戚朋友之后，由男方家中一名女性亲戚带到村边的水田。新娘要光着脚，头戴竹笠走进水田，象征性地拔除杂草。tei⁵¹kəːn¹¹ "除草"仪式意味着新娘成为男方家族中重要的一员，今后要承担起家庭生产的重任。

（四）biːn⁵⁵ **"藤编筐"**

黎族地区常见的一种生活用具，由山藤编织而成，多用来盛放稻谷。男方去提亲时，要用 biːn⁵⁵ "藤编筐"来装米、瓜菜、槟榔等，由专人挑送至女方家。

图 18　藤编筐　保亭保城镇天艺酒店 /2018.5.27/ 吴艳　摄

八　饮食

（一）pa⁵¹kəːm⁵⁵ **"肉茶"**

pa⁵¹kəːm⁵⁵ 是黎族的一道风味菜品。"肉茶"实际上是一种腌渍品，主要用生肉腌制而成。还有另外一种鱼制的腌渍品叫 pa⁵¹tʰou¹¹ "鱼茶"。做法是将生肉或生鱼与煮熟的大米搅拌均匀，加入少许食盐，置于陶罐封存，发酵一个月后打开即可食用。腌透的鱼、肉异香扑鼻，酸鲜适口，令人回味无穷。"肉茶"和"鱼茶"腌透后开罐即食，也可和野生小茄子一起煮食。

（二）dau⁵⁵tseŋ³³ **"蒸酒器"**

加茂支系极少酿糯米酒，一般只喝蒸馏酒，所以大多数人家都有 dau⁵⁵tseŋ³³ "蒸酒器"。加茂支系常喝的酒有米酒、番薯酒、木薯酒、黍米酒等。这些酒的制作方法相同，只是原料有所区别。蒸酒时，把一盆蒸酒的原料（发酵的糯米、番薯、木薯等）倒入大铁锅里，加水稀释，然后把蒸酒器置于铁锅之上，蒸酒器上方又放一个小铁锅，往里注满冷水。在蒸酒器出酒口套上竹筒，便于酿出的酒水导入酒坛。所有有缝的连接部位都用湿布缠住，以免水蒸气外泄，影响出酒率。小铁锅的冷水烧热之后须换冷水，令蒸酒器里冒上来的蒸汽遇冷尽快冷却成酒水，以水滴状顺着竹筒滴入酒坛。

图 19 蒸酒器　保亭加茂镇金不弄村 /2017.10.04/ 吴艳 摄

第四章　分类词表

说明：

1. 第一节和第二节收录《中国语言资源调查手册·民族语言（侗台语族、南亚语系）》中的词汇条目，分别为通用词和扩展词。根据调查点语言实际情况有所删减。共2717条（不含同义词）均附视频。视频目录与《中国语言资源调查手册·民族语言（侗台语族、南亚语系）》词汇条目一致。（本语言不说的除外；同义词共用一个视频条目）第一节通用词，是语保工程调查中汉语方言与少数民族语言共有的调查词表。第二节扩展词，是专家学者根据各个语族的实际情况制定的调查词表。这两节皆分为如下14类：

一　天文地理	六　服饰饮食	十一　动作行为
二　时间方位	七　身体医疗	十二　性质状态
三　植物	八　婚丧信仰	十三　数量
四　动物	九　人品称谓	十四　代副介连词
五　房舍器具	十　农工商文	

2. 第三节为其他词，收录词条近800条，内容涉及天文地理、生产生活、动植物、称谓地名、祭祀文化、行为动作、性质状态等。

3. 词表中所有词条依实际读音记录。

第一节

《中国语言资源调查手册·民族语言（侗台语族、南亚语系）》通用词

一 天文地理

太阳~下山了 tou³³vɔːn⁵⁵

月亮~出来了 nəːn¹¹

星星 tsap¹¹tsin⁵¹

云 pou⁵⁵

风 kɯ³¹vɯat⁵⁵

台风 pʰaːŋ⁵⁵

闪电名词 lip³³vuəi⁵⁵

雷 hu⁵⁵vuəi⁵⁵

雨 pɔŋ⁵⁵

下雨 taːu⁵⁵pɔŋ⁵⁵

淋衣服被雨~湿了 pəːn¹¹

晒~粮食 tɯa⁵¹

雪 tɔːi⁵⁵

冰 beːŋ³³

冰雹 beːŋ³³

雾 naːm⁵⁵kəːu¹¹

露 naːm⁵⁵kəːu¹¹

虹统称 saŋ⁵¹tɔŋ⁵⁵

日食 viːŋ⁵⁵kuat¹¹tou³³vɔːn⁵⁵

月食 viːŋ⁵⁵kuat¹¹nəːn¹¹

晴天~seːt⁵¹

阴天~kum¹¹

旱天~kʰa⁵⁵

天亮 din⁵⁵

水田 tou¹¹

旱地浇不上水的耕地 pʰɔ⁵⁵

田埂 huən¹¹tou¹¹

　　 taŋ¹¹tou¹¹

路野外的 tʰiək³¹kɯ³¹tin⁵⁵

山 ŋuən⁵¹

　　 tsou⁵⁵

山谷 kʰɔːŋ⁵¹tsou⁵⁵

江大的河 naːm⁵⁵lo⁵⁵

溪小的河 tɔːp⁵¹

水沟儿较小的水道 vaːi⁵¹

池塘 do³¹

水坑儿地面上有积水的小洼儿 lɔk⁵⁵naːm⁵⁵

洪水 naːm⁵⁵hu¹¹

淹被水~了 muan¹¹

河岸 taŋ¹¹na:m⁵⁵

坝拦河修筑拦水的 ti:ŋ⁵¹

地震 di⁵¹tsiən³¹

窟窿小的 tʰiək³¹sua⁵⁵

缝儿统称 tʰiək³¹dep⁵¹

石头统称 si:n⁵⁵

土统称 kɯ³¹len¹¹

泥湿的 lɯa⁵¹

水泥旧称 tui³¹ni¹¹

沙子 kɯ³¹dei⁵⁵

砖整块的 tu:i³³

瓦整块的 hia⁵¹

煤油 kʰui⁵⁵deŋ³³

炭木炭 a:ŋ³³sai⁵⁵

灰烧成的 fa⁵⁵

灰尘桌面上的 kɯ³¹puəŋ⁵¹

火 pai⁵⁵

烟烧火形成的 hɯan¹¹

失火 tʰou¹¹pai⁵⁵

水 na:m⁵⁵

凉水 na:m³³sem⁵⁵

热水如洗脸的热水，不是指喝的开水 na:m⁵⁵hi:t³¹

开水喝的 ɔŋ¹¹

二 时间方位

时候吃饭的~baŋ³³ŋa:i¹¹

什么时候 baŋ³³la:i¹¹

现在 kan¹¹nɛ⁵¹

以前十年~si³³man³³mɔ⁵¹

以后十年~ziau¹¹na⁵⁵

今年 ma³³nɛ⁵¹

明年 ma³³tʰiəŋ¹¹

后年 ma³³na⁵⁵

去年 mɯ³¹lə:i¹¹

前年 mɯ³¹luəi³¹

年初 kua⁵¹si:ŋ⁵⁵

年底 suət⁵¹ma⁵⁵

今天 van³³nɛ⁵¹

明天 kɯ³¹ziau¹¹

后天 kɯ³¹na⁵⁵

大后天 kɯ³¹ka³¹

昨天 kɯ³¹pʰɔ:n⁵⁵

lin¹¹pʰɔ:n⁵⁵

前天 van³³tsa:u¹¹

大前天 van³³tsɯ:n¹¹

整天 kɯ³¹vɔ:n⁵⁵

每天 mui³¹vɔ:n⁵⁵

早晨 hɔm¹¹ziau¹¹

上午 hɔm¹¹ziau¹¹

中午 kɯ³¹duən⁵¹

下午 tɯən³³uəi⁵⁵

傍晚 kɯ³¹sɔ:p⁵¹

白天 kɯ³¹din⁵⁵

夜晚与白天相对，统称 kɯ³¹sɔ:p⁵¹

半夜 tʰa³¹sɔ:p⁵¹

u⁵¹sɔ:p⁵¹

大年初一农历 tʰau¹¹si:ŋ⁵⁵sɔ³³iət⁵⁵

元宵节 tʰiək³¹si:ŋ⁵⁵

清明 soŋ³³meŋ³¹

端午 pu¹¹nə:n¹¹

七月十五农历，节日名 dau⁵⁵nə:n¹¹tɔ:i⁵⁵

中秋 ku⁵⁵nə:n¹¹

除夕农历 ta:u⁵⁵puət⁵¹

星期天 seŋ³³kʰi¹¹ziət⁵¹

地方 paːk⁵¹

　　naːm³³len¹¹

什么地方 haŋ⁵⁵ŋaːi¹¹kɯ³¹sua⁵⁵

　　haŋ⁵⁵ŋaːi¹¹kɯ³¹paːk⁵¹

家里 tʰɯ³³tʰɯ³¹

城里 si⁵⁵

乡下 fəːn⁵⁵

上面从~滚下来 tap¹¹pʰɯ⁵¹

下面从~爬上去 tap¹¹tʰa⁵⁵

左边 ai¹¹həːi¹¹

右边 ai¹¹puək³¹

中间排队排在~ su³³u⁵¹

前面排队排在~hai³³tin⁵⁵

　　lau³³ŋaːn⁵⁵

后面排队排在~dak³¹dəːn⁵⁵

末尾排队排在~mɔn³³mit⁵⁵

对面 duːi¹¹tʰiəŋ¹¹

面前 haŋ⁵⁵tʰiəŋ¹¹

背后 haŋ⁵⁵kɯ³¹tuːt⁵¹

里面躲在~su³³laːi⁵¹

外面衣服晒在~haŋ⁵⁵kɯ³¹lɔːu¹¹

旁边 haŋ⁵⁵kɯ³¹pia⁵⁵

上碗在桌子~lau⁵⁵

下凳子在桌子~taːu⁵⁵hai⁵⁵

边儿桌子的~kɯ³¹taŋ¹¹

角儿桌子的~hau¹¹

上去他~了 kʰəːn⁵⁵

下来他~了 taːu⁵⁵

进去他~了 taːu⁵⁵

出来他~了 daŋ⁵⁵hai⁵⁵

出去他~了 daŋ⁵⁵hai⁵⁵

回来他~了 pə¹¹

起来天冷~了 a⁵⁵

三　植物

树 nɔːu⁵¹sai⁵⁵

木头 tʰɔk³³sai⁵⁵

竹子统称 təm⁵⁵

笋 naːŋ⁵⁵

叶子 pi³³sai⁵⁵

花 ŋua⁵⁵

花蕾花骨朵，专指槟榔花的 luəm⁵⁵

草 kəːn¹¹

藤专用来编制藤制品的 sɯa⁵¹

刺名词 haŋ¹¹

水果 mɯat⁵⁵

苹果 pʰiŋ¹¹kuəi³¹

梨 li¹¹

橘子 mɯat³³kiət⁵⁵

柚子 mɯ³¹boŋ³¹

石榴 mɯ³¹tʰum⁵⁵

甘蔗 sai³³mɯai⁵⁵

木耳 kut⁵⁵tsə³¹

蘑菇野生的 saŋ⁵⁵

香菇 saŋ⁵⁵lo⁵⁵

稻指植物 məːt³¹

稻谷指籽实（脱粒后是大米） pəːk³¹

稻草脱粒后的 nɔːŋ⁵⁵

谷子指植物（籽实脱粒后是小米） pəːk³¹

高粱指植物 kau³³liaŋ¹¹

玉米指成株的植物 mɯai⁵⁵

棉花指植物 bɔk⁵⁵

油菜油料作物，不是蔬菜 iu¹¹sai¹¹

芝麻 mɯ³¹tiau¹¹

豌豆 mɯ³¹tʰep¹¹

花生指果实 liau⁵⁵seŋ³³

黄豆 ui¹¹daːu³³

绿豆 liak⁵¹daːu³³

豇豆长条形的 mɯ³¹sɯa⁵¹

菠菜 bɔ³³sai¹¹

芹菜 kʰiən³¹

韭菜 sɔŋ⁵⁵pou¹¹

香菜芫荽 pʰaŋ³³sai¹¹

葱 sɔŋ⁵⁵

蒜 tuən¹¹tʰaːu³¹

姜 kʰɯəŋ⁵¹

辣椒统称 mak³¹kəŋ⁵¹

茄子统称 kɯ³¹laːŋ⁵¹

西红柿 taːi³³aŋ¹¹si⁵⁵

萝卜统称 lo¹¹paːk⁵¹

丝瓜无棱的 peːŋ³¹

南瓜 huəp³¹nɛ⁵¹

红薯统称 mɔːn⁵⁵

马铃薯 mɔːn⁵⁵ha¹¹

芋头 mɯa⁵¹ɔːu³³

山药圆柱形的 mɔːn⁵⁵suən⁵⁵

藕 liən¹¹ŋəːu³¹

四　动物

老虎 laːu⁵¹hou³¹

猴子 nɔːk⁵¹saːŋ⁵⁵

蛇统称 bəːt⁵¹

老鼠家里的 kɯ³¹keu¹¹

蝙蝠 kɯ³¹tʰiək⁵⁵

鸟儿飞鸟，统称 nɔːk⁵¹

麻雀 nɔːk⁵¹bat⁵⁵

喜鹊 bat⁵⁵tʰau⁵¹

乌鸦 ɯ⁵¹

鸽子 kɯ³¹pɔn¹¹

翅膀鸟的，统称 pʰi⁵¹

爪子鸟的，统称 kɯ³¹lep⁵⁵

尾巴 suət⁵¹

窝鸟的 lu³¹

虫子统称 zɔːt³¹

蝴蝶统称 kaŋ³³kɔːŋ³³

蜻蜓统称 tʰam³³tʰiu⁵¹

蜜蜂 tei⁵⁵

蜂蜜 naːm³³tei⁵⁵

知了统称 kɯ³¹kui⁵⁵

蚂蚁 pəːt³¹

蚯蚓 tʰam³³lau⁵⁵

蚕 zɔːt³¹

蜘蛛会结网的 tam³³taːi⁵¹

蚊子统称 kɯ³¹sak⁵⁵

苍蝇统称 kɯ³¹mɔːt⁵¹

跳蚤咬人的 tau⁵⁵

虱子 kɯ³¹kɔt⁵⁵

鱼 tʰou¹¹

鲤鱼 li³¹hu¹¹

鳙鱼胖头鱼 dua³³tʰau¹¹sɔŋ¹¹

甲鱼 duəp⁵¹

鳞鱼的 liːt⁵¹

虾统称 kɯ³¹ɔ⁵¹

螃蟹统称 saːk⁵¹

青蛙统称 kɯ³¹ŋai⁵⁵

癞蛤蟆表皮多疙瘩 kɯ³¹kəp⁵⁵

马 pə³¹

牛 sei^{55}

公牛统称nou^{55}sei^{55}

母牛统称ma:i^{51}sei^{55}

放牛pou^{55}sei^{55}

羊tsɯ^{55}

猪pəi^{11}

种猪配种用的公猪tsə:i^{31}pəi^{11}

公猪成年的，已阉的but^{55}pəi^{11}

母猪成年的，未阉的ma:i^{51}pəi^{11}

猪崽tʰiək^{31}pəi^{11}

猪圈lu^{31}pəi^{11}

养猪fo^{11}pəi^{11}

猫ȵa:u^{51}

公猫pʰou^{55}ȵa:u^{51}

母猫ma:i^{51}ȵa:u^{51}

狗统称pou^{11}

公狗pʰou^{55}pou^{11}

母狗ma:i^{51}pou^{11}

叫狗~ki:u^{55}

兔子tʰɔ:u^{11}

鸡kʰai^{55}

公鸡成年的，未阉的pʰou^{33}kʰai^{55}

母鸡已下过蛋的ma:i^{51}kʰai^{55}

叫公鸡~（即打鸣儿）huan^{11}

下鸡~蛋ta:u^{55}

孵~小鸡mɔ:k^{51}

鸭bet^{55}

鹅ŋɔ:n^{31}

阉~公猪tʰəŋ^{11}

阉~母猪tʰəŋ^{11}

阉~鸡tʰəŋ^{11}

喂~猪fo^{11}

杀猪统称tse^{31}pəi^{11}

杀~鱼（不用刀具，直接用手掐杀小鱼）tɔk^{55}

五　房舍器具

村庄一个~fə:n^{55}

盖房子leŋ^{51}tʰɯ^{31}

房子整座的，不包括院子tʰɯ^{31}

屋子房子里分隔而成的，统称卧室tə:n^{11}

茅屋茅草等盖的tʰɯ^{31}zə:u^{11}

厨房tau^{33}ta:i^{31}

灶统称ta:u^{11}

锅统称dau^{55}

饭锅煮饭的daŋ^{31}ba:u^{33}

菜锅炒菜的dau^{55}bian^{55}

厕所旧式的，统称kɔŋ^{33}ba:ŋ^{31}

檩左右方向的da^{55}kɛ^{11}

柱子kɯan^{11}

大门min^{11}muən^{55}

门槛儿soŋ^{51}ba^{55}

窗旧式的tʰiaŋ^{33}

梯子可移动的ba^{55}

扫帚统称tset^{11}sai^{55}

扫地tset^{11}tʰɯ^{31}

垃圾kɯ^{31}siak^{55}

家具统称ke^{33}ki^{51}

东西我的~tou^{11}ma:u^{55}

床木制的，睡觉用kɯ^{31}tun^{51}

枕头ŋə:n^{11}ki:u^{55}

被子麻制的pai^{33}mian^{55}

棉絮bɔk^{55}

席子山上的草制的tsiək^{31}vɯən^{11}

蚊帐ma:ŋ^{31}diə^{11}

桌子统称do^{55}

柜子统称$ku:i^{51}$

抽屉桌子的$lok^{55}da:u^{31}$

案子长条形的$be:n^{51}tou^{11}$

椅子统称i^{31}

凳子统称$kɯ^{31}ŋə:n^{11}$

菜刀$dou^{51}si:t^{51}tsan^{55}$

瓢舀水的zia^{11}

缸$kɔ:ŋ^{55}$

坛子装酒的~$kɯ^{31}lei^{51}$

瓶子装酒的~$ke:ŋ^{55}$

盖子杯子的~$ŋə:t^{11}$

碗统称$la:k^{51}$

筷子sep^{55}

汤匙$ke:ŋ^{33}$

柴火统称$fɯŋ^{11}$

火柴$huəi^{31}sua^{55}$

锁$sɔ^{51}$

钥匙$p^hou^{55}sɔ^{51}$

脸盆$miən^{33}p^hun^{31}$

毛巾洗脸用$miən^{33}p^he^{11}$

肥皂洗衣服用$huan^{33}kiən^{31}$

梳子旧式的, 不是篦子$si^{33}ki:u^{55}$

缝衣针$kə:t^{31}$

剪子$ka^{33}do^{33}$

蜡烛$la^{51}tsiak^{55}$

雨伞挡雨的, 统称$kɯ^{31}luəŋ^{51}$

自行车$dan^{33}sia^{33}$

六 服饰饮食

衣服统称vo^{11}

穿~衣服$sɔ:t^{51}$

脱~衣服$tsuət^{31}$

系~鞋带$k^hɔ:p^{51}$

衬衫$vo^{11}kai^{55}$

背心带两条杠的, 内衣$lap^{55}ta^{33}$

袖子$tɯ:n^{55}vo^{11}$

口袋衣服上的$ta^{33}doŋ^{31}$

裤子$si^{33}zə:u^{11}$

短裤外穿的$k^hou^{11}kuən^{55}$

帽子统称$be:u^{51}$

鞋子$ləm^{31}$

袜子$va:t^{51}$

尿布$kɯ^{31}let^{11}$

扣子$tsɔ:n^{31}$

扣~扣子lap^{11}

戒指$kɯ^{31}fɯ:n^{11}$

手镯t^huak^{55}

理发$ka^{33}tam^{33}ki:u^{55}$

梳头$si^{55}mɯ^{31}ki:u^{55}$

米饭$t^hou^{55}ləp^{11}$

稀饭用米熬的, 统称$t^hou^{55}na:m^{55}$

面粉麦子磨的, 统称$mi^{33}huən^{31}$

面条统称$mi^{33}diau^{11}$

馒头无馅的, 统称$man^{55}t^ha:u^{11}$

包子$ba:u^{33}tsi^{31}$

饺子$kiau^{33}tsi^{31}$

馅儿$mɯ^{31}dou^{31}$

油条长条形的, 旧称$iu^{11}diau^{11}$

豆浆$da:u^{33}ne^{33}$

元宵食品$nɛ^{51}dam^{33}dɔk^{55}$

粽子$nɛ^{51}taŋ^{11}bua^{31}$

年糕用黏性大的米或米粉做的$nɛ^{51}tɯ^{55}$

菜吃饭时吃的, 统称$tsan^{55}$

干菜统称tsan⁵⁵kʰa⁵⁵

豆腐 da:u³³hu³³

猪血当菜的tʰə:t³¹pəi¹¹

猪蹄当菜的hɔ:k⁵¹pəi¹¹

猪舌头当菜的lɔŋ³³tʰi:n¹¹pəi¹¹

猪肝当菜的ŋə:n¹¹pəi¹¹

鸡蛋 tsum⁵⁵kʰai⁵⁵

猪油 kui⁵⁵pəi¹¹

酱油 tsiə⁵⁵iu¹¹

盐名词nə:u¹¹

醋 sɔ:u¹¹

香烟 tso⁵⁵

旱烟 dau³³tso⁵⁵

白酒 ŋə:u³¹kʰou⁵⁵

江米酒酒酿，醪糟na:m³³fai³¹

茶叶 pi⁵⁵de¹¹

沏~茶son³³

做饭统称sa:u⁵⁵tʰou⁵⁵

炒菜统称，和做饭相对sa:u³³tsan⁵⁵

煮~带壳的鸡蛋sa:u⁵⁵

炸~油条tsa¹¹

蒸~鱼tseŋ³³

揉~面做馒头等nua³¹

擀~面|~皮儿ŋa:t⁵¹

吃早饭 tei⁵¹tʰou⁵⁵hɔm¹¹ziau¹¹

吃午饭 tei⁵¹tʰou⁵⁵kɯ³¹duən⁵¹

吃晚饭 tei⁵¹tʰou⁵⁵kɯ³¹sɔ:p⁵¹

吃~饭tei⁵¹

喝~酒ɔ:k⁵¹

喝~茶ɔ:k⁵¹

抽~烟ɔ:k⁵¹

盛~饭hi:u⁵⁵

夹用筷子~菜kə:p³¹

斟~酒pʰɔŋ⁵⁵

渴口~ta:k⁵¹ɔ:k⁵¹

饿肚子~ta:k⁵¹len¹¹

噎吃饭~着了ŋɯan⁵⁵

七　身体医疗

头人的，统称mɯ³¹ki:u⁵⁵

头发 tam³³ki:u⁵⁵

辫子 tam³³ten³³

旋 vi³³van⁵⁵

额头 kɯ³¹tɔ¹¹

相貌 heŋ³¹

脸洗~pʰan⁵⁵

眼睛 kɯ³¹tou⁵⁵

眼珠统称hɯət³³tou⁵⁵

眼泪哭的时候流出来的na:m³³tou⁵⁵

眉毛 hɔ:ŋ¹¹tou⁵⁵

耳朵 kɯ³¹ko⁵⁵

鼻子 kɯ³¹hɔ:t⁵¹

鼻涕统称na:m³³hɔ:t⁵¹

擤~鼻涕pʰi⁵⁵

嘴巴人的，统称muəŋ¹¹suŋ⁵⁵
　　kɯ³¹muəŋ¹¹

嘴唇 na³³suŋ⁵⁵

口水~流出来na:m³³tʰɯi¹¹

舌头 tʰi:n¹¹

牙齿 saŋ⁵⁵

下巴 sɔ:ŋ⁵⁵

胡子嘴周围的mum³¹

脖子 kɯ³¹tsaŋ³¹

喉咙 kɯ³¹lɔ:k³¹

肩膀 kɯ³¹vet¹¹

胳膊 kɯ³¹paːŋ¹¹

手只指手 pʰaŋ⁵¹ma⁵⁵

左手 ai¹¹həːi¹¹

右手 ai¹¹puək³¹

拳头 kʰuən³¹

手指 tsap⁵¹tsia¹¹

大拇指 maːi⁵¹tsap⁵¹tsia¹¹

食指 tsap⁵¹tsia¹¹tsok⁵⁵nəːu¹¹

中指 toŋ³³tsi³¹

小拇指 tʰiək³¹tsap⁵¹tsia¹¹

指甲 kɯ³¹lep⁵⁵

腿 hɔːk⁵¹

脚只指脚 ben⁵¹hɔːk⁵¹

膝盖指部位 tʰɔk⁵¹lu¹¹

背名词 kɯ³¹tuːt⁵¹

肚子腹部 lɯi¹¹

肚脐 lo³¹

乳房女性的 ȵen⁵¹

屁股 man⁵¹lin¹¹

肛门 sua⁵⁵man⁵¹lin¹¹

阴茎成人的 laŋ⁵⁵

女阴成人的 nɔŋ⁵¹

肏动词 tei⁵¹

精液 naːm³³laŋ⁵⁵

来月经 mɯŋ¹¹siak⁵⁵huən³¹

拉屎 i⁵⁵hɯai³¹

撒尿 i⁵⁵tsem⁵¹

放屁 i⁵⁵duət⁵¹

病了 kʰɯai⁵⁵

　　tɔk⁵¹taːk⁵¹

着凉 kʰɯai⁵⁵ku⁵⁵

咳嗽 kia⁵⁵

发烧 hiːt³¹

发抖 kʰɯai⁵⁵ku⁵⁵

肚子疼 taːk⁵¹lɯi¹¹

拉肚子 tsəːn⁵⁵hɯai³¹

患疟疾 nəːn¹¹niak⁵⁵tset⁵⁵

中暑 koŋ⁵⁵mua⁵¹

肿 fɔm¹¹

化脓 a³³ku⁵⁵

疤好了的 dəːn⁵¹jaŋ⁵¹

癣 leːm⁵¹

痣凸起的 hɯai³¹mɔːt⁵¹

疙瘩蚊子咬后形成的 fɔm¹¹

　　lup⁵⁵

狐臭 taːu³³tsəːi¹¹

看病 mai⁵⁵taːk⁵¹

诊脉 mɔːu³¹mɛ⁵¹

针灸 kan³³tsiam³³

打针 təp¹¹tsiam³³

打吊针 təp¹¹diau⁵⁵tsiam³³

吃药统称 tei⁵¹tso⁵⁵

汤药 naːm⁵⁵pi⁵⁵sai⁵⁵

病轻了 kʰɔ⁵¹

八　婚丧信仰

媒人 tʰai¹¹leŋ⁵¹vuəi³¹

相亲 bɔŋ⁵¹mɯ³¹luəŋ⁵⁵

订婚 hai³³liəu³¹vɔːn⁵⁵

嫁妆 haŋ⁵⁵vo¹¹

结婚统称 soŋ⁵¹naːu⁵¹

娶妻子男子~，动宾 liəu³¹naːu⁵¹

出嫁女子~ daŋ⁵⁵tʰɯ³¹

新郎 tiən³³kua³³

新娘子 tiən³³niə¹¹

孕妇 hoŋ¹¹tʰiək³¹

怀孕 saŋ³³huən¹¹

害喜妊娠反应 ɔŋ⁵⁵

分娩 mɯ³¹tʰiək³¹
　　tʰau¹¹tʰiək³¹

流产 po⁵⁵da⁵⁵

双胞胎 tʰiək³¹bou⁵⁵

坐月子 su³³nə:n¹¹

吃奶 tei⁵¹ȵen⁵¹

断奶 ke⁵⁵ȵen⁵¹

满月 daŋ⁵⁵nə:n¹¹

生日统称 vɔ:n⁵⁵tʰau¹¹

做寿 leŋ⁵¹tiu⁵¹

死统称 lɔ:t⁵¹

死婉称，指老人：他~了 pɯi⁵¹

咽气 mɔ:t⁵⁵ok⁵¹a:i⁵⁵

入殓 boŋ⁵¹tʰau¹¹sai¹¹to³¹

棺材 sai¹¹to³¹

出殡 daŋ⁵⁵kuan³³

坟墓单个的，老人的 pʰun³¹

上坟 kʰə:n⁵⁵mɔ:u³³

纸钱 tsin⁵⁵vɯat⁵¹

九　人品称谓

人一个~ tʰai¹¹

男人成年的，统称 pʰɯ³³tsə¹¹

女人三四十岁已婚的，统称 mɯ³¹ta:u⁵⁵

单身汉 ŋ³³na:u⁵¹

老姑娘 kɯ³¹u⁵⁵tso⁵⁵

婴儿 tʰiək³¹tə:k³¹

小孩三四岁的，统称 tʰiək³¹lat⁵⁵

男孩统称：外面有个~在哭 tʰiək³¹pʰɯ³³tsə¹¹

女孩统称：外面有个~在哭 tʰiək³¹mɯ³¹ta:u⁵⁵

老人七八十岁的，统称 tʰai¹¹tso⁵⁵

亲戚统称 tʰak³¹kʰa⁵⁵

朋友统称 pɯən⁵¹

邻居统称 la⁵⁵tʰɯ³¹

客人 fə:n⁵⁵lou⁵¹

农民 tʰai¹¹leŋ⁵¹tou¹¹

商人 tʰai¹¹leŋ⁵¹teŋ³³i¹¹

木匠 tʰai¹¹leŋ⁵¹mok⁵¹ka:ŋ³³

裁缝 tʰai¹¹da⁵¹vo¹¹

理发师 tʰai¹¹ka³³tam³³ki:u⁵⁵

师傅 ta³³be⁵¹

徒弟 luəi³¹tʰiək³¹

乞丐统称，非贬称 tʰai¹¹kʰiət⁵⁵tei⁵¹

妓女 niaŋ³³

流氓 tʰai¹¹la:ŋ⁵⁵kia³¹

贼 fui¹¹

瞎子统称，非贬称 tʰai¹¹kʰiu⁵⁵tou⁵⁵

聋子统称，非贬称 tʰai¹¹tʰa³¹

哑巴统称，非贬称 tʰai¹¹ŋɔ:m⁵⁵

驼子统称，非贬称 tʰai¹¹kɔ:m⁵⁵

瘸子统称，非贬称 tʰai¹¹he:ŋ³¹

疯子统称，非贬称 tʰai¹¹tsuŋ⁵¹

傻子统称，非贬称 tʰai¹¹tsuŋ⁵¹

笨蛋蠢的人 tʰai¹¹buən⁵¹

爷爷呼称，最通用的 pə:u¹¹

奶奶呼称，最通用的 tsə³¹

外祖父叙称 tə⁵⁵

外祖母叙称 nɔ¹¹

父母合称 po⁵¹ma:i⁵¹

父亲叙称po^{51}

母亲叙称$ma{:}i^{51}$

爸爸呼称，最通用的po^{51}

妈妈呼称，最通用的$a^{33}u^{55}$

继父叙称$po^{51}dak^{31}də{:}n^{55}$

继母叙称$ma{:}i^{51}dak^{31}də{:}n^{55}$

岳父叙称$sa{:}i^{55}$

岳母叙称$ŋiən^{31}$

公公叙称$sa{:}i^{55}$

婆婆叙称$ŋiən^{31}$

伯父呼称，统称$sa{:}i^{55}$

伯母呼称，统称$ŋiən^{31}$

叔父呼称，统称pa^{55}

排行最小的叔父呼称$pa^{55}tə{:}k^{31}$

叔母呼称，统称$mi^{11}ma{:}i^{51}$

姑小姑，比父小fi^{11}

　大姑，比父大$ŋiən^{31}$

姑父小姑老公$tsi{:}u^{55}fi^{11}$

　大姑老公$sa{:}i^{55}$

舅舅呼称ni^{11}

舅妈呼称mi^{11}

姨比母大$ŋiən^{31}$

　比母小mi^{11}

姨父大姨老公$sa{:}i^{55}$

　小姨老公pa^{55}

弟兄合称$e{:}ŋ^{55}nuəi^{51}$

姊妹合称，不包括男性$u^{55}nuəi^{51}$

哥哥呼称，统称$e{:}ŋ^{55}$

嫂子呼称，统称su^{55}

弟弟叙称$nuəi^{51}$

弟媳叙称mi^{11}

姐姐呼称，统称$u^{33}tsi^{31}$

姐夫呼称$tsi{:}u^{55}$

妹妹叙称$nuəi^{51}$

妹夫叙称pa^{55}

堂兄弟叙称，统称$t^hak^{31}t^hi{:}u^{11}$

表兄弟叙称，统称$biau^{31}e{:}ŋ^{55}nuəi^{51}$

妯娌弟兄妻子的合称$ku\unicode{0}ɯ^{31}liəŋ^{11}$

连襟姊妹丈夫的关系，叙称$tsɔ{:}n^{11}$

儿子叙称：我的~$t^hiək^{31}p^hɯ^{33}tsə^{11}$

儿媳妇叙称：我的~$t^hiək^{31}na{:}u^{51}$

女儿叙称：我的~$t^hiək^{31}mɯ^{31}ta{:}u^{55}$

女婿叙称：我的~$t^hiək^{31}t^ha^{11}$

孙子儿子之子$t^hiək^{31}kɯ^{31}pə{:}u^{11}$

侄子弟兄之子$t^hiək^{31}kɯ^{31}pa^{55}$

外甥姐妹之子$t^hiək^{31}ŋo^{11}lui^{11}$

外孙女儿之子$t^hiək^{31}kɯ^{31}tə^{55}$

夫妻合称$t^ha^{11}na{:}u^{51}$

丈夫叙称，最通用的，非贬称：她的~t^ha^{11}

妻子叙称，最通用的，非贬称：他的~$na{:}u^{51}$

名字$p^hɯ^{55}$

绰号$ua^{33}ho^{33}$

十　农工商文

干活儿统称：在地里~$leŋ^{51}kɔŋ^{55}$

事情一件~dat^{51}

插秧$kɯ^{55}san^{55}$

割稻$p^hɯ^{55}mə{:}t^{31}$

种菜$kɯ^{55}tsan^{55}$

犁名词t^hei^{11}

锄头$kuak^{55}$

镰刀$lin^{11}la{:}t^{51}$

把儿刀~$buən^{55}$

扁担pia^{51}

笊篱 lə⁵¹

筛子统称 kɯ³¹tsiːu¹¹

簸箕簸米用 tuəŋ⁵⁵

轮子旧式的，如独轮车上的 eːŋ³³

碓整体 kɯ³¹sɯ⁵¹

臼 kɯ³¹lu¹¹

磨名词 kɯ³¹kaːn⁵¹

打工 təp¹¹kɔŋ⁵⁵

斧子 fɔ⁵¹

钳子 kʰiam³¹

螺丝刀 lɔ¹¹si³³dɔ³³

锤子 kɯ³¹tʰɔːŋ⁵¹

钉子 daːn³³

绳子 tui⁵⁵

棍子 tʰɔk³³sai⁵⁵

做买卖 kiːu⁵⁵tou¹¹maːu⁵⁵

商店 diam¹¹

饭馆 tsia⁵¹diam¹¹

旅馆旧称 li¹¹kuan³¹

贵 pʰɯ⁵¹ka⁵¹

便宜 tʰa⁵⁵ka⁵¹

合算 diə⁵¹ka⁵¹

折扣 tʰa⁵⁵it⁵⁵kia³¹

亏本 bai³³tsin⁵⁵

钱统称 tsin⁵⁵

零钱 lan¹¹tʰaːu³¹

硬币 lui⁵⁵

本钱 tɔk⁵¹tsin⁵⁵

工钱 tsin⁵⁵kɔŋ⁵⁵

路费 sia³³kiə⁵⁵

花~钱 jaŋ⁵⁵

赚卖一斤能~一毛钱 tuan⁵⁵

挣打工~了一千块钱 tuan⁵⁵

欠~他十块钱 kʰiam¹¹

算盘 tui¹¹bua³¹

秤统称 sɔŋ⁵¹

称用杆秤~sɔŋ⁵¹

集市 huat⁵⁵tʰai¹¹

学校 o⁵¹do¹¹

教室 ka⁵⁵do¹¹

上学 kʰəːn⁵⁵hiau⁵¹

放学 bɔŋ⁵¹o⁵¹

考试 kʰau³¹si¹¹

书包 tu³³baːu³³

本子 pʰɔːu⁵¹

铅笔 biət⁵⁵sai⁵⁵

钢笔 biət⁵⁵naːm⁵⁵

圆珠笔 zuan¹¹tsi³¹biət⁵⁵

毛笔 mɔ¹¹biət⁵⁵

墨 vaːk⁵¹

砚台 tʰɯŋ¹¹vo¹¹vaːk⁵¹

信一封~tiən¹¹

连环画 tu³³tʰiək³¹lat⁵⁵

捉迷藏 tsuk¹¹tʰa⁵⁵

跳绳 tʰiau⁵⁵siən¹¹

鞭炮统称 pʰaːu⁵¹tsiaŋ⁵¹

唱歌 leŋ⁵¹dat⁵¹li¹¹

锣鼓统称 lɔːŋ⁵⁵tuŋ³¹

二胡 hi³¹

笛子 kɯ³¹tsuən³¹

划拳 sai³³kʰuən³¹

打扑克 təp¹¹pʰe⁵⁵

打麻将 təp¹¹ma¹¹siak⁵⁵

讲故事 hu⁵⁵kɔːu³¹

猜谜语 ba:n^{33}kɔ:u^{31}

玩儿游玩：到城里~liau^{55}

串门儿 ka:n^{33}muən^{55}

走亲戚 liəu^{31}tʰak^{31}kʰa^{55}

十一　动作行为

看~电视 mai^{55}

听用耳朵~ŋei^{31}

闻嗅：用鼻子~huəi^{11}

吸~气 tan^{55}

睁~眼 lə:ŋ^{55}

闭~眼 dap^{55}

眨~眼 liap^{55}

张~嘴 ŋa^{51}

闭~嘴 dap^{55}

咬狗~人 da:n^{55}

嚼把肉~碎 sɯa^{51}

咽~下去 kuat^{11}

舔人用舌头~tʰe:p^{31}

含~在嘴里 tɔm^{51}

亲嘴 tsuət^{51}

吮吸用嘴唇聚拢吸取液体，如吃奶时 tsuət^{51}

吐上声，从嘴里吐出来：把果核儿~掉 pʰɯi^{55}

吐去声，呕吐：喝酒喝~了 ɔŋ^{55}

打喷嚏 sit^{55}tɯən^{55}

拿用手把苹果~过来 mi^{31}

给他~我一个苹果 mɯan^{55}

摸~头 mɔ:u^{31}

伸~手 tsɔ^{11}

挠~痒痒 kɯat^{55}

掐用拇指和食指的指甲~皮肉 tet^{55}

拧~螺丝 vu:t^{31}

拧~毛巾 vu:t^{31}

捻用拇指和食指来回~碎 suəp^{51}

掰把橘子~开|把馒头~开 pua^{51}

剥~花生 ɲi:t^{51}

撕把纸~了 ɲi:t^{51}

折把树枝~断 pua^{51}

拔~萝卜 kɔŋ^{51}

摘~花 lu^{11}

站站立：~起来 su:n^{55}

倚斜靠：~在墙上 ua^{31}

蹲~下 ŋum^{31}

坐~下 tsiəŋ^{55}

跳青蛙~起来 tsuən^{55}

迈跨过高物：从门槛上~过去 tsə:m^{31}

踩脚~在牛粪上 sɛ^{55}

翘~腿 hɯa^{11}

弯~腰 kɔŋ^{55}

挺~胸 kɯŋ^{51}

趴~着睡 pʰok^{55}

爬小孩在地上~hɔm^{11}

走慢慢儿~pai^{55}

跑慢慢儿走，别~ko^{55}

逃逃跑：小偷~走了 ko^{55}hai^{55}

追追赶：~小偷 pʰe:k^{51}

抓~小偷 ha:m^{55}

抱把小孩~在怀里 up^{55}

背~孩子 fe:n^{31}

搀~老人 tɔŋ^{55}

推几个人一起~汽车 sui^{55}

摔跌：小孩~倒了 ti:u^{55}

撞人~到电线杆上 pʰoŋ^{11}

挡你~住我了，我看不见 tə:ŋ^{55}

躲躲藏：他~在床底下 tsuk¹¹

藏藏放，收藏：钱~在枕头下面 tsuk¹¹

放把碗~在桌子上 bɔŋ⁵¹

    tsup⁵⁵

摞把砖~起来 kəp⁵⁵

埋~在地下 tʰum¹¹

盖把茶杯~上 kʰɔp⁵⁵

压用石头~住 tet¹¹

摁用手指按：~图钉 kəm⁵¹

捅用棍子~鸟窝 sua⁵¹

插把香~到香炉里 sua⁵¹

戳~个洞 saːŋ⁵¹

砍~树 tʰaːn⁵⁵

剁把肉~碎做馅儿 sɔp⁵⁵

削~苹果 pʰɔːk⁵¹

裂木板~开了 lat⁵⁵

皱皮~起来 n̪et⁵⁵

腐烂死鱼~了 ŋiən¹¹

擦用毛巾~手 jat⁵⁵

倒把碗里的剩饭~掉 tʰɔm³¹

扔丢弃：这个东西坏了，~了它 fat⁵⁵

扔投掷：比一比谁~得远 fit⁵⁵

掉掉落，坠落：树上~下一个梨 dɔːk⁵¹

滴水~下来 det⁵⁵

丢丢失：钥匙~了 un⁵⁵

找寻找：钥匙~到 liəu³¹

捡~到十块钱 huam⁵⁵

提用手把篮子~起来 neːn⁵⁵

挑~担 təːp⁵¹

扛 káng：把锄头~在肩上 fi³¹

抬~轿 tɔm⁵⁵

举~旗子 tʰo¹¹

撑~伞 kʰɛ⁵¹

撬把门~开 kʰaŋ¹¹

挑挑选，选择：你自己~一个 tsɔn¹¹

收拾~东西 huam⁵⁵

挽~袖子 maːn⁵⁵

涮把杯子~一下 n̪ɔŋ¹¹

洗~衣服 sa⁵¹

捞~鱼 lu¹¹

拴~牛 kuŋ⁵⁵

捆~起来 kʰɔːp⁵¹

解~绳子 tsuət³¹

挪~桌子 tsui⁵⁵

端~碗 uŋ⁵⁵

摔碗~碎了 siap⁵⁵

掺~水 sɔn³³

烧~柴 tʰou¹¹

拆~房子 seːk⁵¹

转~圈儿 tuan³¹

捶用拳头~ təp¹¹

打统称：他~了我一下 təp¹¹

打架动手：两个人在~ təp¹¹tʰa⁵⁵

休息 kɯ³¹aːu⁵⁵

打哈欠 həp⁵⁵kəːp³¹

打瞌睡 həp⁵⁵kəːp³¹

睡他已经~了 ŋɔ¹¹

打呼噜 kɯ³¹ləːn¹¹

做梦 kɯ³¹pɔːn⁵⁵

起床 ŋɔ¹¹a⁵⁵

刷牙 sua⁵⁵saŋ⁵⁵

洗澡 ɯp⁵¹naːm⁵⁵

想思索：让我~一下 tiə⁵¹

想想念：我很~他 tiə⁵¹

打算我~开个店 tiə⁵¹leŋ⁵¹

记得 suən⁵¹vou⁵⁵

忘记 kɯ³¹ŋum¹¹

怕害怕：你别~ hɯp⁵¹

相信我~你 ŋei³¹

发愁 muən³³

小心过马路要~tsəŋ³¹tsəŋ³¹

喜欢~看电视 tiaŋ⁵¹

讨厌~这个人 em⁵⁵

舒服凉风吹来很~diəm³¹

难受生理的 ai⁵⁵dɔːi⁵¹

难过心理的 muən³³

高兴 lam³³liam⁵¹

生气 a⁵⁵ŋəːn¹¹

责怪 meːk⁵¹

后悔 uan¹¹kʰi¹¹

忌妒 tʰɯːu¹¹tou⁵⁵

害羞 paŋ³³la⁵⁵

丢脸 ai⁵⁵na⁵⁵pʰan⁵⁵

欺负 ŋɔ³¹

装~病 suan⁵¹

疼~小孩儿 kiaŋ⁵¹

要我~这个 lɔ⁵¹

有我~一个孩子 tɔk⁵¹

没有他~孩子 ŋɔ³³tɔk⁵¹

是我~老师 tsaŋ⁵⁵

不是他~老师 vai⁵⁵

在他~家 su⁵⁵

不在他~家 ŋɔ⁵⁵

知道我~这件事 min¹¹taːi³¹

　　keːn⁵¹

不知道我~这件事 ŋɔ³³min¹¹taːi³¹

ŋɔ³³keːn⁵¹

懂我~英语 min¹¹taːi³¹

不懂我~英语 ŋɔ³³min¹¹taːi³¹

会我~开车 kiu⁵⁵

不会我~开车 ŋɔ³³kiu⁵⁵

认识我~他 min¹¹taːi³¹

不认识我~他 ŋɔ³³min¹¹taːi³¹

行应答语 kɔːm⁵¹

不行应答语 ŋɔ³³kɔːm⁵¹

肯~来 tiaŋ⁵¹

应该~去 kʰam³³

可以~去 kɔːm⁵¹

说~话 hu⁵⁵

话说~dat⁵¹

聊天儿 liau⁵⁵

叫~他一声儿 vɔːu⁵⁵

吆喝大声喊 hɔːk³¹

哭小孩~ŋaːi⁵⁵

骂当面~人 kəi⁵¹

吵架动嘴：两个人在~kəi⁵¹tʰa⁵⁵

骗~人 suan⁵¹

哄~小孩 n.iə³³

撒谎 suan⁵¹

吹牛 na³³sei⁵⁵kʰa⁵⁵

开玩笑 hu⁵⁵tsu¹¹

告诉~他 bo¹¹

十二　性质状态

大_{苹果}~lo⁵⁵

小_{苹果}~təːk³¹

粗_{绳子}~lo⁵⁵

细_{绳子}~ŋəːp³¹

长线~tou¹¹

短线~tʰa⁵⁵

长时间~tou¹¹

短时间~tʰa⁵⁵

宽路~vi¹¹

宽敞房子~vi¹¹

窄路~tə:k³¹

高飞机飞得~pʰɯ⁵¹

低鸟飞得~tʰa⁵⁵

高他比我~pʰɯ⁵¹

矮他比我~tʰa⁵⁵

远路~lai⁵⁵

近路~la⁵⁵

深水~tʰa³¹

浅水~daŋ⁵⁵

清水~tʰa:ŋ³¹

浑水~huət³¹

圆 kɯ³¹la:u⁵⁵

扁 pʰe:n⁵¹

方 ba:ŋ³³

尖 tsip⁵⁵

平 pi:ŋ⁵⁵

肥~肉 kui⁵⁵

瘦~肉 ŋa:u⁵⁵

肥形容猪等动物 kui⁵⁵

胖形容人 kui⁵⁵

瘦形容人、动物 ŋa:u⁵⁵

黑黑板的颜色 sei⁵⁵

白雪的颜色 kʰou⁵⁵

红国旗的主颜色，统称 tʰɯ:u¹¹

黄国旗上五星的颜色 tsai¹¹

蓝蓝天的颜色 la:m³¹

绿绿叶的颜色 miu⁵⁵

紫紫药水的颜色 ŋua⁵⁵kɯ³¹la:ŋ⁵¹

灰草木灰的颜色 tek⁵⁵fa⁵⁵

多东西~tʰei¹¹

少东西~lim³¹

重担子~kʰɔ:n⁵⁵

轻担子~kʰɔ⁵¹

直线~kɯŋ⁵¹

陡坡~|楼梯~ den³¹den³¹

弯弯曲：这条路是~的 kʰiau⁵¹

歪帽子戴~了 sua³¹

厚木板~nou⁵⁵

薄木板~kai⁵⁵

稠稀饭~ȵɯ:t³¹

稀稀饭~na:m³³na:m⁵⁵

密菜种得~ta:t¹¹ta:t⁵¹
ɯət⁵⁵

稀稀疏：菜种得~lɔ³¹
fə:n⁵⁵

亮指光线，明亮 din⁵⁵

黑指光线，完全看不见 sei⁵⁵

热天气 juŋ⁵⁵

暖和天气 tʰu:n³¹

凉天气 be:k⁵⁵

冷天气 kʰɯai⁵⁵

热水 hi:t³¹

凉水 sem⁵⁵

干干燥：衣服晒~了 kʰa⁵⁵

湿潮湿：衣服淋~了 pə:n¹¹

干净衣服~siəŋ⁵¹

脏肮脏，不干净，统称：衣服~siak⁵⁵

快锋利：刀子~siam⁵⁵

钝刀~mup^{11}

快坐车比走路~mɛ^{31}

慢走路比坐车~niau^{55}

早来得~puət^{31}

晚来~了niau^{55}

晚天色~sɔːp^{51}

松捆得~taːŋ^{33}

紧捆得~ləːu^{11}

容易这道题~maŋ^{55}leŋ^{51}

难这道题~ai^{55}

新衣服~tʰau^{11}

旧衣服~hiːu^{55}

老人~tso^{55}

年轻人~laːk^{51}

软糖~nɔm^{31}

硬骨头~ləːu^{11}

烂肉煮得~ŋiən^{11}

煳饭烧~了dɯa^{55}

结实家具~ləːu^{11}

破衣服~liak^{11}

富他家很~hɯa^{31}

穷他家很~fɯːt^{31}

忙最近很~ŋɔ^{33}əːi^{51}

闲最近比较~əːi^{51}

累走路走得很~puk^{55}

疼摔~了taːk^{51}

痒皮肤~kʰam^{55}

热闹看戏的地方很~tɔk^{51}vi^{33}

熟悉这个地方我很~min^{11}taːi^{31}

陌生这个地方我很~ŋɔ^{33}keːn^{51}

味道尝尝~tɔk^{51}vi^{33}

气味闻闻~huəi^{11}kʰui^{11}

咸菜~taŋ^{31}

淡菜~ŋɔ^{33}faːt^{51}

酸fou^{55}

甜tɯ^{55}

苦ziam^{11}

辣kəŋ^{51}

鲜鱼汤~si^{33}

香huəi^{11}ŋiːn^{55}

臭ai^{55}huəi^{11}

馊饭~fou^{55}

腥鱼~huəi^{11}hu^{55}

好人~maŋ^{55}

坏人~ai^{55}

差东西质量~ai^{55}

对账算~了diə^{51}

错账算~了so^{11}

漂亮形容年轻女性的长相：她很~nɔk^{55}

丑形容人的长相：猪八戒很~ai^{55}mai^{55}

勤快laːt^{51}

懒lɯam^{31}

乖ŋei^{31}hu^{55}

顽皮nou^{55}na^{55}

老实tʰai^{11}kɯŋ^{51}

傻痴呆ŋaːŋ^{31}

笨蠢buən^{51}

大方不吝啬lu^{11}le^{55}

小气吝啬tʰai^{11}taŋ^{31}

直爽性格~lu^{11}le^{55}

犟脾气~tʰai^{11}ləːu^{11}

十三　数量

一~二三四五……，下同kɯ^{31}

二 tʰiau¹¹

三 taːu⁵⁵

四 tiəu⁵⁵

五 pu¹¹

六 nəm¹¹

七 dau⁵⁵

八 ku⁵⁵

九 fə⁵⁵

十 puət⁵¹

二十 tʰiau¹¹puət⁵¹

　tʰiau¹¹pɔŋ¹¹

三十 taːu⁵⁵puət⁵¹

　taːu⁵⁵pɔŋ¹¹

一百 nam³³kuːn⁵⁵

一千 kɯ³¹saːi⁵¹

一万 kɯ³¹vaːn³³

一百零五 nam³³kuːn⁵⁵leŋ¹¹pu¹¹

一百五十 nam³³kuːn⁵⁵pu¹¹

第一~，第二kɯ³¹tin⁵⁵

二两重量tʰiau¹¹lɯaŋ⁵¹

几个你有~孩子? tʰei¹¹ŋuən⁵⁵

俩你们~tʰiau¹¹

仨你们~ taːu⁵⁵

个把kɯ³¹it⁵⁵

个一~人ŋuən⁵⁵

匹一~马puən¹¹

头一~牛puən¹¹

头一~猪kʰaŋ⁵⁵

只一~狗tɔŋ⁵⁵

只一~鸡tɔŋ⁵⁵

只一~蚊子tɔŋ⁵⁵

条一~鱼tɔŋ⁵⁵

条一~蛇tɔŋ⁵⁵

张一~嘴kɔːm¹¹

张一~桌子kɔːm¹¹

床一~被子hɯan¹¹

领一~席子pɯ⁵¹

双一~鞋um⁵⁵

把一~刀tet⁵⁵

把一~锁tet⁵⁵

根一~绳子tiən⁵⁵

支一~毛笔buən⁵⁵

副一~眼镜kɔːm¹¹

面一~镜子kɔːm¹¹

块一~香皂kɔːm¹¹

辆一~车bu⁵¹

座一~房子tuŋ⁵⁵

座一~桥kɔːm¹¹

条一~河tiən⁵⁵

条一~路tiən⁵⁵

棵一~树nɔːu⁵¹

朵一~花kɔːm¹¹

颗一~珠子kɔːm¹¹

粒一~米kɔːm¹¹

顿一~饭duːi¹¹

行一~字o¹¹

块一~钱kɔːm¹¹

毛角：一~钱kaːk⁵⁵

件一~事情tuəŋ⁵¹

点儿一~东西kɯ³¹it⁵⁵

些一~东西kɯ³¹it⁵⁵

下动量，不是时量：打一~lem⁵⁵

会儿坐了一~kʰui¹¹kia³¹

顿打一~fuəi⁵⁵

阵 下了一~雨 lem⁵⁵

趟 去了一~ lem⁵⁵

十四　代副介连词

我 ~姓王 kau⁵⁵

你 ~也姓王 məi⁵⁵

他 ~姓张 nei⁵¹

我们 不包括听话人：你们别去，~去 au⁵⁵

咱们 包括听话人：他们不去，~去吧 tei⁵⁵

你们 ~去 sau⁵⁵

他们 ~去 mou⁵¹

大家 ~一起干 kɔːm¹¹kɛ¹¹
　　 luŋ¹¹laːu³¹

自己 我~做的 nu³³na⁵⁵
　　 lɔ³¹lɔ⁵¹

别人 这是~的 lou⁵¹

我爸 ~今年八十岁 po⁵¹kau³³

你爸 ~在家吗？ po⁵¹məi³³

他爸 ~去世了 po⁵¹nei⁵¹

这个 我要~，不要那个 nɛ⁵¹

那个 我要这个，不要~ mɔ⁵¹

哪个 你要~杯子？ ŋaːi¹¹

谁 你找~？ kai⁵¹

这里 在~，不在那里 haŋ⁵⁵nɛ⁵¹

那里 在这里，不在~ haŋ⁵⁵mɔ⁵¹

哪里 你到~去？ haŋ⁵⁵ŋaːi¹¹

这样 事情是~的，不是那样的 leŋ³¹nɛ⁵¹

那样 事情是这样的，不是~的 leŋ³¹mɔ⁵¹

怎样 什么样：你要~的？ leŋ⁵¹ŋaːi¹¹

这么 ~贵啊 paːi⁵⁵

怎么 这个字~写？ leŋ⁵¹ŋaːi¹¹

什么 这个是~字？ mɯ³¹paːi⁵⁵

什么 你找~？ mɯ³¹paːi⁵⁵

为什么 你~不去？ leŋ⁵¹mɯ³¹paːi⁵⁵

干什么 你在~？ leŋ⁵¹mɯ³¹paːi⁵⁵

多少 这个村有~人？ tʰei¹¹laːi¹¹

很 今天~热 kiu⁵⁵

非常 比上条程度深：今天~热 kiu⁵⁵

更 今天比昨天~热 kiu⁵⁵
　　 keŋ⁵⁵

太 这个东西~贵，买不起 kiu⁵⁵

最 弟兄三个中他~高 tui⁵⁵

都 大家~来了 toŋ³¹

一共 ~多少钱？ kɔːm¹¹kɛ¹¹

一起 我和你~去 luŋ¹¹laːu³¹

只 我~去过一趟 na⁵⁵

刚 这双鞋我穿着~好 ŋam⁵⁵

刚 我~到 tsaːt⁵¹

才 你怎么~来啊？ na⁵⁵

就 我吃了饭~去 tsaŋ³³

经常 我~去 tsiau³¹

又 他~来了 aŋ³³

还 语气助词，他~没回家 sɔ³¹

再 你明天~来 aŋ³³

也 我~去|我~是老师 ja³³

没有 昨天我~去 ŋɔ⁵⁵

不 明天我~去 ŋɔ⁵⁵

别 你~去 jou⁵¹

甭 不用，不必：你~客气 jou⁵¹

快 天~亮了 siaŋ³¹

差点儿 ~摔倒了 it⁵⁵bɛ⁵⁵

故意 ~打破的 seŋ³³keŋ³³

随便 ~弄一下 sui¹¹biən⁵¹

肯定 ~是他干的 tsaŋ⁵⁵

可能~是他干的 ŋɛ^{51}

一边~走，~说 baːŋ^{31}

和我~他都姓王 bɛ^{33}

和我昨天~他去城里了 bɛ^{33}

对他~我很好 duːi^{11}

向~他借一本书 bɛ^{33}

按~他的要求做 an^{55}

替~他写信 bɛ^{33}

第二节

《中国语言资源调查手册·民族语言（侗台语族、南亚语系）》扩展词

一　天文地理

天~空 min¹¹vuəi⁵⁵

天上 lau³³min¹¹vuəi⁵⁵

霹雷 霹雳 lip⁵⁵vuəi⁵⁵

彗星 扫帚星 tsap¹¹tsin⁵¹ni¹¹tʰa⁵⁵

流星 tsap¹¹tsin⁵¹

乌云 pou⁵⁵mɔ³¹sei⁵⁵

狂风 lo⁵⁵vɯat⁵⁵

旋风 kun³¹vɯat⁵⁵

暴风雨 kɯ³¹vɯat⁵⁵lep¹¹pɔŋ⁵⁵

毛毛雨 pɔŋ⁵⁵puəŋ⁵¹

阵雨 tuːn⁵⁵

打雷 hu⁵⁵vuəi⁵⁵

瘴气 huəi¹¹tʰɯi⁵⁵

　　huəi¹¹kum³¹

打闪 lip⁵⁵

刮~风 siə⁵¹

日晕 lu³¹tou³³vɔːn⁵⁵

月晕 lu³¹nəːn¹¹

涨~大水 ɯŋ⁵¹

消退 大水~ sat⁵⁵

地 总称 len¹¹

荒地 未开垦过的地 paːk⁵¹ŋet¹¹

平坝子 piːŋ⁵⁵

平地 piːŋ⁵⁵

岭 kɯ³¹tut¹¹

山坳 kʰɔːŋ⁵¹tsou⁵⁵

山顶 lɔŋ⁵⁵tsou⁵⁵

山洞 sua⁵⁵tsou⁵⁵

山峰 ŋaːn⁵⁵tsou⁵⁵

山脚 hɔːk⁵¹tsou⁵⁵

山坡 tsou⁵⁵pʰɔ⁵⁵

山下 taːu³³tsou⁵⁵

山腰 bia⁵⁵tsou⁵⁵

岑 连山或山脉 tʰeːm³¹tsou⁵⁵

潭 jɔŋ⁵¹

海 laːŋ⁵⁵

悬崖 ben⁵¹tsou⁵⁵

悬岩 ben⁵¹tsou⁵⁵

沙滩 pa:k⁵¹kɯ³¹dei⁵⁵

鹅卵石 si:n⁵⁵na:m³³lo⁵⁵

泥巴 lɯa⁵¹

土干~kʰa⁵⁵

石灰 hɔ:i⁵⁵

金子 kiəm³³

铁 kui⁵⁵

铜 da:ŋ³¹

钢 ko¹¹

硝~石 tiau³³

汞水银 na:m⁵⁵kuən¹¹

硫黄 liu¹¹u:i¹¹

铅 iən³¹

光 din⁵⁵

火焰火苗 lɔŋ⁵⁵pai⁵⁵

火花火星子 le:m⁵¹pai⁵⁵

火种 lu³¹pai⁵⁵

煤烟子粘在厨房墙壁上的 ti³¹

锅煤烟粘在锅底的 ti³¹

浪 a⁵⁵lo³³

漩涡 vi³³van⁵⁵

瀑布 na:m⁵⁵pʰe⁵⁵

泉~水 na:m³³tou⁵⁵lɛn¹¹

污垢 nɯa⁵⁵

刨花 hɯai¹¹sai⁵⁵

锯末 puəŋ⁵¹sai⁵⁵

陷阱 to³³kʰɔ:u³³

锈 a⁵⁵ta:n³³

渣滓 tɯ⁵¹

痕迹 dɔ:n⁵⁵

二　时间方位

时间 ti¹¹ka:n³³

从前 kɯ³¹tin⁵⁵

原来~的地方 kɯ³¹tin⁵⁵

将来 ziau¹¹na⁵⁵

最后 mɔn⁵⁵suət⁵¹

后来 mɔn⁵⁵suət⁵¹

古代 si³³man³³mɔ⁵¹

平时 kʰai¹¹lem⁵⁵

子鼠 vɔ:n⁵⁵tʰa⁵⁵

丑牛 vɔ:n⁵⁵tʰau³¹

寅虎 vɔ:n⁵⁵ŋi:n¹¹

卯兔 vɔ:n⁵⁵məu¹¹

辰龙 vɔ:n⁵⁵tsi⁵⁵

巳蛇 vɔ:n⁵⁵sai⁵⁵

午马 vɔ:n⁵⁵ŋa⁵⁵

未羊 vɔ:n⁵⁵mat⁵¹

申猴 vɔ:n⁵⁵san⁵⁵

西鸡 vɔ:n⁵⁵tso¹¹

戌狗 vɔ:n⁵⁵tʰet⁵⁵

亥猪 vɔ:n⁵⁵kei⁵¹

春 tʰiau¹¹ta:u⁵⁵nə:n¹¹

夏 pu¹¹nəm¹¹nə:n¹¹

秋 ku⁵⁵fə⁵⁵nə:n¹¹

冬 puət⁵¹nə:n¹¹

一月 kiu⁵⁵nə:n¹¹

　　tʰau¹¹nə:n¹¹

二月 tʰiau¹¹nə:n¹¹

三月 ta:u⁵⁵nə:n¹¹

四月 tiəu⁵⁵nə:n¹¹

五月 pu¹¹nə:n¹¹

六月 nəm¹¹nəːn¹¹

七月 dau⁵⁵nəːn¹¹

八月 ku⁵⁵nəːn¹¹

十月 puət⁵¹nəːn¹¹

十一月 冬月 puət⁵¹tsɯ⁵¹

十二月 puət⁵¹tʰiau¹¹

月初 nəːn¹¹daŋ⁵⁵

月底 nəːn¹¹lɔːt⁵¹

月中 u⁵¹nəːn¹¹

初一 sɔ³³iət⁵⁵

初二 sɔ³³zi³³

初三 sɔ³³ta³³

初四 sɔ³³ti¹¹

初五 sɔ³³ŋɔːu⁵¹

初十 sɔ³³tap⁵¹

十一 农历 tap⁵¹iət⁵⁵

十五 农历 tap⁵¹ŋɔːu⁵¹

三十 农历 taːu⁵⁵puət⁵¹

黎明 kɯ³³din⁵⁵

今晚 van³³nɛ⁵¹sɔːp⁵¹

明晚 kɯ³¹ziau¹¹sɔːp⁵¹

昨晚 min¹¹pʰɔːn⁵⁵sɔːp⁵¹

一昼夜 kɯ³¹vɔːn⁵⁵kɯ³¹sɔːp⁵¹

两天以后 tʰiau¹¹vɔːn⁵⁵aːu⁵¹

三年以前 taːu⁵⁵ma⁵⁵taːi¹¹

工夫 空闲 əːi⁵¹

过 ~了两年 kua⁵¹

中元 农历七月十四 dau⁵⁵nəːn¹¹

方向 mai⁵⁵ti¹¹

东 tou³³vɔːn⁵⁵a⁵⁵

东方 tou³³vɔːn⁵⁵a⁵⁵

西 tou³³vɔːn⁵⁵dɔːk⁵¹

西方 tou³³vɔːn⁵⁵dɔːk⁵¹

南 naːm¹¹

南方 naːm¹¹

北 bak⁵⁵

北方 bak⁵⁵

当中 几个人 ~su³³kɛ¹¹

中间 两棵树 ~su³³u⁵¹

房子后 tuːt⁵¹tʰɯ³¹

房子前 tʰiəŋ¹¹tʰɯ³¹

房子外边 daŋ⁵⁵kɯ³¹lɔːu¹¹

门口 min¹¹muən⁵⁵

周围 kap³³nɛ⁵¹

附近 kap³³nɛ⁵¹

隔壁 ke⁵⁵siə³¹

树林里 su³³nɔːu⁵¹sai⁵⁵

河边 taŋ¹¹naːm⁵⁵

角落 su³³hau¹¹

墙上 lau³³siə³¹

桶底 dɔːi³¹tʰaːŋ³¹

正面 布、纸等的~duːi³¹tʰiəŋ¹¹

背面 布、纸等的~pʰan⁵¹tuːt⁵¹

半路 tʰɔk³³tin⁵⁵

三　植物

树干 nɔːu⁵¹

树根 tat⁵⁵

树墩 砍伐后剩下的树桩 tʰuŋ⁵⁵sai⁵⁵

树皮 na³³sai⁵⁵

树梢 kʰia⁵⁵sai⁵⁵

树叶 pi³³sai⁵⁵

树枝 kʰou⁵⁵sai⁵⁵

树林 kɯ³¹huːi³¹nɔːu⁵¹sai⁵⁵

大叶榕 nɔːu⁵¹diau⁵⁵

小叶榕 nɔːu⁵¹ȵum³¹

竹节 ŋaːt³³təm⁵⁵

竹林 huːi³¹təm⁵⁵

笋壳 pua⁵¹naːŋ⁵⁵

毛竹 təm⁵⁵ba⁵⁵

楠竹 təm⁵⁵pɯ¹¹

花瓣 tʰeːm³¹ŋɯa⁵⁵

花蒂 kɯ³¹ŋaːn⁵⁵

茅草 zəːu¹¹

艾草 ŋaːi¹¹

车前草 pi⁵⁵kɯ³¹kəp⁵⁵

狗尾草荩 kəːn¹¹tʰaŋ¹¹pou¹¹

蓝靛草 ta⁵⁵

蕨草 hɯan¹¹kɯːt⁵¹

八角大料 bɔːi⁵⁵kaːk⁵⁵

香蕉 vɯa⁵¹

芭蕉 vɯa⁵¹

椰子 po⁵¹suək⁵⁵

菠萝 kɯ³¹tsa⁵¹

菠萝蜜 mɯ³¹liət⁵⁵

荔枝 mɯ³¹tɯan⁵⁵

葡萄 pʰu¹¹tʰaːu¹¹

枇杷 pʰi¹¹pʰa¹¹

西瓜 taːi³³kuəi³³

橙子 seŋ¹¹

核果~ hɯət⁵⁵

仁儿 hɯət⁵⁵

籽棉 hɯət⁵⁵bɔk⁵⁵

浮萍 pʰu¹¹pʰeŋ¹¹

黄麻 nɔːu⁵¹mian⁵⁵

苎麻 ven¹¹

青苔 ȵuai⁵⁵

水稻 məːt³¹

旱稻泛指旱地上种的稻 məːt³¹uaŋ⁵⁵

早稻 pʰaːi⁵¹kiau⁵¹

晚稻 pʰaːi⁵¹ma⁵⁵

粳稻 san⁵⁵mɯ³¹tɯi⁵⁵

糯稻 san⁵⁵mɯ³¹ŋou⁵⁵

穗儿 pɔːŋ³¹

米 ləp¹¹

粳米 mɯ³¹tɯi⁵⁵

糙米 ləp¹¹sia⁵⁵

细糠 kɯ³¹kəm⁵⁵iu¹¹

粗糠 kɯ³¹kəm⁵⁵sɔːu³³

米糠 kɯ³¹kəm⁵⁵

秕子 vu¹¹vit¹¹

稗子 kəːn¹¹bat⁵⁵

稻糯草芯 tsiːn¹¹məːt³¹

玉米秸 nɔːu⁵¹mɯai⁵⁵

玉米芯 lɯ³¹mɯai⁵⁵

蓖麻 mɯ³¹tiau¹¹

豆子 mɯ³¹sɯa⁵¹

豆荚 pua⁵¹

豆芽 daːu³³ŋe³¹

扁豆青扁豆 mɯ³¹tʰep¹¹

黑豆乌豆 ɔːu³³daːu³³

青菜 mɯ³¹kʰɯat⁵⁵

芥菜 tsan⁵⁵pa⁵¹

白菜 mɯ³¹kʰɯat⁵⁵

苋菜 pi³³um⁵⁵

空心菜藤菜 iaŋ⁵⁵sai¹¹

瓜 huəp³¹

瓜蔓儿 tsɯ⁵¹huəp³¹

瓜皮 na⁵⁵huəp³¹

瓜子 huət⁵⁵huəp³¹

瓜瓤 mua⁵¹huəp³¹

苦瓜 peːŋ³¹ziam¹¹

红薯秧 pi³³mɔːn⁵⁵

桑树 nɔːu⁵¹kʰuən⁵⁵

桑叶 pi³³kʰuən⁵⁵

烟叶 pi³³tso⁵⁵

四　动物

象 大~siə⁵¹

狮子 si³³

豹子 bou⁵⁵

熊 mui¹¹

狗熊 mui¹¹

麂 黄猄 lei⁵⁵

鹿 hau¹¹

豪猪 ti⁵⁵

狼 laːŋ³¹

黄鼠狼 tsɔp³¹suŋ⁵⁵

松鼠 luk¹¹lek¹¹

水獭 nɯ³¹

穿山甲 tsa¹¹

刺猬 lu¹¹lou³¹

壁虎 kɯ³¹tek⁵⁵

野猪 pəi¹¹suən⁵⁵

野鸡 kʰai⁵⁵suən⁵⁵

野鸭 bet⁵⁵naːm⁵⁵

野猫 ɲaːu⁵¹suən⁵⁵

水蛇 bəːt⁵¹tua⁵¹naːm⁵⁵

草蛇 红头、无毒，常吃青蛙老鼠 bəːt⁵¹kiət⁵⁵

四脚蛇 蜥蜴 kɯ³¹jaːŋ⁵¹

蟒 蚺蛇 həːt³¹

老鹰 vei³¹

猫头鹰 nɔːk⁵¹baːŋ⁵¹

白鹤 nɔːk⁵¹kʰou⁵⁵pʰi⁵¹

大雁 ŋɯən³¹vuəi⁵⁵

布谷鸟 kɯ³¹tsau¹¹

斑鸠 kɯ³¹tsau¹¹

鹁鸪 tet⁵⁵tou¹¹ta³¹

秧鸡 daːn⁵¹naːm⁵⁵

鹭鸶 nɔːk⁵¹kʰou⁵⁵pʰi⁵¹

燕子 nɔːk⁵¹pe⁵¹

啄木鸟 nɔːk⁵¹bou⁵¹sai⁵⁵

鸟蛋 tsum⁵⁵nɔːk⁵¹

鸟窝 lu³¹nɔːk⁵¹

羽毛 hɔːŋ¹¹

蝎子 sep³³kui⁵⁵

萤火虫 tsap¹¹tsin⁵¹

蚱蜢 蝗虫、蚂蚱 eːt⁵⁵bau³³luŋ⁵¹

　　　 eːt⁵⁵kʰa⁵⁵

蟑螂 lim¹¹laːp⁵¹

蜘蛛网 pəːi³¹tam³³taːi⁵¹

蛀虫 啃蚀木头衣服等的小虫 hau¹¹

瓢虫 半球形，背上有花纹 tsap¹¹tsin⁵¹

蜈蚣 lip³¹pou¹¹

蟋蟀 kɯ³¹fuəŋ¹¹

螳螂 kai¹¹vɔ⁵¹

臭虫 dəːp⁵¹

牛虻 tau⁵⁵sei⁵⁵

臭大姐 臭屁虫 dəːp⁵¹

蜣螂 屎壳郎 kɯ³¹pəŋ¹¹

蛔虫 kɯ³¹ləːn¹¹

蝼蛄 tau⁵⁵pəːn¹¹

蠓黑色小飞虫 kɯ³¹sak⁵⁵

虱子衣服上的 tau⁵⁵

头虱头上的 tau⁵⁵

虮子虱子的卵 tsum⁵⁵tau⁵⁵

鸡虱鸡身上的 tau⁵⁵kʰai⁵⁵

牛虱牛身上的 tau⁵⁵sei⁵⁵

孑孓蚊子的幼虫 zɔːt³¹

蛆蝇类的幼虫 zɔːt³¹

蛹 luəm⁵⁵

蜗牛 sai⁵⁵naːm⁵⁵kəːu¹¹

白蚁 lua⁵¹

蛾子 pʰaŋ⁵¹pai⁵⁵

蚂蚁洞 sua⁵⁵pəːt³¹

黄蜂黄色、细腰 lau⁵⁵

刺蜜蜂的 haŋ¹¹

蜂王 nɔ¹¹

鱼刺 liək¹¹tʰou¹¹

鱼鳔 kɯ³¹tsem⁵⁵tʰou¹¹

鱼鳍 haŋ¹¹tʰou¹¹

鱼子鱼卵 tsum⁵⁵tʰou¹¹

鳃 ŋua⁵¹

金鱼 kiəm³³hu¹¹

鳝鱼黄鳝 tsap¹¹tsian³¹

泥鳅 naŋ¹¹niau³¹

乌龟 daːu⁵⁵

螺蛳 sai⁵⁵

蚌 sai⁵⁵saːŋ⁵¹

壳蚌的 ~pua⁵¹

水蚂蟥 tsiːŋ¹¹

旱蚂蟥 dɯa⁵¹

田鸡蛙类 kɯ³¹ŋai⁵⁵

青蛙长腿的 tsam³³tsuak⁵⁵

蝌蚪 kɯ³¹uəŋ⁵¹

螯螃蟹~ kuəŋ⁵¹

公马 pʰou⁵⁵pə³¹

母马未下崽的 tei⁵¹pə³¹

马驹 tʰiək³¹pə³¹

公牛阉过的 sei⁵⁵tʰəŋ¹¹

水牛 sei⁵⁵

牛角 hau¹¹sei⁵⁵

牛皮 na³³sei⁵⁵

公水牛 nou⁵⁵sei⁵⁵

母水牛未下崽的 tei⁵¹sei⁵⁵

水牛犊 tʰiək³¹sei⁵⁵

水牛角 hau¹¹sei⁵⁵

水牛皮 na³³sei⁵⁵

水牛蹄 kɯ³¹kaːu⁵¹sei⁵⁵

水牛绳 laːm¹¹

黄牛 nau⁵⁵

公黄牛 nou⁵⁵nau⁵⁵

母黄牛未下崽的 tei⁵¹nau⁵⁵

黄牛犊 tʰiək³¹nau⁵⁵

绵羊 tsɯ⁵⁵

山羊 tsɯ⁵⁵

羔羊 tʰiək³¹tsɯ⁵⁵

母猪未下崽的 kai³¹pəi¹¹

猪食 haŋ⁵⁵pəi¹¹

下母猪~小猪 taːu⁵⁵

母狗未下崽的 kai³¹pou¹¹

猎狗 pou¹¹

疯狗 pou¹¹nuŋ¹¹nai⁵¹

母鸡未下蛋的 kai³¹kʰai⁵⁵

小鸡 tʰiək³¹kʰai⁵⁵

骟鸡阉鸡 tʰəŋ¹¹kʰai⁵⁵

鸡冠 kɯ³¹piːu⁵¹

鸡嗉子 kɯ³¹deˑ⁵¹ɔ⁵¹

鸡尾 suət⁵¹kʰai⁵⁵

寡蛋孵不出小鸡的蛋 tsum⁵⁵luən³¹

鸡窝 lu³¹kʰai⁵⁵

鸬鹚家养，用来捕鱼 nɔːk⁵¹kiŋ⁵¹

五 房舍器具

城 ja⁵¹

城市 tia¹¹si⁵¹

椽子 səːn⁵⁵tʰɯ³¹

房顶 deŋ³¹tʰɯ³¹

房檐 vin⁵¹tʰɯ³¹

井 naːm³³pen⁵¹

牢监狱 kam³³zɔk⁵¹

篱笆 ui³¹lɯi¹¹

梁 sai⁵⁵tou¹¹tʰai¹¹

楼 laːu³¹

门 min¹¹muən⁵⁵

门柱子 tʰɔŋ⁵¹min¹¹muən⁵⁵

门闩 kʰiːn⁵⁵muən⁵⁵

墙壁 siə³¹

人家住家 tʰɯ³¹lou⁵¹

水牛圈水牛栏 lɔːŋ⁵¹sei⁵⁵

烟囱 sua⁵¹hɯan¹¹pai⁵⁵

走廊 kɯ³¹vin⁵¹

桥 kiə³¹

被面 ai¹¹pəːi¹¹

箱子 kɯ³¹tʰau³¹

tiə³³

灯 deŋ³³

灯芯 deŋ³³tiəm³³

灯罩 deŋ³³liəm¹¹

电灯 diən⁵⁵deŋ³³

工具 kaŋ³³ki⁵¹

匕首 kʰua⁵⁵

刀 dou⁵¹

刀把儿 buən⁵⁵dou⁵¹

刀背 nɔːn⁵⁵dou⁵¹

刀鞘 luəm⁵⁵dou⁵¹

刀刃 mua⁵¹dou⁵¹

尖刀 kʰua⁵⁵

柴刀 dou⁵¹tʰaːn⁵⁵fuŋ¹¹

剃头刀 kʰua⁵⁵tʰəːŋ⁵⁵kiːu⁵⁵

桶水 ~tʰaːŋ³¹

木桶 tʰaːŋ³¹

铁桶 tʰaːŋ³¹li¹¹

水烟筒 dau³³tso⁵⁵

箍儿 kʰɔːu³³tʰaːŋ³¹

水缸 kɔːŋ⁵⁵

叉子 diu⁵¹se³³

铲子 seːn³¹

罐子 kuan¹¹

杯子 diːn⁵¹

茶杯 diːn⁵¹

酒杯 diːn⁵¹

壶 baːn¹¹

茶壶 de¹¹baːn¹¹

酒壶 baːn¹¹ŋəːu³¹

塞子瓶~ŋɯət¹¹

铁锅 dau⁵⁵

炒菜锅 dau⁵⁵saːu³³tsan⁵⁵

锅铲 seːn³¹

锅耳 fɔːŋ⁵¹dau⁵⁵

锅盖 ŋɯət¹¹dau⁵⁵

盒子 aːp⁵¹

蒸笼 dau⁵⁵tseŋ³³

饭碗 laːk⁵¹tʰou⁵⁵

饭甑 dau⁵⁵tseŋ³³

盘子 bua³¹

碟子 tʰiək³¹diːn⁵¹

勺子 keŋ³³

漏斗 tsiu³¹laːu³³

筲箕 洗菜盛物用 kɯ³¹lɔːt³¹

筛子 细孔的 kɯ³¹tsiːu¹¹

筛子 大孔的 tsiːu¹¹lɔ³¹

箩斗 筛米粉用的 tuəŋ⁵⁵

晒席 晒谷子用的 tsiək³¹tɯa⁵¹pəːk³¹

木槽 喂牲口用 tɔːŋ⁵⁵

石槽 喂牲口用 tɔːŋ⁵⁵siːn⁵⁵

洗锅刷 丝瓜瓤 nə³¹peːŋ³¹

抹布 kɯ³¹let¹¹

筷筒 tsuŋ¹¹sep⁵⁵

盆 pʰun³¹

木盆 pʰun³¹sai⁵⁵

炉子 taːu⁵⁵lu¹¹

吹火筒 tʰɔk³³tsu⁵¹

火石 siːn⁵⁵kʰou⁵⁵

火把 huan³³tsiak⁵⁵

灯笼 deŋ³³laːŋ³¹

火钳 huəi³¹kʰiam³¹

篮子 kʰiaŋ⁵⁵

杆子 tɯa⁵¹

竹竿 təm⁵⁵saŋ³³buən⁵⁵

竹筒 ŋaːt³³təm⁵⁵

桩子 钉在地上的木棍或石柱 tʰɔŋ⁵¹

钩子 kɯ³¹kɔk⁵⁵

草绳 tɯi⁵⁵

麻绳 laːm¹¹

缰绳 puən¹¹

链子 liən⁵¹

杵 舂~ kɯ³¹sɯ⁵¹

包袱 baːu³³pʰɔk⁵¹

麻袋 de⁵¹

钟 sɯ⁵¹

玻璃 kia¹¹

镜子 kia¹¹

筢子 篦虱子用的~ si³³kiːu⁵⁵ɯət⁵⁵

扇子 pʰaŋ⁵¹

楔子 kɯ³¹tsiam⁵⁵

木板 板子 baːi³¹

漆 sat⁵⁵

颜料 sat⁵⁵

斗 名词 lo⁵¹

尺子 siə⁵⁵

曲尺 kʰiak⁵⁵siə⁵⁵

钓竿 buən⁵⁵ləŋ³¹

网 laːi³¹

拦河网 maːŋ⁵¹

抛网 撒网，名词 piu⁵⁵

罾 kiau³¹

鱼叉 sɯaŋ⁵⁵

腰鱼篓 tsuk¹¹bet⁵⁵

鱼篓 捕鱼具 tsuk¹¹bet⁵⁵

锯 工具 kɯ³¹ku¹¹

凿子 kɯ³¹siːu⁵¹

锉 siːn⁵⁵lo¹¹kui⁵⁵

钻子 kɯ³¹tuan⁵⁵

刨子 kɯ³¹pʰaːu³¹

弓 buən⁵⁵pe⁵⁵

弩 pe⁵⁵

箭 mɯa⁵¹pe⁵⁵

剑 kiam¹¹

枪 pʰaːu⁵¹

炮 pʰaːu⁵¹lo⁵⁵

子弹 tsi³¹daːn⁵¹

火药 tso⁵⁵pʰaːu⁵¹

铁砂 ko¹¹

织布机 leŋ⁵¹taːk⁵¹

梭子 haŋ¹¹taːk⁵¹

轿子 kiə⁵¹

车 sia³³

牛车 sia³³sei⁵⁵

船 tuən¹¹

船桨 tuən¹¹baːi³¹

篙子撑船用的竹竿 buən⁵⁵tɯa⁵⁵

木筏 tɯa⁵⁵

飞机 buəi³³ki³³

烟斗旱~dau³³tso⁵⁵bɔp⁵⁵

拐杖 sai⁵⁵tso⁵⁵

六　服饰饮食

布 təp⁵⁵

丝 ti³³tua¹¹

线 tɯi⁵⁵

衣上~vo¹¹

衣袋 ta³³doŋ³¹

衣襟 pʰi⁵¹vo¹¹

衣领 tsaŋ³¹vo¹¹

腰带 tɯi⁵⁵tʰam³¹zəːu¹¹

裙子 kuən³¹

花边 kɯ³¹taŋ¹¹

纽子 tsɔːn³¹

扣眼儿 sua⁵⁵tsɔːn³¹

内衣 lap⁵⁵ta³³

内裤 kʰou¹¹kuən⁵⁵

头巾女的戴的pʰɛ⁵⁵

帕子男的用的pʰɛ⁵⁵

围腰帕一种服饰，多有绣花图案tou⁵⁵

手套 siu³¹tʰou¹¹

鞋帮鞋面ŋaːn⁵⁵ləm³¹

鞋底 dɔːi³¹ləm³¹

鞋后跟 tsum⁵¹ləm³¹

草鞋 ləm³¹nɔːŋ⁵⁵

胶鞋 ləm³¹ni³¹

木拖鞋 tou³³kia⁵¹

布鞋 ləm³¹təp⁵⁵

皮鞋 ləm³¹na³³sei⁵⁵

背带 tɯi⁵⁵kua⁵¹

斗笠 tʰɯa¹¹təm⁵⁵

蓑衣 vo¹¹suaŋ⁵⁵

簪子 kɯ³¹liək¹¹

耳环 siau⁵⁵

项圈 kɯ³¹tuəi³¹

手表 siu³¹biəu³¹

眼镜儿 mak⁵¹kia¹¹

发髻 pɔŋ⁵⁵

行李 tou¹¹maːu⁵⁵

白米 ləp¹¹kʰou⁵⁵

夹生饭 tʰou⁵⁵fuəi⁵⁵tʰəːt³¹

米汤 kɯ³¹kəm⁵⁵

酸汤 naːm⁵⁵tʰo³³fou⁵⁵

100

锅巴 dɯa⁵⁵tʰou⁵⁵

米粉 vi³¹huən³¹

糍粑 ȵɛ⁵¹

米花糖 vi³¹tʰɔ³¹

糕 ȵɛ⁵¹

糖 na:m³³mɯai⁵⁵

红糖 na:m³³mɯai⁵⁵sei⁵⁵

白糖 na:m³³mɯai⁵⁵kʰou⁵⁵

饼 bia³¹

果子 mɯat⁵⁵

红薯干儿 mɔ:n⁵⁵kʰa⁵⁵

酸菜 tsan⁵⁵fou⁵⁵

豆豉 da:u³³tsiə¹¹

肉食用 kə:m⁵⁵

猪肉 kə:m⁵⁵pəi¹¹

羊肉 kə:m⁵⁵tsɯ⁵⁵

鸡肉 kə:m⁵⁵kʰai⁵⁵

腊肉 kə:m⁵⁵kʰa⁵⁵

黄牛蹄 kɯ³¹ka:u⁵¹nau⁵⁵

鸡爪子 hɔ:k⁵¹kʰai⁵⁵

鸡肫胃 kɯ³¹lat³³kʰai⁵⁵

鲜鱼 tʰou¹¹

咸鱼 tʰou¹¹taŋ³¹

干鱼 tʰou¹¹kʰa⁵⁵

蛋 tsum⁵⁵

蛋黄 tsum⁵⁵tʰɯ:u¹¹

蛋壳 pua⁵¹tsum⁵⁵

蛋清 tsum⁵⁵kʰou⁵⁵

臭蛋 tsum⁵⁵luəŋ³¹

鸭蛋 tsum⁵⁵bet⁵⁵

咸鸭蛋 tsum⁵⁵bet⁵⁵taŋ³¹

鹅蛋 tsum⁵⁵ŋə:n³¹

油 kui⁵⁵

油渣 tɯ⁵¹kui⁵⁵

鸡油 kui⁵⁵kʰai⁵⁵

牛油 kui⁵⁵sei⁵⁵

酱 na:m³³tsok⁵⁵

烟丝 tso⁵⁵ȵə³¹

酒 ŋə:u³¹

红薯酒 ŋə:u³¹mɔ:n⁵⁵

酒曲 hɔ:m¹¹

早饭 tʰou⁵⁵hɔm¹¹ziau¹¹

午饭 tʰou⁵⁵kɯ³¹duən⁵¹

晚饭 tʰou⁵⁵kɯ³¹sɔ:p⁵¹

腌~鱼 le:u⁵⁵pa⁵¹

煮~肉 sa:u⁵⁵

七　身体医疗

身体 huən¹¹

花辫 tam³³teŋ³³

太阳穴 mɛ⁵¹mui³¹

囟门 na⁵¹

瞳仁 hɯət⁵⁵tou⁵⁵

睫毛 hɔ:ŋ¹¹tou⁵⁵liap⁵⁵

眼屎 hɯai³¹tou⁵⁵

耳屎 hɯai³¹ko⁵⁵

耳垂 pɔ:ŋ³¹ko⁵⁵

鼻孔 sua⁵⁵hɔ:t⁵¹

鼻梁 kɔŋ³¹hɔ:t⁵¹

颧骨 ŋa:n⁵⁵tuəŋ⁵¹

腮 tuəŋ⁵¹

上颚 ŋak⁵⁵

酒窝儿 di:n⁵¹

小舌 diau⁵⁵tsiaŋ³³

牙龈 mɯa⁵¹saŋ⁵⁵

门齿 saŋ⁵⁵tsu¹¹

臼齿 saŋ⁵⁵lu¹¹

犬齿 saŋ⁵⁵lɯap¹¹sai⁵⁵

虎牙 龅牙 saŋ⁵⁵bou⁵⁵

喉结 pɔm³¹ɔ⁵¹

后颈窝 kɯ³¹tsɔːn⁵⁵

胳肢窝 taːu³³tsəːi¹¹

手掌 pʰaŋ⁵¹ma⁵⁵

手心 lɔm⁵¹ma⁵⁵

手背 tuːt⁵¹ma⁵⁵

手茧 lɔŋ⁵¹ɔ⁵¹tsiːt⁵¹

手腕 kan³³tɯːn⁵⁵

手脉 mɛ⁵¹

六指 tsap⁵¹tsia¹¹bou⁵⁵

指纹 vi³³van⁵⁵

斗 圆形指纹 sai⁵⁵

箕 长形指纹 bun⁵⁵ki³³

虎口 大拇指、食指间的手叉 tʰap³¹ma⁵⁵

肘 sai⁵⁵sua⁵¹

奶头 mɯat⁵⁵ȵen⁵¹

奶汁 naːm⁵⁵ȵen⁵¹

胸脯 pan³³tsai¹¹

心脏 心 siau⁵⁵

肺 vuəŋ¹¹

胃 肚（dǔ）子 lɯi¹¹lo⁵⁵

腰 tʰam³¹zəːu¹¹

肝 ŋəːn¹¹

胆 苦胆 ti⁵⁵

脾 siə⁵⁵

肾 腰子 kɯ³¹nam⁵⁵

肠子 tiəŋ⁵⁵lɯi¹¹

盲肠 paːŋ⁵⁵

大腿 nɔːu⁵¹hou¹¹

小腿 pɔŋ³¹tsin¹¹

腿肚子 mɯa⁵¹pɔŋ³¹tsin¹¹

脚趾 tsap¹¹tsia¹¹hɔːk⁵¹

脚后跟 kɯ³¹tsum⁵¹hɔːk⁵¹

脚踝 脚上两旁突起的骨头 kan⁵⁵hɔːk⁵¹

脚背 tuːt⁵¹hɔːk⁵¹

脚心 mɯa⁵¹hɔːk⁵¹

茧 lɔŋ³³ɔ⁵¹tsiːt⁵¹

脚印 dəːn⁵⁵hɔːk⁵¹

睾丸 tsum⁵⁵pɔːn¹¹

骨头 liək¹¹

骨节 关节 tʰɔk⁵⁵liək¹¹

脊椎骨 liək¹¹kɯ³¹liəu¹¹

肋骨 liək¹¹kʰeːŋ⁵⁵

软骨 liək¹¹laːk⁵¹

筋 tat⁵⁵

脉搏 mɛ⁵¹

血 tʰəːt³¹

肉 人体 kəːm⁵⁵

肌肉 mɯa⁵¹paːŋ¹¹

皮肤 na⁵⁵

毛 hɔːŋ¹¹

寒毛 汗毛 hɔːŋ¹¹tɯːn⁵⁵

汗 naːm³³ɯat⁵⁵

鸡皮疙瘩 人寒冷时皮肤上起的疙瘩 a⁵⁵tɔt⁵¹na⁵⁵

雀斑 皮肤上的黑色、黄褐色细点 ɔp⁵¹fai³¹

尿 naːm³³tsem⁵¹

屎 hɯai³¹

屁 duət⁵¹

淋巴结 kɯ³¹pɯan⁵⁵

印记婴儿臀部青印 en⁵¹

皱纹 n̠et⁵⁵

力气 kʰaːu⁵⁵

晕头~mɔŋ³¹

酸腿~taːk⁵¹tuət³¹

花眼~了 huət³¹

瞎~眼睛 kʰiu⁵⁵

出~水痘 daŋ⁵⁵

泻~肚子 tsəːn⁵⁵

抽筋 van¹¹vuːt³¹

瘸~了 heːŋ³¹

传染 uəi¹¹taːk⁵¹

疮 naːi⁵⁵

痱子 muɯ³¹tiau¹¹

疖 naːi⁵⁵bat⁵⁵

痰 naːm⁵⁵haːk³¹

脓 ku⁵⁵

水泡皮肤因摩擦而起的泡 loŋ⁵¹

结巴 ta³³tʰa⁵¹

治~病 tsi⁵¹

抹~药 sua⁵⁵

药 tso⁵⁵

草药 pi³³sai⁵⁵

毒药 dak⁵¹iə⁵¹

药丸 zuan³¹

药末 tso⁵⁵puəŋ⁵¹

药片 tso⁵⁵pʰiən¹¹

八　婚丧信仰

离婚 fat⁵⁵tʰa⁵⁵

回门出嫁女子第一次回娘家 huəi³¹mui³¹

招赘招女婿 liəu³¹kup⁵⁵

入赘上门女婿 hai³³kup⁵⁵

爱人 naːu⁵¹

胞衣胎盘 vɯ¹¹

脐带 tɯi⁵⁵lo³¹

生~孩子 tʰau¹¹

喂~奶 fo¹¹

摇篮 əːi³³

敬香 baːi³¹həːŋ⁵⁵

祖坟 mɔːu³³pəːu¹¹

扫墓 səːt⁵¹mɔːu³³

墓碑 tsiə⁵¹buəi³³

祭日 vɔːn³³lɔːt⁵¹

祭拜 pʰut⁵⁵

拜~菩萨 pʰut⁵⁵

法术 tɔk⁵¹pʰaːt⁵¹

鬼 vɯat⁵¹

魂魄 ha¹¹

神仙 tiən³³naːŋ¹¹

雷公 lui¹¹koŋ³³

龙 təːŋ¹¹

龙王 pʰou⁵⁵təːŋ¹¹

玉帝 zi⁵⁵di¹¹

土地爷 tʰou¹¹di⁵¹koŋ³³

巫师鬼师 ta³³bɛ⁵¹koŋ³³

巫婆 maːi⁵¹sua⁵⁵

算命先生 tʰai¹¹mai⁵⁵mia⁵¹

命 mia⁵¹

念经 niam³³tsiːu¹¹

塔 tʰa⁵⁵

驱鬼 pʰeːk⁵¹vɯat⁵¹

九 人品称谓

本事 kiu⁵⁵leŋ⁵¹

名声 daŋ³³pʰɯ⁵⁵

好人 maŋ⁵⁵tʰai¹¹

坏人 ai⁵⁵tʰai¹¹

大人 tʰai¹¹lo⁵⁵

老太太 ma:i⁵¹tʰai¹¹tso⁵⁵

老头儿 pʰou⁵⁵tʰai¹¹tso⁵⁵

妇女女人 mɯ³¹ta:u⁵⁵

青年男子小伙子 mɯ³¹niau⁵⁵

青年女子姑娘 kɯ³¹u⁵⁵

独子 tʰiək³¹nu³³na⁵⁵

孤儿 tʰiək³¹tʰak³¹tʰɯa³¹

寡妇 ma:i⁵¹pə:i¹¹

鳏夫老而无妻的人 pʰou⁵⁵pə:i¹¹

皇帝 u:i¹¹də:i¹¹

官 hɯa³¹

兵 bia³³

头人寨老 fə:p⁵¹

医生 tʰai¹¹mai⁵⁵ta:k⁵¹

老师 tiən³³te³³

学生 o⁵¹zuan¹¹

猎人 tʰai¹¹pai⁵⁵tsou⁵⁵

篾匠 vi⁵¹ka:ŋ³³

石匠 tʰai¹¹təp¹¹si:n⁵⁵

铁匠 tʰai¹¹təp¹¹kui⁵⁵

渔夫 tʰai¹¹ha:m⁵⁵tʰou¹¹

骗子 pʰiən⁵⁵kia³¹

生人 tʰai¹¹bo⁵⁵te³³

熟人 tʰai¹¹ke:n⁵¹

同伴 luŋ¹¹la:u³¹

老乡 tʰai¹¹na:m³³len¹¹

外国人 tʰai¹¹ua³³kok⁵⁵

异乡人 ŋɔ³³da:ŋ³¹na:m⁵⁵len¹¹

矮子 tʰai¹¹tʰa⁵⁵tʰɔk⁵⁵

麻子 sap¹¹sen⁵¹

秃子 pʰou⁵⁵lun⁵⁵

斜眼子 tʰaŋ³¹tʰiu⁵⁵

独眼龙 tou⁵⁵dan³³tuan⁵¹

歪嘴子 ŋɔ:i⁵¹suŋ⁵⁵

豁嘴子 lat⁵⁵suŋ⁵⁵

瘫子 he:ŋ³¹

祖宗 pə:u¹¹tsə³¹

曾外祖父 tə⁵⁵tso⁵⁵

曾外祖母 nɔ¹¹tso⁵⁵

曾祖父 pə:u¹¹tə:n¹¹

曾祖母 tsə³¹tə:n¹¹

大伯子夫之兄 sa:i⁵⁵

小叔子夫之弟 pa⁵⁵

小姑子夫之妹 fi¹¹

姐妹 u⁵⁵nuəi⁵¹

兄弟 e:ŋ⁵⁵nuəi⁵¹

内兄妻之兄 sa:i⁵⁵a:ŋ³³

内弟妻之弟 ni¹¹

堂哥 e:ŋ⁵⁵su³³voŋ¹¹

堂弟 nuəi⁵¹su³³voŋ¹¹

堂姐 u⁵⁵su³³voŋ¹¹

堂妹 nuəi⁵¹su³³voŋ¹¹

表哥 e:ŋ⁵⁵

表弟 nuəi⁵¹

表姐 u⁵⁵

表妹 nuəi⁵¹

大儿子长子 tʰiək³¹lo⁵⁵

小儿子 tʰiək³¹kɯ³¹suət⁵¹

大女儿 u⁵⁵lo⁵⁵

小女儿 tʰiək³¹mɯ³¹ta:u⁵⁵kɯ³¹suət⁵¹

私生子 tʰiək³¹huɯam⁵⁵

侄女儿 tʰiək³¹kɯ³¹pa⁵⁵

孙女儿 tʰiək³¹kɯ³¹pə:u¹¹

前妻 na:u⁵¹kɯ³¹tin⁵⁵

后妻 na:u⁵¹dak³¹də:n⁵⁵

大老婆 na:u⁵¹lo⁵⁵

小老婆 na:u⁵¹tə:k³¹

男情人 tʰa⁵⁵liau⁵⁵

女情人 tʰa⁵⁵liau⁵⁵

亲家 pʰɯ³³ŋuən⁵⁵

亲家母 ma:i⁵¹ŋuən⁵⁵

干爹 po⁵¹puɯən⁵¹

干妈 ma:i⁵¹puɯən⁵¹

十　农工商文

旱田 tou¹¹kʰa⁵⁵

园子菜地 lə i¹¹

种子 san⁵⁵

芽儿 tɔk⁵⁵

秧 san⁵⁵

禾苗 nɔ:u⁵¹mə:t³¹

粮食 ləp¹¹haŋ⁵⁵

谷仓 də:ŋ⁵¹

蜜蜂房 lu³¹tei⁵⁵

蜂箱 tiə³³tei⁵⁵

耙 kuak⁵⁵lɔ³¹

耙齿 saŋ⁵⁵lɔ³¹

木耙 sai⁵⁵kuak⁵⁵lɔ³¹

铁耙 kui⁵⁵kuak⁵⁵lɔ³¹

木犁 tʰei¹¹kɯ³¹sai⁵⁵

铁犁 tʰei¹¹kui⁵⁵

铁锹 se:n³¹

牛轭 e:k⁵¹sei⁵⁵

牛鼻环 min⁵¹sei⁵⁵

鞭子 bian⁵⁵

粪箕 bun⁵⁵ki³³

风车扬谷糠用 huaŋ³³ku:i³³

棚子瓜棚 luŋ¹¹

水碾 ka:n⁵¹si:n⁵⁵

竹笕引水工具 tɔ³¹

肥料 bu:i¹¹liau³³

选 ~种子 tsɔn¹¹

耙 ~田 pʰə⁵⁵

耕 ~田 pʰə⁵⁵

撒 ~种子 ja³³

守 ~庄稼 tʰa:u⁵¹
　　　lə:i⁵¹

收 ~稻子 pʰɯ⁵⁵

扬 ~麦子 vet⁵⁵

结 ~果子 huən³¹

出这儿 ~水果 daŋ⁵⁵

碾 ~米 ka³¹

筛 ~米 tsi:u¹¹

货 tou¹¹ma:u⁵⁵

价钱 ka⁵¹

生意 kiu⁵⁵tou¹¹ma:u⁵⁵

债务 mou⁵⁵

借钱 tsiə⁵⁵tsin⁵⁵

还债 sɔk⁵⁵

赊 ~账 kʰiam¹¹

交 ~钱 muan⁵⁵

利息 tɔk⁵¹laːi³³

税 tɔːi¹¹

买 ~菜 taːt⁵¹

卖 ~菜 kiːu⁵⁵

赔偿 buəi¹¹

银圆 lui⁵⁵

银子 kuən¹¹

铜钱 siːn³³sua⁵⁵

铁丝 tʰit⁵⁵ti³³

秤杆 sɔŋ⁵¹

秤砣 muat⁵⁵sɔŋ⁵¹

秤星 tou⁵⁵sɔŋ⁵¹

教 ~书 ka¹¹

考 ~学校 kʰaːu³¹

黑板 ɔːu³³baːi³¹

字 tu³³

书本 sε⁵⁵

笔 biət⁵⁵

糨糊 kɔːu³¹

公章 iən¹¹

私章 iən¹¹

风俗 lɔːi³³

歌 dat⁵¹li¹¹

山歌 dat⁵¹li¹¹

戏 hi¹¹

鼓 lɔːŋ⁵⁵tuŋ³¹

铜鼓 lɔːŋ⁵⁵tuŋ³¹

锣 lɔːŋ³³beːŋ⁵⁵

钹 lɔːŋ⁵⁵se³¹

唢呐 daːt⁵¹

箫 kɯ³¹tsuən³¹

哨子 viːt⁵⁵

球 kʰiːu³¹

陀螺 kɯ³¹tuan⁵⁵

相片 tiə¹¹

对联 dui⁵⁵liən¹¹

谜语 kɔːu³¹baːn³³

散步 tsəŋ³¹tsəŋ³¹pai⁵⁵

打 ~球 təp¹¹

踢 ~球 tuup⁵¹

弹 ~琴 diak⁵⁵

跳 ~舞 tʰiau⁵⁵

贴 ~标语 pʰak⁵⁵

投 ~球 ɔːp⁵¹

写 tia³¹

学 vɯam⁵⁵

游泳 lu³¹lɔn⁵⁵

蘸 ~墨水 tsɔk⁵⁵

传说 名词 ŋei³¹lou⁵¹hu⁵⁵

国家 kok⁵⁵ke³³

省 teŋ³¹

场 集 ja⁵¹

十一 动作行为

竖 ~起来 suːn⁵⁵

开 水~了 puːt⁵¹

褪 ~色 tʰuət⁵¹

靠拢 la⁵⁵

着 ~火了 tʰou¹¹

冒 ~烟 tun¹¹

zun⁵⁵

破 ~篾 puai⁵⁵

浮 ~在水上 fu¹¹

鼓 ~起肚子 lɔŋ⁵¹

盘把辫子~在头上 huːt⁵¹

焙把谷子~干 pʰiːn⁵⁵

接把两根绳子~起来 tsiap⁵⁵

放把鸟~了 bɔŋ⁵¹

摆桌上~着许多东西 to³³

封把信~好 baːŋ³³

翻 tsaːm¹¹
　　tʰak⁵⁵

漏房子~雨 hɔp³¹

把给婴儿~屎 to⁵¹

跟孩子~着妈妈 dəːn⁵⁵

飘红旗~ viːn¹¹

晒人~太阳 tɯa⁵¹

散人都~了 səːn⁵¹

崩山~了 tʰut¹¹

缠蛇~树 huːt⁵¹

蜕蛇~皮 tuəi⁵¹

下太阳~山 dɔːk⁵¹

砸碗~破了 siap⁵⁵

叮蚊子~人 daːn⁵⁵

用我~铅笔 lɔ⁵¹

游鸭子在河里~ lu³¹lɔn⁵⁵

夹腋下~着一本书 kəːp³¹

砸用锤~石头 siap⁵⁵

照用灯~ tsɔŋ¹¹

剜用尖刀~ kʰak⁵⁵

撑用木头~住 deŋ³¹

按用手~住 kʰɔm⁵¹

捧用手~起来 hiːu⁵⁵

冲用水~ siə⁵¹

兜用衣服~着 tʰu⁵¹

钻用钻子~洞 niu⁵¹

拱猪~土 tsuŋ⁵⁵

塞~老鼠洞 sem⁵⁵

开走~ hai⁵⁵

挨~打 dɔːi⁵¹

挨~近 la⁵⁵

安~抽水机 aːn³³

熬~粥 ŋaːu³¹

霸占 tʰaːu¹¹

摆~动 han³¹

搬~凳子 tsɯi⁵⁵

搬~家 tua³¹

拌~农药 leːu⁵⁵

帮助 bɛ³³

绑 kʰɔːp⁵¹

包~药 tʰu⁵¹

背~书 feːŋ³¹

逼~他交出来 eːp⁵¹

编~辫子 ta⁵⁵

编~篮子 huːt⁵¹
　　　ta⁵⁵

变 biən¹¹

剥~牛皮 tʰak⁵⁵

剥~甘蔗皮 pʰɔːk⁵¹

剥~红薯皮 n̥iːt⁵¹

补~锅 bɔːm⁵¹

补~衣服 bɔːm⁵¹

缺~了一大块 lim³¹

缺~了一小口子 lim³¹

裁~纸 ka³³

查~账 sa³¹

尝~味道 si¹¹

抄~书 saːu³³

炒~菜 sa³¹

车~水 sia⁵⁵

沉 tsen¹¹

冲~在前边 ko⁵⁵

舂~米 sɯ⁵¹

抽~出刀来 kuət⁵¹

出~汗 daŋ⁵⁵

锄~草 sə:t⁵¹

穿~鞋 siam⁵⁵

穿~针 sɔ:k⁵¹

吹~喇叭 a:u⁵⁵

捶~衣服 bia⁵¹

    pi⁵¹

凑~钱买书 sap⁵⁵

搓~绳子 bɔ:n⁵⁵

搭~车 tsiəŋ⁵⁵

搭~棚子 leŋ⁵¹

箍~木桶 kʰɔ:u³³

打~枪 təp¹¹

打~人 təp¹¹

打扮 to³³

打倒 təp¹¹ti:u⁵⁵

打赌 liə⁵¹tʰa⁵⁵

打仗 təp¹¹tsiən⁵¹

带~孩子 luəi³¹

带~领红军 dua¹¹

带~路 luəi³¹

带~钱 tuəi⁵⁵

待~一会儿 tʰa:u⁵¹

    lə:i⁵¹

戴~帽子 ɲau⁵⁵

戴~手镯 tuəi⁵⁵

戴~项圈 tuəi⁵⁵

弹~棉花 ni¹¹

当~兵 leŋ⁵¹

挡~风 təŋ⁵⁵

倒~过来 tuan³¹

到~了家 vou⁵⁵

等~人 lə:i⁵¹

低~头 kɔŋ⁵⁵

点~头 ŋut⁵⁵

垫~桌子 diam⁵¹

叼~烟卷儿 tɔm⁵¹

吊~在梁上 lin¹¹

钓~鱼 ləŋ³¹

跌倒 ti:u⁵⁵

叠~被子 tsi⁵⁵

钉~钉子 da:n¹¹

动 han³¹

动身 han³¹huən¹¹

震动 han³¹

读~书 tʰak⁵¹

堵~漏洞 sem⁵⁵

赌~钱 bua⁵¹

渡~河 kua⁵¹

断~气 də:t⁵¹

断线~了 də:t⁵¹

断棍子~了 dou⁵⁵

堆~稻草 tsɯ:n⁵¹

对~笔迹 du:i¹¹

炖~鸡 duən⁵¹

夺 kiap⁵⁵

跺~脚 taŋ⁵¹

发~信 huat⁵⁵

发芽 a³³tɔk⁵⁵　　　　和~泥 le:u⁵⁵

罚款 huat⁵¹tsin⁵⁵　　烘~衣服 ha:ŋ³³

翻~身 tsa:m¹¹　　　　划~船 tʰe³³

防~野猪 pʰa:ŋ³¹　　　画~图 liau³³

放~手 toŋ³³　　　　　换 ua³³

放~田水 bɔŋ⁵¹　　　回~家 pə¹¹

放~盐 bɔŋ⁵¹　　　　回~头 tuan³¹

飞 fin¹¹　　　　　　回去 hai³³pə¹¹

分~粮食 kuət⁵⁵tʰa⁵⁵　挤~过去 nu:i⁵⁵

缝~衣服 ɲɔ:p⁵¹　　　挤~奶 pet⁵⁵

敷~药 tʰu⁵¹　　　　加 kɛ³³

伏~在桌子上 pʰok⁵⁵　酿酒 sa:u⁵⁵ŋɔ:u³¹

扶~起来 tɔŋ⁵⁵　　　剪 ka³³

扶~着栏杆走 pa¹¹　　浇~水 pʰɔ:ŋ⁵⁵

赶~鸟 pʰe:k⁵¹　　　搅 le:u⁵⁵

搁~在桌子上 bɔŋ⁵¹　揭~锅盖 li⁵⁵

割~肉 iak⁵⁵　　　　盖~被子 tsɔm⁵¹

给~钱 mɯan⁵⁵　　　解~衣扣 tsuət³¹

钩 kau⁵⁵　　　　　借~钢笔写字 tsiə⁵⁵

刮~掉毛 tʰə:ŋ⁵⁵　　借~钱 tsiə⁵⁵

挂~在墙上 kap¹¹　　进~屋 tʰau¹¹

关~门 ŋat⁵⁵　　　　敬~酒 keŋ⁵⁵

关~牛 ŋat⁵⁵　　　　揪~住 pək¹¹

灌~水 kuan¹¹　　　卷~布 hu:t⁵¹

跪 pʰut⁵⁵　　　　　掘~树根 tau⁵⁵

滚 lam³³lin⁵⁵　　　开~车 jaŋ⁵⁵

过~河 kua⁵¹　　　　开~门 ou⁵⁵

过~桥 kua⁵¹　　　　看见 mai⁵⁵suən⁵¹

还~钢笔 sɔk⁵⁵　　　烤~干衣服 ha:ŋ³³

还~账 sɔk⁵⁵　　　　烤~火 tu⁵¹

喊~人开会 vɔ:u⁵⁵　　靠~墙 tʰəp⁵⁵

焊~管子 ha:n⁵¹　　　磕~头 siap⁵⁵

110

刻 用刀~kʰak⁵⁵

啃 ~骨头huɯat¹¹

抠 用手指挖kʰak⁵⁵

跨 ~一步hɔːm³¹

拉 ~犁beŋ³³

拉 ~绳子beŋ³³

来 muɯŋ¹¹

拦 ~住təŋ⁵⁵

粘 ~住了kʰan⁵¹

勒 ~死lat¹¹

离开 daŋ⁵⁵hai⁵⁵

量 ~布liə¹¹

晾 ~衣服tuɯa⁵¹

　 luɯən³¹

留 ~种子daːu⁵⁵

流 ~水lɔːt³¹

搂 ~在怀里up⁵⁵

　 un⁵¹

落 ~下来dɔːk⁵¹

买 ~鱼taːt⁵¹

眯 ~眼ŋuɯəm³³

瞄 ~准miau³¹

抿 ~着嘴笑dap⁵⁵

摸 ~东西mɔːu³¹

摸 ~鱼mok⁵⁵

摸瞎 ~luɯp³¹

磨 ~刀lo¹¹

磨 ~面vua¹¹

拈 ~一块糖ɲim⁵⁵

捏 ~手pet⁵⁵

沤 ~烂了ɔp⁵⁵

爬 ~山pai⁵⁵

爬 ~树pɔk⁵⁵

　 hɔm¹¹

拍 ~桌子bia⁵¹

排 ~队baːi¹¹

刨 ~光一点pʰaːu³¹

泡 ~茶soŋ³³

泡 ~衣服liək¹¹

陪 ~客人bɛ³³

喷 ~水（嘴巴喷）aːu⁵⁵

　 pʰun¹¹

碰 ~桌子pʰɔŋ¹¹

披 ~衣feːŋ³¹

　 ȵau⁵⁵

劈 ~柴puɯai⁵⁵

漂 ~布liək¹¹

泼 ~水tʰɔm³¹

破 ~肚子puɯi⁵⁵

铺 ~被子pʰak⁵⁵

骑 ~马tua³¹

起来 suːn⁵⁵a⁵⁵

牵 ~牛tɔŋ⁵⁵

前进 hai⁵⁵kuɯ³¹tin⁵⁵

抢 kiap⁵⁵

敲 ~门dɔk⁵⁵

切 ~菜siːt⁵¹

亲 ~小孩tsuət⁵¹

取 ~款mi³¹

去 hai⁵⁵

劝 suəi⁵⁵

染 ~布saːm⁵⁵

绕 ~弯儿tiam³¹

热 ~一下再吃hiːt³¹

洒~水 vet⁵⁵

杀~人 tse³¹

晒衣服 tɯa⁵¹

扇~风 phaŋ⁵¹

骗~牛 thəŋ¹¹

伤~了手 ta:k⁵¹

上~楼 khə:n⁵⁵

烧~茶 sa:u⁵⁵

烧~山 tsei⁵⁵

射~箭 ni¹¹

伸~懒腰 a⁵⁵

生~疮 tɔk⁵¹

收~信 tsiap⁵⁵

收拾~房子 hɯam⁵⁵

吸收 tsuət⁵¹

数~数目 iap⁵⁵

漱~口 tsuək⁵¹

甩~手榴弹 fit⁵⁵

闩~门 ka:n⁵⁵

睡着 thau⁵⁵ŋɔk⁵⁵

松土 ta:ŋ³³kɯ³¹len¹¹

送~你一支笔 mɯan⁵⁵

送~他回去 luəi³¹

搜~山 hiau³³

锁~箱子 lap¹¹

塌~下去 thut¹¹

踏~上一只脚 sɛ⁵⁵

淌~眼泪 daŋ⁵⁵

躺~在床上 siək⁵⁵

掏~出来 vɔ:t⁵¹

淘~米 uət⁵¹

套~上一件衣服 luak⁵⁵

剃~头 thə:ŋ⁵⁵

填~坑 thiam³¹

停 ŋɔ⁵¹

通 thɔŋ³³

偷 tsa:k³¹

涂~油 me:k⁵¹

退 thu:i¹¹

吞 kuat¹¹

拖~木头 thɯi⁵⁵

脱~鞋 tsuət³¹

脱落 un⁵⁵

　　dɔ:k⁵¹

挖~地 tau⁵⁵

煨~红薯 khɔŋ¹¹

围~敌人 ui³¹

问 kɔ⁵⁵

握~手 khɛ⁵¹

抓住 ha:m⁵⁵

捂~着嘴 tiəm⁵¹

熄~灯 tsep⁵⁵

洗~碗 uət⁵¹

洗~澡|~手 ɯp⁵¹

　　uət⁵¹

洗~伤口 uət⁵¹

漂洗 sa:t⁵¹

下~楼 ta:u⁵⁵

吓唬 he⁵⁵

掀~开帘子 li⁵⁵

陷~下去 dɔ:k⁵¹

醒 se:t⁵¹

笑 tsu¹¹

微笑 tsu¹¹min³¹

修~机器 tseŋ³¹

修~路 tseŋ³¹

绣~花 tiu¹¹

淹~死 muət⁵⁵

养~鱼 fo¹¹

摇~木椿 ɳuəŋ¹¹

摇~头 vin¹¹

112

摇摇晃晃 pʰoŋ¹¹pʰoŋ¹¹pʰai³¹pʰai⁵¹

移 tsɯi⁵⁵

栽~树 kɯ⁵⁵

攒~钱 pəːi⁵⁵

凿 siːu⁵¹

扎用针~ sua⁵¹

扎猛子 tsɯːn⁵⁵

炸~开石头 tsa¹¹

榨~油 tsa¹¹

摘~下帽子 mi³¹

招~手 vet⁵⁵

找~零钱 liəu³¹

照~镜子 mai⁵⁵

争~地盘 tse³³

织~布 leŋ⁵¹

    taːk⁵¹

指~方向 tsei⁵⁵

拄~拐棍 duk⁵⁵

转~动 tuan⁵¹

转~身 tuan³¹

装~粮食 to³³

捉~鸡 haːm⁵⁵

挖~洞 tau⁵⁵

灭火~了 tsep⁵⁵

燃火~了 tʰou¹¹

啄鸡~米 duk⁵⁵

扑老虎~羊 ep⁵⁵

钻老鼠~洞 nuːi⁵⁵

驮马~货 feːn³¹

蜇马蜂~人 daŋ⁵¹

接你扔，我~ tsu⁵¹

蹭牛在树上~ sua⁵⁵

倒墙~了 huan³³

熏烟~眼 kəŋ⁵¹

呛辣椒味儿~鼻子 kəŋ⁵¹

扭脚~了 nuət⁵¹

嗑~瓜子 sep⁵⁵

吹~口哨 siu⁵⁵

打嗝连续不断地发出~声音 dak³¹sak⁵⁵

避~雨 tsuk¹¹

戒~烟 ke⁵⁵

叉~腰 sa⁵⁵

抚摸~孩子的头 mɔːu³¹

甩把蔬菜上的水~掉 fit⁵⁵

消肿~了 pɔk⁵⁵

上来 kʰəːn⁵⁵muŋ¹¹

下去 taːu⁵⁵hai⁵⁵

气别~我 kʰi¹¹

该不~讲 kʰam³³

松放~ taːŋ³³

想我~进城 tiə⁵¹

要我~去北京 kɯ³³

传一代~一代 suan¹¹

爱~她 tiaŋ⁵¹

悲哀 ai⁵⁵dɔːi⁵¹

进~出来了 tsiːt⁵⁵

比 kʰen⁵⁵

    bi³¹

馋 ~嘴 dɔk⁵⁵ɔ⁵¹

催 ~促 siaŋ³¹

代替 tʰɔːi¹¹

耽误 niau⁵⁵

当然 ~可以 tsaŋ³³

得到 mɯ³¹vou⁵⁵

懂 ~事 min¹¹taːi³¹

犯 ~法 pʰaːn⁵¹

放 ~心 bɔŋ⁵¹

分 ~家 kɯa³¹

分开 bun³³daŋ⁵⁵

区别 ŋɔ³³daːŋ³¹

改 kɔːi³¹

怪 ~他 meːk⁵¹

管 ~事情 tsiaŋ³¹

恨 em⁵⁵

回忆 tiə⁵¹daŋ⁵⁵

会 ~来 ɔːi⁵¹

继续 ziak³¹kʰai¹¹

减 kiam³¹

救 ~命 kiːu¹¹

开 ~会 kʰuːi³³

赖 ~我 meːk⁵¹

练 ~武艺 liən⁵¹

蒙 ~住 tiəm⁵¹

明白 ~你的意思 min¹¹taːi³¹

能 ~做 kiu⁵⁵

弄 ~坏了 leŋ⁵¹

派 ~人 kou¹¹

拼 ~命 ȵai⁵¹

请 kou¹¹

求 ~人帮忙 kʰiu¹¹

让 ~我去 kou¹¹

认 ~字 min¹¹taːi³¹

认得 min¹¹taːi³¹

省 ~钱 teŋ³¹

剩 ~下 tsou¹¹

算 ~账 iap⁵⁵

缩 ~小 tiak⁵⁵

讨饭 liəu³¹

听见 ŋei³¹nəːn¹¹

托 ~人办事 kou¹¹

望 mai⁵⁵lai⁵⁵

希望 tiə⁵¹

信 相~ ŋei³¹ tiən¹¹

要 ~下雨了 kɯ³³

隐瞒 tsuk¹¹

迎接 tsiap⁵⁵

赢 ia³¹

遇见 suəŋ⁵¹

约 ~时间 hu⁵⁵

允许 mɯan⁵⁵

长 ~大 lo⁵⁵

值得 ja³³kɔːm⁵¹

住 ~在哪儿 liau⁵⁵

准备 kɯ³³

做 ~事情 leŋ⁵¹

反悔 tsaːm¹¹

敢 ka³¹

辩论 ləːu¹¹saŋ⁵⁵

称赞 tsəŋ¹¹

答应 hɔːn¹¹muəŋ¹¹

告状 kɔ¹¹

哼呻吟 kiəŋ⁵⁵

吼 hɔːk³¹

唤~狗 kou¹¹

唠叨 ŋam⁵¹

回声 tsiən¹¹seu⁵⁵

笑话 hu⁵⁵tsu¹¹

谎话 suan⁵¹

道理 li³¹

十二 性质状态

秃光头 lun⁵⁵

凹 tʰɔːk⁵⁵

凸 dun⁵⁵

美风景~nɔk⁵⁵

漂亮形容男性 nɔk⁵⁵

正不歪 kuɯŋ⁵¹

反 tsaːm¹¹

偏 ŋɔ³³kuɯŋ⁵¹

斜 ŋɔ³³kuɯŋ⁵¹

横 kɯ³¹tiam⁵⁵

壮 maːi⁵¹tɔŋ⁵⁵

强 lo⁵⁵kʰaːu⁵⁵

弱 zeːn³¹

黏 kʰan⁵¹

僵冻~了 ləu¹¹

冻 kʰɯai⁵⁵

烫~手 tʰɔ¹¹

胀肚子~huək⁵¹

涩 səːp⁵¹

生瓜~的 tʰəːt³¹

生~肉 tʰəːt³¹

生~面人 ŋɔ³³min¹¹taːi³¹

夹生~饭 fuəi⁵⁵tʰəːt³¹

熟~饭 fuəi⁵⁵

熟~肉 fuəi⁵⁵

熟果子~了 saːk⁵¹

熟~人 keːn⁵¹

老菜~tso⁵⁵

肥地~kui⁵⁵

瘦地~ŋaːu⁵⁵

干河水~了 kʰa⁵⁵

干枯树木~了 kʰa⁵⁵

蔫晒~了 ɳet⁵⁵

粗糙米很~sia⁵⁵

粗糙桌面很~dap³¹dun⁵⁵

粗布很~sɔːu³³

细~小 laːk⁵¹

细面粉很~puəŋ⁵¹

稀布织得很~fəːn⁵⁵

密布织得很~ɯət⁵⁵

新鲜 tʰau¹¹

活 tʰau¹¹

精神 maŋ⁵⁵huən¹¹

麻手发~ma³¹

木脚~了 ko⁵⁵fuəi¹¹

松~软 nɔm³¹

暗 tsap⁵¹tsep¹¹

明亮 din⁵⁵

清楚 suəŋ⁵¹

模糊 pɯ¹¹

花~衣服 ŋɯa⁵⁵

嫩菜很~laːk⁵¹

饥饿 taːk⁵¹len¹¹

饱 kʰɔm⁵⁵

脆形容词 lɯəp¹¹

浓~茶 nou⁵⁵

淡~茶 kai⁵⁵

臊 sɯ⁵⁵

够 kɔːm⁵¹

破竹竿~了 pɯai⁵⁵

霉衣服~paːŋ¹¹

腐朽 dɔm⁵⁵

困倦 paŋ¹¹tou⁵⁵

空箱子是~的 ŋɔ³³tɔk⁵¹

空心树~了 tɔk⁵¹sua⁵⁵

糠心萝卜~了 maːu¹¹

满 piːŋ⁵⁵

闷 muən³³

绵 hu³³

齐 piːŋ⁵⁵

乱东西~n̠uŋ⁵⁵

乱头发~n̠uŋ⁵⁵

顺 kɯŋ⁵¹

滑 n̠ɯan⁵¹

慌 hɯp⁵¹

真 tsaŋ⁵⁵

假 vai⁵⁵

输 tu³³

褶衣服~n̠et⁵⁵

醉~酒 puəi¹¹

合衣服~身 kɔːm⁵¹

好吃 maŋ⁵⁵tei³¹

好看 maŋ³³mai⁵⁵

好听 maŋ⁵⁵ŋei³¹

好闻 maŋ⁵⁵huəi¹¹

难吃 ai⁵⁵tei⁵¹

难看 ai⁵⁵mai⁵⁵

难听 ai⁵⁵ŋei³¹

难闻 ai⁵⁵huəi¹¹

响 iːu⁵⁵

安静 iːk⁵¹

平安 puək³¹huən¹¹

太平 maŋ⁵⁵

平等 piːŋ⁵⁵

幸福 maŋ⁵⁵

像~他哥哥 daŋ⁵⁵

成做~了 tsəŋ⁵⁵

尽好话说~ pɯi⁵¹

紧急 ken⁵¹

经验 keŋ³³ŋiam⁵¹

可怕 hɯp⁵¹

可惜 ŋɔ³³tia³¹

亲热 maŋ⁵⁵

忍耐 hep¹¹

痛苦 ai⁵⁵dɔːi⁵¹

痛快 diəm³¹

蠢 buən⁵¹

聪明 tseŋ³³

粗鲁 lu¹¹ku³¹

恶 ɔk⁵⁵

凶恶 ɔk⁵⁵

和气 tiən⁵¹

狠毒 ɔk⁵⁵

糊涂 ma³³li⁵⁵ma³³lɔk⁵¹

机灵 tseŋ³³

急 pʰəːt⁵¹ŋəːn¹¹

贪心 tʰam³³tiəm³³

啰唆 pʰəːt⁵¹suŋ⁵⁵

马虎 tsak³¹tsei¹¹

细心 tsəŋ³¹

能干 ɔːi⁵¹leŋ⁵¹

勇敢 lo⁵⁵ti⁵⁵

公正 piːŋ⁵⁵

节俭 kiam⁵¹

努力 laːt⁵¹

巧 kiu⁵⁵

淘气 nou⁵⁵na⁵⁵

习惯 keːn⁵¹

有名 tɔk⁵¹pʰɯ⁵⁵

脾气 pʰəːt⁵¹heːŋ⁵¹

胆量 lo⁵⁵ti⁵⁵

古怪 tɔk⁵¹kʰiak⁵⁵

十三　数量

十一 puət⁵¹tsɯ⁵¹

十二 puət⁵¹tʰiau¹¹

十三 puət⁵¹taːu⁵⁵

十四 puət⁵¹tiəu⁵⁵

十五 puət⁵¹pu¹¹

十六 puət⁵¹nəm¹¹

十七 puət⁵¹dau⁵⁵

十八 puət⁵¹ku⁵⁵

十九 puət⁵¹fə⁵⁵

四十 tiəu⁵⁵puət⁵¹

五十 pu¹¹puət⁵¹

六十 nəm¹¹puət⁵¹

七十 dau⁵⁵puət⁵¹

八十 ku⁵⁵puət⁵¹

九十 fə⁵⁵puət⁵¹

千 saːi⁵¹

万 vaːn³³

亿 i⁵⁵

零 leŋ¹¹

一百零一 nam³³kuːn⁵⁵leŋ¹¹tsɯ⁵¹

三千零五十 taːu⁵⁵saːi⁵¹pu¹¹puət⁵¹

第二 dɔːi³³zi³³

第三 dɔːi³³ta³³

第十 dɔːi³³tap⁵¹

第十一 dɔːi³³tap⁵¹iət⁵⁵

甲 天干第一 ka⁵⁵

乙 天干第二 iət⁵⁵

丙 天干第三 beŋ³¹

丁 天干第四 deŋ⁵⁵

戊 天干第五 tiən¹¹

己 天干第六 ki³¹

庚 天干第七 keŋ³³

辛 天干第八 tiən¹¹

壬 天干第九 iːu¹¹

癸 天干第十 kʰuːi¹¹

以上 十个~ tʰei¹¹daŋ⁵⁵

第末 mɔn⁵⁵suət⁵¹

单 不成双 kɯ³¹pʰaːi⁵¹

双 成~成对 kɯ³¹um⁵⁵

大半 ~个 kɯ³¹pɯəŋ⁵⁵

半斤 dou⁵⁵kiən⁵¹

个 ~鸡蛋 kɔːm¹¹

个 ~月 kɔːm¹¹

位 一~客人 ŋuən⁵⁵

只 一~鸟 tɔŋ⁵⁵

把 一~韭菜 pək¹¹

把 一~米 pək¹¹

把—~扫帚 tet⁵⁵

包—~东西 tʰu⁵¹

称—~花生 sɔŋ⁵¹

串—~辣椒 sɔːk⁵¹

代—~人 ti¹¹

担—~行李 pia⁵¹

滴—~油 dek⁵⁵

点—~钟 kɔːm¹¹

蔸—~禾 veu⁵⁵

段—~路 tʰɔk⁵⁵

堆—~粪 tsuːn⁵¹

对—~兔子 um⁵⁵

封—~信 baːŋ³³

根—~扁担 buən⁵⁵

行—~麦子 tuːi⁵¹

盒—~药 aːp⁵¹

间—~房 kɔːm¹¹

件—~衣 paːn⁵⁵

丈—~ do⁵¹

尺—~ siə⁵⁵

寸—~ sun¹¹

分—~钱 tek⁵⁵

庹 成人两臂左右平伸时两臂之间的距离 tʰɔːt³¹

拃 张开的大拇指和中指（或小指）两端间的距离 hɔːp³¹

里—~ li³¹

斤—~酒 kiən⁵¹

两—~酒 lɯaŋ⁵¹

钱—~银子 tsin⁵⁵

亩—~ sɔŋ⁵¹

分—~地 huən³³

句—~话 tuəŋ⁵¹

张—~纸 viən¹¹
　　dat⁵⁵

片—~树叶 viən¹¹

块—~地 dat⁵⁵

块—~石头 kɔːm¹¹

面—~旗 viən¹¹
　　dat⁵⁵

年—~ ma⁵⁵

岁—~ huəi¹¹

天—~ vuəi⁵⁵

夜—~ sɔːp⁵¹

批—~东西 lem⁵⁵

群—~羊 pʰaːŋ³¹

筒—~米 maːk⁵⁵

斗—~米 lo⁵¹
　　puŋ⁵⁵

石—~谷子 pia⁵¹

桶—~水 tʰaːŋ³¹

碗—~饭 laːk⁵¹

瓶—~酒 keŋ⁵⁵

个个 ŋuən³³ŋuən⁵⁵

天天 vɔːn³³vɔːn⁵⁵

滩—~泥 lu³¹

本—~书 buːi³¹

层—~楼 tʰən³¹

盏—~灯 kɔːm¹¹

泡—~尿 lu³¹

样—~东西 kɔːm¹¹

遍 说—~ lem⁵⁵

回 来—~ lem⁵⁵

次 去—~ lem⁵⁵

脚 踢—~ lem⁵⁵

口 咬—~ lem⁵⁵
　　fuəi⁵⁵

十四　代副介连词

我俩 tei³³tʰiau¹¹ŋuən⁵⁵

你俩 məi³³tʰiau¹¹ŋuən⁵⁵

　　sau⁵⁵tʰiau¹¹ŋuən⁵⁵

他俩 nei⁵¹tʰiau¹¹ŋuən⁵⁵

这 nɛ⁵¹

这边 haŋ⁵⁵nɛ⁵¹

这些 tʰei¹¹kɛ¹¹

　　tʰei¹¹nɛ⁵¹

那较远指 kɛ¹¹

那最远指 mɔ⁵¹

那边 pʰaːi⁵¹mɔ⁵¹

那些 tʰei¹¹mɔ⁵¹

极好～了 kiu⁵⁵

常常他～来 vɔːn³³vɔːn⁵⁵

大概～是这样 tsak³¹tsei¹¹

的确～冷 tsaŋ⁵⁵

赶快～去 siaŋ³¹

必须 kʰam³³

还～有很多 aŋ³³

好像～是他 daŋ⁵⁵

忽然～来了一个人 kɯ³¹fuəi⁵⁵

轮流 bo⁵⁵tʰa⁵⁵

马上～走 siaŋ³¹

慢慢～说 tsəŋ³¹tsəŋ³¹

亲自～去 nu³³na⁵⁵

全～是我们的 pɯi¹¹pɯi⁵¹

太～大 kiu⁵⁵

一……就……～看～懂 na⁵⁵…tsaŋ⁵⁵

一定～去 kʰam³³

已经～晚了 kʰau³³

原来～是你 tsaŋ⁵⁵

越……越……～走～远 naːm³¹…naːm³¹

真～好 tsaŋ⁵⁵

先你～走 kɯ³¹tin⁵⁵

或者三天～四天 ha¹¹ti⁵¹

把～猪卖了 kʰɛ⁵¹

被～同志们挡住了 mɯ³¹

比～月亮大 kʰen⁵⁵

朝～南开 hiə¹¹

从……到……～去年～现在 vou⁵⁵

隔～一条河 kɯən⁵⁵

给～他写信 mɯan⁵⁵

同～他去 bɛ³³

为了～祖国 bɛ³³

向～上爬 mai⁵⁵

沿～河走 dəːn⁵⁵

在 su³³

归～你管 ziu³¹

由～我负责 ziu³¹

第三节

其他词

一 天文地理

蒙蒙细雨 pɔŋ⁵⁵puəŋ⁵¹

日出 tou³³vɔːn⁵⁵a⁵⁵

日落 taːu³³tsou⁵⁵

    tou³³vɔːn⁵⁵dɔːk⁵¹

雷击 vuəi⁵⁵bia⁵¹

泉水 naːm⁵⁵tou⁵⁵len¹¹

水沫 pua⁵⁵

小水坑 lɔk⁵⁵

岔路 tin⁵⁵kɯa³¹

二 时间方位

大大前天 vɔːn³³tsuən¹¹

大大大前天 vɔːn³³tsut¹¹

大大后天 kɯ³¹kut¹¹

大大大后天 kɯ³¹kut⁵⁵

大后年 ma³³ka³¹

大大后年 ma³³kut¹¹

大前年 mɯ³¹lut¹¹

最近 tsaːt⁵¹nɛ⁵¹

匆匆忙忙 ȵat³¹ȵat⁵⁵

破晓凌晨5点左右 pʰap¹¹pʰɯəŋ⁵⁵

三更半夜 tʰa³¹sɔːp⁵¹dou⁵⁵kʰaŋ⁵⁵

反面 pʰaːi⁵¹tuːt⁵¹

三 植物

樟树 nɔːu⁵¹kʰəm⁵¹

荔枝树 nɔːu⁵¹tɯən⁵⁵

龙眼树 nɔːu⁵¹piən⁵⁵

苦楝树 nɔːu⁵¹tsiən³¹

椰子树 nɔːu⁵¹po⁵¹suək⁵⁵

槟榔树 nɔːu⁵¹mɯ³¹luəŋ⁵⁵

橄榄树 nɔːu⁵¹mɯ³¹ləːm⁵⁵

山竹树 nɔːu⁵¹mɯ³¹bɔːt⁵¹

石榴树 nɔːu⁵¹mɯ³¹tʰum⁵⁵

酸豆树 nɔːu⁵¹mɯ³¹tsuːt³¹

杨桃树 nɔːu⁵¹mɯ³¹liəm⁵⁵

双本树树干一般用以制棺材 nɔːu⁵¹bɔŋ⁵⁵

野栗子树 nɔːu⁵¹ŋuŋ¹¹

菠萝蜜树 nɔːu⁵¹muɯ³¹liət⁵⁵

酸梅树 nɔːu⁵¹muɯ³¹kit⁵⁵

柚子树 nɔːu⁵¹muɯ³¹boŋ³¹

猫皮树叶大，果实串状，稍甜 nɔːu⁵¹tso¹¹
　　nɔːu⁵¹na⁵⁵n̩aːu⁵¹

树₁旧时树皮可制衣 nɔːu⁵¹miən⁵⁵

树₂树干可制扁担，果甜可食，树皮厚
　　nɔːu⁵¹bat⁵⁵

树₃果酸，用来煮鱼，汤鲜
　　nɔːu⁵¹muɯ³¹kit⁵⁵ŋuən⁵¹

树₄果红黑色，小拇指大小，可食，味酸涩
　　nɔːu⁵¹tsiːŋ³¹

树₅树高，果酸，绿色，苹果大小 nɔːu⁵¹pəːu⁵⁵

树₆果脆，煮过才能食用，今用作景观树 nɔːu⁵¹muɯ³¹n̩əŋ³¹

树₇开荒几年后新长出的树木 tuɯːu⁵⁵

大树枝 kʰou⁵⁵sai⁵⁵

小树枝 kʰia⁵⁵sai⁵⁵

树浆树的汁液 da⁵⁵sai⁵⁵

树心树干的中心 iət⁵⁵

杈子 ŋəm³¹

树根 tat⁵⁵

枯枝 kʰou⁵⁵kʰa⁵⁵

槟榔苞 pɔːŋ³¹luəŋ⁵⁵

藤统称 tsɯ⁵¹

白藤 kɯ³¹lei⁵⁵

红藤 kiət⁵⁵

秤砣藤果子像秤砣 tou³³sɔŋ⁵¹

粉竹 təm⁵⁵pə¹¹

刺竹 təm⁵⁵haŋ¹¹

竹子竹身偏直，粗细均匀 təm⁵⁵ləːi⁵¹

薄竹 təm⁵⁵ba⁵⁵

大竹子长大后 təm⁵⁵dum⁵¹

山竹₁竹身弯 naːŋ⁵⁵tua⁵¹

山竹₂用来搭茅草房 tsɯa⁵¹

木棉₁树身无刺 bɔk⁵⁵huət⁵⁵

木棉₂野生，有刺 nɔːu⁵¹həːu¹¹

木棉籽 huət⁵⁵bɔk⁵⁵

蓓蕾 ŋɔ⁵⁵ou⁵⁵

青蛙草长在田地 nɔːu⁵¹kɯ³¹tsuak⁵⁵

含羞草 kəːn¹¹tʰau⁵⁵ŋɔk⁵⁵

蓝靛 ta⁵⁵

麻野生的 mian⁵⁵

芒草 nɔːu⁵¹ku⁵⁵

喇叭花 nɔːu⁵¹poŋ¹¹peːk⁵¹

喷嚏草一种草药 pi⁵⁵sit⁵⁵tuən⁵⁵

山药 mɔːn⁵⁵suan⁵⁵

三角薯 mɔːn⁵⁵lo⁵⁵

甜薯又名毛薯 mɔːn⁵⁵vuəi⁵⁵

木薯 mɔːn⁵⁵həːu¹¹

地瓜 mɔːn⁵⁵n̩ə³¹

薯可生吃，口感偏面，手指大小 mɔːn⁵⁵vat⁵⁵

凉薯 mɔːn⁵⁵ha¹¹

马齿苋猪草，偏酸 pi⁵⁵paŋ⁵⁵pəi¹¹

田埂菜田里长，串状，偏苦 tso⁵⁵kʰuan¹¹tou¹¹

小蛙菜田里长，苦 pi⁵⁵tsum⁵⁵tsiːt⁵¹

雷公根 pi⁵⁵ko⁵⁵liam⁵⁵

四叶草野菜，田里长 pi⁵⁵ko⁵⁵keu¹¹

革命菜 pi⁵⁵ko⁵⁵kʰiən³¹

荜拨菜长地上，叶子似蒌叶，炒菜提香用 pi⁵⁵pəːn⁵⁵

蒌叶 pi⁵⁵tʰau¹¹

野芭蕉芯可食 vuɯa⁵¹luəm¹¹

南瓜花 ŋɯa⁵⁵huəm³¹nɛ⁵¹

野苋菜水沟边长，茎分有刺和无刺两种，叶子可食
　　pi⁵⁵um⁵⁵

铁苋菜茎有刺 $pi^{55}um^{55}haŋ^{11}$

雷公笋 $ni^{11}nuən^{51}$

水葱菜又名龙丝草，长池塘，叶子细长 $pi^{33}sɔŋ^{55}naːm^{55}$

蕨菜₁绿色 $k^huan^{11}kɯːt^{51}$

蕨菜₂紫红色 $k^huan^{11}kɯːt^{51}pou^{11}$

野菠萝芯可食 $nɔːu^{51}kɯ^{31}tsa^{51}$

草用来制席子 $vɯən^{11}$

鸡屎藤 $pi^{55}huəi^{11}duət^{51}$

龙葵百花菜 $pi^{55}dam^{33}dok^{55}$

野生水芹不吃叶子 $tsam^{11}$

野菜₁水里长，像浮萍，其花可食，或嫩时食用
　　　$mɯ^{31}ven^{51}$

野菜₂池塘里长，细长状，叶子稍大，颜色偏红 $pi^{33}pəŋ^{51}$

野菜₃叶脉为黄色或红色 $pi^{55}t^hok^{11}mə^{11}$

野菜₄长地上，藤蔓状，可做猪食或制酸菜 $ɯːn^{55}$

野菜₅叶子偏硬，炒之前要用盐来搓软 $pi^{55}ɯːn^{55}səːp^{51}$

小蘑菇₁有伞，地上长 $saŋ^{55}$

小蘑菇₂稍大的伞状蘑菇 $saŋ^{55}lo^{55}$

嫩蘑菇刚从地上长出来的 $saŋ^{55}məːt^{31}$

无秆蘑菇地上刚长出来，圆形，无秆 $poŋ^{11}pau^{55}$

树蘑菇树上长，白色 tet^{55}

菌伞 tua^{11}

黄皮 $mɯ^{31}kit^{55}$

万年青果 $mɯat^{55}pəːn^{51}$

木瓜 $mɯ^{31}po^{51}$

杧果 $baŋ^{11}ko^{51}$

番石榴 $mɯ^{31}t^hum^{55}$

龙眼 $mɯat^{55}piən^{55}$

四　动物

果子狸 $tsap^{11}suŋ^{55}$

鳗鱼 $t^hou^{11}ko^{55}$

红蚁田埂多见，咬人肿疼 $pəːt^{31}t^hɯːu^{11}$

黄蚁黄色，有蜡，荔枝树上多见 $pəːt^{31}t^ha^{11}$

懒蚁多在树上，不做窝 $pəːt^{31}luam^{31}$

敲蚁黑色，个大，咬人疼 $pəːt^{31}k^hɔk^{55}$

窝蚁在树上做窝，蚁蛋可食 $pəːt^{31}lu^{31}$

黑蚁常在下雨时出没 $pəːt^{31}sei^{55}$

大苍蝇咬人，黄色 $kɯ^{31}nɯa^{51}$

小蠓虫常在牛的头上飞 $kɯ^{31}sak^{55}sei^{55}$

雨虫 $kɯ^{31}t^hem^{11}$

山鼠 $keu^{11}ŋuən^{51}$

臭鼠 $tsip^{55}suŋ^{55}$

松鼠 $luk^{11}lek^{11}$

田鼠 $keu^{11}tou^{11}$

青绿蛇绿色或黄棕色，有毒 $bəːp^{51}$

干蛇细小，长，有毒 $hat^{11}k^ha^{55}$

银环蛇白黑相间，有毒，稍短 $bəːt^{51}t^hok^{55}mɯai^{55}$

竹节蛇白黑相间，有毒，较长 $bəːt^{51}k^hiam^{55}tuəŋ^{55}$

黑钳蛇黑色，可竖脖，有毒 $bəːt^{51}ou^{33}k^hiam^{31}$

果绿蛇果绿色，无毒 $pɯa^{11}$

清果绿蛇肚子较白，无杂色 $pɯa^{11}t^haːŋ^{31}$

浑果绿蛇肚子颜色偏深 $pɯa^{11}pɯ^{11}$

拇指蛇无毒 $bəːt^{51}kiət^{55}$

清蛇较小，无毒 $bəːt^{51}t^haːŋ^{31}$

泥巴蛇果绿色，无毒 $bəːt^{51}lɯa^{51}$

水蛇游水时头立起 $bəːt^{51}tua^{51}naːm^{55}$

蟋蟀 $kɯ^{31}fuəŋ^{11}$

雨蛙在山上 $kɯ^{31}laːk^{31}$

小青蛙 $kɯ^{31}tsiːt^{51}$

气蛤蟆 $oŋ^{33}aːŋ^{11}$

田间蝗虫个头小，一半绿色一半干枯色 $et^{55}məːt^{31}$

狗屎蝗虫比田间蝗虫要小 $et^{55}huai^{31}pou^{11}$

尿蝗虫个头最小，须长 $et^{55}naːm^{33}tsem^{51}$

蜂巢 mɯa⁵¹tei⁵⁵

蜂蜡 tɯa⁵¹tei⁵⁵

触角 昆虫的~ mum³¹kɯ³¹et⁵⁵

水蜘蛛 tam³³ta:i⁵¹na:m⁵⁵

蜘蛛网 pə:i³¹tam³³ta:i⁵¹

天牛 kɯ³¹ŋeŋ⁵⁵

番鸭 bet³³ŋɔm⁵⁵

水鸭 bet⁵⁵na:m⁵⁵

毛毛虫 zɔ:t³¹hɔŋ¹¹

弹弓虫 zɔ:t³¹ni¹¹

小坑虫 喜欢钻进土里，烂木头里 zɔ:t³¹fɯɯŋ⁵¹

茄子虫 喜叮茄子，大拇指般大小 zɔ:t³¹kɯ³¹la:ŋ⁵¹

椰子虫 可以食用，营养高 zɔ:t³¹po⁵¹suək⁵⁵

甲虫 金龟子 kɯ³¹pa:p³¹

虫子₁ 专叮成熟的果实 mi:n⁵⁵

虫子₂ 专叮腐烂的食物 kɯ³¹kɔt⁵⁵

蚕蛹 luəm⁵¹zɔ:t³¹

蛀虫 hau¹¹

蜜蜂针 kɯ³¹mi:n⁵⁵

雉 尾巴长 fou⁵⁵

蚂蟥 tsi:ŋ¹¹

八哥儿 nɔ:k⁵¹kɯ³¹liau⁵⁵

四脚蛇₁ 能爬树的 liəŋ¹¹pou¹¹tsə³¹

四脚蛇₂ 地上的 kɯ³¹iaŋ⁵¹

鳄鱼 kɯ³¹kai⁵⁵

鸡距 kɯ³¹tsum⁵¹

狗豆子 sep⁵⁵

脯子 禽类胸部的肉 pan³³tsai¹¹

鸡粪 hɯai³¹kʰai⁵⁵

獠牙 li¹¹

五　房舍饮食

屋檐 lɔ:ŋ³¹zou¹¹

茅屋前头屋檐下的平地 kɯ³¹vin⁵¹tʰɯ³¹ kɯ³¹muai⁵¹tʰɯ³¹

茅屋木架 茅草屋墙壁上用以置物的架子 tsuŋ¹¹

横梁 kɯan¹¹

床垫 竹制 pɯa⁵¹tə:n⁵⁵

山寮 守作物的临时住房 kɯ³¹tʰa:u⁵¹

隆闺房 独立的小房 kɯ³¹dɔ⁵⁵

梯子两边的粗木 buən⁵⁵ba⁵⁵

梯子的横条 ki:n⁵⁵ba⁵⁵

腌酸 pa⁵¹

腌制品₁ 干 le:u⁵⁵sɯ:m⁵⁵

腌制品₂ 湿 pa⁵¹na:m⁵⁵

肉茶 干 le:u⁵⁵sɯ:m⁵⁵kə:m⁵⁵

鱼茶 干 le:u⁵⁵sɯ:m⁵⁵tʰou¹¹

肉茶 湿 pa⁵¹kə:m⁵⁵

鱼茶 湿 pa⁵¹tʰou¹¹

菜茶 pa⁵¹mɯ³¹kʰɯat⁵⁵

腌菜 腌酸菜 na:m³³kuak¹¹

饲料 haŋ⁵⁵

干饭 tʰou⁵⁵bui³³

六　身体医疗

白头发 kua³¹

白内障 kʰə:n⁵⁵pou⁵⁵

卷发 天生的 li³³lɔt⁵⁵tam³³ki:u⁵⁵

短发 tam³³ki:u⁵⁵ta⁵⁵

长发 tam³³ki:u⁵⁵tou¹¹

秃头 un⁵⁵tam³³ki:u⁵⁵

鼻头 kɯ³¹tʰup⁵⁵hɔ:t⁵¹

鼻根 kɔːŋ³¹hɔːt³¹

鼻塞 kit⁵⁵hɔːt⁵¹

络腮胡₁从耳根开始 mum³¹tɯi⁵⁵tɯa¹¹

络腮胡₂长在下巴 mum³¹tou³³sɔːŋ⁵⁵

平头有一点头发 a³³tʰuŋ⁵⁵

胎记 en⁵¹

眼窝 hau¹¹tou⁵⁵

汗垢 naːm⁵⁵nɯa⁵⁵

皲裂 dua⁵¹

耳根 mat⁵¹ko⁵⁵

印堂 tsin⁵¹to¹¹

舌苔 tɔːm⁵¹tʰiːn¹¹

伸懒腰 tuət⁵¹taŋ⁵¹

手纹 dəːn⁵⁵kɯ³¹ma⁵⁵

膝盖骨膝盖凸出部分 mɯ³¹tsem¹¹

脚掌 ben⁵¹hɔːk⁵¹

兔牙 kʰaŋ⁵¹saŋ⁵⁵

兔唇 lat⁵⁵suŋ⁵⁵

胎盘 vɯ¹¹

影子 taŋ¹¹tɯa⁵⁵

肉芽 mɯa⁵¹laːk⁵¹

抬头纹 ɳet⁵⁵kɯ³¹to¹¹

癫痫 tiu⁵⁵tsuŋ⁵¹

天花 naːi⁵⁵lo⁵⁵

白斑病 vuəi⁵⁵tʰeːp³¹

麻风病 mə³¹hoŋ³³

瘟疫 tsai⁵⁵

结疤 liːt⁵¹

水痘₁大 lam¹¹pa³¹

水痘₂小，像痱子 kɯ³¹kəm⁵⁵

伤口 dəːn⁵⁵ba³³

发炎伤口 ~mɯ³¹tsi¹¹

哮喘 a⁵⁵hɛ³¹

尸体 fat⁵⁵huən¹¹

脱臼 sua³¹liək¹¹

淤血 ɔp⁵⁵tʰəːt³¹

脱皮 tʰak⁵⁵na⁵⁵

龋牙 saŋ⁵⁵zɔːt³¹

缺牙₁缺一颗牙 pəːŋ⁵¹saŋ⁵⁵

缺牙₂牙缺一小块 lat⁵⁵saŋ⁵⁵

耳背 tʰa³¹taŋ⁵¹

耳聋 tʰai¹¹tʰa³¹

耳鸣 ŋuaŋ³³kɯ³¹ko⁵⁵

鸡眼 tou⁵⁵kʰai⁵⁵

瘤 kɯ³¹tʰup⁵⁵

肉瘤 kɯ³¹tet⁵⁵

猴子小疣 mɯ³¹siau⁵¹

粉刺 kɯ³¹lup³¹

颈瘤大脖子病 pam³¹ɔ⁵¹

疥疮₁全身长，较小，发痒 naːi⁵⁵kʰam⁵⁵

疥疮₂长在下颚下 naːi⁵⁵pɔm³¹o⁵¹

疥疮₃长上半身，像蜜蜂洞 naːi⁵⁵tei⁵⁵

疥疮₄长大腿外侧，背上也长 naːi⁵⁵tsɯ⁵¹pʰɯ⁵⁵

疥疮₅长下半身 naːi⁵⁵bat⁵⁵

恶性肿瘤₁长腹部一带，能摸到 naːi⁵⁵tʰou¹¹

恶性肿瘤₂长肚子里，能摸到 naːi⁵⁵duəp⁵¹

梦 pɔːn⁵⁵

七 生产生活

田野山栏园 uaŋ⁵⁵

耕地第二年的刀耕地 kɯ³¹dau⁵⁵

田口水田进水口 muəŋ¹¹naːm⁵⁵

野水田离村远 suəŋ⁵⁵tou¹¹

稻穗 tsiːŋ³¹

抽穗未抽出的稻穗pɔːŋ³¹

抽穗动词a⁵⁵

开荒开山种地pet³¹

　　ɯt⁵⁵uaŋ⁵⁵

清理~开荒地的断枝kuən⁵⁵

围栏~山栏园ləi¹¹

脱粒用脚来脱稻粒suəp⁵¹

脱粒牵牛来踩稻穗脱粒ku⁵¹

播种专指刀耕火种muən⁵⁵

除草sɔːt⁵¹

补苗dep⁵⁵

补~田埂（补缺口）bɔːm⁵¹

补~田埂（补一边）leːm⁵¹

套~牛轭kua¹¹

摊开~稻谷tʰɔːi¹¹

谷桶可装两千斤左右dəːŋ⁵¹

米桶dau⁵⁵ləp¹¹

大筐用来挑谷子lə⁵¹

谷仓saːŋ⁵⁵

牛铃lɔːŋ⁵⁵dok⁵⁵

晒谷架taŋ³³tɯa⁵¹

犁铧mɯ³¹kiːu⁵⁵tʰei¹¹

犁把buən⁵⁵tʰei¹¹

犁铜犁窜垫位kɯ³¹tsiam⁵⁵

犁镜mua⁵¹tʰei¹¹

犁箭diak⁵¹

犁托犁镜下面的小木片diam⁵¹

犁弯vuəŋ¹¹tʰei¹¹

牛嘴笼lɔp⁵⁵suŋ⁵⁵

穿牛鼻子用的小木棍min⁵¹sei⁵⁵

牵牛绳tui⁵⁵sei⁵⁵

牛绳犁田用，藤制puən¹¹sei⁵⁵

拴牛绳藤制vɯa⁵⁵

水车扬水进田naːm⁵⁵sia⁵⁵

坛子1腌制菜品，陶制puət¹¹

坛子2发酵糯米酒，陶制kɯ³¹lei⁵¹

缸陶制，可装饭pun⁵⁵

箩筐bon⁵⁵la¹¹

藤萝1成对，用来挑米、饭biːn⁵⁵

藤萝2用来挑稻谷，较大，成对biːn⁵⁵lo⁵⁵

藤篓置衣筐puŋ⁵⁵

大竹箩用来装木棉tʰiək³¹kɯ³¹tʰau³¹

鱼钩lən³¹

鱼竿buən⁵⁵lən³¹

鱼线tui⁵⁵lən³¹

捕鱼器1一头大，一头小baːu⁵⁵

捕鱼器2两头大，中间小lui⁵¹

捕鱼器内部机关vuən¹¹

椰子壳碗maːk⁵⁵ləp¹¹

捕鼠器竹制zap¹¹

捕鸟陷阱小坑里放米粒当诱饵daŋ¹¹kɔ⁵¹

捕鸟器椰子叶制daŋ¹¹kɔ⁵¹buən⁵⁵suək⁵⁵

活套用于捕禽兽kɯ³¹vaːŋ⁵¹

钢錾刀旧时打猎时捅山猪的尖刀hua⁵⁵

水瓢zia⁵⁵naːm⁵⁵

饭瓢zia⁵⁵tʰou⁵⁵

针线筐藤制tʰiək³¹kɯ³¹tʰau³¹

刀篓统称nam⁵⁵dou⁵¹

刀钩kɔːk⁵⁵dou⁵¹

大腰鱼篓专用来装鱼kɯ³¹tsuk¹¹bet⁵⁵

刀篓有耳，篓口的箍为藤制kɯ³¹tʰaːu¹¹nam⁵⁵dou⁵¹

刀刃凸出来的部分dun⁵⁵

磨刀石siːn⁵⁵lo¹¹

鼻箫tsuən³¹

口弦 kɯ³¹tsai³¹

箭带铁钩的 ŋɯət⁵⁵

箭头 ŋua⁵¹

    mu³¹ki:u⁵⁵pe⁵⁵

弓弦 tɯi⁵⁵vi³¹

包卵布 丁字形的腰布，旧时黎族男性的下装 pi:n⁵⁵

腰带 筒裙~tɯi⁵⁵li:n¹¹

筒裙花纹₁上部 tou¹¹li:n¹¹

筒裙花纹₂中部 huən¹¹li:n¹¹

筒裙花纹₃下部 dau⁵¹li:n¹¹

背布 背小孩 tʰeŋ¹¹fe:ŋ³¹

打柴舞 tsuən⁵⁵sɯp⁵¹

竹竿舞 tsuən⁵⁵dep⁵⁵

丝线 tɯi⁵⁵kə:t³¹

碱草木灰 na:m⁵⁵fa⁵⁵

火炭头 a:ŋ⁵⁵pai⁵⁵

剩余物 də:n⁵⁵

柴灰 kɯ³¹fa⁵⁵

柴烟 huan¹¹pai⁵⁵

八 称谓地名

苗族 miau³¹

    ŋa:u⁵¹

汉族 统称 muəi⁵⁵

汉族 专指海南汉族 muəi⁵⁵kʰou⁵⁵

黎族支系₁保亭杞支系 ki⁵⁵

黎族支系₂除加茂及杞支系之外的黎族支系 ha¹¹

黎族支系₃五指山杞支系 ki⁵⁵lo⁵⁵

地主 hɯa³¹

长工 tʰiək³¹fɯ:t³¹

无法生育的人 pɯan¹¹

说亲人 谈彩礼、定亲事的人 tʰai¹¹liəu³¹vɔ:n⁵⁵

迎亲人 ŋa:n⁵⁵vɔ:n⁵⁵

送彩礼人 tʰai¹¹ta:ŋ⁵⁵da¹¹

姊妹侬 u⁵⁵nuəi⁵¹

陪护姊妹 送新娘去男方家 pai³³sɔ:p⁵¹

伴娘 tʰai¹¹luəi³¹

伴郎 pʰu¹¹lu¹¹

开名 婚俗仪式，女方入族仪式 kʰui³³pʰɯ⁵⁵

澳雅 族老，有威望之人 fə:p⁵¹

兄弟姐妹 tʰak³¹tʰi:u¹¹e:ŋ⁵⁵n̠uəi⁵¹

太祖父 曾祖父之父 pə:u¹¹tsuk¹¹

太祖母 曾祖父之母 tsə³¹tsuk¹¹

重孙 tʰiək³¹kɯ³¹tsuk¹¹

祖先 pə:u¹¹tsə³¹

鳏寡 pə:i¹¹

村 fə:n⁵⁵

金不弄村 kim³³mɯ³¹luəŋ⁵⁵

石忙村 tou¹¹kʰa⁵⁵

什核村 tou¹¹ɯt⁵⁵

灶供村 tau³³kɔ:ŋ³¹

北头村 bak⁵⁵tʰau¹¹

灶长村 tou¹¹siaŋ⁵¹

母赤村 mat⁵¹sia⁵⁵

石便村 kɯ³¹be:n⁵⁵

送妹村 tsa:ŋ⁵¹muəi⁵⁵

石建村 kɯ³¹ki:n⁵⁵

林贡村 liən¹¹kɔ:ŋ¹¹

北赖村 加茂~ bak⁵⁵tʰɯa¹¹

    sia⁵⁵lo⁵⁵

北赖村 六弓~ bak⁵⁵lo⁵⁵

番松村 fə:n⁵⁵tʰuəŋ¹¹

友具上村 tou¹¹ki⁵⁵pʰɯ⁵¹

友具下村 tou¹¹ki⁵⁵tʰa⁵⁵

毛林村 kɯ³¹tʰiəm¹¹

石弄村 kɯ³¹tʰaːm¹¹

毛列村 mat⁵¹liət⁵⁵

北赖二村 piəŋ³¹tou¹¹

北赖下村 ŋaːn⁵⁵tsɯ¹¹

    bak⁵⁵tʰua¹¹ tʰa⁵⁵

加茂村 kɯ³¹vou⁵⁵

南冲村 naːm⁵⁵tsɔːŋ⁵⁵

田岸村 ŋaːn⁵⁵naːm⁵⁵

南昌村 naːm⁵⁵saŋ⁵⁵

大旺上村 tou¹¹uaŋ⁵⁵pʰɯ⁵¹

大旺下村 tou¹¹uaŋ⁵⁵tʰa⁵⁵

大田村 tou¹¹lo⁵⁵

六底村 tou¹¹tʰaːi⁵⁵

六仔村 saːk⁵⁵tɔːi⁵¹

芒株村 tɯːu⁵⁵kʰa⁵⁵

奋发村 fəːn⁵⁵fat⁵⁵

什杏村 tou¹¹eːŋ⁵⁵

什族村 tou¹¹təːk³¹

番房村 fəːn⁵⁵baːŋ⁵¹

番由村 fəːn⁵⁵tsou⁵⁵

七仙岭 tsou⁵⁵dau⁵⁵buən⁵⁵

九 祭祀文化

供饭 祭祀用 tʰou⁵⁵vɯat⁵¹

石精 一种宝石 siːn⁵⁵tso⁵⁵

披头 驱恶鬼仪式的用具，道士将一块布披在头上，头上还放
    置装着铜钱的碗 maːi⁵¹sua⁵⁵

铃铛 kɯ³¹lɔːŋ³¹

米 祭祀用具，用来问事 maːi⁵¹ləp¹¹

树把 一捆树枝，祭祀用具，用于意外死亡 nɔːu⁵¹ku⁵⁵

箭 专用于祭祀 vi³¹

忌日 vɔːn⁵⁵maːu⁵⁵

仪式₁ 消灾解厄（如鬼上身、车祸等）的法事，需用到刀篓
    leŋ⁵¹tʰaːu¹¹leːk⁵¹

仪式₂ 解噩梦或祈福禳祸的法事，祭品多为鸡 taːŋ¹¹vin⁵⁵

仪式₃ 让小孩停止哭闹而做的法事 fit⁵⁵naːm⁵⁵tʰou⁵⁵

仪式₄ 祛除离婚晦气的法事 uət⁵¹tou⁵⁵

做大鬼 针对病重卧床多年的人而做的法事
    leŋ⁵¹vuəi⁵⁵lo⁵⁵

禁母 女性放蛊者 maːi⁵¹kim⁵⁵

禁公 男性放蛊者 pʰou⁵⁵kim⁵⁵

招魂 kou¹¹ha¹¹

守灵 tʰaːu⁵¹vɯat⁵¹

祭祀 leŋ⁵¹nɔm³¹

抬棺人 tʰai¹¹tɔm⁵⁵vɯat⁵¹

凶兆 maːu⁵⁵

忌讳 haːu¹¹

符 bɔːu³¹

文面 ŋau⁵¹

香炉 laːk⁵¹pai⁵⁵həːŋ⁵⁵

鬼火 pai⁵⁵vɯat⁵¹

咒语 tʰua⁵⁵

十 动作行为

耳语 sap¹¹si⁵¹

推 用脚掌心推 diak⁵⁵

推 ~门 əːi³³

挑 ~刺 tɔk⁵⁵

剔 ~牙 kʰak⁵⁵

举 ~起来 ti⁵⁵

便秘 ɔk⁵⁵

憋 ~气 hep¹¹

憋 ~尿 hep¹¹naːm⁵⁵tsem⁵¹

跷二郎腿 $k^hiau^{11}hɔːk^{51}$

坐侧着 ~$tsiəŋ^{55}pia^{55}$

瘫坐 $siək^{55}$

近看 $mai^{55}la^{11}la^{55}$

偷看 $tsap^{31}mai^{55}$

瞪~眼 $haŋ^{11}$

努嘴 $nɔːi^{51}suŋ^{55}$

使眼色 $liap^{55}tou^{55}$

晾晒无太阳 $luɯəŋ^{31}$

睡侧着~ $ŋo^{11}kɯ^{31}pia^{55}$

垂头发~ $lɔːi^{11}$

警告 $hu^{55}kua^{51}$

哄~小孩 $tuːi^{11}$

宠~小孩 $niə^{33}$

抖~灰 $saːt^{51}$

逗~小孩 $tsɔk^{55}$

反扣~碗 $k^hɔp^{55}$

换~衣服 lau^{55}

叫牛~|马~|鸟~ $iːu^{55}$

叫母鸡叫小鸡 kou^{11}

叫母鸡下蛋时叫 $dat^{11}li^{11}$

啼鸡啼 $hɯan^{11}$

吠狗追逐猎物时叫 $tsuːt^{51}$

磕~烟杆 $taŋ^{51}$

盖~死人脸 $tiəm^{51}$

砍~草 $ɯt^{55}$

打用拳头~ $duːi^{31}$

打用小树枝~ $t^huət^{55}$

打~耳光 bia^{51}

打~记号 $təp^{11}$

打~水 $puat^{11}$

　　$təp^{11}$

打盹儿 $t^hau^{55}ŋɔk^{55}$

　　$ɔp^{51}kəːp^{31}$

打滚在泥坑~ $tsaːm^{11}$

打猎一个人去 $tuən^{31}$

打围白天 $nəːu^{11}$

打架牛抵角~ $vak^{55}t^ha^{55}$

插用力~ $saːŋ^{51}$

插~进缝里 $ɲep^{55}$

插~稻谷 $tsuŋ^{55}$

揭开 $lɯa^{51}$

拨开 $lɯa^{51}$

砸用东西~ $siap^{55}$

扒~饭 $fəːi^{55}$

扒鸡~土 $kɯat^{55}$

吐蚕~丝 $ɔŋ^{55}$

吐婴儿~奶 ak^{55}

掉果子~落 a^{51}

脱毛发~落 pun^{55}

　　un^{55}

穿~裙子|~裤子 $p^hiːn^{55}$

冒~雨 $taŋ^{55}$

　　p^ha^{31}

冒~水 $puːt^{51}$

沸腾 $puːt^{51}$

溢火大粥~出来 $puːt^{51}$

焚烧 $ŋin^{11}$

灭火~ $tsep^{55}$

蔓延火势~ $luən^{31}$

生火 $ɲin^{11}pai^{55}$

引燃火星窜到旁边~ lep^{55}

停雨~ $həːi^{51}$

　　$ŋaːt^{51}$

结果树~tsuɯŋ⁵⁵muɯat⁵⁵

搓洗suəp⁵¹

浸泡tsiəm¹¹

扔投掷ɔ:p⁵¹

伸~进洞里sɔ:k⁵⁵

砍一刀~断pʰat⁵⁵

抽~一本书出来mak⁵⁵

断折~u:t⁵¹

弯弄~u:t⁵¹

漏桶~水hɔ:p³¹

露~齿ȵei⁵⁵

溅sit⁵⁵

烘~干ŋuɯət⁵¹

量~米tʰɔ:ŋ¹¹

堆~积duən⁵⁵

堆~砌kəp⁵⁵

蛀虫~tsi:u¹¹

嚼慢慢~烂ȵɔm⁵¹

剐破被刺等~tʰak⁵⁵na⁵⁵

捣suɯ⁵¹

审pʰiu⁵⁵

合并ka:p⁵⁵

合拢ka:p⁵⁵

让~路tiam³¹

放把锅~在灶上uŋ⁵⁵

放~米下锅pɔ:ŋ⁵⁵

止~血tat¹¹

接~水to⁵¹

接承~tsu⁵¹

拔~草kɔŋ⁵¹

　　lə:m⁵⁵

拔~钉子|成把地~mak⁵⁵

拔~鸡毛mak⁵⁵

　　lə:m⁵⁵

洒酒~tʰu¹¹

闯~入pit⁵⁵tʰau¹¹

夺拉狗~耳朵lɔp⁵⁵

挖~耳屎kʰat⁵⁵

挖用手、棍子~hɔk³¹

挥动viən¹¹

滑脱mut⁵⁵

逃脱lɔn⁵⁵

扯破ȵit⁵¹

裂开ket⁵⁵

雕刻kʰak⁵⁵

出壳雏鸡~dua⁵¹

颠倒tsa:m¹¹

繁殖tʰe:ŋ⁵⁵

积累vuɯam⁵⁵

积水na:m⁵⁵vi:n⁵¹

放牧bɔŋ⁵¹

圈~牛|~猪ŋat⁵⁵

赶~畜生进圈hua³¹

挑用獠牙~人pʰa:i⁵⁵

绑用绳子~水牛角hu:t⁵¹

拴kuŋ⁵⁵

戽水用工具~kə:i⁵⁵

戽水用手~vet⁵⁵

尝~味tsem¹¹

渗透buɯ:n⁵¹

埋怨uan⁵⁵

玩弄tsum⁵⁵

驼背kɔ:m⁵⁵

赎tiam⁵⁵

扭伤 nuət^{51}

发誓 mə:n^{11}

咒骂 mi:n^{51}

忌口 ŋa:t^{51}

恋爱 liə^{11}

迷路 pɯəŋ^{11}

偷袭 tsa:k^{51}fe:ŋ^{51}

埋伏 tʰɔm^{55}

拔河 beŋ^{33}la:m^{33}

背着手 te:k^{31}tu:t^{51}

尿床 i^{55}tsem^{51}lau^{33}kɯ^{31}tun^{51}

嗜~酒 ŋɔ:k^{55}

合~课本 tap^{55}pə^{11}

抱侧~小孩 lap^{55}

留他~在农村 tɯan^{55}

连~带 saŋ^{55}

完尽 pɯi^{51}

撇~掉汤上的一层油 kə:i^{55}

用手把食物抓进嘴 buət^{55}

耍酒疯 puəi^{11}sa:k^{51}ŋə:u^{31}

挤压手指挤压手指发出响声 pua^{51}kɯ^{31}ma^{55}

仰泳 lu^{31}lɔn^{55}pou^{11}

狗刨儿 suk^{55}bok^{55}

自由泳 lu^{31}lɔn^{55}

大喊大叫 hɔ:k^{11}tsak^{31}hɔ:k^{11}tsei^{11}

东张西望 mai^{55}tsak^{31}mai^{55}tsei^{11}

十一　性质状态

面口感软绵绵 puəŋ^{11}puəŋ^{51}

松软地面~nɔm^{31}

软绵绵如坐在棉花上的感觉 nɔm^{31}

烂果子~了 n̠ɯ:t^{31}

雾蒙蒙 mok^{33}mok^{55}

茂盛杂草~ŋet^{11}

胀肚子~te:ŋ^{55}lɯi^{11}

韧口感劲道 n̠ə^{11}

苍白脸色~piu^{11}

垂直~地种 kɯ^{31}sa:ŋ^{51}

下饭 ka^{55}muəŋ^{11}

lap^{55}muəŋ^{11}

无能指人 ŋɔ^{33}hua^{51}pa:i^{55}

泄气轮胎~dɔk^{55}kɯ^{31}vɯat^{55}

糠~心 vɯəp^{51}

旺火~buək^{51}

竖立寒毛~lən^{11}

lin^{11}

瘪 pe:p^{51}

灰色 pʰu^{55}

坏专指蛋类：~蛋 luəŋ^{31}

紧拉紧 kɯŋ^{55}

紧密 ni:t^{51}

久 jɔ:t^{51}

刺眼 tsu^{55}tou^{55}

果满压枝 huən^{31}pʰuəi^{31}

果实累累 huən^{31}mɯa^{33}mɯa^{51}

吵吵闹闹 tam^{11}tit^{11}tam^{11}ta^{11}

匆匆忙忙 ke:n^{11}ke:n^{51}kə:n^{11}kə:n^{51}

臭烘烘的 huəi^{11}tʰɯi^{55}huəi^{55}sɯ^{11}

天不怕地不怕 ŋɔ^{33}hɯp^{51}ŋɔ^{33}ha:i^{33}

笨头笨脑 nuŋ^{11}nai^{51}nuŋ^{11}n̠eu^{11}

喋喋不休 tʰei^{11}suŋ^{55}tʰei^{11}tam^{11}

说来说去 tʰak^{55}hai^{55}tʰak^{55}tʰen^{51}

辗转反侧 tsa:m^{11}kʰə:n^{55}tsa:m^{11}ta:u^{55}

说到做到 hu^{55}vou^{55}leŋ^{51}vou^{55}

漂漂亮亮 nɔk^{33}nɔk^{33}nɔk^{33}nɔk^{55}

一表人才 mɯ^{31}nɔk^{55}mɯ^{31}nɔk^{55}

手脚勤快 leŋ^{51}ta^{31}pa:t^{31}ta^{31}bɔ:n^{55}

脏污不堪形容手脚 siak^{55}siak^{55}sɘ:k^{33}sɘ:k^{55}

唱反调 fi^{31}sai^{55}kɯ^{31}tiam^{55}

砍光砍山栏园 ɯt^{55}lun^{33}lun^{55}

烧光烧山栏园 kuən^{55}tʰa:ŋ^{31}tʰa:ŋ^{31}

干干净净 tʰa:ŋ^{31}tʰa:ŋ^{31}tʰɘ:ŋ^{31}tʰɘ:ŋ^{31}

握紧 kʰɛ^{51}lɘ:u^{11}lɘ:u^{11}

湿漉漉 pɔ:n^{11}bu^{55}ba^{55}buɵt^{51}

撑肠拄肚 kʰɔm^{55}kʰɔm^{55}kʰəm^{33}kʰəm^{55}

狼吞虎咽 tei^{51}la:u^{55}

浸透吸足了水 pɔ:n^{11}ɳa:k^{55}ɳa:k^{55}

黑咕隆咚 tap^{51}tsep^{11}tap^{51}mo^{55}

笔直形容路 kɯŋ^{11}kɯŋ^{51}kəŋ^{11}kəŋ^{51}

身材挺拔 liaŋ^{31}liaŋ^{31}huən^{11}

酸溜溜 fou^{33}fou^{55}fit^{33}fit^{55} fou^{33}fit^{55}

酸不溜秋形容比较酸 fou^{55}pa:t^{31}pa:t^{31}

酸不溜丢酸的程度更高 fou^{55}ta^{31}pa:t^{31}ta^{31}bɔ:n^{55}

抽泣貌 ŋa:i^{55}ɯk^{11}ɯk^{55}

嘤嘤哭状 ŋa:i^{55}ŋi^{11}ŋi^{51}

热辣辣指阳光 hi:t^{31}da:ŋ^{31}pai^{55}

热烘烘指火 da:ŋ^{31}pai^{55}da:ŋ^{31}fɯŋ^{11}

酷热难当 hi:t^{31}pa:t^{31}pa:t^{31}

十二 拟声量介副词

狗叫声 koŋ^{51}koŋ^{51}

猪叫声 ɯ:t^{11}

麻雀叫声 tsi^{33}tse:t^{55}tsi^{33}tse:t^{55}

毛鸡叫声 di^{55}dut^{33}di^{55}dut^{33}

田鸡叫声 kuak^{55}kuak^{55}

鸟叫声生活在坡地的鸟 tet^{55}kɯ^{33}tet^{55}tou^{11}ta^{55}

五月鸟叫声 ɯt^{55}ŋuən^{51}kɯ^{55}mɔ:n^{55}

番鸭叫声 a:p^{11}

花鸭叫声 a:p^{55} ha:p^{11}

鹅叫声 a:n^{11}ɔ:n^{55}

羊叫声 me^{55}me^{55}

牛叫声 a^{11}

黄牛叫 ma^{33}

猫叫声 miau^{51}

猫头鹰叫声 ku^{51}ku^{51}

老鹰叫声 a:k^{31}a:k^{31}

乌鸦叫声 ka:k^{51}ka:k^{51}

蟋蟀叫声 ki:ŋ^{55}ki:ŋ^{55} ŋi:ŋ^{55}

知了叫声 liaŋ^{55}liaŋ^{55}liaŋ^{55}liaŋ^{55}lɛ^{31}

青蛙叫声 ɔp^{55}ɔp^{55}

雷声闷响 kɯ^{31}lɔŋ^{31}

踩木板响声 lik^{11}lɔk^{11}lik^{11}lɔk^{11}

扇动翅膀声音 pʰik^{11}pʰak^{31}pʰik^{11}pʰak^{31}

公鸡打鸣声 ɔ:k^{11}ɔ:k^{55}ɔ:k^{51}

母鸡生蛋的叫声 kɔ:k^{55}kɔ:k^{55}kɔ:k^{55}

婴儿哭声 a:u^{33}ŋɛ^{51}

风吹树叶响声 so^{11}so^{51}

冒水声 lɔk^{31}lɔk^{31}

沸腾声 kɯ^{31}luk^{31}kɯ^{31}luk^{31}

狗追赶野兽的声音 ŋi^{11}ŋi^{11}

重物落水声 ta^{31}pʰɔm^{55}

果子落水声 ta^{31}pɔp^{55}

敲锣声 be:ŋ^{33}

双手敲锣声 pʰia^{55}

重物落地声 tak^{31}tʰu:n^{55}

蚊子飞的声音 ŋi³³ŋi³³ŋo³³ŋo³³

苍蝇飞的声音 pi¹¹

火烧的声音 hu³¹hu³³

水流的声音 ho¹¹ho¹¹

箭射出去的声音 tak¹¹pi¹¹

每 mui³¹

户 tuŋ⁵⁵

垄 lek⁵⁵

根一~针 tet⁵⁵

捆一~柴 kʰɯan⁵⁵

　　puək⁵¹

丛一~竹子 luən⁵⁵

叠一~纸 ba:k⁵¹

串一~稻穗 tsi:ŋ³¹

片一~田（已经开过荒）siaŋ³³

被~打 mɯan⁵⁵

仅 na⁵⁵

第五章 语法

第一节

词类

　　加茂话的词可分实词和虚词两大类。实词包括体词、谓词和副词三个次类，其中体词有名词、代词、数词、量化词、量词等，谓词有动词和形容词等。虚词包括介词、连词、助词等。叹词、拟声词同为表示声音的词，常做独立语，属于比较特殊的词，故将二者放在本节末讨论。

一　名词

　　加茂话中，名词没有表示性、数、格的形态变化，一般不能重叠，主要充任句子结构的主语、宾语成分。

（一）名词的分类

1. 普通名词

表示某一类人、事物或抽象概念的名称。例如：

tou⁵⁵vɔːn⁵⁵	太阳	nə:n¹¹	月亮	pou⁵⁵	云
kiəm³³	金	kui⁵⁵	铁	da:ŋ³¹	铜
tsə³¹	奶奶	pa⁵⁵	叔父	ni¹¹	舅舅
tʰei¹¹	犁	lin¹¹la:t⁵¹	镰刀	lə⁵¹	箩筐
nɔːk⁵¹bat⁵⁵	麻雀	kɯ³¹pən¹¹	鸽子	zɔːt³¹	蚕
kɯ³¹hɔːt⁵¹	鼻子	tʰiːn¹¹	舌头	kɯ³¹tsaŋ³¹	脖子
bia³³	兵	tiən³³te³³	老师	ma:i⁵¹sua⁵⁵	巫婆
pʰut⁵⁵	祭拜	ha¹¹	魂魄	kɯ³¹tsuən³¹	笛子

2. 专有名词

（1）地名

村落、村寨的名称一般保留本民族固有的叫法，大多反映了当地的历史文化和地形地貌。国家行政划分区域则借用海南闽语来表达。

① 固有称谓

一般是"通名＋专名"的格式。例如：

fə:n⁵⁵tʰuəŋ¹¹ 番松	fə:n⁵⁵tsou⁵⁵ 番由	fə:n⁵⁵ba:ŋ⁵¹ 番房
tou¹¹ɯt⁵⁵ 什核	tou¹¹lo⁵⁵ 大田	tou¹¹uaŋ⁵⁵ 大旺

fə:n⁵⁵ 为"村子"义，放在村落专称之前，构成村落名称。tou¹¹ 义为"田"，反映了早期村落的地形地貌；tou¹¹lo⁵⁵ 字面义为"大田"，可见该村落过去土地肥沃，耕种面积较大；tou¹¹uaŋ⁵⁵ 为"旱稻田"义，说明过去当地多种旱稻。

加茂地区有几个自然村由广东信宜一带搬迁而至，村落名称也体现了其来源。例如：tiən³³miən¹¹ "信民"、tiən³³tia¹¹ "信城"。

还有一些地名的来源有待考证。例如：

mat⁵¹sia⁵⁵ 母赤	kɯ³¹tʰiəm¹¹ 毛林	kɯ³¹ki:n⁵⁵ 石建
tau³³kɔ:ŋ³¹ 灶供	tsa:ŋ⁵¹muəi⁵⁵ 送妹	

② 借词

kok⁵⁵ke³³ 国家	bo³¹deŋ³¹ 保亭	tam³³a³³ 三亚

（2）人名

加茂支系没有本民族固有的姓氏，而是使用汉族的书面姓氏。日常称呼遵照当地汉族的习惯，在人名前加前缀 a³³ "阿"，如 a³³sa:n⁵⁵ "阿山"。

3. 方位名词

方位名词表示方向和位置。根据音节多寡，常用的方位名词可分两类：

单音节：lau⁵⁵ "上"、ta:u⁵⁵ "下"、su⁵⁵ "里"、u⁵¹ "中"、pʰa:i⁵¹ "边"。

双音节：hai⁵⁵tin⁵⁵ "前面"、dak³¹də:n⁵⁵ "后面"、su⁵⁵la:i⁵¹ "里面"、kɯ³¹lɔ:u¹¹ "外面"、kɯ³¹pia⁵⁵ "旁边"、kɯ³¹taŋ¹¹ "边儿"、kɯ³¹tʰiəŋ¹¹ "面前"、du:i³¹tʰiəŋ¹¹ "对面、正面"、pʰan⁵¹tu:t⁵¹ "背面"、tap¹¹pʰɯ⁵¹ "上面"、tap¹¹tʰa⁵⁵ "下面"、ai¹¹hə:i¹¹ "左边"、ai¹¹puək³¹ "右边"。

单音节方位名词常放在名词前构成方位短语，部分方位短语结合较为紧密，常整体上作为词汇单位来使用。例如：

u⁵¹nə:n¹¹ 月中	taŋ¹¹na:m⁵⁵ 河边	su⁵⁵si⁵⁵ 城里
中月	边水	里城

方位名词的语法功能：

（1）双音节方位名词在句中可以做宾语，但单音节方位名词不能单独充当句法成分，必须要和名词性词语组成方位短语才能在主语位置出现。例如：

məi⁵⁵　pai⁵⁵　hai⁵⁵tin⁵⁵.（双音节方位名词做宾语）

2sg　　走　　前面

你走前面。

lau⁵⁵　la:u³¹　tɔk⁵¹　tʰai¹¹.（方位短语做主语）

上　　楼　　有　　人

楼上有人。

（2）由方位名词或方位短语与介词haŋ⁵⁵"在"构成的介词短语常做状语，也可以做主语、定语。例如：

kau⁵⁵　tsiəŋ⁵⁵　haŋ⁵⁵　tʰiəŋ¹¹　məi⁵⁵.（做状语）

1sg　　坐　　PREP　前　　2sg

我坐在你对面。

haŋ⁵⁵　kɯ³¹lɔ:u¹¹　ta:u⁵⁵pɔŋ⁵⁵.（做主语）

PREP　外面　　　下雨

外面在下雨。

tsan⁵⁵　haŋ⁵⁵　kɯ³¹lɔ:u¹¹　kʰeu⁵⁵　nei⁵¹.（做定语）

菜　　PREP　外面　　　绿　　3sg

外面的菜绿油油。

（3）单音节方位名词lau⁵⁵"上"、ta:u⁵⁵"下"、su⁵⁵"里"与名词性成分构成的方位短语常常做状语。例如：

məi⁵⁵　ŋɔ⁵⁵　leŋ⁵¹kɔŋ⁵⁵　lau⁵⁵　mɔ⁵¹ʔ

2sg　NEG　做工　　　上　　那

你不在上面（对话双方有所指）工作了吗？

kau⁵⁵　vou⁵⁵　sɔ:p⁵¹　leŋ⁵¹　kɔŋ⁵⁵　su⁵⁵　tou¹¹.

1sg　　PREP　晚　　做　工　　里　田

我从早到晚都在田里做工。

nuəi⁵¹　tau⁵⁵　dɔ:i³¹　la:u³¹　tʰa:u⁵¹　məi⁵⁵.

妹妹　下　底　　楼　　等　　2sg

妹妹在楼底下等你。

以上三例中的方位名词lau⁵⁵"上"、ta:u⁵⁵"下"、su⁵⁵"里"可以替换成haŋ⁵⁵"在"，语义不变，同样表示方所义。但haŋ⁵⁵不能与这三个方位名词中的任何一个在句中同现。例如：

*məi⁵⁵　ŋɔ⁵⁵　leŋ⁵¹kɔŋ⁵⁵　haŋ⁵⁵　lau⁵⁵　mɔ⁵¹?①

　2sg　　NEG　做工　　　　PREP　上　　那儿

你不在上面（对话双方有所指）工作了吗？

以上的表达是不合法的，其中的haŋ⁵⁵显得很多余。

4. 时间名词

加茂话有表年份、日子、星期、时间分段等的时间名词，如kɯ³¹tin⁵⁵"从前"、ma⁵⁵nɛ⁵¹"今年"、van⁵⁵nɛ⁵¹"今天"、kɯ³¹ka³¹"大后天"、kɯ³¹vɔːn⁵⁵"整天"、hɔm¹¹ziau¹¹"早晨、上午"、seŋ³³kʰi¹¹ziət⁵¹"星期一"等。

时间名词除了能做主语，还可以做状语。例如：

van⁵⁵nɛ⁵¹　juŋ⁵⁵　man³³paːi⁵⁵.（van⁵⁵nɛ⁵¹"今天"做主语）

今天　　　热　　非常

今天非常热。

kaːi⁵¹　van⁵⁵nɛ⁵¹　liəu³¹　kau⁵⁵?（van⁵⁵nɛ⁵¹"今天"做状语）

谁　　　今天　　　找　　1sg

谁今天找我？

（二）名词的附加成分

加茂话中，一部分名词可以通过前附虚语素来反映类别，具有同一语义特性的名词都有相同的虚语素。这在"构词法"部分已经做过介绍，此处不再赘述。

（三）名词的性别表达

加茂话的名词没有性范畴。要表示人或动物的性别，一般需要在名词前加pʰou⁵⁵-/pʰɯ³³-、maːi⁵¹-，分别表示雄性和雌性。例如：

pʰou⁵⁵tʰai¹¹tso⁵⁵　老头儿　　　pʰou⁵⁵pəːi¹¹　鳏夫　　　pʰou⁵⁵lun⁵⁵　　　秃子

pʰou⁵⁵n̥aːu⁵¹　公猫　　　pʰou⁵⁵pou¹¹　公狗　　　maːi⁵¹dak³¹dəːn⁵⁵　继母

maːi⁵¹pəːi¹¹　　寡妇　　　maːi⁵¹sei⁵⁵　母牛　　　maːi⁵¹pəi¹¹　　　母猪

但是，公牛不能用pʰou⁵⁵-，要用nou⁵⁵-，如nou⁵⁵sei⁵⁵"公水牛"、nou⁵⁵nau⁵⁵"公黄牛"。表示诸如"母马""母水牛"等未产子的雌性动物时用tei⁵¹-，而表示"母鸡""母猪""母狗"等则要加kai³¹-。例如：

tei⁵¹pə³¹　　母马　　　　　tei⁵¹sei⁵⁵　母水牛　　　tei⁵¹nau⁵⁵　母黄牛

---

① 句子前加*号表示为不合格的说法。

kai³¹kʰai⁵⁵　　母鸡　　　　　　　kai³¹pəi¹¹　　母猪　　　　　kai³¹pou¹¹　　母狗

（四）名词的数量表达

加茂话名词缺乏形态标记来表示数范畴，一般要通过词汇手段来表示单复数。名词的单数通过数词为"一"的数量短语来表达。例如：ku³¹toŋ⁵⁵kʰai⁵⁵"一只鸡"、ku³¹kɔ:m¹¹si:n⁵⁵"一块石头"。"一"以上的数词、集体量词、量化词都可用来修饰名词，表示名词的所指数量大于"一"。例如：

tiəu⁵⁵toŋ⁵⁵tʰou¹¹　　四条鱼　　　　　　ku³¹um⁵⁵ləm³¹　　一双鞋

kui³¹kʰaŋ⁵⁵pəi¹¹　　几头猪　　　　　　tʰei¹¹pa:i⁵⁵kʰai⁵⁵　　很多鸡

（五）名词的指大或指小

名词前加ma:i⁵¹-表示大或程度高，前加tʰiək³¹-指小。例如：

ma:i⁵¹tsap⁵¹tsia¹¹　　大拇指　　　　　　ma:i⁵¹poŋ⁵⁵　　大雨

tʰiək³¹ku³¹tin⁵⁵　　小路　　　　　　　　tʰiək³¹sua⁵⁵　　窟窿

tʰiək³¹dep⁵¹　　缝儿　　　　　　　　　tʰiək³¹tsap⁵¹tsia¹¹　　小拇指

tʰiək³¹kʰai⁵⁵　　小鸡　　　　　　　　tʰiək³¹di:n⁵¹　　碟子

（六）名词的有定和无定

1. 一般在名词后加指示代词nɛ⁵¹"这"、mɔ⁵¹"那"、kɛ¹¹"这/那"表示有定。例如：

tʰou⁵⁵　ləp³¹　niau⁵⁵　nɛ⁵¹　kʰou⁵⁵pɯ¹¹　nei⁵¹　huəi¹¹ŋi:ŋ⁵⁵　nə³¹.

饭　　米　　新　　这　　白花花　　　3sg　香　　　　MOOD

白花花的新米饭香喷喷的。

saŋ⁵⁵　mɔ⁵¹　ŋɔ⁵⁵　tei⁵¹　mɯ³¹.

蘑菇　那　　NEG　吃　　得

那种蘑菇吃不得。

vo¹¹　kɛ¹¹　sa⁵¹　dou³³　ŋɔ⁵⁵　siəŋ⁵¹　sɔ³¹.

衣服　这　　洗　　都　　NEG　干净　　MOOD

这件衣服还没洗干净。

2. 加茂话名词通常用"数量名"结构表示无定。例如：

lau⁵⁵　nɔ:u⁵¹sai⁵⁵　tɔk⁵¹　ta:u⁵⁵　toŋ⁵⁵　nɔ:k⁵¹.

上　　树　　　　　有　　三　　CL　　鸟

树上有三只鸟。

二　代词

（一）人称代词

1. 人称代词的单复数

加茂话的人称代词如表5-1所示。

表5-1　加茂话人称代词表

	第一人称	第二人称	第三人称
单数	kau⁵⁵	məi⁵⁵	nei⁵¹
复数	au⁵⁵（排除式）； tei⁵⁵（包括式）	sau⁵⁵	mou⁵¹

加茂话的人称代词都有单复数之分，第一人称复数还分排除式au⁵⁵和包括式tei⁵⁵。au⁵⁵"我们"不包括听话者一方，tei⁵⁵"咱们"包括说话者和听话者两方。需要注意的是，尽管有第三人称复数形式mou⁵¹"他们/她们/它们"，但第三人称单数形式nei⁵¹"他/她/它"有时可兼表复数。例如：

mou⁵¹　　kɔːm¹¹kɛ¹¹　muɯŋ¹¹　he³¹　　bo¹¹?

3pl　　一起　　　来　　MOOD　MOOD

他们都来了吗？

təːŋ¹¹　　kɛ¹¹　　kʰəːn⁵⁵　bɛ⁵⁵　nei⁵¹　hu⁵⁵　dat⁵¹.

龙　　那　　上　　PREP　3sg　说　话

龙上（岸）来跟她说话。

siaŋ¹¹siən⁵¹　nei⁵¹　hap⁵¹　tʰa⁵⁵　tsaŋ⁵⁵　kou¹¹　po⁵¹maːi⁵¹　hai⁵⁵　liəu³¹　vɔːn⁵⁵.

CONJ　　　3pl　合适　RECIP　就　请　爸妈　去　找　日子

如果他们双方合意就让父母挑选吉日定亲。

"ai¹¹ja¹¹,　sau⁵⁵　jou⁵¹　tʰɔ¹¹, sei⁵⁵　mɔ⁵¹　si⁵¹ziən¹¹　ŋɔ⁵⁵　ɔːi⁵¹　ko⁵⁵　hai⁵⁵　laːi¹¹,

INTERJ　2pl　NEG　怕　牛　那些　自然　　NEG　会　跑　去　哪儿

nei⁵¹　kəm⁵⁵　kəːn¹¹　su⁵⁵　　mɔ⁵¹, tsɯ⁵⁵　hai⁵⁵pə¹¹　nu³³　toŋ⁵⁵　hai⁵⁵pə¹¹."

3pl　吃　草　PREP　那里　等　回去　才　牵　回去

"哎呀，你们别担心，那些牛肯定不会随便乱跑的，它们就在那边吃草，等下咱们就过去牵牛回家。"

2. 人称代词的句法功能

人称代词的句法功能基本跟名词一致，主要充当主宾语，还可做定语。例如：

kau⁵⁵ tei⁵¹ tʰou⁵⁵ tʰɯ³³tʰɯ³¹.（kau⁵⁵"我"做主语）

1sg 吃 饭 家里

我在家吃饭。

ku³¹ma⁵⁵ məi⁵⁵ kɛ¹¹ ta:k⁵¹ ŋɔ⁵⁵ ta:k⁵¹?（məi⁵⁵"你"做定语）

手 2sg 那 疼 NEG 疼

你的手疼不疼？

（二）反身代词和强调代词

1. 反身代词

加茂话的反身代词有三个，分别是 ŋuən⁵⁵na⁵⁵[①]、vɯ¹¹，还有 lɔ³¹lɔ⁵¹。ŋuən⁵⁵na⁵⁵ 较为常用，vɯ¹¹ 多见于老年人，lɔ³¹lɔ⁵¹ 在口语中出现的频率则较低。

反身代词最主要的句法作用就是回指。下面具体谈谈这三个反身代词的句法功能。

（1）反身代词做宾语

三个反身代词都可做宾语，回指作为先行语的主语。例如：

nei⁵¹ na⁵⁵ ku¹¹ ŋuən⁵⁵na⁵⁵/lɔ³¹lɔ⁵¹/vɯ¹¹, ŋɔ⁵⁵ ku¹¹ lou⁵¹.

3sg 只 顾 自己 NEG 顾 别人

他只顾自己，不顾别人。

（2）反身代词做领属定语

当宾语由领属结构（领属定语＋中心语）充当时，出现在领属结构定语位置的反身代词只能是 vɯ¹¹。例如：

nei⁵¹ liəu³¹ mɯ³¹ be:u⁵¹ vɯ¹¹.

3sg 找 得 帽子 自己

他找到自己的帽子了。

另外，人称代词也可替代反身代词，做领属定语回指先行语。例如：

kau⁵⁵ ta:t⁵¹ tʰiək³¹ kau⁵⁵ lɔ⁵¹ kɯ³¹ pa:n⁵⁵ vo¹¹ niau⁵⁵.

1sg 买 孩子 1sg BEN 一 CL 衣服 新

我给自己的孩子买了一件新衣服。

tʰiək³¹kau⁵⁵"我的孩子"做 ta:t⁵¹ 的间接宾语，其中的 kau⁵⁵"我"回指主语。

（3）先行语对反身代词的限制

先行语为领属结构，且充当主语时，大多数时候要用人称代词回指，不用反身代词。例如：

---

① 该词存在代际差异，部分55岁以下的成年人读作 nu³³na⁵⁵，本调查点主要发音人黄仁清就念成 nu³³na⁵⁵。

tʰiək³¹　nei⁵¹　daŋ⁵⁵　nei⁵¹.

孩子　3sg　像　　3sg

他的儿子很像他自己。

先行语为第一人称代词时，通常用反身代词回指；先行语为第三人称代词时，则多用原形回指。例如：

kau⁵⁵　ta:t⁵¹　ŋuən⁵⁵na⁵⁵/vɯ¹¹　lɔ⁵¹　kɯ³¹　pia⁵¹　ləm³¹.

1sg　买　自己　　　　　　BEN　一　CL　鞋

我买了一双鞋给自己。

nei⁵¹　ta:t⁵¹　nei⁵¹　lɔ⁵¹　kɯ³¹　pia⁵¹　ləm³¹.

3sg　买　3sg　BEN　一　CL　鞋

他买了一双鞋给自己。

2. 强调代词

加茂话常用的强调代词是ŋuən⁵⁵na⁵⁵，和反身代词的ŋuən⁵⁵na⁵⁵同形；但同为反身代词的vɯ¹¹却不能当强调代词。从句法功能来看，强调代词不再单独充当句子成分，只是放在先行语后面构成同位短语，起到强调信息的作用。例如：

məi⁵⁵　ŋuən⁵⁵na⁵⁵　kʰɛ⁵¹　kia¹¹　muŋ¹¹　mai⁵⁵.（强调施事）

2sg　自己　　　拿　镜子　来　　看

你自己拿镜子看。

nei⁵¹　ŋuan¹¹　nei⁵¹　ŋuən⁵⁵na⁵⁵.（强调受事）

3sg　怪　　3sg　　自己

他怪他自己。

sei⁵⁵　nei⁵¹　ŋuən⁵⁵na⁵⁵　ŋɔ⁵⁵　mai⁵⁵　maŋ⁵⁵, mɯan⁵⁵　lou⁵¹　tsa:k³¹.（强调领属）

牛　3sg　自己　　　NEG　看　好　　PREP　别人　偷

他自己的牛不看好，被人偷了。

（三）疑问代词

加茂话的疑问代词的语义及功能分类如表5-2所示。

表5-2　加茂话疑问代词表

疑问代词	语义	指代	句法功能
ka:i⁵¹ 谁	问人	名词	主语、宾语、定语
mɯ³¹pa:i⁵⁵ 什么	问事物	名词	宾语、定语

疑问代词	语义	指代	句法功能
la:i¹¹ 哪里	问处所	名词	宾语
la:i¹¹ 哪个	问选择	名词	宾语、定语
leŋ⁵¹la:i¹¹ 怎么	问方式	谓词	状语
baŋ³³la:i¹¹ 什么时候	问时间	名词	状语、谓语
tʰei¹¹la:i¹¹ 多少 kui³¹ 几	问数量	名词	定语
la:i¹¹ 怎样	问程度	副词	状语
leŋ⁵¹pa:i⁵⁵ 为什么	问原因	谓词	状语

leŋ⁵¹la:i¹¹ "怎么" 和 leŋ⁵¹pa:i⁵⁵ "为什么" 都是短语词汇化的结果。前者源自动词 leŋ⁵¹ "做" 和代词 la:i¹¹ "哪儿" 构成的述宾结构，后者同样也是由述宾结构（leŋ⁵¹ "做" ＋ pa:i⁵⁵ "什么"）变成的词汇单位。

疑问代词的主要用途是表示有疑而问（询问）和无疑而问（反问、设问）。疑问代词与所指代语言单位的语法功能大致相当，也就是说，所指代语言单位能做什么句法成分，疑问代词就能做什么句法成分。例如：

ka:i⁵¹ van⁵⁵nɛ⁵¹ liəu³¹ kau⁵⁵?（ka:i⁵¹ "谁" 代名词做主语）

谁   今天   找   1sg

谁今天找我？

məi⁵⁵ tiə⁵¹ sa:u⁵⁵ tʰou¹¹ pa:i⁵⁵?（pa:i⁵⁵ "什么" 代名词做定语）

2sg 想 煮 鱼 什么

你想煮什么鱼？

dou⁵⁵ pei⁵⁵ haŋ⁵⁵ la:i¹¹?（la:i¹¹ "哪儿" 代名词做宾语）

刀 放 PREP 哪儿

刀放哪里了？

tsan⁵⁵ nɛ⁵¹ leŋ⁵¹la:i¹¹ pʰi:n⁵⁵?（leŋ⁵¹la:i¹¹ "怎么" 代谓词做状语）

菜 这 怎么 炒

这菜怎么炒？

tsiəŋ⁵⁵ sia³³ tɔk⁵¹ jɔ:t⁵¹ la:i¹¹?（la:i¹¹ "多" 代时间名词做状语）

坐 车 有 久 多

坐车要多久？

疑问代词的主要功能是表示疑问，但是陈述句中，疑问代词有表任指的引申用法，用以说明周遍性的情况。例如：

muɯ³¹paːi⁵⁵　dou³³　ŋɔ⁵⁵　tɔk⁵¹.

什么　　　都　　NEG　有

什么都没有。

ŋɔ⁵⁵kuan³¹　kaːi⁵¹　hu⁵⁵, nei⁵¹　dou³³　ŋɔ⁵⁵　tiən¹¹.

CONJ　　　谁　　说　3sg　都　　NEG　信

不管谁说，他都不信。

vou⁵⁵　laːi¹¹　lak³¹　tɔk⁵¹　mɯat⁵⁵sai⁵⁵.

PREP　哪里　也　　有　　水果

到处都有水果。

在以上例子中，疑问代词表示"任何人""任何地方"或"任何事物"，说明在所说的范围内没有例外。例如，muɯ³¹paːi⁵⁵"什么"相当于"无论什么"，kaːi⁵¹"谁"实际上指"任何人"，laːi¹¹"哪里"等同于"任何地方"。

另外，否定词bɛ⁵¹位于句首时，可以构成bɛ⁵¹…paːi⁵⁵"怎么、为什么"的格式。用来表示询问和反问。例如：

bɛ⁵¹　　sau⁵⁵　paːi⁵⁵　ko⁵⁵　mɯŋ¹¹　tei⁵¹　pi⁵⁵sai⁵⁵　e¹¹?

怎么　2sg　什么　跑　来　　吃　叶　　　MOOD

怎么你们会跑来吃叶子啊？

而在表反问时，用质疑的口气表达一种不满的情绪。例如：

bɛ⁵¹　kau⁵⁵　vɔːu⁵⁵　po⁵¹　kau⁵⁵, məi⁵⁵　hɔːn¹¹　leŋ⁵¹paːi⁵⁵?

怎么　1sg　喊　　爸　1sg　2sg　应　　什么

我叫我爸爸，你干吗答应？

上述例句明显带有责备对方的意思，口气颇为不悦。

（四）不定代词

1. lou⁵¹ "别人"

lou⁵¹常常指称除说话人和听话人之外的第三方，在句法上主要充当主语和宾语，通常还能在领属结构中做定语；而在语用上lou⁵¹有着丰富的指称功能。

（1）泛指

lou⁵¹常用来泛指除言谈双方之外的第三方，或指叙述语体中设定主体之外的第三方。例如：

kɛ^{11}　　məi^{55}　　ŋɔ^{55}　　mai^{55}　　lou^{51}　　kɯən^{55}　　bo^{11}?

那　　2sg　　NEG　　看　　别人　　隔开　　MOOD

那你没看别人怎么隔开的吗?

tiən^{55}　　ŋuən^{55}　　tʰai^{11}　　tsaŋ^{55}　　vou^{55}, ta:u^{55}　　vou^{55}　　tsaŋ^{55}　　təp^{11}　　pʰa:u^{51}, lou^{51}　　tsaŋ^{55}

四　　CL　　人　　就　　到　　下　　到　　就　　打　　炮　　别人　　就

min^{11}ta:i^{31}　　tʰiək^{31}tʰa^{11}　　vou^{55}.

知道　　新郎　　到

四个人到了，之后就放鞭炮，别人就知道新郎到了。

（2）定指

lou^{51} 的定指用法主要见于叙述语体。有以下几种情况:

① lou^{51} 可用来指称与特定对象相对的某一方。例如:

po^{51}ma:i^{51}　　lou^{51}　　muan^{55}　　tʰei^{11}la:i^{11}　　tei^{55}　　tsaŋ^{55}　　muan^{55}　　tʰei^{11}la:i^{11}.

父母　　别人　　给　　多少　　1pl　　就　　给　　多少

人家父母给多少，我们就给多少。

上例来自一则讲述定亲习俗的话语材料。其中 tei^{55} 指的是男方，lou^{51} 指的就是在话语中与男方相应的女方。

② lou^{51} 可用来专指叙述对象中的某一个。例如:

mou^{51}　　tsaŋ^{55}　　hai^{55}　　kou^{11}, lou^{51}　　tsaŋ^{55}　　hɔ:n^{11}　　su^{55}　　tə:n^{11}　　mɔ^{51}, hu^{55}hun^{11},

3pl　　就　　去　　叫　　人家　　就　　应　　里　　房间　　那　　说

tiən^{33}niə^{11}　　tei^{51}　　tʰou^{55}　　a^{55}　　he^{31}e^{31}, na^{55}　　ŋɔ^{55}　　si^{33}ki:u^{55}　　sɔ^{31}.

新娘　　吃　　饭　　完　　MOOD　　只　　NEG　　梳头　　MOOD

他们就去叫（新娘），人家就在房间里说，新娘吃完饭了，还没梳头呢。

上例讲述的是闹洞房的习俗，涉及的角色有闹洞房的朋友（mou^{51} "他们"）、伴娘和 tiən^{33}niə^{11} "新娘"，mou^{51} 和 tiən^{33}niə^{11} 在句中都有提及，句中的 lou^{51} 专指伴娘。

③ lou^{51} 还可用来指称特定的叙述对象。例如:

ma:i^{51}　　kɛ^{11}　　biən^{11}　　nɔ:k^{51}　　hai^{55}　　liəu^{31}　　tʰiək^{31}　　lou^{51}.

妈　　那　　变　　鸟　　去　　找　　孩子　　别人

妈妈变成鸟去找她的孩子。

lou^{51} 指的不是别人，而是主语 ma:i^{51} "母亲"，但叙述者从自身的视角出发，把话语中所涉及的角色都视为 lou^{51} "别人"。这里 lou^{51} 在语义上等同于第三人称"她"。

（3）虚指

叙述普遍现象或常识性问题时，语用上需要 lou^{51} 出现，但此时 lou^{51} 不再具有指代作用，意义也有所虚化。例如:

kan^{11}nɛ^{51} nɔːk^{51} kɛ^{11} iːu^{55} tsaŋ^{55} vou^{55} sun^{33} lou^{51} tau^{55} mɔːn^{55}suən^{55} he^{31}ei^{31},

现在　　鸟　　那　　叫　　就　　到　　春　　人家　挖　　野薯　　　　MOOD

nɔːk^{51} iːu^{55} te^{55}miŋ^{11} ti^{51} taːu^{55}nəːn^{11} ti^{51} tau^{55} mɔːn^{55}suən^{55} he^{31}ei^{31}.

鸟　　叫　　说明　　是　　三月　　　是　　挖　　野薯　　　　MOOD

鸟叫就表示春天到了，可以挖野薯啦，意味着三月份是挖野薯的季节。

lou^{51}还可以在动词ka^{55}"好像"后出现，但没有实际的意义。例如：

lin^{11}vuəi^{55} ka^{55} lou^{51} kɯ^{33} taːu^{55}pəŋ^{55}.

天　　　　好像　别人　要　　下雨

天好像要下雨了。

nei^{51} ka^{55} lou^{51} kɯ^{33} ŋaːi^{55} he^{31}e^{31}.

3sg　好像　别人　要　　哭　　MOOD

她好像要哭了。

上述例句中的lou^{51}省略后句意不变。但在自然语境中，lou^{51}一般不省略。

2. kɔːm^{11}kɛ^{11}"大家"、ko^{55}kaːi^{51}"各自"

这两个不定代词在句中主要做主语。例如：

kɔːm^{11}kɛ^{11} hu^{55} məːt^{31} nei^{51} maŋ^{55}.

大家　　　说　稻谷　3sg　好

大家都说他的稻谷长得很好。

ko^{55}kaːi^{51} pə^{11} tʰɯ^{31} kaːi^{51}.

各自　　　回　家　谁

各回各家。

（五）指示代词

1. 指示代词的形式及语义分类

加茂话的指示代词可根据距离远近进行二分：一个是nɛ^{51}"这"，表离说话者较近的，表近指；另一个mɔ^{51}"那"，表离说话者较远，或不在说话者的视线之内，表远指。此外，加茂话还有一个中性指示词kɛ^{11}，可兼指近指和远指，没有明确的距离范畴。三个指示代词的词形及其表意功能如表5-3所示。

表5-3　加茂话指示代词表

近指	远指	中性	语义
nɛ^{51}	mɔ^{51}	kɛ^{11}	指人（"这"、"那"、兼指）

近指	远指	中性	语义
nɛ⁵¹	mɔ⁵¹	kɛ¹¹	指物（"这"、"那"、兼指）
nɛ⁵¹	mɔ⁵¹	kɛ¹¹	数量（"这个"/"这些"、"那个"/"那些"、兼指）
nɛ⁵¹	mɔ⁵¹	kɛ¹¹	方位（"这里"、"那里"、兼指）
nɛ⁵¹（pʰaːi⁵¹）	mɔ⁵¹（pʰaːi⁵¹）	kɛ¹¹（pʰaːi⁵¹）	方位（"这边"、"那边"、兼指）
nɛ⁵¹	mɔ⁵¹	kɛ¹¹	程度（"这么"、"那么"、兼指）
leŋ⁵¹nɛ⁵¹	leŋ⁵¹mɔ⁵¹	leŋ⁵¹kɛ¹¹	方式、程度（"这样"、"那样"、兼指）
		kɛ¹¹	时间（无、无、那时候）

2. 指示代词的句法功能

指示代词可以做主语、宾语、定语、状语、谓语。

指示代词做定语修饰名词中心语时有两种格式：一种是指示代词＋数词＋量词＋名词，为"指量名"格式；一种是名词＋指示代词，为"指名"格式。两种格式的用法有所不同：表示确定的数量，须用"指量名"的格式；而"名词＋指示代词"格式对数量的指称是不定量的，可以指单数，也可以指复数。例如：

nɛ⁵¹　tʰiau¹¹　vɔːn⁵⁵　tɔk⁵¹　it⁵⁵　kʰɯai⁵⁵.

这　　两　　CL　　有　　点　　冷

这两天有点冷。

tsan⁵⁵　nɛ⁵¹　kɔːm¹¹kɛ¹¹　jɔːt⁵¹　ŋɔ⁵⁵　mɯ³¹　tei⁵¹.

菜　　这　　大家　　久　　NEG　　得　　吃

这种菜大家很久都没吃了。

vo¹¹　nɛ⁵¹　tsaŋ⁵⁵　kau⁵⁵　taːt⁵¹.

衣服　这　　是　　1sg　　买

这些衣服是我买的。

三　数词和量化词

（一）数词

1. 基数词

加茂话的基数词分为系数词和位数词。系数词（一至九）及位数词"十""百"都是固有的。例如：

kɯ³¹ 一　　　tʰiau¹¹ 二　　　taːu⁵⁵ 三　　　tiəu⁵⁵ 四

pu¹¹ 五　　　nəm¹¹ 六　　　dau⁵⁵ 七　　　ku⁵⁵ 八

fə⁵⁵ 九　　　puət⁵¹ 十　　　kɯːn⁵⁵ 百

而"零""千"及之后的位数词均是来自海南闽语的借词，如 leŋ¹¹ "零"、saːi⁵¹ "千"、vaːn³³ "万"、i⁵⁵ "亿"等。

系数词可以和位数词构成复合数词，也可以和量词组合为数量结构。

（1）加茂话中表"一""十"的基数词

基数词中，"一"和"十"的用法稍为特殊。

① 加茂话中，表示"一"的系数词有三个，即 kɯ³¹、tsɯ⁵¹、nam³³。它们的用法有所区别。

kɯ³¹ 在单独计数时使用，可以和所有的量词构成数量短语，并可用于除"百"之外的位数词前，如 kɯ³¹ŋuən⁵⁵tʰai¹¹ "一个人"、kɯ³¹saːi³³ "一千"等。

tsɯ⁵¹ 不能单独使用，只出现在十进制的结构中，如 puət⁵¹tsɯ⁵¹ "十一"、tʰiau¹¹puət⁵¹tsɯ⁵¹ "二十一"等。

nam³³ 只与"十"和"百"搭配，如 nam³³pɔŋ¹¹ "十"、nam³³kɯːn⁵⁵leŋ¹¹tʰiau¹¹ "一百零二"等。

② 加茂话的"十"有两个说法，即 puət⁵¹ 和 pɔŋ¹¹。它们的区别是：puət⁵¹ 主要用于单独计数，可以和其他基数词组成复合数词，能够与量词一起修饰名词，如 tiəu⁵⁵puət⁵¹ "四十"、puət⁵¹tɔŋ⁵⁵nɔːk⁵⁵ "十只鸟"；pɔŋ¹¹ 不可单独计数，一般不和量词组成数量短语修饰名词，但可以用来衡量货币，如 nam³³pɔŋ¹¹kuən¹¹ ＝ puət⁵¹hɔːm¹¹kuən¹¹ "十块钱"。

另外，puət⁵¹ 可单独表示"十"，但 pɔŋ¹¹ 必须要和 nam³³ 相连表示"一十"，nam³³ 不可省略。在表示二十及以上的数字时，puət⁵¹ 和 pɔŋ¹¹ 可互换，如 tʰiau¹¹pɔŋ¹¹/puət⁵¹ "二十"。

（2）数词连用

加茂话的 kɯ³¹ "一"和 tʰiau¹¹ "二"不能连用。要表示"一两个"这样的概念，要将两个数词构成的数量短语并列起来，如 kɯ³¹ŋuən⁵⁵tʰai¹¹tʰiau¹¹ŋuən⁵⁵tʰai¹¹ "一个两个人"，不能说成 kɯ³¹tʰiau¹¹ŋuən⁵⁵tʰai¹¹ "一两个人"。

从 tʰiau¹¹ "二"至 fə⁵⁵ "九"，任何相邻的两个数词都可以连用。例如：

tʰiau¹¹　taːu⁵⁵　ŋuən⁵⁵　tʰai¹¹　两三个人　　　pu¹¹　nəm¹¹　tɔŋ⁵⁵　kʰai⁵⁵ 五六只鸡

二　　　三　　　CL　　　人　　　　　　　　　　五　　六　　　CL　　鸡

此外，需要注意的是，加茂话中，相邻的三个或三个以上的基数词不能连用。

（3）复合数词的构成规则

① 由"系数词 ＋ 位数词"构成的系位构造中，一十、一百的系数"一"只能用 nam³³

来表示。"一十"中的位数词为poŋ¹¹"十"时，前面的系数词nam³³"一"不能省略，如nam³³poŋ¹¹"一十"；位数词为puət⁵¹"十"时，不能说nam³³puət⁵¹，puət⁵¹"十"前面不能出现系数词"一"。其他的系位构造，系数词和位数词是相乘的关系，如2×10=20（tʰiau¹¹puət⁵¹/poŋ¹¹"二十"）、2×100=200（tʰiau¹¹kɯ:n⁵⁵"两百"）。

② 系位构造由大到小排列，个位数排在最后单独构成一个单位，其间都是相加关系，如ta:u⁵⁵sa:i⁵¹pu¹¹kɯ:n⁵⁵nəm¹¹puət⁵¹pu¹¹"三千五百六十五"（3000+500+60+5）。由两个相邻的系位构成的系位组合中，最末的位数词可以省略。例如，ta:u⁵⁵sa:i⁵¹pu¹¹（三+千+五）"三千五百"省略了kɯ:n⁵⁵"百"，nam³³kɯ:n⁵⁵tʰiau¹¹（一+百+二）"一百二十"省略了puət⁵¹"十"，nam³³kɯ:n⁵⁵pu¹¹（一+百+五）"一百五十"省略了puət⁵¹"十"。

复合数词"一百一十"的叫法较为特殊，只能为nam³³kɯ:n⁵⁵tsɯ⁵¹"一+百+一"，而不是nam³³kɯ:n⁵⁵nam³³poŋ¹¹"一+百+一十"或nam³³kɯ:n⁵⁵poŋ¹¹/puət⁵¹"一+百+十"。

③ 系词组合最末为个位数，中间的数值为零时，用leŋ¹¹"零"表示，如nam³³kɯ:n⁵⁵leŋ¹¹tsɯ⁵¹"一百零一"，连续的零并为一个零，例如：ta:u⁵⁵sa:i⁵¹leŋ¹¹pu¹¹"三千零五"。

若前一系位构造与后一系位构造相隔一个位数，那么leŋ¹¹"零"可用可不用。例如，"三千零五十"说成ta:u⁵⁵sa:i⁵¹pu¹¹puət⁵¹（三+千+五+十）或ta:u⁵⁵sa:i⁵¹leŋ¹¹pu¹¹puət⁵¹（三+千+零+五+十）。这两种表达皆可，但前一表达更常见，也更自然一些。

2. 序数词

加茂话的序数词大多借自海南闽语。例如：

dɔ:i³³iət⁵⁵ 第一 　　　　dɔ:i³³zi³³ 第二

dɔ:i³³ta³³ 第三 　　　　dɔ:i³³ti¹¹ 第四

表示事物先后次序，加茂话只有表第一位和最后一位的有固有形式，即用时间副词kɯ³¹tin⁵⁵"首先"来表示"第一"，用kɯ³¹suət⁵¹"最末"表示"最后"。例如：tʰai¹¹kɯ³¹tin⁵⁵"第一个人"，tʰai¹¹kɯ³¹suət⁵⁵"排在最末的人"。

表示长幼排行，固有表达也只有老大和老幺两种：用lo⁵⁵"大"表示"老大"，用suət⁵¹/kɯ³¹suət⁵¹"小"表示"老幺"。例如：

tʰiək³¹lo⁵⁵ 大儿子 　　　　tʰiək³¹suət⁵¹ 小儿子

u⁵⁵lo⁵⁵ 大女儿 　　　　tʰiək³¹mɯ³¹ta:u⁵⁵kɯ³¹suət⁵¹ 小女儿

表示其他次第，则借用海南闽语的序数词，如tʰiək³¹dɔ:i³³zi³³"二儿子"、tʰiək³¹dɔ:i³³ta³³"三儿子"等。

（二）量化词

量化词（quantifier）指的是数词以外表示数量的词，分全称量化词和部分量化词两种。

全称量化词表示对论域内所有的个体加以量化。加茂话没有全称量化词，若要表示集体的概念，一般采用具有全称量化词作用的副词kɔːm¹¹kɛ¹¹"全部"、dou³³"都"来表达。例如：

mou⁵¹　　kɔːm¹¹kɛ¹¹　　muɯŋ¹¹　he³¹　　　bo¹¹?

3pl　　　全部　　　　　来　　　MOOD　MOOD

他们都来了吗？

muɯ³¹paːi⁵⁵　dou³³　ŋɔ⁵⁵　tɔk⁵¹.

什么　　　　都　　　NEG　有

什么都没有。

部分量化词表示不确定的数量。常见的有表逐一的kʰai¹¹和mui³¹，表多余的tsou¹¹，表概数的lan¹¹"有的"、kui³¹"几个"，表一半的dou⁵⁵，以及表示少量的it⁵⁵kia³¹"一点"。除了it⁵⁵kia³¹可以直接修饰名词之外，其他的量化词均要与量词构成数量短语才能修饰名词。例如：

kʰai¹¹/mui³¹　ŋuən⁵⁵　tʰai¹¹ 每个人　　　　kui³¹　kʰaŋ⁵⁵　pəi¹¹ 几头猪

每　　　　　CL　　　人　　　　　　　几　　　CL　　　猪

四　量词

（一）计量类量词

1. 度量衡量词

加茂话现有的度量衡量词大部分是从海南闽语借过来的，如li³¹"里"、do⁵¹"丈"、siə⁵⁵"尺"、tek⁵⁵"分"、sun¹¹"寸"、kiən⁵¹"斤"等。还有一小部分度量衡量词的来源需要探究，如luɯaŋ⁵¹"两"、sɔŋ⁵¹"亩"、lo⁵¹"斗"等。

表长度单位的固有词有两个，即tʰəːt³¹"两臂左右平伸时两臂之间的距离"、həːp³¹"张开大拇指和中指（或小指）两端间的距离"。

泛指量词kɔːm¹¹可用来表货币单位，但与之搭配的货币名词只能是kuən¹¹"钱"，如kuɯ³¹kɔːm¹¹kuən¹¹"一元钱"。

2. 容器类量词

加茂话的容器量词大多为汉借词，如kʰuaŋ³³"筐"、tʰaːŋ³¹"桶"、kok⁵⁵"瓶"、tsiaŋ³³"杯"、laːk⁵¹"碗"等。过去，生活中常用的物品也可用来计量事物容积，如maːk⁵⁵"椰子壳"（kuɯ³¹maːk⁵⁵ləp¹¹"一筒米"）、pia⁵¹"担"（kuɯ³¹pia⁵¹ləp¹¹"一担米"）等。

3. 性状类量词

加茂话常借用动词对事物进行模糊标量，表示事物的单位，如pəːk¹¹"把"（kuɯ³¹pəːk¹¹ləp¹¹"一把米"）、tap⁵⁵"捧"（kuɯ³¹tap⁵⁵ləp¹¹"一捧米"）、puək⁵¹"捆"

（kuɯ³¹puək⁵¹fuŋ¹¹"一捆柴"）、tʰu⁵¹"包"（kuɯ³¹tʰu⁵¹na:m⁵⁵muai⁵⁵"一包糖"）、dek⁵⁵"滴"（kuɯ³¹dek⁵⁵na:m⁵⁵"一滴水"）等。

4. 时间类量词

表时间的名词vɔ:n⁵⁵"日"、ma⁵⁵"年"、sɔ:p⁵⁵"晚上"、nə:n¹¹"月"、diam³¹tsiaŋ³³"点钟"等也可兼当量词，可与数词构成数量短语在句中做主语或宾语。例如：

kuɯ³¹   ma⁵⁵   bi³¹   kuɯ³¹   ma⁵⁵   maŋ⁵⁵.

一   CL   PREP   一   CL   好

一年比一年好。

时间量词重叠后也能做主语，语义相当于"每一"。例如：

vɔ:n⁵⁵vɔ:n⁵⁵   ta:u⁵⁵pɔŋ⁵⁵.

天天   下雨

天天下雨。

（二）类别量词

1. 名量词

（1）泛指量词kɔ:m¹¹

泛指量词kɔ:m¹¹用处广泛，可以与表具体事物的名词搭配，也可以和表抽象概念的名词组合。例如：

kuɯ³¹ kɔ:m¹¹ tsum⁵⁵kʰai⁵⁵ 一个鸡蛋   kuɯ³¹ kɔ:m¹¹ ŋua⁵⁵ 一朵花

一   CL   鸡蛋   一   CL   花

kuɯ³¹ kɔ:m¹¹ kuɯ³¹muəŋ¹¹ 一张嘴   kuɯ³¹ kɔ:m¹¹ ta:u⁵⁵puət⁵¹ 一个除夕

一   CL   嘴   一   CL   除夕

kɔ:m¹¹不能表示人和动物，不能说kuɯ³¹kɔ:m¹¹tʰai¹¹"一个人"。*kuɯ³¹kɔ:m¹¹kə:m⁵⁵"一块肉"这样的说法也是错误的。

kɔ:m¹¹只能与数词"一"搭配，"二"及以上的数词要与hɔ:m¹¹组成数量短语，如kuɯ³¹kɔ:m⁵⁵be:u⁵¹"一顶帽子"、tʰiau¹¹hɔ:m¹¹be:u⁵¹"两顶帽子"、ta:u⁵⁵hɔ:m¹¹ləp³¹"三粒米"等。

（2）个体量词

加茂话的个体量词也有一定的分类性，不同语义特征的名词有相配的专用量词。下面列举常见的个体量词。各量词及其搭配情况如表5-4所示。

表5-4　加茂话个体量词表

类别	词形	语义	例子
表人	ŋuən^{55} "个"	专指人	kɯ^{31}ŋuən^{55}tʰai^{11} "一个人"
表动物	tɔŋ^{55} "只"	动物通用量词	kɯ^{31}tɔŋ^{55}tʰou^{11} "一条鱼"、kɯ^{31}tɔŋ^{55}pou^{11} "一只狗"、kɯ^{31}tɔŋ^{55}bəːt^{51} "一条蛇"
表动物	puən^{11} "头"	用于表示可穿鼻环的动物	kɯ^{31}puən^{11}sei^{55} "一头牛"、kɯ^{31}puən^{11}pə^{31} "一匹马"、kɯ^{31}puən^{11}tsɯ^{55} "一头羊"
表动物	kʰaŋ^{55} "头"	专指猪	kɯ^{31}kʰaŋ^{55}pəi^{11} "一头猪"
表植物	nɔːu^{51} "棵"	树木通用量词	kɯ^{31}nɔːu^{51}nɔːu^{51}diau^{55} "一棵榕树"
表植物	buən^{55} "棵"	表示较大的树木	kɯ^{31}buən^{55}nɔːu^{51}sai^{55} "一棵（大）树"
表植物	kɔːm^{11} "朵"	花的专用量词	kɯ^{31}kɔːm^{11}ŋɯa^{55} "一朵花"
表性状	dat^{55} "块"	用于块状部件	kɯ^{31}dat^{55}baːi^{31} "一块木板"、kɯ^{31}dat^{55}kɔːm^{55} "一块肉"、kɯ^{31}dat^{55}təp^{55} "一块布"
表性状	kɔːm^{11} "块"	用于石头、香皂	kɯ^{31}kɔːm^{11}siːn^{55} "一块石头"
表性状	hɯan^{11} "块"	用于田	kɯ^{31}hɯan^{11}tou^{11} "一块田"
表性状	dat^{55} "面"	用于平面	kɯ^{31}dat^{55}tse^{51} "一面纸"、kɯ^{31}dat^{55}ki^{11} "一面旗"
表性状	viən^{11} "张"	用于片状	kɯ^{31}viən^{11}tse^{51} "一张纸"、kɯ^{31}viən^{11}pi^{55}sai^{55} "一片叶子"
表性状	tiən^{55} "条"	用于细长状	kɯ^{31}tiən^{55}beːn^{51} "一条长凳"、kɯ^{31}tiən^{55}tin^{55} "一条路"、kɯ^{31}tiən^{55}naːm^{55}lo^{55} "一条河"
表性状	tet^{55} "把"	用于可把握的用具	kɯ^{31}tet^{55}kuak^{55} "一把锄头"
表性状	pək^{11} "把"	用于筷子	kɯ^{31}pək^{11}sep^{55} "一把筷子"
表衣物	paːn^{55} "件"	用于上衣	kɯ^{31}paːn^{55}vo^{11} "一件上衣"
表衣物	tɯi^{55} "条"	用于裤子、裙子	kɯ^{31}tɯi^{55}si^{33}zɔːu^{11} "一条裤子"、kɯ^{31}tɯi^{55}kuən^{31} "一条裙子"
表衣物	tsut^{51} "条"	专指筒裙	kɯ^{31}tsut^{51}liːn^{11} "一条筒裙"
表种类	tsiaŋ^{31} "种"	用于事物种类	kɯ^{31}tsiaŋ^{31}mɯat^{55}sai^{55} "一种果子"

（3）集体量词

表复数的量词最常用的是um^{55} "双、对"。例如：

kɯ^{31} um^{55} siau^{55} 　一对耳环　　　　　　　　kɯ^{31} um^{55} tʰa^{31}ha^{55} 　　一对夫妻

　　一　CL　耳环　　　　　　　　一　CL　夫妻

kɯ³¹ um⁵⁵ ləm³¹　一双鞋子　　　kɯ³¹ um⁵⁵ ŋəːn¹¹kiːu⁵⁵　一对枕头

　　一　CL　鞋子　　　　　　　　一　CL　枕头

能与um⁵⁵搭配的一般都是成对、相对立或相反的事物。但是，表示成对的人体器官时，不能使用um⁵⁵"双"，要用量词pʰaːi⁵¹"边"突出事物的个体性。例如，tʰiau¹¹pʰaːi⁵¹tou⁵⁵"一双眼睛"字面义为"两边眼睛"，tʰiau¹¹pʰaːi⁵¹koⁿ⁵⁵"一对耳朵"的字面义为"两边耳朵"。

表群体的量词是借自海南闽语的pʰaːŋ³¹"群"，如kɯ³¹pʰaːŋ³¹tʰai¹¹"一群人"、kɯ³¹pʰaːŋ³¹tsɯ⁵⁵"一群羊"等。

（4）名量词的语法功能

① 名量词不能单独使用，要与数词构成数量短语，或与指示代词、数词共同构成指量短语，才能修饰名词。例如：kɯ³¹dat⁵⁵pou⁵⁵"一片云"、nɛ⁵¹tsiaŋ³¹mɯat⁵⁵sai⁵⁵"这种果子"。

② 名量词不能单独限定名词，句法上常见的"量 + 名"结构实际上是省略了数词"一"的"数 + 量 + 名"结构。"量 + 名"结构在句中多做宾语，有时也能做主语。例如：

tɔk⁵¹　**tɔŋ⁵⁵**　**ȵaːu⁵¹**　pʰok⁵⁵　lau⁵⁵　beːn⁵¹.（做宾语）

有　　CL　猫　　趴　　上　　凳子

有只猫趴在凳子上。

tei⁵⁵　buən³³　mɯat⁵⁵sai⁵⁵,　**ŋuən⁵⁵**　**tʰai¹¹**　kɯ³¹　kɔːm¹¹.（做主语）

1pl　分　果　　　　CL　人　一　CL

我们分果子，一人一个。

③ 大多数个体量词可以重叠，重叠后主要在句中充当主语。例如：

ŋuən⁵⁵ŋuən⁵⁵　dou³³　ɔːk⁵¹　puəi¹¹.

个个　　　　都　喝　醉

个个都醉了。

④ 有一部分个体量词可作为构词语素参与构词，通常构成附注式复合词。量词nɔːu⁵¹则出现在前附式派生词中，常构成植物类名词，如nɔːu⁵¹sai⁵⁵"树"、nɔːu⁵¹ȵum³¹"小叶榕"等。

2. 动量词

加茂话的专用动量词有lem⁵⁵"次、趟、回、口、遍、下"、fuəi⁵⁵"次、下、趟、回"、kuəi¹¹"次"、tʰak⁵⁵"趟"、tsem³¹"步"。其中，kuəi¹¹"次"和tʰak⁵⁵"趟"主要用来表示倒酒及犁田的次数，如tʰei¹¹kɯ³¹kuəi¹¹/tʰak⁵⁵tou¹¹"犁一次田"、pʰoŋ⁵⁵pu¹¹kuəi¹¹/tʰak⁵⁵ŋəːu³¹"敬五杯酒"；tsem³¹"步"专用来表达走路的步数，如pai⁵⁵kɯ³¹tsem³¹"走一步"。

动量词与数词构成的数量短语置于动词之后，用以说明动作的次数，在句中做补语。

动量补语与宾语同现时，"动 + 宾 + 补"是优势语序，"动 + 补 + 宾"格式也常见。例如：

van⁵⁵nɛ⁵¹   kau⁵⁵   kʰə:n⁵⁵   si⁵⁵   tʰiau¹¹   lem⁵⁵.

今天   1sg   上   街   两   CL

今天我上街两次。

nei⁵¹   tiə⁵¹   luəi³¹   po⁵¹ma:i⁵¹   hai⁵⁵   kɯ³¹   lem⁵⁵   bak⁵⁵keŋ³³.

3sg   想   带   父母   去   一   CL   北京

他想带父母去一次北京。

五 动词

动词主要做谓语或谓语中心语，可以充当补语，能够被副词修饰。

（一）动词的语义分类

根据语义，加茂话的动词大致可分为如下几类：

表天气物象：ta:u⁵⁵pɔŋ⁵⁵ "下雨"、hu⁵⁵vuəi⁵⁵ "打雷"、lip⁵⁵ "打闪"、siə⁵¹ "刮"。

表动作行为：pai⁵⁵ "走"、hɔm¹¹ "爬"、pʰe:k⁵⁵ "追"、kɯ³¹a:u⁵⁵ "休息"、tə:p⁵¹ "挑"、huam⁵⁵ "收拾"。

表状态变化：haŋ⁵⁵ "在"、tɔk⁵¹ "有"、tʰau¹¹ "生"、lɔ:t⁵¹ "死"、ka⁵⁵ "像"。

表说明判断：tsaŋ⁵⁵ "是"、ti⁵¹ "是"。

表动作趋向：hai⁵⁵ "去"、muŋ¹¹ "来"、daŋ⁵⁵ "出"、kʰə:n⁵⁵ "上"、ta:u⁵⁵ "下"、a⁵⁵ "起来"。

表能愿情态：kʰam³³ "应该"、kɯ³³ "要"、kʰo³¹neŋ¹¹ "可能"、ɔ:i⁵¹ "会"、lɔ⁵¹ "要"。

表认知：min¹¹ta:i³¹ "知道"、tiə⁵¹ "想"、kɯ³¹ŋum¹¹ "忘记"。

表感官：mai⁵⁵suəŋ⁵¹ "看见"、ŋei³¹nə:n¹¹ "听见"、mai⁵⁵ "看"。

表情感：hɯp⁵¹ "恨"、tʰɔ¹¹ "怕"、a⁵⁵ŋə:n¹¹ "生气"、tiaŋ⁵¹ "喜欢"。

表言说：hu⁵⁵ "说"、kɔ⁵⁵ "问"、vɔ:u⁵⁵ "喊"、kəi⁵¹ "骂"、bo¹¹ "告诉"。

表使役给予：kou¹¹ "让"、ke⁵⁵ "叫"、muan⁵⁵ "给"、mɯ³¹ "得"。

（二）动词的形态

1. 动词的附加形式

加茂话有一小部分动词有前附虚语素kɯ³¹，如kɯ³¹det⁵⁵ "蹦"、kɯ³¹a:u⁵⁵ "休息"、kɯ³¹lə:n¹¹ "打呼噜"、kɯ³¹ŋum¹¹ "忘记"等。

动词词根后可添加叠音语素，形象生动地表达动作的一种情状，如ti:u⁵⁵miən³¹miən³¹ "形容齐刷刷地倒了"、tə p¹¹tsuk³³tsuk⁵⁵ "形容不断击打多次"、mai⁵⁵mok³³mok³³ "看不清"等。

2. 动词的重叠

这里所说的重叠是构形重叠，不是构词重叠。单音节动词一般可以重叠为AA式，表示"短促、尝试"的意义。例如：

məi⁵⁵   mai⁵⁵mai⁵⁵   nɛ⁵¹   buːi³¹   tu³³.

2sg   看看   这   CL   书

你看看这本书。

kaːi⁵¹   lak³¹   muɯŋ¹¹   uət⁵¹uət⁵¹   pʰan⁵⁵   puɯi⁵¹   he³¹e³¹.

谁   也   来   洗洗   脸   ASP   MOOD

大家都来洗把脸吧。

动量补语也可用来表示动作的动量小、时量短。例如：

məi⁵⁵   si¹¹   fuəi⁵⁵   tsan⁵⁵   nɛ⁵¹.

2sg   尝   CL   菜   这

你尝尝这个菜。

（三）动词的体

1. 完整体

加茂话用虚化的趋向动词hai⁵⁵"去"表示完整体意义。hai⁵⁵"去"置于动词后或句末表示动作或事件的实现，不强调事件的过程和阶段。例如：

a³³ta³³   tse³¹   hai⁵⁵   mɔ⁵¹   tɔŋ⁵⁵   kʰai⁵⁵   tʰɯ³¹   mou⁵¹   he³¹.

阿三   杀   ASP   那   CL   鸡   家   3pl   MOOD

阿三杀了他们家的那只鸡。

məi⁵⁵   kɯ³¹tsaːt⁵¹   tei⁵¹   zuan³¹   hai⁵⁵,   ŋɔ⁵⁵   tei⁵¹   mɯ³¹   de¹¹.

2sg   刚刚   吃   药   ASP   NEG   吃   得   茶

你刚吃了药，不能喝茶。

2. 经历体

常用的经历体标记为kua⁵¹"过"，同样也来源于趋向动词。kua⁵¹"过"可附着于动词后，也可出现在句末，强调行为和事件在过去已经发生。例如：

kau⁵⁵   tei⁵¹   tʰou⁵⁵   kua⁵¹.

1sg   吃   饭   ASP

我吃过饭了。

kau⁵⁵   tei⁵¹   kua⁵¹   tʰou⁵⁵.

1sg   吃   ASP   饭

我吃过饭了。

3. 起始体

趋向动词a⁵⁵"起来"意义虚化后就没有明显的趋向义了，此时置于动词、形容词后或句末表示动作行为的开始。例如：

məi⁵⁵　ə:i⁵¹　kɔ⁵⁵　a⁵⁵　　baŋ³³la:i¹¹　leŋ⁵¹　kɯ³¹tʰa:u⁵¹.

2sg　会　问　ASP　何时　　做　山寮

你要问什么时候建山寮。

mou⁵¹　təp¹¹　tʰa⁵⁵　a⁵⁵　he³¹,　məi⁵⁵　hai⁵⁵　hu⁵⁵hu⁵⁵.

3pl　打　RECIP　ASP　MOOD　2sg　去　说说

他们打起来了，你去劝一劝。

4. 完成体

动词pɯi⁵¹ "完"、lə:i³¹ "完" 在意义虚化后，出现在动词、形容词后或句末表行为动作及事件已经完成，强调结果。例如：

kɛ¹¹　tsaŋ⁵⁵　sa:u⁵⁵　tsan⁵⁵　fuəi⁵⁵　pɯi⁵¹,　tsaŋ⁵⁵　hai⁵⁵　daŋ⁵⁵　pʰuən³¹　mɔ⁵¹　hai⁵⁵

那　就　煮　菜　熟　ASP　就　去　出　坟墓　那　去

pʰoŋ⁵¹.

祭拜

菜煮熟了，就（拿）到坟墓那边祭拜。

ma:i⁵¹　kou¹¹leŋ⁵¹　tʰiək³¹　kɛ¹¹　kʰə:n⁵⁵　vou⁵⁵　lin¹¹vuəi⁵⁵　lə:i³¹.

妈妈　以为　孩子　那　上　PREP　天上　ASP

妈妈以为她孩子已经到天上了。

5. 持续/未竟体

语气助词sɔ³¹出现在句末，常常表示一种未竟或持续的意义。例如：

min¹¹muən⁵⁵　mɔ⁵¹　ou⁵⁵　sɔ³¹.

大门　　那　开　ASP/MOOD

大门开着。

nei⁵¹　tʰau¹¹　sɔ³¹.

3sg　活　ASP/MOOD

他还活着呢！

6. 重复体

语气助词tʰen⁵¹出现在句末，通常指行为的重复。例如：

tei⁵¹　kɯ³¹　la:k⁵¹　tʰen⁵¹.

吃　一　CL　ASP/MOOD

再吃一碗。

ziau¹¹na⁵⁵　tɔk⁵¹　ə:i⁵¹　tsaŋ⁵⁵　mɯŋ¹¹　liau⁵⁵　tʰen⁵¹.

下次　　　有　空　　就　　来　　玩　ASP/MOOD

下次有时间再来玩。

另外，动词要表示动作的进行，一般要在动词前面加时间名词 kan¹¹nɛ⁵¹ "现在"。例如：

mәi⁵⁵　kan¹¹nɛ⁵¹　kʰam³³　hai⁵⁵　ŋɔ¹¹.

2sg　现在　　该　　去　　睡

你必须现在去睡觉。

kau⁵⁵　kan¹¹nɛ⁵¹　tei⁵¹　tʰou⁵⁵.

1sg　现在　　吃　　饭

我在吃饭。

（四）动词的态

加茂话通过在动词后添加标记 tʰa⁵⁵ 来表示动词的相互态。在表相互态的句中，主语须为复数形式，或是并列结构。例如：

pʰɯ³³tsә¹¹　mu³¹ta:u⁵⁵　min¹¹ta:i³¹　tʰa⁵⁵.

男孩　　女孩　　　知道　　　RECIP

男孩女孩相互认识。

siaŋ¹¹siәn⁵¹　nei⁵¹　hap⁵¹　tʰa⁵⁵　tsaŋ⁵⁵　kou¹¹　pɔ⁵¹ma:i⁵¹　hai⁵⁵　liәu³¹　vɔ:n⁵⁵.

CONJ　　　3pl　合适　RECIP　就　请　爸妈　　去　找　日子

如果他们双方合意就让父母挑选吉日定亲。

（五）动词的特殊小类

1. 助动词

助动词与动词关系密切，在动词的前后出现，表示说话者的主观态度及某种情态。根据出现的位置，助动词可分为前置助动词及后置助动词。

（1）前置助动词

加茂话中，除了 kɯ³³ "要"、kʰam³³ "应该"、lɔ⁵¹ "要" 之外，其他助动词 tiә⁵¹ "想"、kʰin³¹ "肯"、ka³¹ "敢"、kʰo³¹neŋ¹¹ "可能" 等都为海南闽语借词。前置助动词可用在谓词前表示客观的可能性、必要性和人的主观情态。例如：

mai⁵⁵　min¹¹vuәi⁵⁵　mɔ⁵¹　kɯ³³　ta:u⁵⁵pɔŋ⁵⁵?

看　天　　　　那　要　下雨

看天色要下雨吧？

mәi⁵⁵　kʰam³³　leŋ⁵¹　dat⁵¹　leŋ⁵¹nɛ⁵¹.

2sg　应该　做　事　这样

你应该这样做。

除了 kɯ³³ "要"、kʰam³³ "应该" 不能单独做谓语、不能直接带宾语之外，lɔ⁵¹ "要" 与其他前置助动词做普通动词使用时可充当谓语。例如：

məi⁵⁵   lɔ⁵¹   laːi¹¹   puən¹¹   sei⁵⁵?

2sg   要   哪   CL   牛

你要哪头牛？

nei⁵¹   ŋɔ⁵⁵   kʰin³¹.

3sg   NEG   肯

他不愿意。

（2）后置助动词

后置助动词 mɯ³¹ "得" 常附在主动词之后，表示 "做得" 还是 "做不得"，说明行为动作能否达成，表达一种客观上的能力。例如：

kau⁵⁵   kɯ³¹duən⁵¹   mɯŋ¹¹   mɯ³¹.

1sg   中午   来   得

我能中午来。

mɯ³¹ 和动词结合较为紧密，否定副词 ŋɔ⁵⁵ "不" 一般要加在主动词前面。例如：

mɯat⁵⁵   nɛ⁵¹   ŋɔ⁵⁵   tei⁵¹   mɯ³¹.

果子   这   NEG   吃   得

这种果子不能吃。

haŋ⁵⁵   nɛ⁵¹   kiu⁵⁵   kʰɯai⁵⁵,   ŋɔ⁵⁵   kɯ⁵⁵   mɯ³¹   vɯa⁵¹.

PREP   这   很   冷   NEG   种   得   香蕉

这里很冷，不能种香蕉。

2. 趋向动词

加茂话的趋向动词有单音的、双音的，单音节居多。如下表5-5所示：

表5-5   加茂话趋向动词表

	kʰəːn⁵⁵ 上	taːu⁵⁵ 下	tʰau¹¹ 进	daŋ⁵⁵ 出	pə¹¹ 回	kua⁵¹ 过	a⁵⁵ 起
mɯŋ¹¹ 来	kʰəːn⁵⁵ 上来	taːu⁵⁵ 下来	tʰau¹¹ 进来	daŋ⁵⁵hai⁵⁵ 出来	pə¹¹ 回来	mɯŋ¹¹ 过来	a⁵⁵ 起来
hai⁵⁵ 去	hai⁵⁵ 上去	taːu⁵⁵hai⁵⁵ 下去	tʰau¹¹hai⁵⁵ 进去	daŋ⁵⁵hai⁵⁵ 出去	pə¹¹ 回去	kua³¹hai⁵⁵ 过去	

加茂话双音节趋向动词主要由表离心的趋向动词 hai⁵⁵ "去" 与其他单音节趋向动词组

成。表向心的趋向动词muɯŋ¹¹"来"一般不用来构成双音节趋向动词。

加茂话的单音节趋向动词可以做谓语或谓语中心语，最主要的句法功能是做补语。例如：

nɛ⁵¹　lem⁵⁵　pʰaːŋ⁵⁵　muɯŋ¹¹　ja³³　kiu⁵⁵, hai⁵⁵　ja³³　mɛ³¹.

这　　CL　台风　　来　　　也　猛　　去　也　快

这次台风来得猛，去得快。

nei⁵¹　tsu¹¹hi³¹hi³¹　pai⁵⁵　muɯŋ¹¹.

3sg　笑嘻嘻　　　走　　来

他笑嘻嘻地走过来。

加茂话的补语与宾语共现时，语序可以为"动＋补＋宾"，也可以是"动＋宾＋补"，后者较为常见。例如：

tʰaːn⁵⁵　kʰou⁵⁵sai⁵⁵　hai⁵⁵　mɔ³¹.

砍　　　树枝　　　　去　　MOOD

砍掉树枝嘛。

lou⁵¹　tɔm⁵⁵　siːn⁵⁵　mɔ⁵¹　hai⁵⁵＝lou⁵¹　tɔm⁵⁵　hai⁵⁵　siːn⁵⁵　mɔ⁵¹.

别人　抬　　石头　　那　　去　　别人　抬　　去　　石头　　那

石头被抬走了。

加茂话中，趋向动词补语容易虚化。事实上，加茂话的部分单音节趋向动词已经虚化为表体意义的语法词，如hai⁵⁵、a⁵⁵、kua⁵¹等。

3. 系动词

加茂话有两个系动词，tsaŋ⁵⁵和ti⁵¹，其中ti⁵¹是海南闽语借词。下面简要介绍一下这两个系动词的用法和特点。

（1）tsaŋ⁵⁵主要用于表示定义和归类的判断命题句，ti⁵¹不常用。例如：

kau⁵⁵　tsaŋ⁵⁵　tʰai¹¹　kɛ³³mou⁵⁵.

1sg　　是　　人　　　加茂

我是加茂人。

ti⁵¹也可对主语进行说明和判断，但不大常用。例如：

kuɯ³¹ziau¹¹　ti⁵¹　tʰau¹¹siːŋ⁵⁵.

明天　　　　是　　春节

明天是春节。

（2）tsaŋ⁵⁵不能被副词修饰，ti⁵¹可以。例如，dou³³ti⁵¹tʰai¹¹"都是人"中的dou³³"都"是副词，只能用ti⁵¹。

（3）ti^{51}常兼做强调副词，通常出现在谓语动词前，起强调焦点的作用。例如：

nɛ^{51}　toŋ^{55}　pou^{11}　ti^{51}　ŋei^{51}　hu^{55}.

这　　CL　　狗　　是　　听　　话

这只狗是很听话。

nei^{51}　ti^{51}　ŋɔ^{55}　tei^{51}　tʰou^{55}.

3sg　是　　NEG　吃　　饭

他是没有吃饭。

（4）tsaŋ^{55}和ti^{51}在疑问句中的分工不同。

① 正反问句一般要在句末加上"是不是"，而此格式就是由ti^{51}"是"和否定成分ŋɔ^{55}或vai^{55}构成的。当问句为tsaŋ^{55}引导的系词句时，相配的正反问格式为ti^{51}vai^{55}"是不是"；问句为一般的动词句时，对应的正反问格式是ti^{51}ŋɔ^{55}"是不是"。例如：

məi^{55}　tsaŋ^{55}　laːu^{51}se^{33}　baːn^{33}　mou^{51}　ti^{51}　vai^{55}?

2sg　是　　老师　　班　　3pl　是　　NEG: COP

你是不是他们班的老师？

məi^{55}　hai^{55}　ti^{51}　ŋɔ^{55}?

2sg　去　　是　　NEG

你去不去？

② 针对问句回答要用tsaŋ^{55}，不用ti^{51}。例如：

nei^{51}　sɔŋ^{51}naːu^{51}　bo^{11}?（问句）

3sg　结婚　　　MOOD

他结婚了吗？

tsaŋ^{55}./ŋɔ^{55}.（答句）

是　　NEG

是。/没有。

（5）系词tsaŋ^{55}和ti^{51}的否定形式都为vai^{55}"不是"。例如：

kuu^{31}ziau^{11}　tsaŋ^{55}/ti^{51}　seŋ^{33}kʰi^{11}laːk^{51}.

明天　　　是　　　　星期六

明天是星期六。

上举句子的否定形式为：

kuu^{31}ziau^{11}　vai^{55}　　seŋ^{33}kʰi^{11}laːk^{51}.

明天　　　NEG: COP　星期六

明天不是星期六。

ŋɔ⁵⁵ti⁵¹"不是"的用法仅出现在反问句中。例如：

ŋɔ⁵⁵　　ti⁵¹　　pa³¹?

NEG　　是　　MOOD

不是吧?

（6）tsaŋ⁵⁵和ti⁵¹除了表示陈述，还注重句子的真值条件——陈述的内容若不真实，则不能用tsaŋ⁵⁵和ti⁵¹。例如：

pəi¹¹　　nɛ⁵¹　　pu¹¹　　hɔːm¹¹　　hɔːk⁵¹.

猪　　　这　　五　　CL　　脚

这猪是五脚猪。

"五脚猪"是猪的一种品种，并非真的有五只脚，所以句中不能出现tsaŋ⁵⁵和ti⁵¹，否则陈述的内容为假，违反了客观现实。

（7）加茂话中，系词的使用不是必要的，是可选的，一般系词tsaŋ⁵⁵和ti⁵¹在句中可以省略。换言之，只有语用上需要强调时，系词才出现。不需要强调时，tsaŋ⁵⁵常变读为33调，ti⁵¹读为31调；需要强调时，系词须恢复本调。例如：

nɛ⁵¹　　（tsaŋ³³）　　tou¹¹　　mou⁵¹.

这　　　　是　　　　田　　3pl

这是他们的田。

məi⁵⁵　　tsaŋ⁵⁵　　maŋ⁵⁵　　tʰai¹¹.

2sg　　　是　　　好　　　人

你是个好人。

4. 存在及领有动词

tɔk⁵¹"有"兼具领有及存在意义。表拥有时，主语通常由表生命的体词性词语充当；表存在时，话题一般由方所词语充当。例如：

kau⁵⁵　　tɔk⁵¹　　kɯ³¹　　paːn⁵⁵　　vo¹¹　　tʰɯːu¹¹.（领有）

1sg　　有　　　一　　　CL　　衣服　　红

我有一件红衣服。

lau⁵⁵　　laːu³¹　　tɔk⁵¹　　tʰai¹¹.（存在）

上　　　楼　　　有　　　人

楼上有人。

在某些句子中，tɔk⁵¹既表示领有也表示存在，主语可由表无生命的体词性词语充当。例如：

nei⁵¹　　hu⁵⁵　　dat⁵¹　　kɛ¹¹　　tɔk⁵¹　　daːu⁵¹li³¹.

3sg　说　话　NMLZ　有　　道理

他说的话有道理。

在加茂话中，haŋ⁵⁵"在"也是一个存在动词，但仅表示人的存在。例如：

kau⁵⁵　haŋ⁵⁵　nɛ⁵¹, məi⁵⁵　haŋ⁵⁵　mɔ⁵¹.

1sg　在　这　2sg　在　那

我在这里，你在那里。

六　形容词

形容词表示特征、性质或状态等，常做定语和谓语或谓语中心语。

（一）形容词的形态

1. 单音节形容词的重叠

加茂话中，表性质的单音节形容词大多可以重叠，表示状态和程度的加深。形容词的重叠形式不能受副词修饰，但有着丰富的句法功能：可以做谓语中心语；能做状语修饰中心语，置于中心语前后皆可；可以充当状态补语；还可以在句中做主语和宾语。例如：

siət⁵⁵zi³¹lia³¹　na⁵⁵　la⁵⁵la⁵⁵　tʰu³¹.（做谓语中心语）

七指岭　　才　近近　　家

七指岭才离家近。

kou¹¹　tiən³³niə¹¹　tsiən⁵⁵　la⁵⁵la⁵⁵.（做状语，后置）

叫　新娘　　坐　　近近

叫新娘坐近一点。

siaŋ³¹siaŋ³¹　tei⁵¹.（做状语，前置）

快快　　吃

快点吃。

tʰiək³¹lat⁵⁵　nɛ⁵¹　kui⁵⁵　vou⁵⁵　nɔm³¹nɔm³¹.（做状态补语）

小孩　　　这　胖　PAR　肉肉

这个小孩胖乎乎的。

iən³³ui¹¹　nei⁵¹　kui⁵⁵　he³¹e³¹, sei⁵⁵sei⁵⁵　na⁵⁵ku⁵⁵　maŋ⁵⁵.（做主语）

CONJ　3sg　胖　MOOD　黑黑　　特别　　好

因为（牛）肥啦，黑黑壮壮的特别好。

bɛ⁵¹　kan¹¹nɛ⁵¹　ku³¹tou⁵⁵　pa:i⁵⁵　tɔk⁵¹　it⁵⁵diam⁵⁵　kʰou⁵⁵kʰou⁵⁵?（做宾语）

怎么 现在　眼睛　什么　有　一点　　白白

为什么现在眼睛里有一点白白的?

2. 双音节形容词的重叠

双音节形容词的重叠形式有AABB式，也有ABAB式。例如：

AABB: tʰei¹¹lim³¹ 多少→tʰei¹¹tʰei¹¹lim³¹lim³¹ 多多少少

a:i¹¹tsia¹¹ 空闲→a:i¹¹a:i¹¹tsia¹¹tsia¹¹ 轻轻松松

li¹¹laŋ³¹ 不齐→ li¹¹li¹¹laŋ³¹laŋ³¹ 参差不齐

ABAB: li¹¹lum⁵⁵ 踉跄→li¹¹lum⁵⁵li¹¹lum⁵⁵ 踉踉跄跄

lin¹¹la⁵¹ 摇晃→lin¹¹la⁵¹lin¹¹la⁵¹ 摇摇晃晃

bo³³te³³ 半生不熟→bo³³te³³bo³³te³³ 半生不熟

（二）形容词程度级的表达

形容词的程度级有等比、比较级和最高级三种。一般用副词tʰuŋ³³tʰa⁵⁵ "一样"、da:ŋ³¹tʰa⁵⁵ "同样"做后置状语修饰形容词来表示等比意义，用介词bi³¹ "比"和kua⁵¹ "过"引出比较基准来表示比较意义，用副词kiu⁵⁵ "很、更"和tsui⁵⁵ "最"来表示最高级。例如：

nei⁵¹   bɛ⁵⁵   məi⁵⁵   pʰɯ⁵¹   tʰuŋ³³tʰa⁵⁵/da:ŋ³¹tʰa⁵⁵. （等比）

3sg   CONJ   2sg   高   一样

他跟你一样高。

kau⁵⁵   pʰɯ⁵¹   kua⁵¹   məi⁵⁵   ta:u⁵⁵   koŋ³³hu:n³³. （比较）

1sg   高   PREP   2sg   三   公分

我比你高三公分。

van⁵⁵nɛ⁵¹   haŋ⁵⁵   kɯ³¹lɔːu¹¹   tsui⁵⁵/kui⁵⁵   kʰɯai⁵⁵. （最高级）

今天   PREP   外面   最   冷

今天外面最冷。

（三）形容词的句法功能

做谓语和谓语中心语是形容词基本的句法功能，除此之外，形容词还可以做定语、补语，形容词的重叠式还可做状语。

形容词做定语时要置于中心语之后，如biət⁵⁵niau⁵⁵ "新笔"、vo¹¹tʰɯːu¹¹ "红衣服"等；做中心语时，修饰性成分有的在前面，有的在后面，如dou³³siak⁵⁵ "都脏"（副词dou³³前置）、pʰɯ⁵¹kiu⁵⁵ "很高"（副词kiu⁵⁵后置）等；形容词重叠式做状语时，前后置均可，前置情况居多，如siaŋ³¹siaŋ³¹ko⁵⁵ "快快跑"、tsiən⁵⁵la⁵⁵la⁵⁵ "坐近近"等。

加茂话的性质形容词和形容词的重叠式可以带宾语。例如：

tʰɯ³¹   lai⁵⁵   o⁵¹hiau⁵¹.

家   远   学校

家离学校很远。

siət⁵⁵zi³¹lia³¹　na⁵⁵　　la⁵⁵la⁵⁵　tʰɯ³¹.

七指岭　　才　　近近　　家

七指岭才离家近。

另外，一部分形容词带宾语时，有使动用法。例如：

naːm⁵⁵ɯat⁵⁵　pə:n¹¹　kɔːm¹¹huən¹¹　pɯi⁵¹.

汗水　　　　湿　　全身　　　　ASP

全身汗湿了。

lɯa⁵¹　siak⁵⁵　kɯ³¹ma⁵⁵　məi⁵⁵.

泥巴　　脏　　手　　　　2sg

泥巴脏了你的手。

七　副词

副词一般在句子结构中充当状语，通常出现在谓词性词语之后，也可出现在谓词性词语之前。加茂话的副词多数借自海南闽语。根据语义属性可将加茂话的常用副词分为如下几类：

程度副词，如 kiu⁵⁵ "太、很"、tsui⁵⁵ "最"、tui⁵⁵ "最" 等。

范围副词，如 luŋ¹¹laːu³¹ "一起，总共"、na⁵⁵ "只"、dou³³ "都" 等。

时间副词，如 kɯ³¹tsaːt⁵¹ "刚刚"、tsaŋ⁵⁵① "就"、kʰau³³ "就"、kɯ³¹fuəi⁵⁵ "忽然" 等。

频率副词，如 aŋ³³ "又"、jaŋ³¹ "还"、lak³¹/ja³³ "也" 等。

否定副词，如 ŋɔ⁵⁵ "不"、bɛ⁵¹ "不"、jou⁵¹ "别" 等。

语气副词，如 tsak³¹tsei¹¹ "大概"、tsaŋ⁵⁵ "的确"、ziak⁵¹dia³³ "一定"、ŋɛ⁵¹ "一定" 等。

借自海南闽语的副词做状语时，一律放在中心语之前；而加茂话固有副词做状语时，前后置两种语序并存。例如：

kɛ¹¹　kɯ³¹　tʰo¹¹　tsui⁵⁵/tui⁵⁵　nɔk⁵⁵.（tsui⁵⁵/tui⁵⁵ "最" 为借词）

那　一　CL　最　　　　　漂亮

那件衣服最漂亮。

nɛ⁵¹　diə³³　do⁵⁵　kɯ³¹laːu⁵⁵　kiu⁵⁵.（kiu⁵⁵ "很" 为固有词）

这　CL　桌子　圆　　　　很

这张桌子很圆。

kau⁵⁵　kiu⁵⁵　tiə⁵¹　mai⁵⁵　tu³³.（kiu⁵⁵ "很" 为固有词）

---

① tsaŋ⁵⁵ "就" 在语流中常变读为33调，在第四章分类词表中发音人将该词误读成 tsaŋ³³。

1sg　　很　　想　　看　　书

我很愿意看书。

有些语义相同或相近的副词，其具体用法却有区别。如tsaŋ⁵⁵"就"、kʰau³³"就"两个副词都可以表示时间的顺承性，但所表示的时间范畴有差异：tsaŋ⁵⁵一般侧重说明当下正在发生或还未发生的情况，表示现在时和将来时，多用于表各种语义关系的主从复句；kʰau³³则着重描述已经发生的行为和事件，表示过去时，多在叙述语体中出现。例如：

məːt³¹　　kɛ¹¹　　ŋɔ⁵⁵　　ti³³buəi¹¹, a⁵⁵　　tsaŋ⁵⁵　　ai⁵⁵.（表因果）

稻子　　那　　NEG　　施肥　　长　　就　　不好

因为不施肥，稻子才长不好。

nɔːu⁵¹sai⁵⁵　　kɛ¹¹　　muˈ³¹ləːi³¹　　kuˈ⁵⁵　　kʰau³³　　tɔk⁵¹　　muat³¹　　he³¹.

树　　　　那　　去年　　　种　　就　　有　　果　　MOOD

去年种的树结果了。

八　介词

加茂话的介词通常附加在体词性词语之前，充当语义成分的标记，标明与动作行为等相关的时间、处所、目的、方式、对象等。

（一）语义分类

从语义上来看，加茂话的介词主要有以下几类：

表时间，如da⁵⁵lɔ⁵¹"从"等。

表处所，如haŋ⁵⁵"在"、vou⁵⁵"到"等。

表方向，如lɔ⁵¹"从，向"、hiə¹¹"向"等。

表比较，如bi³¹"比"、kua⁵¹"过"、daːŋ³¹"同"等。

表工具，如kʰɛ⁵¹"拿"、lɔ⁵¹"用"等。

表对象，如bɛ⁵⁵①"向，跟，对"等。

表伴随，如bɛ⁵⁵"同，和，跟"、dəːn⁵⁵"跟"等。

表施事、受事，如mu³¹"被"、muan⁵⁵"给"、ke⁵⁵"让"、kou¹¹"让"等。

（二）介词的来源

介词大多由及物动词虚化而来，有些介词还存在动词义，如kʰɛ⁵¹"拿"、haŋ⁵⁵"在"、mu³¹"被，得"、kou¹¹"让，叫"等。例如：

kʰɛ⁵¹　　kuˈ³¹ku¹¹　　muˈŋ¹¹　　ku¹¹　　tʰɔk⁵⁵sai⁵⁵.（动词）

---

① bɛ⁵⁵做介词时，在语流中常变读为33调，在第四章分类词表中，发音人将该词误读成bɛ³³。

拿　　锯子　　　来　　　锯　　木头

拿锯子来锯木头。

kau⁵⁵　　kʰɛ⁵¹　　tsin⁵⁵　　dɔːk⁵¹　　hai⁵⁵　　he³¹.（介词）

1sg　　PREP　　钱　　掉　　去　　MOOD

我把钱弄丢了。

məi⁵⁵　　haŋ⁵⁵　　laːi¹¹ʔ（动词）

2sg　　在　　哪里

你在哪里？

kau⁵⁵　　tsiəŋ⁵⁵　　haŋ⁵⁵　　tʰiəŋ¹¹　　məi⁵⁵.（介词）

1sg　　坐　　PREP　　前　　2sg

我坐在你对面。

一些借自海南闽语的介词无动词义，如bi³¹"比"和hiə¹¹"向"。此外，个别介词存在语义不同但词形相同的情况，如表对象与表伴随的介词同形，都用bɛ⁵⁵来表示。例如：

nei⁵¹　　bɛ⁵⁵　　kau⁵⁵　　vet⁵⁵　　kɯ³¹ma⁵⁵.（表对象）

3sg　　PREP　　1sg　　招　　手

他向我招手。

kau⁵⁵　　bɛ⁵⁵　　məi⁵⁵　　luŋ¹¹laːu³¹　　hai⁵⁵.（表伴随）

1sg　　PREP　　2sg　　一起　　去

我和你一起去。

（三）介词的作用

介词和体词性词语构成的介词短语常常做状语修饰中心语，还可以做补语。介词短语做状语时，可置于中心语之前，也可放在中心语之后。

介词lɔ⁵¹"从，向"构成的介词短语以后置为主。例如：

nei⁵¹　　aŋ³³　　ko⁵⁵　　lɔ⁵¹　　mɔ⁵¹　　hai⁵⁵.

3sg　　又　　跑　　PREP　　那边　　去

他又向那边跑去。

由bɛ⁵⁵"向，跟，对"、haŋ⁵⁵"在"构成的介词短语前后置两种语序都很常见。例如：

nei⁵¹　　bɛ⁵⁵　　kau⁵⁵　　vet⁵⁵　　kɯ³¹ma⁵⁵.

3sg　　PREP　　1sg　　招　　手

他向我招手。

nei⁵¹　　min¹¹taːi³¹　　hu⁵⁵　　dat⁵¹　　bɛ⁵⁵　　tʰai¹¹.

3sg　　知道　　说　话　　PREP　人

它会跟人说话。

mou⁵¹　　haŋ⁵⁵　　mɔ⁵¹　　hu⁵⁵　　dat⁵¹.

3pl　　PREP　那里　说　　话

他们在那里说话。

ka:i⁵¹　　kum⁵⁵　　pai⁵⁵　　haŋ⁵⁵　　kɛ¹¹?

谁　　点　　火　　PREP　这儿

谁在这儿点火？

由 kʰɛ⁵¹ "拿"、lɔ⁵¹ "用"、bi³¹ "比"、muɯ³¹ "被"、muɯan⁵⁵ "给"等介词构成的介词短语通常放在中心语之前。例如：

kʰɛ⁵¹　　si:n⁵⁵　　kɛ¹¹　　leŋ⁵¹　　sai¹¹to³¹.

PREP　石头　那　做　　棺材

用石头来做棺材。

məi⁵⁵　　lɔ⁵¹　　dau⁵⁵　　kɛ¹¹　　sa:u⁵⁵　　kə:m⁵⁵.

2sg　　PREP　锅　　这　　煮　　肉

你用这个锅煮肉。

nei⁵¹　　bi³¹　　kau⁵⁵　　ko⁵⁵　　siaŋ³¹.

3sg　　PREP　1sg　　跑　　快

他跑得比我快。

nei⁵¹　　muɯ³¹/muɯan⁵⁵　　lou⁵¹　　suan⁵¹.

3sg　　PREP　　　别人　骗

他被人家骗了。

而由 vou⁵⁵ "到"、kua⁵¹ "过"构成的介词短语常放在中心语之后做补语。

pai⁵⁵　　vou⁵⁵　　la:i¹¹　　ti⁵¹　　tsem⁵⁵　　vou⁵⁵　　la:i¹¹.

走　　PREP　哪儿　是　　尿　　PREP　哪儿

走到哪儿尿到哪儿。

kəp⁵⁵　　kɛ¹¹　　pou⁵⁵　　sei⁵⁵　　jaŋ³¹　　li⁵¹ha:i⁵¹　　kua⁵¹　　tʰai¹¹.

蛤蟆　这　养　　牛　　还　　厉害　　PREP　人

这蛤蟆比人还会养牛。

九　连词

连词用在词、短语、小句或句子等两个直接成分之间，表示两个直接成分之间存在并列、选择、转折、条件、因果等关系。

（一）语义类别

1. 表并列关系的连词，如 bɛ⁵⁵ "和，并且" 等。例如：

sei⁵⁵	tei⁵¹	kə:n¹¹	bɛ⁵⁵	pou¹¹	tei⁵¹	tʰou⁵⁵	kai¹¹	kɔ:u³¹.
牛	吃	草	CONJ	狗	吃	饭	ASSOC	故事

牛吃草和狗吃饭的故事。

2. 表假设或条件关系的连词，如 na³³kɯ³³/siaŋ¹¹siən⁵¹ "如果"、na⁵⁵ "要是"、ŋɔ⁵⁵kuan³¹ "不管" 等。例如：

na³³kɯ³³/siaŋ¹¹siən⁵¹	ŋɔ⁵⁵	ta:u⁵⁵pɔŋ⁵⁵,	tei⁵⁵	tsaŋ⁵⁵	daŋ⁵⁵hai⁵⁵	leŋ⁵¹kɔŋ⁵⁵.
CONJ	NEG	下雨	1pl	就	出去	做工

如果不下雨，我们就出去干活。

ŋɔ⁵⁵kuan³¹	si⁵¹	pa:i⁵⁵,	tei⁵⁵	toŋ¹¹ti⁵¹	leŋ⁵¹.
CONJ	事	什么	1pl	总是	做

不管什么事我们都要做。

3. 表转折关系的连词，如 a³³ti⁵¹ "但是"、na³³ti⁵¹ "但是" 等。例如：

nei⁵¹	tʰiək³¹mu³¹ta:u⁵⁵,	a³³ti⁵¹	tʰei¹¹	tou¹¹	kiu⁵⁵	kua⁵¹	tʰiək³¹pʰɯ³³tsə¹¹.
她	小女孩	CONJ	犁	田	强	PREP	小后生

虽然她是个女的，但犁田比男的强。

tə⁵⁵	kau⁵⁵	kɛ¹¹	tso⁵⁵	ti⁵¹	tso⁵⁵,	na³³ti⁵¹	kɯ³¹kо⁵⁵	nei⁵¹	kɛ¹¹	maŋ⁵⁵	kɯ³¹kо⁵⁵.
外公	1sg	这	老	是	老	CONJ	耳朵	3sg	这	好	耳朵

我外公虽然年纪大，但是耳朵很灵。

4. 表因果关系的连词，如 tɔ³¹zi¹¹ "所以"、ki⁵⁵ziən¹¹ "既然" 等。例如：

nei⁵¹	kɯ³¹ŋum¹¹	bɔŋ⁵¹	nə:u¹¹,	tɔ³¹zi¹¹	tsan⁵⁵	ne⁵¹	tsaŋ⁵⁵	ŋɔ⁵⁵fa:k⁵¹.
3sg	忘记	放	盐	所以	菜	这	就	淡

他忘了放盐，所以这个菜淡。

ki⁵⁵ziən¹¹	dou³³	mu³¹	ta:k⁵¹,	kɛ¹¹	tsaŋ⁵⁵	jou⁵¹	tʰa:n⁵¹	kɯ³¹sai⁵⁵	ei³¹.
既然	都	得	疼	那	就	NEG	砍	树	MOOD

既然受伤了，就别再砍树了。

5. 表选择关系的，如 a³³ti⁵¹ "或者" 等。例如：

məi⁵⁵	tiə⁵¹	ta:t⁵¹	pə³¹	a³³ti⁵¹	ta:t⁵¹	ɲau⁵⁵.
2sg	想	买	马	CONJ	买	黄牛

你想买马还是买黄牛。

（二）后置连词

加茂话有一个后置连词 bɛ^{55} "和"。bɛ^{55} 位于句中，连接两个地位对等的语法单位时，一般要弱读为33调。例如：

kau^{55} tɔk^{51} tʰei^{11}paːi^{55} kʰai^{55} bɛ^{33} bet^{55}.

1sg 有 很多 鸡 CONJ 鸭

我有好多鸡鸭。

但 bɛ^{55} 做后置连词时，若用于表伴随关系的复句中，会出现在表伴随的小句句末，这时须念本调。例如：

kʰəːn^{55} tsou^{55} hai^{55} vɔːt^{51} tʰiək^{31}nɔːk^{51} pə^{11} fo^{11}, tei^{51} fuuŋ^{11} bɛ^{55}.

上 山 去 抓 小鸟 回 养 砍 柴 CONJ

上山抓小鸟，还有砍柴。

十 助词

助词是附着在实词、短语或小句上表示某种结构关系或语法意义的虚词。助词只体现语法意义，没有实际的词汇意义。有些由实义词语法化而来的助词，身负助词功能时不再承载词汇意义。

加茂话的助词按其语法功能或语法意义可分为结构助词、体助词和语气助词三种。

（一）结构助词

1. kai^{11}

kai^{11} 是海南闽语借词，相当于汉语的"的"，主要做定语标记，表示修饰成分与中心语之间的结构关系。例如：

sei^{55} tei^{51} kəːn^{11} bɛ^{55} pou^{11} tei^{51} tʰou^{55} kai^{11} kɔːu^{31}.

牛 吃 草 CONJ 狗 吃 饭 ASSOC 故事

牛吃草和狗吃饭的故事。

2. ai^{11}/kɛ^{11}

ai^{11} 和 kɛ^{11} 都为名物化标记。但 ai^{11} 仅用于形容词名物化，而 kɛ^{11} 所用语类相对广泛，可以使动词、形容词及谓词性短语名物化。例如：

ai^{11} tʰa^{55} maŋ^{55}, ai^{11} tʰou^{11} na^{55} maŋ^{55}.

NMLZ 短 好 NMLZ 长 才 好

短的好，长的更好。

nei^{51} leŋ^{51} kɛ^{11} ŋɔ^{55} bi^{31} hu^{55} kɛ^{11} maŋ^{55}.

3sg 做　NMLZ NEG PREP 说　NMLZ 好

他做的不如说的好。

3. lɔ⁵¹

lɔ⁵¹为受益者标记，通常用于双宾句中，出现在与事论元之后，表示一种受益关系。

nei⁵¹ taːt⁵¹ kɯ³¹ pia⁵¹ ləm³¹ nei⁵¹ lɔ⁵¹.

3sg 买　一　双　鞋　3sg BEN

他买了一双鞋给自己。

4. vou⁵⁵/mɯ³¹

vou⁵⁵和mɯ³¹皆为补语标记，连接中心语和补语成分。vou⁵⁵是状态补语标记，mɯ³¹为可能补语或结果补语的标记。例如：

nei⁵¹ tsu¹¹ vou⁵⁵ taːk⁵¹ na⁵⁵lɯi¹¹.

3sg 笑　PAR 疼　肚皮

他笑得站不起来。

nei⁵¹ det⁵¹ mɯ³¹ pʰɯ⁵¹ kiu⁵⁵.

3sg 蹦　PAR 高　很

他跳得很高。

5. a³¹/ni⁵⁵/ti⁵¹/nɛ⁵¹

语气助词a³¹、ni⁵⁵也可做话题标记，ti⁵¹是由系词语法化而来的话题标记，指示代词nɛ⁵¹也有标示话题的作用。ni⁵⁵有时候会根据感情的变化语调变读为中平调（33）；ti⁵¹常用于表时间的话题成分之后，这时要弱读为31调；nɛ⁵¹做话题标记时也读成31调。例如：

po⁵¹　　a³¹，　maːi⁵¹　a³¹，　sau⁵⁵ jou⁵¹ təp¹¹ kau⁵⁵.

爸　TOP 妈　TOP 2pl NEG 打　1sg

爸啊，妈啊，你们别打我。

kaːi⁵¹ na⁵⁵ tu³³ kai¹¹ ni³³, kɛ¹¹ tsaŋ⁵⁵ hai⁵⁵ hua³¹ pou¹¹.

谁　CONJ 输　的　TOP 那　就　去　赶　狗

谁输的话，就去赶狗。

kit⁵⁵kuəi³¹ ti³¹　po⁵¹ bɛ⁵⁵ maːi⁵¹ kɛ¹¹ kʰi¹¹ o³¹.

结果　　TOP 爸 CONJ 妈　那　气　MOOD

结果呢，爸爸和妈妈生气啦。

kɯ³¹pɯŋ¹¹ mɔ⁵¹ nɛ³¹, fin¹¹ u³³u³³u³³.

屎壳郎　那　TOP 飞　呜呜呜

屎壳郎呢，"呜呜呜"地飞着呢。

6. t^ha^{55}

相互标记 t^ha^{55} 一般附加在谓词及谓词性短语之后，表示协同或相互义。例如：

luəi³¹ t^ha^{55} $k^hə:n^{55}$ si⁵⁵   hai⁵⁵   ta:t⁵¹   dou⁵¹.

带   RECIP   上   街   去   买   刀

结伴上街去买刀。

t^hiau^{11} ŋuən⁵⁵   liəu³¹   tau⁵⁵ t^ha^{55} lo³¹.

两   CL   找   虱子   RECIP   MOOD

两个（人）就互找虱子了。

7. kɛ¹¹

kɛ¹¹ 常用于有定成分之后表示定指。例如：

kau⁵⁵   mai⁵⁵   məi⁵⁵   kɛ¹¹   haŋ⁵⁵   kɛ¹¹.（有定成分为人称代词 məi⁵⁵"你"）

1sg   看   2sg   那①   在   那里

我看到你在那里。

$t^haŋ^{11}$ kɛ¹¹   ziak³¹   daŋ⁵⁵   ti⁵¹   ai⁵⁵dɔ:i⁵¹   pa:t³¹pa:t³¹.（有定成分为物象 $t^haŋ^{11}$"阳光"）

阳光   那②   一   出   是   难受   真真

太阳一出来真是难受。

（二）体助词

在加茂话中，hai⁵⁵"去"为完整体标记，a⁵⁵"起"为起始体标记，kua⁵¹"过"为经历体标记。三者都是由趋向动词语法化而来的。pɯi⁵¹ 和 lə:i³¹ 充任结果补语时有虚化为完成体标记的倾向。sɔ³¹ 和 t^hen^{51} 分别为未竟体及重复体标记，还兼任语气助词。关于体助词的用法，我们在本节的"动词"部分已做详细介绍，此处不赘。

（三）语气助词

语气助词用于句末，表示陈述、祈使、疑问、感叹等语气。

1. 陈述语气助词

常见的表示陈述语气的语气助词有 kai¹¹、lɔ³¹、a³³、e³¹、he³¹、sɔ³¹、t^hen^{51} 等。

（1）kai¹¹

kai¹¹ 是借自海南闽语的助词，带有解释、说明意味，相当于汉语的"的"，表示说话人对所陈述内容真实度的肯定，认为情况本该如此。例如：

kau⁵⁵   kɯ³³   lɔ⁵¹   u⁵⁵na:m⁵⁵tiu¹¹   kɛ¹¹   leŋ⁵¹   na:u⁵¹   kai¹¹.

---

① 这里的 kɛ¹¹ 意义已虚化，不再表示指示义，而是作为有定成分的标记。

② 同上。

1sg　　想　　要　　水秀　　　　　那　　做　　老婆　　MOOD

我想要娶水秀当老婆的。

（2）lɔ³¹

lɔ³¹ 表示较为肯定的陈述语气，相当于汉语的 "啦"。指明事情已经发生，结果不可逆转。例如：

nei⁵¹　mi³¹　li:n¹¹　mi³¹　vo¹¹　su⁵⁵　nɔːu⁵¹vɯa⁵¹　pʰi:n⁵⁵　a⁵⁵　　lɔ³¹.

3sg　拿　筒裙　拿　衣服　里　芭蕉树　　　穿　　起来　MOOD

她从芭蕉树里拿出筒裙和衣服就穿上啦。

有时语气不需要那么强烈，若说话人平静地阐述一个事件，lɔ³¹ 的语调就会变平。例如：

məi⁵⁵　　nɛ⁵¹　ti⁵¹　tiən¹¹　kai¹¹　　　lɔ³³.

2sg　　这　是　神仙　MOOD　MOOD

你是神仙呀。

（3）a³³

a³³ 表示一种较为舒缓的陈述口气，主要用于对比、列举的句式当中，相当于汉语的 "呀" "啊"。例如：

tsaŋ⁵⁵　tso¹¹　mɯ³¹luəŋ⁵⁵,　tso¹¹　ŋɔːu³¹　a³³,　　　tso¹¹　tʰou¹¹　a³³.

就　递　槟榔　　　递　酒　MOOD　递　鱼　MOOD

就递槟榔，端酒啊，端鱼啊。

（4）e³¹

ei³¹ 带有已然的意味，相当于汉语的 "了" 或 "啊"。例如：

nei⁵¹　kʰo³¹neŋ¹¹　hai⁵⁵　taːt⁵¹　tou¹¹maːu⁵⁵　ei³¹.

3sg　可能　　　去　买　东西　　　MOOD

他可能去买东西了。

（5）sɔ³¹

sɔ³¹ 是一个比较特殊的语气助词，本身带有体标记的属性，为 "还……呢" 义。在肯定句中通常和副词 jaŋ³¹ "还"、na⁵⁵ "才"、aŋ³³ "又" 连用，表示强调。例如：

nei⁵¹　jaŋ³¹　niam³³ti³³　sɔ³¹.

3sg　还　念诗　　　MOOD/ASP

他还念诗呢。

（6）he³¹

he³¹ 表示强调语气，强调事情已经发生，相当于汉语的 "啦"。例如：

kan¹¹nɛ⁵¹　dou³³　leŋ⁵¹　tɔk⁵¹haŋ⁵⁵tɔk⁵¹tei⁵¹　he³¹.

现在　　　都　　做　　有吃有喝　　　　　MOOD

现在生活都很富裕啦。

（7）tʰen⁵¹

tʰen⁵¹用于陈述句，表示新情况的出现，相当于"了"。另外，tʰen⁵¹常用来表示动作行为的重复，在句中多与副词aŋ³³"又"连用。例如：

təːŋ¹¹　　aːŋ³³　　kʰəːn⁵⁵　　tʰen⁵¹.

龙　　　又　　　上　　　　MOOD/ASP

龙又上岸了。

2. 疑问语气助词

常用的疑问语气助词有bo¹¹、ni³¹、a¹¹、pa³¹等。

bo¹¹表示疑问的口气，相当于"吗"。例如：

məi⁵⁵　　ŋɔ⁵⁵　　muɯŋ¹¹　　bo¹¹?

2sg　　NEG　　来　　　MOOD

你不来吗？

另外，bo¹¹也可用以表示反诘的口气。例如：

sau⁵⁵　　dat⁵¹　　mɔ⁵¹　　tsaŋ⁵⁵　　maŋ⁵⁵　　bo¹¹?

2sg　　话　　那　　就　　好　　　MOOD

你们（方言）的发音就很好吗？

ni⁵⁵也表示疑问，相当于"呢"。还可用于正反问中，形式上发问，实际上希望得到肯定的回答，这时ni⁵⁵常弱读为31调。例如：

kau⁵⁵　　tʰiau¹¹puət⁵¹　　huəi¹¹　　he³¹e³¹,　　məi⁵⁵　　ni⁵⁵?

1sg　　二十　　　CL　　MOOD　　2sg　　　MOOD

我二十岁了，你呢？

tsaŋ⁵⁵　　vai⁵⁵　　　ni³¹?

是　　NEG: COP　　MOOD

是不是呢？

表示揣测疑问时，可用语气助词a¹¹或pa³¹来表示。例如：

nei⁵¹　　ŋɔ⁵⁵　　min¹¹taːi³¹　　məi⁵⁵　　a¹¹?

3sg　　NEG　　认识　　　2sg　　MOOD

他不认识你吧？

kuɯ³¹ziau¹¹　　kʰo³¹neŋ¹¹　　ŋɔ⁵⁵　　taːu⁵⁵pɔŋ⁵⁵　　pa³¹?

明天　　　可能　　　NEG　下雨　　　MOOD

明天应该不会下雨吧?

3. 祈使语气助词

常用的祈使语气助词有 jə³³、lɔ³¹、he³¹、o³³、ti⁵¹、mɔ⁵¹等。

（1）jə³³、lɔ³¹、he³¹、o³³表示规劝、吩咐等语气，较为温和。例如：

məi⁵⁵　kʰam⁵⁵　ŋei³¹　dat⁵¹　maːi⁵¹　məi⁵⁵　jə³³.

2sg　该　听　话　妈妈　2sg　MOOD

你该听妈妈的话呀。

siaŋ³¹siaŋ³¹　sɔːt⁵¹　vo¹¹　mɔ⁵¹　a⁵⁵　hai⁵⁵　lɔ³¹,　haŋ⁵⁵　kɯ³¹lɔːu¹¹　mɔ⁵¹　kʰɯai⁵⁵.

快快　　　穿　衣服　那　起　ASP　MOOD　PREP　外面　　　那　冷

把衣服穿上吧，外边很冷。

kɛ¹¹　tei⁵⁵　tsaŋ⁵⁵　jou⁵¹　hai⁵⁵　he³¹.

那　1pl　就　NEG　去　MOOD

那我们就不要去啦。

məi⁵⁵　tsaŋ⁵⁵　tu⁵⁵i¹¹　o³³.

2sg　就　注意　MOOD

你要注意哦。

（2）ti⁵¹、mɔ⁵¹表示请求、商量、建议、劝告等语气。ti⁵¹有时为了增强请求的语气，可弱读为31调，而 mɔ⁵¹根据语用需要有两种读法，即 mɔ³¹和 mɔ³³，mɔ³¹一般表请求，mɔ³³带有教导的语气。例如：

po⁵¹　a³¹,　maːi⁵¹　a³¹,　kau⁵⁵　kɯ³³　hai⁵⁵　tʰak⁵¹tu³³　ti³¹.（表商量）

爸　TOP　妈　TOP　1sg　要　去　读书　MOOD

爹呀，娘呀，我要去读书呀。

mɯan⁵⁵　kau⁵⁵　lɔ⁵¹　it⁵⁵　mɔ³¹.（表请求）

给　1sg　BEN　点　MOOD

给我一点吧。

kɛ¹¹　mi³¹　daŋ⁵⁵　lak³¹　ŋɔ⁵⁵　kɯ³¹tʰɔ¹¹　mɔ³³.（表教导）

那　拿　出　棒针　NEG: COP　分层棒　MOOD

要抽出的是棒针不是分层棒呀。

4. 感叹语气助词

常用的感叹语气助词为 o³¹、ə³¹、jɔ³¹、ei³¹，表示带有强烈感情色彩。例如：

tʰiək³¹　lou⁵¹　mɔ⁵¹　tsia¹¹　kiu⁵⁵　ə³¹.（表惊叹）

小孩　　别人　那　　真　　胖　　MOOD

那小孩真胖呀。

nei⁵¹　ɔːi⁵¹　tia³¹　o³¹！（表惊讶）

3sg　会　写　MOOD

他写字写得好啊！

kʰi¹¹　jɔ³¹,　　məːt³¹　kau⁵⁵　mɔ⁵¹　tiːu⁵⁵　ləːi³¹　ei³¹.（表愤怒）

气　MOOD　稻子　1sg　那　　倒　　完　　MOOD

气啊，我的稻子全被刮倒了。

5. 语气助词连用

加茂话的语气助词可以连用，一般是两个连用，三个或以上语气助词连用的情况较少见。连用的语气助词分别代表不同的语气意义，但全句的语气重点在最末一个语气助词上，整句的句类也取决于最后一个语气助词。例如：

mɛ³¹　it⁵⁵kia³¹　hai⁵⁵　ŋɔ¹¹tʰau⁵⁵　he³¹　　ti⁵¹.（祈使句）

快　一点　　去　睡　　　　MOOD　MOOD

快点去睡吧。

he³¹"啦、了"表强调，而 ti⁵¹ 稍为中和了生硬的口气，略带敦促的意义。

puɯi⁵¹　tsaŋ⁵⁵　pə¹¹　he³¹　　e³¹.（陈述句）

完　　就　　回　MOOD　MOOD

结束了就回去了。

e³¹ 在句末着重说明情况已成事实，与 he³¹ 连用表示陈述强调。

jaŋ³¹　mai⁵⁵　tu³³　ŋɔ⁵⁵　lɔːt⁵¹　sɔ³¹　　o³¹!（感叹句）

还　看　书　NEG　死　MOOD　MOOD

还在看书，没死啊！

sɔ³¹ 表未然的口气，o³¹ 处于句末表示对未然状况的惊讶程度。

十一　拟声词和叹词

（一）拟声词

拟声词也叫声貌词，是模拟声音的词，主要用于叙述语体起到修辞的作用，可使语言更加生动形象。加茂话的拟声词常常做状语修饰动词，前后置皆可，还能做谓语。例如：

nei⁵¹　tʰoːk⁵¹tʰoːk⁵¹　tʰaːn⁵⁵　fuɯŋ¹¹.（做状语）

3sg　咚咚　　　　砍　柴

他咚咚地砍柴。

nɔːk⁵¹　mɔ⁵¹　iːu⁵⁵　tsit⁵⁵tsit⁵⁵tsit⁵⁵.（做状语）

鸟　　那　　叫　　叽叽叽

那只鸟叽叽叽地叫。

pʰi⁵¹　　mɔ⁵¹　pʰik¹¹pʰak³¹pʰik¹¹pʰak³¹.（做谓语）

翅膀　　那　　　噼噼啪啪

翅膀噼噼啪啪响。

（二）叹词

叹词是表达感叹和应答的词。叹词的独立性较强，常做感叹语，不与其他词类发生结构关系。例如：

i³⁵,　　　kɛ¹¹　ti⁵¹　nɔːk⁵¹　paːi⁵⁵　ɔːp⁵¹　ŋɔ⁵⁵　　hai⁵⁵　a³³.

INTERJ　那　　是　鸟　　什么　扔　　NEG　去　　MOOD

咦，那是什么鸟啊，（用东西）扔，赶也赶不走啊。

ei⁵¹jɔ⁵¹!　mɯ³¹paːi⁵⁵　dou³³　ŋɔ⁵⁵　suən⁵¹！

INTERJ　什么　　　都　　NEG　见

哎呀！什么都看不见了！

第二节

短语

词和词按照一定的语法关系组成短语。短语可从内部结构关系角度分类，分出的是结构类；也可以从外部功能的角度来分类，分出的是功能类。

一　短语的结构类型

按内部结构关系，加茂话的短语可分为联合短语、偏正短语、同位短语、主谓短语、述宾短语、中补短语、介词短语、量词短语和方位短语等。

（一）联合短语

由语法地位平等的两个或两个以上的直接成分构成的短语叫联合短语。其中名词性成分之间的并列关系一般通过连词 $bε^{55}$ "和"、$a^{33}ti^{51}$ "还是"来表示。例如：

məi⁵⁵	bε⁵⁵	kau⁵⁵ 你和我
2sg	CONJ	1sg

ai^{11}　　lo^{55}　$a^{33}ti^{51}$　ai^{11}　　$tə:k^{31}$ 大的还是小的
NMLZ 大　CONJ　NMLZ 小

van⁵⁵nε⁵¹　bε⁵⁵　　kɯ³¹ziau¹¹ 今天和明天
今天　　　CONJ　　明天

谓词性成分之间则用 $ziu^{51}...ziu^{51}...$ "又……又……"和连词 $a^{33}ti^{51}$ "还是"表并列或选择关系。例如：

ziu^{51}　$p^hɯ^{51}$　ziu^{51}　lo^{55} 又高又大　　　ziu^{51}　$tɯ^{55}$　ziu^{51}　$t^hɯ:u^{11}$ 又甜又红
又　　高　　又　　大　　　　　　又　　甜　又　　红

$p^hə^{55}$　tou^{11}　$a^{33}ti^{51}$　mai^{55}　$mɯ^{31}luəŋ^{55}$ 耙田还是看槟榔
耙　　田　　CONJ　　看　　槟榔

（二）偏正短语

偏正短语由具有修饰关系的两个部分组成：被修饰的成分是中心语，修饰中心语的成分为修饰语。偏正短语可再分为两种：

1. 定中短语

这类偏正短语的中心语为体词性词语，以名词性短语为主。能修饰体词性词语的有形容词、名词、代词、数量短语等。除数量短语之外，其他修饰成分都放在中心语之后。例如：

do⁵⁵　kuɯ³¹laːu⁵⁵ 圆桌子　　　　　　tʰiək³¹laːt⁵⁵　maːn¹¹ 调皮的小孩

桌子　圆　　　　　　　　　　　　　小孩　　　调皮

ŋəːu³¹　mɔːn⁵⁵ 红薯酒　　　　　　san⁵⁵　mɯai⁵⁵ 玉米种子

酒　　红薯　　　　　　　　　　　种子　玉米

tə⁵⁵　kau⁵⁵ 我的外公　　　　　　kuɯ³¹ma⁵⁵　məi⁵⁵ 你的手

外公 1sg　　　　　　　　　　　　手　　　　　2sg

kuɯ³¹　ŋuən⁵⁵　tʰai¹¹ 一个人　　　kuɯ³¹　viən¹¹　tse⁵¹ 一张纸

一　　CL　　　人　　　　　　　　一　　　CL　　纸

另外，可借助定语标记kai¹¹（借自海南闽语）把修饰语移到名词中心语之前。例如：

tʰuɯ¹¹tu³³kuan³¹　kai¹¹　tu³³ 图书馆的书　　　　　daːŋ³¹　kai¹¹　tseŋ⁵⁵sek⁵⁵ 党的政策

图书馆　　　ASSOC　书　　　　　　　党　　ASSOC　政策

2. 状中短语

状中短语的中心语由动词或形容词性词语充任。修饰动词或形容词性词语的有副词、介词短语、助动词、时间名词、代词、形容词重叠式、拟声词等。助动词、时间名词以出现在中心语之前为常；其他成分修饰中心语时，既可以在中心语之前，也可以在中心语之后。例如：

pʰuɯ⁵¹　kiu⁵⁵ 很高（形·副）　　　kiu⁵⁵　kʰɯai⁵⁵ 很冷（副·形）

高　　很　　　　　　　　　　　　很　　冷

tiə⁵¹　leŋ⁵¹ 想做（助动词·动）　　kan¹¹nɛ⁵¹　hu⁵⁵ 正在说（时间名词·动）

想　做　　　　　　　　　　　　现在　　说

nɛ⁵¹　huɯp⁵¹ 这么害怕（代·形）　　vi¹¹　nɛ⁵¹ 这么宽（形·代）

这么 害怕　　　　　　　　　　　宽　　这么

kʰɯai⁵⁵　daŋ⁵⁵　lin¹¹pʰɔːn⁵⁵ 跟昨天一样冷（形·介词短语）

冷　　同　　昨天

bi³¹ məi⁵⁵ tseŋ³³ 比你聪明（介词短语·形）

PREP 2sg 聪明

ko⁵⁵ siaŋ³¹siaŋ³¹ 快快跑（动·形容词重叠式）

跑 快快

han¹¹ kʰuŋ¹¹kʰuŋ⁵¹ 咚咚地响（动·拟声词）

动 咚咚

（三）同位短语

加茂话的同位短语多由代词和数量短语或代词和专有名词构成。例如：

mou⁵¹ tʰiau¹¹ ŋuən⁵⁵ 他们两个　　　tei⁵⁵ ta:u⁵⁵ ŋuən⁵⁵ 我们三个

3pl 两 CL　　　　　　　　　　1pl 三 CL

mou⁵¹ a³³mi¹¹ huan⁵¹sa:ŋ⁵⁵ 黄桑嫂嫂他们

3pl 阿嫂 黄桑

（四）主谓短语

由有陈述关系的两个直接成分组成。前一部分是主语，一般为名词性成分；后一部分是谓语，一般由动词或形容词性词语充当。例如：

nei⁵¹ hu⁵⁵ 他说　　　　　　nɔːk⁵¹ fin¹¹ 鸟飞

3sg 说　　　　　　　　　　鸟 飞

kau⁵⁵ pʰɯ⁵¹ 我高　　　　　nei⁵¹ kui⁵⁵ 他胖

1sg 高　　　　　　　　　　3sg 胖

（五）述宾短语

体现支配关系的短语为述宾短语。前一部分由谓词性成分充当，后一部分是谓词性成分支配或关涉的对象，一般由体词性词语充当。例如：

tei⁵¹ ŋɔːu³¹ 喝酒（动‖名）　　　tian⁵¹ nei⁵¹ 喜欢她（动‖代）

吃 酒　　　　　　　　　　　　喜欢 3sg

la⁵⁵ tʰɯ³¹ 离家近（形‖名）　　　ta:t⁵¹ tʰiau¹¹ kiən⁵¹ 买两斤（动‖数量短语）

近 家　　　　　　　　　　　　买 两 CL

（六）中补短语

这类短语由具有补充关系的两个直接成分组成。这类短语中，前面被补充的成分为中心语，一般由谓词性成分充当；后面的成分为补语，对中心语进行补充说明，由形容词、趋向动词、助动词、数量短语、述宾短语等充当。例如：

sa⁵¹ siəŋ⁵¹ 洗干净（形容词）　　　kʰɛ⁵¹ muŋ¹¹ 拿来（趋向动词）

洗 干净　　　　　　　　　　　拿 来

fi³¹ mɯ³¹ 能扛得起（助动词）　　　　tuk⁵⁵ tʰiau¹¹ fuəi⁵⁵ 拍两次（数量短语）

扛　得　　　　　　　　　　　　　拍　　两　　CL

tsu¹¹ vou⁵⁵ ta:k⁵¹ na⁵⁵luɯi¹¹ 笑得站不起来（述宾短语）

笑　PAR　疼　肚皮

（七）介词短语

由介词和名词等词语构成。介词短语常用以修饰谓词，表示动作的时间、工具、处所、对象、施事、致使、方向等语义。介词短语可放在中心语前面，也可放在中心语后面，以前置情况居多。例如：

ku³¹ ma⁵⁵ **bi³¹ kɯ³¹ ma⁵⁵** maŋ⁵⁵.（表时间）

一　CL　PREP 一　CL　好

一年比一年好。

məi⁵⁵ **lɔ⁵¹** tʰei¹¹ kɛ¹¹ tʰei¹¹ tou¹¹.（表工具）

2sg　PREP 犁　这　犁　田

你用这个犁耕地。

mou⁵¹ **haŋ⁵⁵ mɔ⁵¹** hu⁵⁵ dat⁵¹.（表处所）

3pl　PREP 那里 说　话

他们在那里说话。

bɛ⁵⁵ nei⁵¹ lap¹¹ tsɔːn³¹ vo¹¹.（表对象）

PREP 3sg　扣　纽扣　衣服

给他扣扣子。

少部分的介词短语可以做补语。例如：

maːi⁵¹ kou¹¹leŋ⁵¹ tʰiək³¹ kɛ¹¹ kʰəːn⁵⁵ **vou⁵⁵ lin¹¹vuəi⁵⁵** ləːi³¹.

妈妈　以为　　孩子　那　上　　PREP　天上　　　ASP

妈妈以为她孩子已到天上了。

由介词haŋ⁵⁵ "在" 所构成的介词短语具有较为丰富的句法功能，可以充当主语、定语、状语和补语。例如：

haŋ⁵⁵ uaŋ⁵⁵ kɛ¹¹ tɔk³¹ ku³¹ duən⁵⁵ maːi⁵¹ nɔːu⁵¹diau⁵⁵.（做主语）

PREP 坡地 那　有　一　CL　　大　大叶榕

那个坡地里有棵大榕树。

tsan⁵⁵ **haŋ⁵⁵ kɯ³¹lɔːu¹¹** kʰeu⁵⁵ nei⁵¹.（做定语）

菜　PREP 外面　　　绿　3sg

外面的菜绿油油。

nei⁵¹ **haŋ⁵⁵** **vin⁵¹tʰɯ³¹** suːn⁵⁵.（做状语）

3sg PREP 屋檐 站

他在屋檐下站着。

dou⁵⁵ pei⁵⁵ **haŋ⁵⁵** **laːi¹¹**?（做补语）

刀 放 PREP 哪儿

刀放在哪儿?

（八）量词短语

由数词或指示代词加上量词组成，可分为数量短语和指量短语两种。

1. 数量短语。由数词或部分量化词和量词组成，可以做主语、谓语、定语、补语。例如:

kɯ³¹ **ma⁵⁵** maŋ⁵⁵ kua⁵¹ kɯ³¹ ma⁵⁵.（做主语）

一 CL 好 PREP 一 CL

一年好过一年。

tʰɯ³¹ mou⁵¹ tɔk⁵¹ **kui³¹** **kʰaŋ⁵⁵** pəi¹¹?（做定语）

家 3pl 有 几 CL 猪

他们家有几头猪?

tei⁵¹ **kɯ³¹** **laːk⁵¹** tʰen⁵¹.（做宾语）

吃 一 CL ASP

再吃一碗。

nuəi⁵¹ nei⁵¹ **puət⁵¹** **huəi¹¹**.（做谓语）

弟弟 3sg 十 CL

他弟弟十岁。

au⁵⁵ kɯ³¹ vɔːn⁵⁵ tei⁵¹ **taːu⁵⁵** **duːi¹¹**.（做补语）

1pl 一 CL 吃 三 CL

我们一天吃三顿。

2. 指量短语

由指示代词、疑问代词加数词和量词构成，数词为"一"时常常省略。指量短语通常做定语，也能做状语。例如:

nɛ⁵¹ **kɔːm¹¹** tsou⁵⁵ pʰɯ⁵¹ kiu⁵⁵.（做定语）

这 CL 山 高 很

这座山很高。

nɛ⁵¹ lem⁵⁵ pʰaːŋ⁵⁵ muɯŋ¹¹ ja³³ kiu⁵⁵, hai⁵⁵ ja³³ mɛ³¹.（做状语）

这 CL 台风 来 也 猛 去 也 快

这次台风来得猛，去得快。

（九）方位短语

由单音节方位名词和名词性词语构成，主要表示处所和范围。方位短语在句中通常做状语，也可做补语、主语、宾语、定语。例如：

ɯp⁵¹naːm⁵⁵ **su⁵⁵ tiːŋ⁵¹** nei⁵¹ kɛ¹¹.（做状语）

洗澡 里 坝 3sg 那

在他的水坝里洗澡。

kau⁵⁵ kʰɛ⁵¹ tiə¹¹ məi⁵⁵ kɛ¹¹ pʰaːk⁵⁵ **lau⁵⁵ siə³¹**.（做补语）

1sg PREP 照片 2sg 那 贴 上 墙

我把你的照片贴在墙上。

taːu⁵⁵ dɔːi³¹ laːu³¹ tɔk⁵¹ tʰiau¹¹ tɔŋ⁵⁵ kʰai⁵⁵.（做主语）

下 底 楼 有 两 CL 鸡

楼下有两只鸡。

mou⁵¹ lu¹¹lɔn⁵⁵ kua⁵¹ **u⁵¹ naːm⁵⁵** hai⁵⁵.（做宾语）

3pl 一起 过 中 河 去

他们游过河中央。

lau⁵⁵ tse⁵¹ kai¹¹ tu³³ nit³³nit⁵⁵nət⁵⁵nət⁵⁵.（做定语）

上 纸 ASSOC 字 细细密密

纸上的字密密麻麻。

二 短语的功能类型

短语的功能是由它相当于哪类词来决定的。功能相当于名词的叫作名词性短语；功能相当于谓词的叫谓词性短语，通常以动词、形容词为中心；常做状语的为副词性短语。

（一）名词性短语

谓语中心为名词的主谓短语、定中短语、联系项为体词性词语的联合短语、同位短语、量词短语、方位短语为名词性短语。例如：

kau⁵⁵ tʰai¹¹ kɛ³³mou⁵⁵.（谓语中心为名词的主谓短语）

1sg 人 加茂

我是加茂人。

ma:i⁵¹kʰai⁵⁵　tei⁵⁵　ta:u⁵⁵　tsum⁵⁵.（定中短语做主语）

母鸡　　　　1pl　下　蛋

我们家的母鸡下蛋了。

kʰai⁵⁵　be⁵⁵　　nɔ:k⁵¹　mɯ³¹　he⁵⁵　ko⁵⁵.（联合短语做主语）

鸡　　CONJ　鸟　　PREP　吓　跑

鸡和鸟被吓跑了。

nei⁵¹　ŋuən⁵⁵　tʰiək³¹　ti⁵¹　vuat⁵¹　vai⁵⁵　　　tʰai¹¹　o³¹.（同位短语做主语）

3sg　CL　　小孩　是　鬼　　NEG: COP　人　　MOOD

他这个小孩是鬼来着，不是人类啊。

lau⁵⁵　nɔ:u⁵¹sai⁵⁵　tɔk⁵¹　ta:u⁵⁵　　tɔŋ⁵⁵　nɔ:k⁵¹.（量词短语做定语）

上　树　　　　有　三　　　CL　鸟

树上有三只鸟。

su³³　tɔ:p⁵¹　tɔk⁵¹　ma:i⁵¹　tʰou¹¹.（方位短语做主语）

里　海　　有　大　　鱼

海里面有大鱼。

（二）谓词性短语

包括谓语中心为动词或形容词的主谓短语、状中短语、联系项为谓词性词语的联合短语及述宾短语等。例如：

nei⁵¹　kia⁵⁵.（谓语中心为动词的主谓短语）

3sg　咳嗽

他咳嗽。

tiəm³³　nei⁵¹　maŋ⁵⁵.（谓语中心为形容词的主谓短语）

心　　3sg　好

他的心地好。

van⁵⁵nɛ⁵¹　juŋ⁵⁵　man³³pa:i⁵⁵.（状中短语做谓语）

今天　　　热　非常

今天很热。

na:m⁵⁵　mɔ⁵¹　ziu⁵¹　vi¹¹　ziu⁵¹　tʰa³¹.（联合短语做谓语）

河　　那　又　宽　又　深

那条河又深又宽。

məi⁵⁵　liəu³¹　ka:i⁵¹?（述宾短语做谓语）

2sg　找　谁

你找谁？

（三）副词性短语

介词短语常做状语，为副词性短语。例如：

nei^{51}　ŋɔ^{55}　**bɛ^{55}**　**kau^{55}**　hu^{55}　dat^{55}.（介词短语做状语）

3sg　NEG　PREP　1sg　说　话

他不跟我说话。

kau^{55}　ko^{55}　**lɔ^{51}**　nei^{51}　**kɛ^{11}**　hai^{55}.（介词短语做状语）

1sg　跑　PREP　3sg　那　去

我向他跑了过去。

句子

一 句法成分

句法成分是句法结构的组成部分，由词或短语充当。句法成分是根据词与词之间的语法关系而定名的，有主语、谓语、述语、宾语、定语、状语、补语和中心语。

（一）主语和谓语

1. 主语

主语一般在谓语之前，是被陈述的对象。充任主语的主要是名词性词语、代词、数量短语等，部分谓词性词语可以做主语。例如：

lau⁵¹si³³　kou¹¹　kau⁵⁵　sua⁵⁵　ou³³ba:i³¹.（名词做主语）

老师　　　叫　　1sg　擦　　黑板

老师让我擦黑板。

məi⁵⁵　jou⁵¹　kɯ³¹tʰɔ¹¹.（代词做主语）

2sg　　NEG　怕

你别害怕。

kɯ³¹　**ma⁵⁵**　bi³¹　kɯ³¹　ma⁵⁵　maŋ⁵⁵.（数量短语做主语）

一　　CL　PREP　一　CL　好

一年比一年好。

kɯ³¹ma⁵⁵　**məi⁵⁵**　kɛ¹¹　ta:k⁵¹　ŋɔ⁵⁵　ta:k⁵¹?（定中短语做主语）

手　　　　2sg　这　疼　　NEG　疼

你的手疼不疼？

məi⁵⁵　a⁵⁵ŋə:n¹¹　ja³³　ŋɔ⁵⁵　　mɯu³¹pa:i⁵⁵.（主谓短语做主语）

2sg　生气　也　NEG　什么

你生气也没什么用。

hu⁵⁵　lou⁵¹　ai⁵⁵　dat⁵¹　lɔ⁵¹　lou⁵¹　jam¹¹.（述宾短语做主语）

说　别人　不好　话　叫　别人　讨厌

说别人坏话叫人讨厌。

2. 谓语

谓语是陈述主语的，放在主语之后，通常由谓词性词语充当，表节日、籍贯、时间等的名词性词语也可以做谓语。例如：

nei⁵¹　muan⁵⁵　kai¹¹　tsin⁵⁵　ŋɔ⁵⁵　lim³¹.（状中短语做谓语）

3sg　给　ASSOC　钱　NEG　少

他给的钱不少。

lin¹¹vɔ:n⁵⁵　nɛ³¹　ta:u⁵⁵pɔŋ⁵⁵.（动词做谓语）

天　　　这　下雨

天下雨了。

kau⁵⁵　tʰai¹¹　kui⁵⁵tsi:u³³.（定中短语做谓语）

1sg　人　贵州

我是贵州人。

（二）述语和宾语

述语和宾语是两个共存的成分。述语通常由动词性词语来充当，一些形容词性词语也可做述语。例如：

kɛ¹¹　di⁵⁵　hou³³　ko⁵⁵　la¹¹?（动词做述语）

那　孩子　1sg　跑　哪里

我孩子在哪里？

nei⁵¹　hɔm¹¹　kʰə:n⁵⁵　nɔ:u⁵¹tʰɔ:u¹¹.（中补短语做述语）

3sg　爬　上　桃树

他爬上桃树。

tʰɯu³¹　lai⁵⁵　o⁵¹hiau⁵¹.（形容词做述语）

家　远　学校

家离学校很远。

din⁵⁵　uaŋ⁵⁵　lə:i³¹.（形容词做述语）

光　田野　MOOD

让田野变光秃秃啦。

宾语是与述语相对的句法成分。名词性词语和谓词性词语都可以做宾语。例如：

leŋ⁵¹laːi¹¹　jaŋ⁵⁵　tun¹¹ʔ（名词做宾语）

如何　　　开　　船

如何开船？

məi⁵⁵　tsɔn¹¹　laːi¹¹ʔ（代词做宾语）

2sg　选　　哪个

你选哪个？

nɛ⁵¹　tsaŋ⁵⁵　tu³³　kaːi⁵¹ʔ（定中短语做宾语）

这　　是　　书　谁

这是谁的书？

kau⁵⁵　tiə⁵¹　nei⁵¹　mɯɯŋ¹¹.（主谓短语做宾语）

1sg　希望　3sg　来

我希望他来。

kau⁵⁵　kɯ³¹ŋum¹¹　tuəi³¹　tsin⁵⁵　mɯɯŋ¹¹.（述宾短语做宾语）

1sg　忘记　　　装　　钱　　来

我忘记带钱来了。

（三）定语

定语是用以修饰名词性词语的成分，可分为内涵定语及外延定语。内涵定语一般是描写性的，由形容词或名词性词语充当；外延定语主要是限制性的，由代词、数词、量词、动词性短语等充当。

1. 内涵定语

内涵定语做修饰成分时，通常置于名词性中心语之后。

修饰成分可以是形容词性的。例如：

ŋɯa⁵⁵　tɯːu¹¹ 红花　　　　mɯ³¹taːu⁵⁵　nɔk⁵⁵ 漂亮的女孩

花　　红　　　　　女孩　　　漂亮

修饰成分可以是名词性的。例如：

ŋəːu³¹　mɔːn⁵⁵ 红薯酒　　　　san⁵⁵　mɯai⁵⁵ 玉米种子

酒　　红薯　　　　　种子　玉米

tɔːŋ⁵⁵　siːn⁵⁵ 石槽　　　　　tu³³　tʰuː¹¹tu³³kuan³¹ 图书馆的书

槽　　石　　　　　　书　图书馆

2. 外延定语

典型的外延定语是由人称代词充任的领属定语。领属定语一律置于中心语之后。如 tə⁵⁵kau⁵⁵ "我外公"、tɯ:n⁵⁵nei⁵¹ "他的手臂"、pʰan⁵⁵məi⁵⁵ "你的脸"。

指示代词直接修饰名词时，要放在名词后面，表示有定的个体量或有定的复数量。例如：

nɔ:u⁵¹sai⁵⁵　nɛ⁵¹　nɔ:i⁵¹sai⁵⁵　pa:i⁵⁵?（nɛ⁵¹做定语，表个体量）
树　　　　这　树　　　　什么

这棵树是什么树？

fuŋ¹¹　nɛ⁵¹　kau⁵⁵　ŋuən⁵⁵na⁵⁵　tei⁵¹.（nɛ⁵¹做定语，表复数量）
柴　　这些　1sg　自己　　　砍

这些柴火是我砍的。

数词和量词要组成数量结构才能修饰名词。数量结构一律置于核心名词之前，数词为"一"时常常省略。例如：

su⁵⁵　kɯ³¹ma⁵⁵　nei⁵¹　kʰɛ⁵¹　kɔ:m¹¹　buəi³³.
里　手　　　　3sg　拿　CL　杯

他手里拿着一个茶杯。

指示代词、数词、量词共同修饰名词时，指示代词在名词的左侧，且在整个修饰语的最外围，语序为"指示代词＋数词＋量词＋名词"。例如：

nɛ⁵¹　kɯ³¹　pʰa:ŋ³¹　pə³¹　lo⁵⁵　aŋ³³　pʰu⁵¹.
这　一　CL　马　大　又　高

这一匹马又高又大。

但在某些老年人的口语中，指示代词、数词、量词共同修饰名词时，指示代词有时可以出现在名词的右侧。例如：

pʰa:ŋ³¹　huɑ³¹　kɛ¹¹　ti⁵¹　huən⁵¹　nei⁵¹.
CL　富　那　是　恨　3sg

那群富人很恨他。

动词性短语做定语时，通常放在名词中心语之后，但如果借用海南闽语的定语标记 kai¹¹ "的"，定语可放在名词中心语之前。例如：

kau⁵⁵　ta:t⁵¹　tʰuɯŋ¹¹　**uət⁵¹　pʰan⁵⁵**.（述宾短语 uət⁵¹pʰan⁵⁵ "洗脸"做定语）
1sg　买　东西　洗　脸

我买了洗脸的东西。

nei⁵¹ mɯan⁵⁵ kai¹¹ tsin⁵⁵ ŋɔ⁵⁵ lim³¹.（主谓短语nei⁵¹mɯan⁵⁵"他给"做定语）

3sg 给 ASSOC 钱 NEG 少

他给的钱不少。

3. 多重定语的语序

不同类别的定语共同修饰名词时，外延定语一般离核心名词较远。内涵定语能够揭示核心名词的属性，因此接近名词。当同类内涵定语共现时，语义上与核心名词关系越紧密的离名词越近。多重外延定语做修饰语时，全都位于核心名词的左侧。例如：

kɯ³¹ tɯi⁵⁵ kuən³¹ tʰɯːu¹¹ nɔk⁵⁵ 一条漂亮的红裙子

一 CL 裙 红 漂亮

上例中，内涵定语分别为tʰɯːu¹¹"红"和nɔk⁵⁵"漂亮"，外延定语为量词短语kɯ³¹tɯi⁵⁵"一条"。内涵定语出现在核心名词kuən³¹"裙"的右侧，而kɯ³¹tɯi⁵⁵则位居名词的左侧。同为内涵定语，tʰɯːu¹¹"红色"最能揭示kuən³¹"裙子"的核心属性，所以紧靠名词，nɔk⁵⁵"漂亮"表示名词的次要性质，离名词稍远。

领属定语总是处于结构的最外围。例如：

kau⁵⁵ mɔ⁵¹ taːu⁵⁵ tɯi⁵⁵ kuən³¹ tʰɯːu¹¹ 我的那三条红色的裙子

1sg 那 三 CL 裙 红色

上例中，有领属定语kau⁵⁵"我"、指示代词mɔ⁵¹"那"、数量短语taːu⁵⁵tɯi⁵⁵"三条"三个外延定语。根据"领属定语远离核心"的原则，领属定语kau⁵⁵"我"处于修饰语的最外围，距离核心名词最远。

（四）状语

副词、代词、时间名词、助动词、形容词、介词短语等都可以做状语修饰谓词性词语。加茂话中，有的状语放在被修饰成分之前，有的状语放在其后。例如：

nɛ⁵¹ diə³³ do⁵⁵ kɯ³¹laːu⁵⁵ **kiu⁵⁵**.（副词做状语）

这 CL 桌子 圆 很

这张桌子很圆。

tsə³¹ məi⁵⁵ **tsəŋ³¹tsəŋ³¹** pai⁵⁵.（形容词重叠式做状语）

奶奶 2sg 慢慢 走

奶奶，你慢慢走。

tsiəŋ⁵⁵ sia³³ tɔk⁵¹ jɔːt⁵¹ **laːi¹¹**?（疑问代词做状语）

坐 车 有 久 多

坐车要多久？

məi⁵⁵　lɔ⁵¹　　laːi¹¹　muŋ¹¹?（介词短语做状语）

2sg　PREP　哪　　来

你从哪里来？

məi⁵⁵　kan¹¹nɛ⁵¹　haŋ⁵⁵　laːi¹¹?（时间名词做状语）

你　　现在　　　在　　哪儿

你现在在哪儿？

（五）补语

加茂话的补语有以下几种类型：

1. 趋向补语

趋向补语由趋向动词充当。例如：

tɔm⁵⁵　hai⁵⁵ 抬去　　　kʰɛ⁵¹　muŋ¹¹ 拿来　　　biən¹¹　daŋ⁵⁵ 变出

抬　　去　　　　　拿　　来　　　　　　变　　出

当趋向补语由双音节趋向动词充当时，宾语要放在趋向动词之间，通常语序为"动＋补＋宾＋补"。例如：

sei⁵⁵　mɔ⁵¹　ko⁵⁵　tʰau¹¹　sua⁵⁵fɔŋ⁵⁵　hai⁵⁵.（tʰau¹¹hai⁵⁵ "进去"为双音节趋向动词）

牛　　那　　跑　　进　　洞穴　　　去

那头牛跑进洞穴里。

2. 结果补语

结果补语多为形容词，少部分为动词，说明动作的结果。例如：

tuaŋ³³　vou⁵⁵ 运到　　　mai⁵⁵　maŋ⁵⁵ 看好　　　sa⁵¹　siən⁵¹ 洗干净

装　　到　　　　　看　　好　　　　　洗　　干净

加茂话中，当结果补语与宾语同现时，常见的语序是"动＋宾＋补"。例如：

iən³³paːi⁵⁵　eːŋ⁵⁵　kʰau³³　haːi⁵¹　nei⁵¹　lɔːt⁵¹?

为什么　　哥　　就　　害　　3sg　死

为什么哥哥要害死它？

3. 可能补语

后置助动词mɯ³¹通常附着在动词后面，表示动作行为的可能性。mɯ³¹还可以进一步虚化，成为可能补语的一个形态标记，连接中心语和补语成分。可能补语语义上接近结果补语，表示动作行为的程度和结果。例如：

det⁵¹　mɯ³¹　pʰɯ⁵¹　kiu⁵⁵ 跳得很高　　　　　ŋɔ¹¹　mɯ³¹　maŋ⁵⁵maŋ⁵⁵ 睡得很好

蹦　　PAR　高　　很　　　　　　　　睡　　PAR　好好

4. 状态补语

vou⁵⁵"到"是状态补语的标记，中心语要与之组合才能带状态补语。状态补语可以是单个词，也可以是短语，用以描述动作性状的某种情态。例如：

hu⁵⁵　vou⁵⁵　puk⁵⁵ 说得累了　　　　kiət⁵⁵tʰaŋ⁵¹　vou⁵⁵　tsuən⁵⁵　a⁵⁵ 激动到跳起来

说　　PAR　累　　　　　　激动　　　　PAR　跳　　起来

ziən¹¹　vou⁵⁵　pʰan⁵⁵　dou³³　sei⁵⁵ 气得脸都黑了

气　　PAR　脸　　都　　黑

5. 动量补语

由动量词构成的量词短语置于中心语之后做补语，表示动作的次数。例如：

tuk⁵⁵　tʰiau¹¹　fuəi⁵⁵ 拍两次　　　　kʰəːn⁵⁵　si⁵⁵　tʰiau¹¹　lem⁵⁵ 上街两次

拍　　两　　CL　　　　　上　　街　　两　　CL

6. 由介词短语充任的补语

由部分介词构成的介词短语放在中心语之后，表示动作行为的终点以及比较关系。例如：

luəi³¹　tʰa⁵⁵　kʰəːn⁵⁵　vou⁵⁵　sua⁵⁵doŋ⁵¹.

带　　RECIP　上　　PREP　洞口

结伴去到洞口。

kau⁵⁵　pʰɯ⁵¹　kua⁵¹　məi⁵⁵.

1sg　高　　PREP　2sg

我比你高。

（六）中心语

中心语是偏正短语和中补短语里的中心成分。根据配对成分的不同，中心语可分为三种：定中结构的中心语、状中结构的中心语和中补结构的中心语。

1. 定中结构的中心语

定语中心语是跟定语配对的成分，一般由名词性词语来充当。例如：

nε⁵¹　tsaŋ⁵⁵　**tu³³**　kaːi⁵¹?（tu³³"书"是定中结构的中心语）

这　　是　　书　　谁

这是谁的书？

məi⁵⁵　tiaŋ⁵¹　tei⁵¹　**tsan⁵⁵**　paːi⁵⁵?（tsan⁵⁵"菜"是定中结构的中心语）

2sg　喜欢　吃　　菜　　什么

你喜欢吃什么菜？

2. 状中结构的中心语

状语中心语是跟状语配对的成分，通常由谓词性词语充当。例如：

van⁵⁵nɛ⁵¹　**juŋ⁵⁵**　man³³pa:i⁵⁵.（juŋ⁵⁵"热"是状中结构的中心语）

今天　　　热　　非常

今天非常热。

məi⁵⁵　lɔ⁵¹　　la:i¹¹　**mɯɯŋ¹¹**?（mɯɯŋ¹¹"来"是状中结构的中心语）

2sg　PREP　哪　　来

你从哪里来?

3. 中补结构的中心语

补语中心语是和补语配对的成分，一般由谓词性词语充当。例如：

kui⁵⁵　vou⁵⁵　nɔm³¹nɔm³¹ 胖得圆乎乎（kui⁵⁵"胖"为中补结构的中心语）

胖　　PAR　　圆乎乎

da:n⁵⁵　tʰiau¹¹　fuəi⁵⁵ 咬两口（da:n⁵⁵"咬"为中补结构的中心语）

咬　　两　　CL

二　单句

单句是由短语或词加上特定语调构成的、能独立表达一个相对完整意思的语言单位。单句有句型、句式和句类三个分类角度。句型是句子的结构类，是根据句子结构的特点分出来的类。句类是句子的语气类，是根据句子语气语调分出来的类。句式为特殊句型，是从句子的局部特点划分出来的类。

（一）句型

加茂话的句子首先可分为主谓句和非主谓句。

1. 主谓句

主谓句指的是由主语和谓语两部分构成的句子，通常由谓词性词语充当谓语。例如：

lou⁵¹　kou¹¹　nei⁵¹　hai⁵⁵.

别人　叫　　3sg　去

别人把他叫走了。

məi⁵⁵　van⁵⁵nɛ⁵¹　kɯ³³　leŋ⁵¹　pa:i⁵⁵?

2sg　今天　　要　　做　　什么

你今天打算做什么?

məi⁵⁵　kʰai¹¹　lem⁵⁵　ken⁵¹ken⁵¹.

2sg　每　　CL　　急急

你经常急匆匆的。

$t^hi\vartheta k^{31}lat^{55}$ $n\varepsilon^{51}$ kui^{55} vou^{55} $n\mathfrak{I}m^{31}n\mathfrak{I}m^{31}.$

小孩   这 胖   PAR 肉乎乎

这个小孩胖乎乎的。

在判断或说明事物的性质、数量和时间时，名词性词语也能充当谓语。例如：

kau^{55} t^hai^{11} $kui^{55}tsi:u^{33}.$

1sg   人   贵州

我是贵州人。

$\eta u\vartheta n^{55}$ t^hai^{11} ku^{31} $k\mathfrak{I}:m^{11}.$

CL   人   一   CL

一人一个。

$ku^{31}ziau^{11}$ $t^hau^{11}si:\eta^{55}.$

明天   春节

明天是春节。

2. 非主谓句

分不出主语和谓语的单句叫非主谓句。它由除主谓短语之外的短语或词加句调构成。例如：

$ma\eta^{55}$ o^{31}！

好   MOOD

好呀！

jou^{51} tei^{51}！

NEG   吃

别吃！

$ei^{51}j\mathfrak{I}^{51}$！ $\eta\mathfrak{I}^{55}$ $su\vartheta\eta^{51}$ $mu\mathrm{u}^{31}$！

INTERJ NEG 见   得

哎呀！什么都看不见了！

（二）句类

句类是从句子语气、语调及语用功能角度划分出来的句子类型，通常包括陈述句、疑问句、祈使句和感叹句四个大类。

1. 陈述句

陈述句用来叙述和说明某件事情，语调较为平稳，可分为肯定陈述句和否定陈述句两个小类。表达肯定与否定语气时，语气助词可带可不带。可带的语气助词有kai^{11}、$l\mathfrak{I}^{31}$、 a³³、e³¹、he³¹、sɔ³¹等。

（1）肯定陈述句

au⁵⁵ ma⁵⁵ma⁵⁵ kɯ⁵⁵ mɯai⁵⁵.

1pl 年年 种 玉米

我们年年种玉米。

nei⁵¹ puəi¹¹ he³¹.（he³¹确认情况的真实性）

3sg 醉 MOOD

他醉了。

可用双重否定来表示肯定。例如：

ŋɔ⁵⁵ tɔk⁵¹ tʰai¹¹ na⁵⁵ ŋɔ⁵⁵ tiaŋ⁵¹ nei⁵¹.

NEG 有 人 只 NEG 喜欢 3sg

没有人不喜欢他。

（2）否定陈述句

多用副词ŋɔ⁵⁵"不"、bɛ⁵¹"不、没"，形容词ai⁵⁵"难"及否定系词vai⁵⁵"不是"构成否定陈述句。例如：

kau⁵⁵ ŋɔ⁵⁵ tei⁵¹ kə:m⁵⁵pəi¹¹.

1sg NEG 吃 猪肉

我不吃猪肉。

bɛ⁵¹ tiən¹¹ məi⁵⁵ tsiu⁵¹ hai⁵⁵ luət⁵⁵.

NEG 信 2sg 就 去 拉

不信你就去拉拉看。

nɛ⁵¹ tiən⁵⁵ tʰiək³¹tin⁵⁵ ai⁵⁵ pai⁵⁵.

这 CL 小路 难 走

这条小路不好走。

nei⁵¹ vai⁵⁵ ma:i⁵¹ kau⁵⁵.

3sg NEG: COP 妈 1sg

她不是我妈妈。

2. 疑问句

加茂话疑问句可用疑问代词、语气助词、连词或在句末加否定副词ŋɔ⁵⁵"不"来表示疑问，极少用语调来表示。根据表达手段和语义情况，加茂话的疑问句可分为是非问、特指问、选择问和正反问四个小类。

（1）是非问

是非问句往往在句末添加否定副词ŋɔ⁵⁵或疑问语气助词bo¹¹"吗"。表疑问时，ŋɔ⁵⁵变读为31调。是非问要求作肯定或否定回答，通常用谓语动词的肯定形式或肯定系词tsaŋ⁵⁵"是"进行肯定回答，在动词前加ŋɔ⁵⁵"不"或单用ŋɔ⁵⁵作否定答复，也可用点头或摇头表示肯定或否定。例如：

məi⁵⁵　aŋ³³　mai⁵⁵　tu³³　bo¹¹/ŋɔ³¹?（问句）

2sg　还　看　书　MOOD

你还在看书吗？

mai⁵⁵./ŋɔ⁵⁵　mai⁵⁵.（答句）

看　NEG　看

看。/ 不看。

nei⁵¹　sɔŋ⁵¹na:u⁵¹　bo¹¹/ŋɔ³¹?（问句）

3sg　结婚　MOOD

他结婚了吗？

tsaŋ⁵⁵./ŋɔ⁵⁵.（答句）

是　NEG

结了。/ 没有。

（2）特指问

用疑问代词ka:i⁵¹"谁"、leŋ⁵¹pa:i⁵⁵"为什么"、leŋ⁵¹la:i¹¹"怎样"、muɯ³¹pa:i⁵⁵"怎样"等来指明疑问点的句子叫特指问句。例如：

nei⁵¹　leŋ⁵¹pa:i⁵⁵　ŋɔ⁵⁵　muɯŋ¹¹?

3sg　为什么　NEG　来

他为什么不来？

ka:i⁵¹　muɯŋ¹¹　he³¹?

谁　来　MOOD

谁来了？

特指问常用语气助词he³¹"啊"来加重语气，有时也用ni⁵⁵"呢"。用ni⁵⁵时，特指问的特征已淡化。这种问句实际上是一种有问无答的问句，说话者并不希望对方作答，只是在自言自语。这时出于缓和语气的需要，ni⁵⁵的语调会降低。例如：

məi⁵⁵　kɯ³³　hu⁵⁵　muɯ³¹pa:i⁵⁵　he³¹?

3sg　要　说　什么　MOOD

你要说什么啊？

na:u⁵¹ kau⁵⁵ dou³³ lɔ:t⁵¹ hai⁵⁵, iən³³pa:i⁵⁵ jaŋ¹¹ tɔk⁵¹ sɔ³¹ ni³³?

老婆 1sg 都 死 ASP 为什么 还 有 ASP MOOD

我老婆都死了，怎么可能还活着呢？

（3）选择问

用a³³ti⁵¹"还是、或者"来连接两个小句，需要听话者选择一项作答，或者使用两项之外的答案。例如：

məi⁵⁵ tiə⁵¹ ta:t⁵¹ pə³¹ a³³ti⁵¹ ta:t⁵¹ ɲau⁵⁵?

2sg 想 买 马 CONJ 买 黄牛

你想买马还是黄牛？

məi⁵⁵ tiə⁵¹ lɔ⁵¹ lo⁵⁵ a³³ti⁵¹ lɔ⁵¹ tə:k³¹?

2sg 想 要 大 CONJ 要 小

你想要大的还是小的？

（4）正反问

正反问是加茂话的优势疑问句，形式上类似选择问，为答话者提供两种选择，但功能上却接近是非疑问句，要求肯定或否定回答。有几种格式：一种是VNegV格式；另一种是Vti⁵¹Neg格式；第三种是VNeg。第一种和第三种格式中的Neg为ŋɔ⁵⁵"不"。第二种格式中，根据谓词的性质（普通动词还是系词），Neg分别有ŋɔ⁵⁵"不"和vai⁵⁵"不是"两种否定词形。例如：

məi⁵⁵ hai⁵⁵ ŋɔ⁵⁵ hai⁵⁵?（VNegV格式）

2sg 去 NEG 去

你去不去？

məi⁵⁵ hai⁵⁵ ti⁵¹ ŋɔ⁵⁵?（Vti⁵¹Neg格式，谓词为普通动词hai⁵⁵"去"）

2sg 去 是 NEG

你去不去？

məi⁵⁵ tsaŋ⁵⁵ a³³zi¹¹ ti⁵¹ vai⁵⁵?（Vti⁵¹Neg格式，谓词为肯定系词tsaŋ⁵⁵"是"）

2sg 是 阿二 是 NEG: COP

你是不是阿二？

məi⁵⁵ hai⁵⁵ ŋɔ³¹?（VNeg格式）

2sg 去 NEG

你去不去？

第三种格式实际上是第二种格式省略了ti⁵¹"是"的结果。这种格式严格来讲已经具备了是非问句的形式和功能。否定词ŋɔ⁵⁵在句末出现时，声调变读为31，表示疑问的意义，具有了疑问语气助词的作用。例如：

məi⁵⁵　tei⁵¹　tʰou⁵⁵　ti⁵¹　ŋɔ⁵⁵?

2sg　吃　饭　是　NEG

你吃没吃饭？

məi⁵⁵　tei⁵¹　tʰou⁵⁵　ŋɔ³¹?

2sg　吃　饭　MOOD/NEG

你吃没吃饭？/你吃饭了吗？

正反问的句末一般不再添加其他语气助词。

3. 祈使句

祈使句是表禁止、命令、请求、劝告等祈使语气的句子。

（1）表禁止、命令

表示禁止和命令的祈使句都带有强制性，口气较为坚决，不容分辩。这样的句子极少带语气助词。例如：

kʰɛ⁵¹　hai⁵⁵!（命令）

拿　去

拿去！

jou⁵¹　saːu³¹!（禁止）

NEG　吵

别吵！

jou⁵¹　nen⁵⁵　touˈˈmaːu⁵⁵　lou⁵¹!（命令）

NEG　拿　东西　别人

不要拿别人的东西！

（2）表劝阻

多用否定词jou⁵¹"别，不要"来表示劝阻。为了削弱jou⁵¹的强硬口气，句末一般都要带上口气缓和的语气助词，如ti⁵¹、ə³¹、he³¹、ei³¹等。

jou⁵¹　lɔ⁵¹　vo¹¹　hiːu⁵⁵　məi⁵⁵　kɛ¹¹　he³¹.

NEG　要　衣服　旧　2sg　那　MOOD

别要你的旧衣服啦。

məi⁵⁵　jou⁵¹　tsɔk⁵⁵　kau⁵⁵　ə³¹.

2sg　NEG　调戏　1sg　MOOD

你不要调戏我啊。

məi⁵⁵ vɔːn⁵⁵nɛ⁵¹ jou⁵¹ hai⁵⁵ ei³¹.

2sg　　今天　　NEG　去　　MOOD

你今天不要去了。

sau⁵⁵ jou⁵¹ tʰɔ¹¹ ti⁵¹.

2pl　NEG　怕　MOOD

你们别怕呀。

这四个语气助词的口气平缓程度依次为 he³¹ > ə³¹ > ei³¹ > ti⁵¹。

（3）表商请

通常用 ti⁵¹ 和 mɔ⁵¹ 来表示请求、建议、商量的语气。这两个表祈使的语气助词的用法在助词部分已有详细介绍。

4. 感叹句

感叹句带有快乐、惊讶、愤怒、悲伤等浓厚的情绪，多用语气助词或叹词来表示。例如：

tʰiək³¹kɯ³¹u⁵⁵ mɔ⁵¹ nɔk⁵⁵ o³¹！（表感叹）

小姑娘　　　　那　漂亮　MOOD

那个小姑娘真好看啊！

ma⁵⁵nɛ⁵¹ mɯ³¹luəŋ⁵¹ tsui⁵⁵ maŋ⁵⁵ ə³¹！（表快乐）

今年　　槟榔　　　最　　好　　MOOD

今年的槟榔最好呀！

ei³³ja⁵⁵, tʰou¹¹ mɔ⁵¹ ɳaːu⁵¹ ŋɯən¹¹ hai⁵⁵ he³¹e³¹.（表惊讶）

INTERJ 鱼　那　猫　　叼　　去　　MOOD

哎呀，鱼儿被猫叼走啦！

根据语气轻重以及所表达感情色彩的深浅浓淡，叹词的语调会相应地发生变化。低平调大多表示惊讶，中降调一般表示悲哀或喜悦，高降调通常表示恐惧，而中升调则表示诧异。例如：

i¹¹jɔ¹¹！ kəp⁵⁵ kɛ¹¹ pou⁵⁵ sei⁵⁵ jaŋ³¹ li⁵¹haːi⁵¹ kua⁵¹ tʰai¹¹！（表惊奇）

INTERJ　蛤蟆　这　养　牛　还　厉害　　　PREP　人

咦哟！那蛤蟆比人还会养牛！

ei³¹jɔ³¹！ məːt³¹ kɛ¹¹ maŋ⁵⁵ məːt³¹ o³¹！（表兴奋）

INTERJ　稻子　这　好　　稻子　MOOD

哎哟！这稻子好啊！

ei⁵¹jɔ⁵¹！ muɯ³¹paːi⁵⁵ dou³³ ŋɔ⁵⁵ suəŋ⁵¹！（表恐慌）

INTERJ 什么 都 NEG 见

哎呀！什么都看不见了！

i³¹jɔ³⁵！ mou⁵¹ jaŋ³¹ min¹¹taːi³¹ sɔ³¹.（表诧异）

INTERJ 3pl 还 知道 MOOD/ASP

咦哟！他们也知道呢。

（三）句式

加茂话是较为典型的 SVO 型语言，句子的基本语序为"主语 + 谓语 + 宾语"。以下介绍与谓词相关的几种特殊句子结构。

1. 双宾句

双宾句是谓语动词带有两个宾语的句子。双宾句中的谓语动词必须是三价动词，要包含施事、与事和受事三个语义角色。主语为施事者；与事者一般是人，离动词较近，叫近宾语；受事一般是物或事，离动词较远，叫远宾语。

从动词的语义类别来看，加茂话的双宾句有两种类型：一种是有标记的，另一种是无标记的。有标记双宾句中的动词必须是给予类动词。这类句子中，与事后面必须带有一个受益标记 lɔ⁵¹，标明受事已由施事者惠予与事者，给予类的动词能够凸显事物的转移过程。这类动词有：muan⁵⁵ "给"、sɔk⁵⁵ "还"、hu⁵⁵ "告诉" 等。例如：

nei⁵¹ muan⁵⁵ kau⁵⁵ lɔ⁵¹ kɯ³¹ tet⁵⁵ kuak⁵⁵.

3sg 给 1sg BEN 一 CL 锄头

他送我一把锄头。

kau⁵⁵ sɔk⁵⁵ nei⁵¹ lɔ⁵¹ kɯ³¹ buːi³¹ tu³³.

1sg 还 3sg BEN 一 CL 书

我还给他一本书。

kau⁵⁵ hu⁵⁵ məi⁵⁵ lɔ⁵¹ kɯ³¹ kiən⁵¹ dat⁵¹.

1sg 告诉 2sg BEN 一 CL 事

我告诉你一件事。

无标记双宾句由取得类动词构成。这类句子中，受益方是施事者，而非与事，故与事无须带有受益标记 lɔ⁵¹。这类动词有 ja³¹ "赢"、kʰiu¹¹ "求"、kʰiam¹¹ "欠" 等。例如：

nei⁵¹ ja³¹ kau⁵⁵ puət⁵¹ hɔːm¹¹ kuən¹¹.

3sg 赢 1sg 十 CL 钱

他赢我十块钱。

nei⁵¹ kʰiam¹¹ kau⁵⁵ puət⁵¹ hɔːm¹¹ kuən¹¹.

3sg 欠 1sg 十 CL 钱

他欠我十块钱。

kau⁵⁵ kʰiu¹¹ məi⁵⁵ kɯ³¹ tuəŋ⁵¹ dat⁵¹.

1sg 求 2sg 一 CL 事

我求你一件事。

加茂话的双宾句中，有标记的双宾句为主要类型。这类双宾句有如下特点：

（1）动词须具"给予"义。一些话语类动词如 hu⁵⁵"告诉"、kɔ⁵⁵"问"等可表示一种话语空间的"给予"，也属于给予类动词。例如：

kau⁵⁵ hu⁵⁵ məi⁵⁵ lɔ⁵¹ kɯ³¹ kiən⁵¹ dat⁵¹.

1sg 告诉 2sg BEN 一 CL 事

我告诉你一件事。

vɔːn⁵⁵nɛ⁵¹ nei⁵¹ kɔ⁵⁵ kau⁵⁵ lɔ⁵¹ kɯ³¹ tuəŋ⁵¹ dat⁵¹.

今天 3sg 问 1sg BEN 一 CL 事

今天他问我一件事。

（2）动词一般为给予类的双及物动词，但一些单及物动词也能用于有标记的双宾句中，强调与事论元为受惠者。例如：

nei⁵¹ taːt⁵¹ kɯ³¹ pia⁵¹ ləm³¹ nei⁵¹ lɔ⁵¹.

3sg 买 一 CL 鞋 3sg BEN

他买了一双鞋给自己。

nei⁵¹ kiːu⁵⁵ kau⁵⁵ lɔ⁵¹ kɯ³¹ kʰaŋ⁵⁵ pəi¹¹.

3sg 卖 1sg BEN 一 CL 猪

他卖给我一头猪。

（3）可以省略施事主语或受事宾语，但与事宾语绝不能省略。例如：

muan⁵⁵ kau⁵⁵ lɔ⁵¹ it⁵⁵ mɔ³¹.（省略施事主语）

给 1sg BEN 点 MOOD

给我一点嘛。

maːi⁵¹ kau⁵⁵ hu⁵⁵ kau⁵⁵ lɔ⁵¹.（省略受事宾语）

妈妈 1sg 说 1sg BEN

妈妈跟我说。

（4）这类句式有两种格式：一种是"动词＋与事宾语＋受益标记＋受事宾语"；一种是"动词＋受事宾语＋与事宾语＋受益标记"。前一种格式相对常用。例如：

kau⁵⁵   muan⁵⁵   məi⁵⁵   lɔ⁵¹   kɯ³¹   pia⁵¹   muai⁵⁵.

1sg   给   2sg   BEN   一   CL   玉米

我给你一担玉米。

kau⁵⁵   muan⁵⁵   kɯ³¹   pia⁵¹   muai⁵⁵   məi⁵⁵   lɔ⁵¹.

1sg   给   一   CL   玉米   2sg   BEN

我给你一担玉米。

2. 连动句

连动句的谓语由两个或多个谓词性词语构成，谓词性词语连用共同表达一个事件。各谓词性成分之间有以下几种语义关系：

（1）前一谓词性成分和后一谓词性成分之间存在原因或目的关系。例如：

tei⁵⁵   daŋ⁵⁵hai⁵⁵   pai⁵⁵pai⁵⁵.

1pl   出去   走走

我们出去走走。

vɔːn⁵⁵vɔːn⁵⁵   dou³³   mɯŋ¹¹   uaŋ⁵⁵   kɛ¹¹   mai⁵⁵   nɔːu⁵¹sai⁵⁵.

天天   都   来   田地   那   看   树

每天都来田里观察树（的情况）。

（2）各谓词性成分之间有时间先后关系，表示动作的连贯性。例如：

nei⁵¹   tuəi⁵⁵   kɯ³¹   baːu³³   naːm⁵⁵muai⁵⁵   mɯŋ¹¹   muan⁵⁵   tei⁵⁵   lɔ⁵¹   tei⁵¹.

3sg   带   一   CL   糖   来   给   1pl   BEN   吃

他带来一包糖给我们吃。

məi⁵⁵   ŋuən⁵⁵na⁵⁵   kəːp³¹   tsan⁵⁵   tei⁵¹.

2sg   自己   夹   菜   吃

你自己夹菜吃。

（3）各谓词性成分之间有伴随关系，谓词一般由静态动词充当。例如：

nei⁵¹   tsiən⁵⁵   haŋ⁵⁵   taŋ¹¹   tin⁵⁵   mɔ⁵¹   kɯ³¹aːu⁵⁵.

3sg   坐   PREP   边   路   那   休息

他坐在路边休息。

（4）各谓词性成分是存现和行为的关系。例如：

tɔk⁵¹   kɯ³¹   pʰaːŋ³¹   nɔːk⁵¹   fin¹¹   mɯŋ¹¹.

有   一   CL   鸟   飞   来

有一群鸟飞过来。

t^{h}ɯ^{33}t^{h}ɯ^{31}　tɔk^{51}　ŋuən^{55}　t^{h}ai^{11}　hu^{55}　dat^{51}.

屋里　　　　　有　　CL　　人　　说　　话

屋里有个人说话。

3. 致使句

致使句指的是通过词汇体现对致使者的影响或用致使标记引出被致使者的句子，语义上多表示对人或事物加以处置。致使句可分为以下几种类型：

（1）词汇性致使

加茂话有一些形容词具有使动义，这类形容词在句法上可以带宾语，在语义上对处于宾语位置的被致使者产生影响。像这样的形容词有 pə:n^{11} "湿—使湿"、t^{h}ɯ:u^{11} "红—使红"、siak^{55} "脏—使脏"、huəi^{11}ŋi:ŋ^{55} "香—使香" 等。例如：

na:m^{55}ɯat^{55}　pə:n^{11}　kɔ:m^{11}huən^{11}　pɯi^{51}.

汗水　　　　　湿　　全身　　　　　ASP

全身汗湿了。

lɯa^{51}　siak^{55}　kɯ^{31}ma^{55}　məi^{55}.

泥巴　脏　　手　　　　2sg

泥巴脏了你的手。

ŋɯa^{55}　ou^{55}, t^{h}ɯ:u^{11}　kɯ^{31}　bak^{55}　tsou^{55}.

花　　开　　红　　一　　CL　　山

花开了，红了一片山。

从上述例子可以看出，由使动形容词构成的致使结构中，被致使者都是具体事物，如 kɔ:m^{11}huən^{11} "全身"、kɯ^{31}ma^{55}məi^{55} "你的手"、kɯ^{31}bak^{55}tsou^{55} "一片山" 等。

（2）分析性致使

分析性致使结构是较常见、也是较能产的形式，分为两种类型。一类是纯致使结构，由虚化的 "做" 义动词 leŋ^{51} 和介词 k^{h}ɛ^{51} 来表示，即 "NP1＋leŋ^{51}/k^{h}ɛ^{51}＋NP2＋VP"[①]。例如：

nei^{51}　vɔ:n^{55}nɛ^{51}　k^{h}ɛ^{51}/leŋ^{51}　nɛ^{51}　ta:u^{55}　bu:i^{31}　tu^{33}　ta:t^{51}　hai^{55}.

3sg　　今天　　　PREP/做　这　　三　　CL　书　　买　　去

他今天把三本书都买了。

kau^{55}　k^{h}ɛ^{51}/leŋ^{51}　vo^{11}　nei^{51}　tsei^{55}　kɔ:m^{11}　sua^{55}.

1sg　PREP/做　　衣服　3sg　烧　　CL　　洞

我把他的衣服烧了个洞。

---

① 公式中的NP1代表施事，致使者；NP2代表受事，被致使者；VP则是表示致使结果的谓语形式。下同。

以上两例都属于纯致使结构，都强调致使者对结果实现的直接作用力。第一个例句的受事对象 taːu⁵⁵buːi³¹tu³³ "三本书" 是由致使者 nei⁵¹ "他" taːt⁵¹hai⁵⁵ "买去" 的；第二个例句中 kʰɛ⁵¹/leŋ⁵¹vo¹¹nei⁵¹tsei⁵⁵kɔːm¹¹sua⁵⁵ "把他的衣服烧个洞" 这个事件的致使者是 kau⁵⁵ "我"。

第二类是允许类致使结构，由致使标记 ke⁵⁵、kou¹¹ 和 lɔ⁵¹ 来实现，即 "NP1＋ke⁵⁵/kou¹¹/lɔ⁵¹＋NP2＋VP"。这类致使结构的致使标记主要有来源于言说义动词的 ke⁵⁵ "叫"、kou¹¹ "让、请" 和来源于索取义动词的 lɔ⁵¹ "要"。

这种结构可细分为以下几种语义类型：

①允让致使　致使者主观上默许某种行为结果的发生。例如：

nei⁵¹　　ke⁵⁵　　kau⁵⁵　　hai⁵⁵pə¹¹.

3sg　　　叫　　　1sg　　　回去

他让我回家去。

kou¹¹　　nei⁵¹　　hu⁵⁵　　taːu⁵⁵hai⁵⁵, məi⁵⁵　　jou⁵¹　　sɔːk⁵⁵　　kɯ³¹muəŋ¹¹.

叫　　　3sg　　　说　　下去　　　2sg　　NEG　　插　　　嘴

让他说下去，你别插嘴。

②使令致使　致使者主观上希望某种结果发生。例如：

kau⁵⁵　　tiə⁵¹　　ke⁵⁵/kou¹¹　　məi⁵⁵　　mai⁵⁵　　nɛ⁵¹　　buːi³¹　　tu³³.

1sg　　　想　　　叫　　　　　2sg　　　看　　　这　　CL　　　书

我想让你看这本书。

kau⁵⁵　　leŋ⁵¹　　huua³¹　　ke⁵⁵/kou¹¹　　lou⁵¹　　tɔm⁵⁵　　kau⁵⁵.

1sg　　　做　　　官　　　叫　　　　　别人　　抬　　　1sg

我当官了就叫别人来抬我。

③使成致使　致使者或事件促成了某种结果。例如：

nei⁵¹　　ŋɔ⁵⁵　　　ke⁵⁵/kou¹¹/lɔ⁵¹　　kau⁵⁵　　seŋ³¹kʰuai¹¹.

3sg　　　NEG　　叫　　　　　　　1sg　　　高兴

他不让我高兴。

tuan³³　　hu⁵⁵　　lou⁵¹　　ai⁵⁵　　dat⁵¹　　lɔ⁵¹/ke⁵⁵/kou¹¹　　lou⁵¹　　jam¹¹.

总　　　说　　别人　　坏　　话　　叫　　　　　　　别人　　讨厌

总说别人坏话叫人讨厌。

从语义来看，两种致使结构类型都在一定程度上体现了致使者的主观支配意愿，区别在于纯致使强调的是致使者对结果的作用，而允许类致使不强调结果，但突显了致使者对事件走向的掌控能力。

4. 被动句

主语由受事论元充任的句子叫被动句。加茂话中，可以直接将受事论元提前来表示被动义。例如：

vo[11]　kɛ[11]　nuəi[51]　sa[51]　siəŋ[51].

衣服　这　　妹妹　洗　干净

衣服被妹妹洗干净了。

以上例句中，vo[11]是受事；kɛ[11]表示定指，同时也有引出和深入话题的作用；nuəi[51]sa[51]siəŋ[51]"妹妹洗干净"对vo[11]kɛ[11]"衣服"进行说明。

另外，也可以通过介词muan[55]"给"和 muɯ[31]"得"介引施事论元表被动义。muan[55]在句法上要求施事必须出现，不能省略。例如：

na:m[55]muai[55]　muan[55]　lou[51]　tei[51]　pui[51].

糖果　　　　　PREP　人　吃　ASP

糖果被吃光了。

由muɯ[31]标示被动义时，施事的隐现以句子语义为依据。当句子为积极义或中性义时，施事允许省略；句子为消极义时，施事论元必须出现。例如：

nei[51]　muɯ[31]　kou[11]　hai[55].（中性义）

3sg　PREP　叫　　去

他被叫走了。

tʰɯ[31]　kɛ[11]　muɯ[31]　tset[31]　siəŋ[51]siəŋ[51].（积极义）

房子　这　PREP　扫　　净净

房子被扫干净了。

nei[51]　muɯ[31]/muan[55]　lou[51]　suan[51].（消极义）

3sg　PREP　　　别人　骗

他被人家骗了。

5. 比较句

比较句是体现两个对象在某一属性上有程度差异的句子，包括差比句和平比句两种情况。前者表达的是一种不平衡和不对称的关系，后者表达的是一种平等的、对称的关系。

（1）差比句

标准的差比句包括四个部分：比较的主体，句法上一般处于主语位置；比较参项，也就是双方用以比较的属性；比较基准，与主体比较的对象；比较标记，用来介引比较基准的语法标记。例如：

nei⁵¹　bi³¹　　kau⁵⁵　ko⁵⁵　siaŋ³¹.

3sg　　PREP　1sg　　跑　　快

他跑得比我快。

上句中，nei⁵¹"他"为比较的主体，ko⁵⁵"跑"是比较参项，kau⁵⁵"我"是比较基准，bi³¹"比"是引出基准kau⁵⁵"我"的标记。

差比句有如下特点：

① 比较基准若与比较主体有相同的构成成分，要删去其中的雷同成分。例如：

nei⁵¹　leŋ⁵¹　kɛ¹¹　　bi³¹（nei⁵¹）hu⁵⁵　kɛ¹¹　　maŋ⁵⁵.

3sg　　做　　NMLZ　PREP（他）说　　NMLZ　好

他做的比他说的好。

在上例中，完整的比较基准应为nei⁵¹hu⁵⁵kɛ¹¹"他说的"，但比较主体nei⁵¹leŋ⁵¹kɛ¹¹"他做的"已提及nei⁵¹"他"，故比较基准省略了nei⁵¹"他"。再如：

la:k⁵¹　kau⁵⁵　　bi³¹　　məi⁵⁵（la:k⁵¹）lo⁵⁵.

碗　　　1sg　　　PREP　2sg　（碗）　大

我的碗比你的碗大。

在上句的比较基准中，la:k⁵¹"碗"与比较主体部分重合了，可以删掉。

② 比较标记bi³¹"比"和kua⁵¹"过"，都可以介引比较基准，bi³¹和比较基准构成的介词短语位于谓语中心前方，而kua⁵¹和比较基准出现在谓语中心之后。例如：

tʰiau¹¹nə:n¹¹　bi³¹　　ku⁵⁵nə:n¹¹　kʰɯai⁵⁵.

二月　　　　　PREP　九月　　　　冷

二月比九月冷。

nei⁵¹　pʰɯ⁵¹　kua⁵¹　kau⁵⁵.

3sg　　高　　　PREP　1sg

他比我高。

③ 否定bi³¹构成的差比结构，否定词常置于bi³¹"比"之前，否定范围包括bi³¹及之后的成分；否定kua⁵¹构成的差比结构，否定词放在比较参项前面，否定除主体之外的部分。例如：

siə⁵¹　ŋɔ⁵⁵　bi³¹　　mui¹¹　lo⁵⁵　kʰa:u⁵⁵.

象　　NEG　PREP　熊　　大　　力

象没有熊力气大。

siə⁵¹　ŋɔ⁵⁵　　lo⁵⁵　kʰa:u⁵⁵　kua⁵¹　mui¹¹.

象　　NEG　　大　　力　　　　PREP　熊

象没有熊力气大。

（2）等比句

等比句表示对比双方的程度相当。根据标记手段的不同，等比句可分为如下两种：

① 由介词构成的等比句

由介词 daŋ⁵⁵ "像" 或 da:ŋ³¹ "同" 介引出基准部分，构成介词短语置于谓语中心前后，表示一种等同义。da:ŋ³¹ "同" 为来自海南闽语的汉借词。例如：

məi⁵⁵ daŋ⁵⁵ nei⁵¹ ŋa:u⁵⁵.

2sg PREP 3sg 瘦

你和他一样瘦。

nei⁵¹ tei⁵¹ tʰou⁵⁵ niau⁵⁵ da:ŋ³¹ kau⁵⁵.

3sg 吃 饭 晚 PREP 1sg

他跟我一样晚吃饭。

② 由双重标记构成的等比句

用双重标记来表示"程度相当"。这种等比句有两种格式。一种是 bɛ⁵⁵…luŋ¹¹la:u³¹… "跟……一样"格式，介词 bɛ⁵⁵ "跟、和" 与基准成分组成的介词短语置于比较参项前后皆可。luŋ¹¹la:u³¹ "一样" 是副词，作用相当于等同级标记，通常作为修饰成分放在比较参项前面。例如：

siə⁵¹ bɛ⁵⁵ mui¹¹ luŋ¹¹la:u³¹ lo⁵⁵ kʰa:u⁵⁵.

象 CONJ 熊 一样 大 力

象和熊力气一样大。

nei⁵¹ tei⁵¹ tʰou⁵⁵ luŋ¹¹la:u³¹ niau⁵⁵ bɛ⁵⁵ kau⁵⁵.

3sg 吃 饭 一样 晚 CONJ 1sg

他跟我一样晚吃饭。

还有一种格式为 bɛ⁵⁵…da:ŋ³¹tʰa⁵⁵/tʰuŋ³³tʰa⁵⁵/da:ŋ³¹jɔ³³… "跟……一样"。da:ŋ³¹tʰa⁵⁵/tʰuŋ³³tʰa⁵⁵ "一样" 为具有相互义的形容词，在等比句中引申为表等同义的副词，须后置于比较参项之后；da:ŋ³¹jɔ³³ "同样" 为来自海南闽语的汉借词，多数情况下位于比较参项之前，但有时也出现在比较参项的后面。例如：

məi⁵⁵ bɛ⁵⁵ nei⁵¹ ŋa:u⁵⁵ da:ŋ³¹tʰa⁵⁵/tʰuŋ³³tʰa⁵⁵/da:ŋ³¹jɔ³³.

2sg CONJ 3sg 瘦 一样

你和他一样瘦。

van⁵⁵nɛ⁵¹ bɛ⁵⁵ lin¹¹pʰɔ:n⁵⁵ da:ŋ³¹jɔ³³ kʰɯai⁵⁵.

今天 CONJ 昨天 同样 冷

今天跟昨天一样冷。

由介词 daŋ⁵⁵ "像" 或 daːŋ³¹ "同" 构成的等比句才有相应的否定句式，其中的否定副词否定整个谓语部分，表示"少于、低于"义。例如：

nei⁵¹ ŋɔ⁵⁵ daŋ⁵⁵ kau⁵⁵ nɛ⁵¹ huɯp⁵¹.

3sg NEG PREP 1sg 这么 害怕

他没有我这么害怕。

nei⁵¹ ŋɔ⁵⁵ pʰɯ⁵¹ daːŋ³¹ məi⁵⁵.

3sg NEG 高 PREP 2sg

他没你高。

6. 话题句

话题句由话题和述题两部分组成。根据话题成分的特点，加茂话的话题大体可分为关涉话题、框架设置话题及从句类话题三类。

（1）关涉话题

关涉话题指的是置于句首充当话题的名词性成分。关涉话题有两方面特征：一是来源于句子中的主语和宾语，语义上为动作的施事或受事；二是述题部分要有与之相应的同指手段。例如：

tsin⁵⁵ kau⁵⁵ dɔːk⁵¹ hai⁵⁵.

钱 1sg 掉 去

我的钱丢了。

以上例子中，tsin⁵⁵ "钱"原本是 dɔːk⁵¹hai⁵⁵ "掉去"的宾语，被提取出来放在句首作为关涉话题成分，此时，kau⁵⁵dɔːk⁵¹hai⁵⁵ 变为与之相对的述题。述题部分中，dɔːk⁵¹hai⁵⁵ "掉去"之后的空位在语义上与话题同指。

① 话题标记

加茂话的话题标记通常由叹词或语气助词充当。例如：

tiən³³niə¹¹ ɔːi⁵¹, daŋ⁵⁵ bɛ⁵⁵ pʰoŋ¹¹ziːu³¹ suəŋ⁵¹pʰan⁵⁵.

新娘 TOP 出来 PREP 朋友 见面

新娘呀，出来和朋友见面。

po⁵¹ a³¹, maːi⁵¹ a³¹, sau⁵⁵ jou⁵¹ təp¹¹ kau⁵⁵.

爸 TOP 妈 TOP 2pl NEG 打 1sg

爹啊，娘啊，你们不要打我。

② 被话题化的成分

主语和宾语都可实现话题化，宾语话题化最为常见。例如：

fuŋ¹¹　　ne⁵¹　kau⁵⁵　ŋuən⁵⁵na⁵⁵　tei⁵¹.

柴　　　这些　1sg　　自己　　　砍

这些柴火是我砍的。

muɯ³¹ləːi¹¹　pəi⁵⁵　taːu⁵⁵　kai¹¹　　san⁵⁵　zɔːt⁵¹　tei⁵¹　puɯi⁵¹.

去年　　　　留　　下　　ASSOC　种子　虫子　吃　　完

去年留的种子被虫子吃完了。

③ 空位和回指

话题化成分与其移位后在述题部分留下的空位有同指关系。除了空位同指，有时会在空出的位置填上与话题呼应的复指成分。例如：

tsə³¹　　məi⁵⁵　tsəŋ³¹tsəŋ³¹　pai⁵⁵.

奶奶　　2sg　　慢慢　　　　走

奶奶你慢慢走。

话题句的复指成分多出现在主语的位置，如以上例子中的代词məi⁵⁵"你"用来复指话题tsə³¹"奶奶"。

（2）框架设置话题

框架设置话题不同于关涉话题，它与述题的语义关系较为松散，不必通过移位的手段来实现，因此在述题中也不存在复指成分和空位同指。加茂话中，框架设置话题主要有时空类话题、领属类话题两种。

① 时空类话题

这是最常见的框架设置话题，其话题语由表时间和处所的词语充当。如果话题部分较长，可用停顿及话题标记来标识。例如：

kuɯ³¹ziau¹¹　kau⁵⁵　ŋɔ⁵⁵　muɯŋ¹¹.

明天　　　　1sg　　NEG　来

明天我不来了。

haŋ⁵⁵　mɔ⁵¹　ni⁵⁵,　ŋe⁵¹　tɔk⁵¹　aːŋ³³pai⁵⁵.

PREP　那里　TOP　一定　有　　火炭

那里呀，一定有火炭。

系词ti⁵¹也可作为话题标记出现在时空类话题中。例如：

uɔːn³³　ne⁵¹　ti⁵¹　sia³¹　məi³³　tei⁵¹　ŋəːu³¹　lɔ³¹.

今　　　天　　TOP　请　　2sg　　吃　　酒　　　MOOD

今天呢，请你喝酒啊。

zi¹¹ta:i¹¹ ti⁵¹ tɔk⁵¹ kɔːu³¹ ɔ⁵¹ ma:i⁵¹ kɯ³¹sak⁵⁵.
以前 TOP 有 故事 说 大 蚊子
以前呢，有一个大蚊子的故事。

② 领属类话题

这类话题与主句的主语存在整体与部分的语义关系。例如：

nɛ⁵¹ pʰa:ŋ³¹ sei⁵⁵ puən¹¹puən¹¹ dou³³ kui⁵⁵.
这 CL 牛 只只 都 肥
这群牛只只都肥壮。

mou⁵¹ tʰiau¹¹ ŋuən⁵⁵, ŋuən⁵⁵ pʰɯ⁵¹ ŋuən⁵⁵ tʰa⁵⁵.
3pl 两 CL CL 高 CL 矮
他们两个，一个高一个矮。

（3）从句类话题

这类话题常见于假设或者条件关系复句，前一分句往往充当话题，分句间需要停顿。话题成分通常要带话题标记ni⁵⁵，相当于汉语"的话"，有时ni⁵⁵会弱读为ni³³。ni³³的话题标记作用由疑问语气助词"呢"语法化引申而来。例如：

na³³ti⁵¹ tʰɯ³¹ lou⁵¹ tɔk⁵¹ tʰiək³¹lat⁵⁵ ni⁵⁵, tsaŋ⁵⁵ bi⁵¹ it⁵⁵kia³¹ tsi¹¹ba:ŋ³³.
CONJ 家 别人 有 孩子 TOP 就 备 一点 红包
如果别人家有小孩呢，就准备一些红包。

ka:i⁵¹ na⁵⁵ tu³³ kai¹¹ ni³³, kɛ¹¹ tsaŋ⁵⁵ hai⁵⁵ hua³¹ pou¹¹.
谁 CONJ 输 ASSOC TOP 那 就 去 赶 狗
谁输的话，就去赶狗。

三 复句

复句由两个或两个以上意义上相关但结构上不互做句法成分的小句构成。加茂话的复句分为联合复句和偏正复句两种。

（一）联合复句

联合复句由两个或两个以上有并列关系的小句构成，各小句之间意义上平等，无主从之分。小句间的语义关系可分为六种类型：并列关系、解说关系、选择关系、承接关系、伴随关系、递进关系。

1. 并列关系复句

各小句之间意义平行，相互独立。体现并列关系的句法手段主要是连接词及句式对称。

（1）连接词

连接小句的连接词主要有：aŋ³³ "又"、lak³¹ "也"、ja³³ "也"、baːŋ³¹…baːŋ³¹… "一边……一边……"、bi³³…bi³³… "一边……一边……"、na³¹…na³¹… "越……越……"。例如：

ma⁵⁵nɛ⁵¹ ken⁵¹ nə³¹,   kuʔ⁵⁵tsan⁵⁵ aŋ³³ leŋ⁵¹tou¹¹.

今年　　忙　MOOD　种菜　又　种田

今年忙呀，又种菜又种田。

nei⁵¹ tʰou¹¹ ŋɔ⁵⁵ tei⁵¹, naːm⁵⁵ ja³³ ŋɔ⁵⁵ tei⁵¹.

3sg　鱼　NEG　吃　水　也　NEG　吃

他鱼不吃，水也不喝。

nei⁵¹ bi³³ hu⁵⁵ bi³³ tsu¹¹.

3sg　边　说　边　笑

他一边说一边笑。

nei⁵¹ na³¹ ko⁵⁵ na³¹ siaŋ³¹.

3sg　越　跑　越　快

他越跑越快。

（2）句式对称

两个小句的结构相同或相似，不需要连接词而是用句式来体现小句间的并列关系。例如：

po⁵¹ kau⁵⁵ təp¹¹ kui⁵⁵, maːi⁵¹ kau⁵⁵ leŋ⁵¹tou¹¹.

爸　1sg　打　铁　妈　1sg　种田

我爸爸打铁，我妈妈种田。

2. 解说关系复句

小句间是解释说明的语义关系，前面小句是总说，后面小句是分述。通常不用连接词语。例如：

tʰɯ³¹ mou⁵¹ tɔk⁵¹ tʰiau¹¹ ŋuən⁵⁵ tʰiək³¹, ŋuən⁵⁵ pʰɯ³³tsə¹¹ ŋuən⁵⁵ mɯ³¹taːu⁵⁵.

家　3pl　有　两　CL　孩子　CL　男孩　CL　女孩

他们家有两个孩子，一男一女。

3. 选择关系复句

小句包含两种或几种可能的情况，让听话者从中选择。常用的连接词有：a³³ti⁵¹ "或者"、ŋɔ⁵⁵…tsaŋ⁵⁵… "不是……就是……"、ŋɔ⁵⁵…ŋɔ⁵⁵… "要么……要么……"。例如：

məi⁵⁵ hai⁵⁵ pʰə⁵⁵ tou¹¹ a³³ti⁵¹ mai⁵⁵ mɯ³¹luəŋ⁵⁵?

2sg　去　耙　田　CONJ　看　槟榔

你去耙田还是看槟榔？

ŋɔ⁵⁵   məi⁵⁵   tsaŋ⁵⁵   ŋuən⁵⁵na⁵⁵   hai⁵⁵,   ŋɔ⁵⁵   tei⁵⁵   tsaŋ⁵⁵   tʰiau¹¹   ŋuən⁵⁵   hai⁵⁵.

CONJ   2sg   是   自己   去   CONJ   1pl   是   两   CL   去

要不你自己去，要不咱俩一起去。

ŋɔ⁵⁵   sa:u⁵⁵   lɔ¹¹ba:k⁵¹   tsaŋ⁵⁵   sa:u⁵⁵   be⁵¹sa:i¹¹.

NEG   煮   萝卜   就   煮   白菜

不煮萝卜就煮白菜。

4. 承接关系复句

前后小句在时间、空间或逻辑上有先后相承的关系。常用的连接词有：ziak⁵¹…tsaŋ⁵⁵…"一……就……"、tsaŋ⁵⁵ "就"、na⁵⁵ "才"。例如：

nei⁵¹   ziak⁵¹   tʰau¹¹   tsaŋ⁵⁵   tsiəŋ⁵⁵   ta:u⁵⁵.

3sg   一   进来   就   坐   下

他一进来就立刻坐下来。

tei⁵⁵   tɔk⁵¹   pa:i⁵⁵   tsaŋ⁵⁵   tei⁵¹   pa:i⁵⁵.

1pl   有   什么   就   吃   什么

咱们有什么就吃什么。

nei⁵¹   mui³¹   vɔ:n⁵⁵   tei⁵¹   tʰou⁵⁵hɔ:m¹¹ziau¹¹   na⁵⁵   daŋ⁵⁵hai⁵⁵.

3sg   每   CL   吃   早饭   才   出去

他每天吃过早饭才出去。

有时，时间副词也可表示事件发生的先后。例如：

si:t⁵¹   kə:m⁵⁵   kɯ³¹tin⁵⁵,   dak³¹də:n⁵⁵   na⁵⁵   pʰi:n⁵⁵.

切   肉   先   然后   才   炒

先把肉切了，然后再炒。

5. 伴随关系复句

后一小句的动作行为或状况是前一小句的伴随现象，伴随关系不能与动作行为的"同时性"画等号，与强调先后顺序的承接关系及侧重意义平列的并列关系也有所区别。通过副词bi³³"边"或后置连词bɛ⁵⁵"和"来表示小句间的伴随关系，两者的句法分布恰好相呼应，bi³³通常在前一小句出现，表示前一小句为后一小句的参照；bɛ⁵⁵一律出现在后一小句的句末，突出伴随性。例如：

tʰa¹¹   bi³³   fi³¹   fuŋ¹¹   na:u⁵¹   hun¹¹   viu³¹.

夫   边   扛   柴   妻   挑   葫芦瓢

夫来扛柴妻挑壶。

ta:u⁵⁵pɔŋ⁵⁵   kʰam³³   kʰɛ⁵¹   ku³¹luən⁵¹   bɛ⁵⁵.

下雨　　　该　　带　　雨伞　　　　CONJ

下雨的时候要带雨伞。

6. 递进关系复句

后一小句比前一小句意义更进一层，句子语义的重心在后头。加茂话表递进跟表并列的复句在形式上相似，所用连接词也一致，一般用ja³³"也"和na⁵⁵"更"，所以需要借助上下文区别两种语义关系。此外，差比句式也能体现递进关系。例如：

muəŋ¹¹suŋ⁵⁵   ɔ:i⁵¹   hu⁵⁵, ku³¹ma⁵⁵   ja³³   ɔ:i⁵¹   leŋ⁵¹.

嘴巴　　　　会　　说　手　　　　也　　会　　做

不仅嘴巴说，还要亲手做。

məi⁵⁵   pʰɯ⁵¹   nei⁵¹   na⁵⁵   pʰɯ⁵¹.

2sg　　高　　　3sg　更　　高

你高，他更加高。

kau⁵⁵   pʰɯ⁵¹   kua⁵¹   məi⁵⁵, nei⁵¹   pʰɯ⁵¹   kua⁵¹   kau⁵⁵.

1sg　　高　　　PREP　2sg　　3sg　高　　　PREP　1sg

我比你高，他比我更高。

（二）偏正复句

偏正复句的小句在意义上是不对等的，在结构上总是一个是主句，另一个是从句，两者之间为从属关系。偏正复句的语序一般是从句在前，主句在后。根据从句之间的语义关系，偏正复句可分为因果句、条件句、假设句、目的句、让步句。

1. 因果关系复句

从句表示原因或理由，主句表示结果。常用的连接词为tsaŋ⁵⁵"就"。此外，来自海南闽语的借词tɔ³¹zi¹¹"所以"和ki⁵⁵ziən¹¹"既然"也频见于口语。前者表示因果关系，后者表示推论因果关系。例如：

nei⁵¹   ku³¹ŋum¹¹   bɔŋ⁵¹   nə:u¹¹, tsan⁵⁵   nɛ⁵¹   tsaŋ⁵⁵   ŋɔ⁵⁵fa:k⁵¹.

3sg　忘记　　　放　盐　菜　　这　　就　　淡

他忘了放盐，所以这个菜淡。

ku³¹tin⁵⁵   nɛ⁵¹   tə:k³¹, tɔ³¹zi¹¹   sia³³   ŋɔ⁵⁵   kua⁵¹   mu³¹.

路　　　这　窄　CONJ　车　NEG　过　得

路很窄，所以车子过不去。

ki⁵⁵ziən¹¹   məi⁵⁵   mi³¹   vo¹¹   kau⁵⁵, kau⁵⁵   ŋɔ⁵⁵   kʰə:n⁵⁵   mu³¹   lin¹¹vuəi⁵⁵.

CONJ　　2sg　拿　衣服　1sg　1sg　NEG　上　　得　　天上

既然你拿了我的衣服，我就没法回天上去了。

2. 条件关系复句

从句为达成主句的结果，提出所需要满足的条件。条件关系分有条件和无条件两类。有条件又分充分条件和必要条件两类：表充分条件的连接词有 na⁵⁵…tsaŋ⁵⁵… "只要……就……"、tsaŋ⁵⁵ "就"；表必要条件的句子语气较为坚定，常用的连接词有 bɛ⁵¹ "否则"、ŋɔ⁵⁵ "不然"、na⁵⁵ "才、只有"。表无条件的连接词是来自海南闽语表程度的汉借词 ua⁵¹ "多么" 和 ŋɔ⁵⁵kuan³¹ "不管"。例如：

nei⁵¹   na⁵⁵   ŋɔ⁵⁵   ma:i¹¹, tsaŋ⁵⁵   ŋɔ⁵⁵   min¹¹ta:i³¹.

3sg   CONJ   NEG   教   就   NEG   知道

不教就不会。

tʰai¹¹   ɔ:i⁵¹   leŋ⁵¹   tsaŋ⁵⁵   tɔk⁵¹   tei⁵¹.

人   会   做   就   有   吃

只要勤劳肯干，就能致富。

iən³³tɔ⁵⁵   nei⁵¹   puət³¹   muuŋ¹¹,   bɛ⁵¹   dou³³   ŋɔ⁵⁵   nə:n¹¹   sia³³.

幸亏   3sg   早   来   CONJ   都   NEG   得   车

幸亏他来得早，否则都赶不上车。

sau⁵⁵   kʰam³³   maŋ⁵⁵maŋ⁵⁵   leŋ⁵¹, ŋɔ⁵⁵   kau⁵⁵   ŋɔ⁵⁵   muan⁵⁵   tsin⁵⁵.

2pl   应该   好好   做   CONJ   1sg   NEG   给   钱

你们要做好，不然我不付工钱。

ua⁵¹   juŋ⁵⁵   kau⁵⁵   dou³³   hai⁵⁵   kuu⁵⁵tsan⁵⁵.

多么   热   1sg   都   去   种菜

不管多热，我们都去种菜。

3. 假设关系复句

从句提出假设，主句表示假设实现后所产生的结果。表示假设关系的连接词是 na⁵⁵（kuu³³）…tsaŋ⁵⁵… "如果……就……"、siaŋ¹¹siən⁵¹…tsaŋ⁵⁵… "如果……就……"。siaŋ¹¹siən⁵¹ "假使" 是海南闽语借词，和 tsaŋ⁵⁵ "就" 构成合用连接词。此外，加茂话还可用连接词 na³³ti⁵¹ "但是" 与话题标记 ni⁵⁵ "呢、的话" 共现的方式来连接主从复合句。例如：

məi⁵⁵   na⁵⁵   muuŋ¹¹, kau⁵⁵   tsaŋ⁵⁵   ŋɔ⁵⁵   hai⁵⁵   ei³¹.

2sg   CONJ   来   1sg   就   NEG   去   MOOD

如果你要来，我就不去了。

na⁵⁵kɯ³³ ŋɔ⁵⁵ kɯ⁵⁵tsan⁵⁵, tsaŋ⁵⁵ ŋɔ⁵⁵ tsin⁵⁵ jaŋ⁵⁵.

CONJ NEG 种菜 就 没 钱 花

要是不种菜就没钱用。

siaŋ¹¹siən⁵¹ nei⁵¹ hap⁵¹ tʰa⁵⁵ tsaŋ⁵⁵ kou¹¹ po⁵¹maːi⁵¹ hai⁵⁵ liəu³¹ vɔːn⁵⁵.

CONJ 3pl 合适 RECIP 就 请 爸妈 去 找 日

如果他们合意，就叫爸妈选日定亲。

na³³ti⁵¹ tʰɯ³¹ lou⁵¹ tɔk⁵¹ tʰiək³¹lat⁵⁵ ni⁵⁵, tsaŋ⁵⁵ bi⁵¹ it⁵⁵kia³¹ tsi¹¹baːŋ³³.

CONJ 家 别人 有 小孩 TOP 就 备 一点 红包

要是人家家里有小孩呢，就要准备一点红包（过去）。

4. 目的关系复句

从句表示行为，主句表示行为的目的。常用连接词是 ŋɔ⁵⁵ "不然"、ŋɔ⁵⁵miən³¹ "以免"。例如：

ŋɔ⁵⁵ dat⁵⁵ tsaŋ⁵⁵ lim³¹ hai⁵⁵, ŋɔ⁵⁵ tsɯ⁵⁵ lou⁵¹ jam¹¹.

NEG: EXIST 事 就 少 去 CONJ 等下 别人 讨厌

没事少去，免得人家讨厌。

məi⁵⁵ puət¹¹ it⁵⁵kia³¹ mɯŋ¹¹, ŋɔ⁵⁵miən³¹ kau⁵⁵ lə:i⁵¹ məi⁵⁵.

2sg 早 一点 来 CONJ 1sg 等 2sg

你得早些来，免得我等你。

5. 让步关系复句

让步句的转折意味很重，前后小句意思相反或相对，后面的主句为说话人的重点。常用的连接词有：a³³ti⁵¹ "但是"、na⁵⁵ "但"、na³³ti⁵¹ "但是"。例如：

nei⁵¹ tʰiək³¹mɯ³¹taːu⁵⁵, a³³ti⁵¹ tʰei¹¹tou¹¹ kiu⁵⁵ kua⁵¹ tʰiək³¹pʰɯ³³tsə¹¹.

3sg 小女孩 CONJ 犁田 强 PREP 小男孩

虽然她是个女的，但犁田比男的强。

mɯ³¹pɔ⁵¹da⁵⁵ lo⁵⁵ ti⁵¹ lo⁵⁵, na⁵⁵ ŋɔ⁵⁵ tɯ⁵⁵.

木瓜 大 是 大 CONJ NEG 甜

木瓜大是大，但不甜。

nei⁵¹ kɯ³¹kəp⁵⁵ na³³ti⁵¹ ɔːi⁵¹ hu⁵⁵ dat⁵¹ a³³.

3sg 蛤蟆 CONJ 会 说 话 MOOD

它是蛤蟆，但是会说话呀。

第六章 语 料

说明：

1.第一节收录《中国语言资源调查手册·民族语言（侗台语族、南亚语系）》中的语法例句，共100条，均附视频。视频目录与《中国语言资源调查手册·民族语言（侗台语族、南亚语系）》语法例句条目一致。第二节收录调查点当地的俗语谚语、歌谣、故事等口头文化内容，均附视频。视频目录与相关内容标题一致。

2.本章所有语料按实际读音记录。

第一节

语法例句 ①

001 他说的话很对。

nei⁵¹ hu⁵⁵ dat⁵¹ tsaŋ³³ diə⁵¹.

3sg 说 话 是 对

002 树上有三只鸟。

lau⁵⁵ nɔːu⁵¹sai⁵⁵ tɔk⁵¹ taːu³³ tɔŋ⁵⁵ nɔːk⁵¹.

上 树 有 三 CL 鸟

003 是你把衣服洗了吗？

tsaŋ³³ məi⁵⁵ sa⁵¹ vo¹¹ ti³¹ vai⁵⁵?

是 2sg 洗 衣 是 NEG: COP

004 你有兄弟没有？

məi⁵⁵ tɔk⁵¹ eːŋ⁵⁵nuəi⁵¹ ti³¹ ŋɔ⁵⁵?

2sg 有 兄弟 是 NEG

005 怎么不带伞呢？看天色会下雨吧？

leŋ⁵¹paːi⁵⁵ ŋɔ³³ kʰɛ⁵¹ kɯ³¹luəŋ⁵¹? mai⁵⁵ min¹¹vuəi⁵⁵ mɔ³¹ kɯ³³ taːu⁵⁵pɔŋ⁵⁵.

为什么 NEG 拿 雨伞 看 天 那 要 下雨

006 你喜欢吃李子还是桃子？

① 本节调查例句的句式或其中的词语在保亭黎语加茂话中如无完全对应的说法，尽量记录意义相近的表达
方式。

məi⁵⁵　tiaŋ⁵¹　tei⁵¹　li¹¹　ha¹¹ti³¹　tiaŋ⁵¹　tei⁵¹　tʰɔːu¹¹?

2sg　想　吃　李子　CONJ　想　吃　桃

007　谁卖给你玉米种子？（谁卖给你们玉米种子？）

kaːi⁵¹　kiːu⁵⁵　məi⁵⁵　lɔ⁵¹　san⁵⁵　muuai⁵⁵?

谁　卖　2sg　BEN　种子　玉米

008　别带妹妹去河边玩。

jou⁵¹　luəi³¹　nuəi⁵¹　hai⁵⁵　taŋ¹¹　naːm⁵⁵　liau⁵⁵.

NEG　带　妹　去　边　水　玩

009　哎呀，鱼儿被猫叼走啦！

ei³³ja⁵⁵,　tʰou¹¹　mɔ³¹　ȵaːu⁵¹　ŋuən¹¹　hai⁵⁵　he³¹e³¹!

INTERJ　鱼　那　猫　叼　去　MOOD

010　你广西人，我贵州人。

məi⁵⁵　tʰai¹¹　kuaŋ³¹taːi³³,　kau⁵⁵　tʰai¹¹　kui⁵⁵tsiːu³³.

2sg　人　广西　1sg　人　贵州

011　因为路太窄，所以车子过不去。

kuɯ³¹tin⁵⁵　nɛ³¹　təːk³¹,　tɔ³¹zi¹¹　sia³³　ŋɔ³³　kua⁵¹　muɯ³¹.

路　这　窄　CONJ　车　NEG　过　得

012　他边走边唱。

nei⁵¹　baːŋ³¹　pai⁵⁵　baːŋ³¹　len⁵¹　dat⁵¹li¹¹.

3sg　边　走　边　做　山歌

013　我们去种树，弟弟种了一株桃树，我种了两株梨树。

tei⁵⁵　hai⁵⁵　kuɯ⁵⁵　nɔːu⁵¹sai⁵⁵,　nuəi⁵¹　kau⁵⁵　kuɯ⁵⁵　kuɯ³¹　nɔːu⁵¹　tʰɔːu¹¹siu³³,　kau⁵⁵

1pl　去　种　树　弟弟　1sg　种　一　CL　桃树　1sg

kuɯ⁵⁵　tʰiau¹¹　nɔːu⁵¹　li¹¹siu³³.

种　两　CL　梨树

014　今天他在这儿住一晚上。

vɔːn⁵⁵nɛ⁵¹　nei⁵¹　haŋ⁵⁵　nɛ⁵¹　ŋɔ¹¹　kɔːm¹¹len¹¹.

今天　3sg　PREP　这　睡　整晚

015　a. 我的两只手都脏了。

a. kau⁵⁵　tʰiau¹¹　pʰaːi⁵¹　ma⁵⁵　dou³³　siak⁵⁵.

1sg　两　CL　手　都　脏

b. 我两只手都脏了。

b. ma⁵⁵ kau⁵⁵ tʰiau¹¹ pʰaːi⁵¹ dou³³ siak⁵⁵.

手　1sg　两　CL　都　脏

016 a．天天下雨。

a. vɔːn³³vɔːn⁵⁵ taːu⁵⁵pɔŋ⁵⁵.

天天　下雨

b. 树树满山。

b. ŋəp¹¹ tsou⁵⁵ nɔːu⁵¹sai⁵⁵.

满　山　树

017 这头猪好肥啊！

nɛ⁵¹ kʰaŋ⁵⁵ pəi¹¹ kui⁵⁵ jo⁵¹!

这　CL　猪　肥　MOOD

018 父亲是铁匠，母亲是农民，我是学生，弟弟也是学生。

po⁵¹ kau⁵⁵ təp¹¹ kui⁵⁵, maːi⁵¹ kau⁵⁵ leŋ⁵¹tou¹¹, kau⁵⁵ o⁵¹te³³, nuəi⁵¹ kau⁵⁵

爸　1sg　打　铁　妈　1sg　种田　1sg　学生　弟弟　1sg

ja³³ tsaŋ⁵⁵.

也　是

019 姐妹俩勤快能干，不是织布就是绣花。

tʰiau¹¹ ŋuən⁵⁵ u⁵⁵nuəi⁵¹ kiu⁵⁵leŋ⁵¹, ŋɔ³³ leŋ⁵¹ təp⁵⁵ tsaŋ³³ nɔːp⁵¹ ŋua⁵⁵.

两　CL　姐妹　能干　NEG　织　布　就　绣　花

020 他寄来的三本书已经看完啦。

taːu⁵⁵ bui³¹ tu³³ nei⁵¹ muan⁵⁵ muŋ¹¹ puət³¹ dou³³ mai⁵⁵ pui⁵¹.

三　CL　书　3sg　给　来　早　都　看　完

021 我们养了一只公鸡两只母鸡，还有一只公狗和一只母狗。

tei⁵⁵ fo¹¹ kuɯ³¹ tɔŋ⁵⁵ pʰou⁵⁵kʰai⁵⁵, tʰiau¹¹ tɔŋ⁵⁵ maːi⁵¹kʰai⁵⁵, aŋ³³ fo¹¹ kuɯ³¹

1pl　养　一　CL　公鸡　两　CL　母鸡　还　养　一

tɔŋ⁵⁵ pʰou⁵⁵pou¹¹ bɛ³³ kuɯ³¹ tɔŋ⁵⁵ maːi⁵¹pou¹¹.

CL　公狗　CONJ　一　CL　母狗

022 他们家有两个小孩儿，一男一女。（他家有两个小孩儿，一男一女。）

tʰɯ³¹ mou⁵¹ tɔk⁵¹ tʰiau¹¹ ŋuən⁵⁵ tʰiək³¹, ŋuən⁵⁵ pʰɯ³³tsə¹¹ ŋuən⁵⁵ mɯ³¹taːu⁵⁵.

家　3pl　有　两　CL　小孩　CL　男孩　CL　女孩

023 家里酒没有了，肉也没有了。

tʰɯ³³tʰɯ³¹ ŋɔ³³ ŋəu³¹, kəːm⁵⁵ lak³¹ ŋɔ³³ tɔk⁵¹.

家里　NEG: EXIST　酒　肉　也　NEG　有

024 昨天星期天，我下午去你们家，等了半天你都没有回来。

kuɯ³¹pʰɔːn⁵⁵	seŋ³³kʰi¹¹ziət⁵¹,	kau⁵⁵	tuɯən³³uei⁵⁵	pə¹¹	tʰuɯ³¹	sau⁵⁵,	tʰaːu⁵¹	məi⁵⁵
昨天	星期日	1sg	下午	去	家	2pl	等	2sg

dou⁵⁵	vɔːn⁵⁵	ŋɔ³³	suən⁵¹	pə¹¹.				
半	天	NEG	看	回				

025 儿子每月回一趟家，这次给父母买来葡萄，每斤八元呢。

tʰiək³¹	mui³¹	hɔːm¹¹	nən¹¹	pə¹¹	kuɯ³¹	lem⁵⁵,	nε⁵¹	kuɯ³¹	lem⁵⁵	pə¹¹
儿子	每	CL	月	回	一	CL	这	一	CL	回

taːt⁵¹	po⁵¹maːi⁵¹	lɔ⁵¹	pʰu¹¹tʰaːu¹¹,	kuɯ³¹	kiən⁵¹	ku⁵⁵	hɔːm¹¹	kuən¹¹.		
买	父母	BEN	葡萄	一	CL	八	CL	元		

026 我了解我自己，自己的事情我自己做。

kau⁵⁵	min¹¹taːi³¹	kau⁵⁵	nu³³na⁵⁵,	kɔŋ⁵¹	nu³³na⁵⁵	nu³³na⁵⁵	leŋ⁵¹.
1sg	知道	1sg	自己	事情	自己	自己	做

027 这个人是我姐姐，那个人不是我姐姐。

nε⁵¹	ŋuən⁵⁵	u⁵⁵	kau⁵⁵,	mɔ⁵¹	ŋuən⁵⁵	vai⁵⁵	u⁵⁵	kau⁵⁵.
这	CL	姐	1sg	那	CL	NEG: COP	姐	1sg

028 a. 你的书在这儿。

a. tu³³	məi⁵⁵	haŋ⁵⁵	nε⁵¹.
书	2sg	在	这儿

b. 图书馆的书在那儿。

b. tu³³	tʰu¹¹tu³³kuan³¹	haŋ⁵⁵	mɔ⁵¹.
书	图书馆	在	那儿

029 这会儿才5点钟，两根大木头就运到了。

kan¹¹nε⁵¹	pu¹¹	diam³¹tsiaŋ³³,	tʰiau¹¹	tɔk⁵⁵	maːi⁵¹	sai⁵⁵	kʰau³³	tuaŋ³³	vou⁵⁵.
现在	五	点钟	两	CL	大	木头	就	装	到

030 你的歌唱得这么好，再来一首。

məi⁵⁵	saːŋ⁵⁵ko³³	maŋ⁵⁵ŋei³¹,	saːŋ⁵⁵	kuɯ³¹	tiən⁵⁵	tʰen⁵¹.
2sg	唱歌	好听	唱	一	CL	ASP

031 a. 你们村子有几家人？从这里到城里有多远？坐车要多久？

a. fən⁵⁵	sau⁵⁵	tɔk⁵¹	kui³¹	tuŋ⁵⁵	tʰuɯ³¹	tʰai¹¹?	lɔ⁵¹	nε⁵¹	kʰən⁵⁵	ja⁵¹	tɔk⁵¹
村	2pl	有	几	CL	家	人	PREP	这	上	城	有

lai⁵⁵ la:i¹¹ʔ tsiəŋ⁵⁵ sia³³ tɔk⁵¹ jɔːt⁵¹ la:i¹¹ʔ

远 多 坐 车 有 久 多

b. 有五十多家，我们村到城里三十来里，坐车半个多小时就到了。

b. tɔk⁵¹ pu¹¹puət⁵¹ tsou¹¹ tuŋ⁵⁵ tʰɯ³¹ fə:n⁵⁵ tei⁵⁵ vou⁵⁵ ja⁵¹ tɔk⁵¹

有 五十 多 CL 家 村 1pl PAR 城 有

ta:u⁵⁵puət⁵¹ tsou¹¹ li³¹, tsiəŋ⁵⁵ sia³³ dou⁵⁵ hɔ:m¹¹ tsian³³tʰau¹¹ tʰei¹¹tʰei¹¹

三十 多 CL 坐 车 半 CL 钟头 多多

tsan³³ vou⁵⁵.

就 到

032 a. 哪件衣服是我的？怎么都一样呢？

a. ŋa:i¹¹ kɯ³¹ pa:n⁵⁵ vo¹¹ tsan³³ ai¹¹ kau⁵⁵? leŋ⁵¹pa:i⁵⁵ an³³ da:n³¹tʰa⁵⁵?

哪 一 CL 衣服 是 NMLZ 1sg 为什么 又 一样

b. 谁知道呢？什么时候多出一件来？

b. ka:i⁵¹ min¹¹ta:i³¹? si³³la:i¹¹ tʰei¹¹ kɯ³¹ pa:n⁵⁵?

谁 知道 何时 多 一 CL

033 别人的东西不要拿，大家的东西要看好。

tou¹¹ma:u⁵⁵ lou⁵¹ jou⁵¹ mi³¹, kɔ:m¹¹kɛ¹¹ tou¹¹ma:u⁵⁵ kʰam³³ mai⁵⁵ maŋ⁵⁵.

东西 别人 NEG 拿 大家 东西 该 看 好

034 十五是五的三倍，五是十的一半。

nam³³pɔŋ¹¹pu¹¹ ti⁵¹ pu¹¹ kai¹¹ ta:u⁵⁵ buəi⁵¹, pu¹¹ ti⁵¹ puət⁵¹ kai¹¹ kɯ³¹

十五 是 五 ASSOC 三 倍 五 是 十 ASSOC 一

bua¹¹.

半

035 全村年轻人大多外出打工了，有些家里只有老人，有些家里只有妇女和儿童。

kɔ:m¹¹fə:n⁵⁵ mɯ³¹niau⁵⁵ tʰei¹¹ tʰai¹¹ hai⁵⁵ təp¹¹kɔŋ⁵⁵, lan³¹ tuŋ⁵⁵ tʰɯ³¹

全村 年轻人 多 人 去 打工 有的 CL 家

tsou¹¹ tʰai¹¹tso⁵⁵, lan¹¹ tuŋ⁵⁵ tʰɯ³¹ tsou¹¹ mɯ³¹ta:u⁵⁵ bɛ³³ tʰiək³¹lat⁵⁵.

剩 老人 有的 CL 家 剩 妇女 CONJ 小孩

036 羊比较干净。这一群羊只只都很肥，你挑一只。

tsɯ⁵⁵ nɛ³¹ siəŋ⁵¹. nɛ⁵¹ pʰa:ŋ³¹ tsɯ⁵⁵ tɔŋ³³tɔŋ⁵⁵ dou³³ kui⁵⁵, məi⁵⁵ tsɔn¹¹

羊 这些 干净 这 CL 羊 只只 都 肥 2sg 选

kɯ³¹ tɔŋ⁵⁵.

一 CL

037 河里的鱼比塘里的鱼好吃。

tʰou¹¹ na:m⁵⁵lo⁵⁵ bi³¹ tʰou¹¹do³¹ maŋ⁵⁵tei⁵¹.

鱼 河 PREP 鱼塘 好吃

038 三位老人的生日分别是：农历二月初八、三月初五、六月初一。

ta:u⁵⁵ ŋuən⁵⁵ tʰai¹¹tso⁵⁵ kai¹¹ vɔːn⁵⁵tʰau¹¹, tʰiau¹¹nəːn¹¹ so³³bɔːi⁵⁵,

三 CL 老人 ASSOC 生日 二月 初八

ta:u⁵⁵nəːn¹¹ so³³ŋɔːu⁵¹, nəm¹¹nəːn¹¹ so³³iət⁵⁵.

三月 初五 六月 初一

039 奶奶笑眯眯地坐着看孙子蹦蹦跳跳。

tsə³¹ tsiəŋ⁵⁵ haŋ⁵⁵ mɔ⁵¹ tsu¹¹min³¹min³¹ mai⁵⁵ tʰiək³¹kɯ³¹pəːu¹¹

奶奶 坐 PREP 那里 笑眯眯 看 孙子

tsuən⁵⁵kʰəːn⁵⁵tsuən⁵⁵ta:u⁵⁵.

蹦蹦跳跳

040 他把红薯随便洗洗就吃了。

nei⁵¹ kʰɛ⁵¹ mɔːn⁵⁵ uət⁵¹tsak³¹uət⁵¹tsei¹¹ tsaŋ³³ tei⁵¹.

3sg PREP 红薯 随便洗洗 就 吃

041 来客人时，我们正在吃饭。

fəːn⁵⁵lou⁵¹ muːŋ¹¹, tei⁵⁵ ŋam⁵⁵ tei⁵¹ tʰou⁵⁵.

客人 来 1pl 恰 吃 饭

042 他很想带父母去一次北京。

nei⁵¹ tiə⁵¹ luəi³¹ po⁵¹ma:i⁵¹ hai⁵⁵ kɯ³¹ lem⁵⁵ bak⁵⁵keŋ³³.

3sg 想 带 父母 去 一 CL 北京

043 夫妻恩爱。（夫妻俩很恩爱。）

tʰa¹¹na:u⁵¹ tʰia¹¹tʰa⁵⁵.

夫妻 恩爱

044 a．山上有一片梨树。

a. lau⁵⁵ tsou⁵⁵ tɔk⁵¹ kɯ³¹ ba:k⁵⁵ nɔːu⁵¹li¹¹.

上 山 有 一 CL 梨树

b．这座山上没有梨树。

b. nɛ⁵¹ kɔːm¹¹ tsou⁵⁵ ŋɔ³³ tɔk⁵¹ nɔːu⁵¹li¹¹.

这 CL 山 NEG 有 梨树

045 a．这封信是不是你写的？

a. nɛ⁵¹ ba:ŋ³³ tiən¹¹ tsaŋ⁵⁵ məi⁵⁵ tia³¹ ti³¹ vai⁵⁵?

  这   CL   信   是   2sg   写   是   NEG: COP

b. 是。／不是。

b. tsaŋ⁵⁵./vai⁵⁵.

  是   NEG: COP

046 他会说汉语，应该是汉族人。

nei⁵¹ ə:i⁵¹ hu⁵⁵ muəi⁵⁵, tsaŋ³³ muəi⁵⁵.

3sg   会   说   汉语   是   汉人

047 a．你愿不愿意嫁给他？

a. məi⁵⁵ tiə⁵¹ kʰə:n⁵⁵ nei⁵¹ ti³¹ ŋɔ⁵⁵?

  2sg   想   跟   3sg   是   NEG

b. 愿意。／不愿意。

b. tiə⁵¹./ŋɔ³³ tiə⁵¹.

  想   NEG   想

048 大风吹断了树枝。

ma:i⁵¹ kɯ³¹vɯat⁵⁵ pʰaŋ⁵¹ kʰou⁵⁵sai⁵⁵ dou⁵⁵.

大   风   吹   树枝   断

049 我们进屋去。

tei⁵⁵ hai⁵⁵ tʰau¹¹ tʰɯ³¹.

1pl   去   进   屋

050 屋檐装上了电灯。

a:n³³ diən⁵⁵deŋ³³ haŋ⁵⁵ kɯ³¹vin⁵¹ tʰɯ³¹.

安   电灯   PREP   屋檐   房

051 明天小王来，小李不来。

kɯ³¹ziau¹¹ tiau³¹uaŋ¹¹ mɯŋ¹¹, tiau³¹li³¹ ŋɔ³³ mɯŋ¹¹.

明天   小王   来   小李   NEG   来

052 你去买瓶酒回来。

məi⁵⁵ hai⁵⁵ ta:i⁵¹ keŋ⁵⁵ ŋə:u³¹ pə¹¹.

2sg   去   买   CL   酒   回

053 a．有只猫趴在凳子上。

a. tɔk⁵¹　tɔŋ⁵⁵　n̥a:u⁵¹　pʰok⁵⁵　lau⁵⁵　be:n⁵¹.

　　有　　CL　　猫　　趴　　上　　长凳

b. 有只猫在椅子上趴着。（有只猫在凳子上趴着。）

b. tɔk⁵¹　tɔŋ⁵⁵　n̥a:u⁵¹　pʰok⁵⁵　lau⁵⁵　i³¹.

　　有　　CL　　猫　　趴　　上　　椅

054　他的字写得好极了。

　　nei⁵¹　tia⁵¹　tu³³　nɔk⁵⁵.

　　3sg　写　字　漂亮

055　爷爷走得非常慢。

　　pə:u¹¹　pai⁵⁵tin⁵⁵　kiu⁵⁵　tsəŋ³¹.

　　爷爷　走路　　非常　慢

056　这根大木头，我一个人也扛得起。

　　sai⁵⁵　nɛ⁵¹　kau⁵⁵　nu³³na⁵⁵　ja³³　fi³¹　muɯ³¹.

　　木头　这　1sg　自己　　也　扛　得

057　那种菌子吃不得。

　　saŋ⁵⁵　mɔ⁵¹　ŋɔ³³　tei⁵¹　muɯ³¹.

　　菌子　那　NEG　吃　得

058　他没坐过飞机。

　　nei⁵¹　ŋə³³　tsiəŋ⁵⁵　kua⁵¹　buəi³³ki³³.

　　3sg　NEG　坐　ASP　飞机

059　a. 墙上挂着一幅画。

a. kɯ³¹　dat⁵⁵　tʰu¹¹　kap¹¹　lau⁵⁵　siə³¹.

　　一　CL　图　挂　上　墙

b. 墙上挂有一幅画。

b. tɔk⁵¹　kɯ³¹　dat⁵⁵　tʰu¹¹　kap¹¹　lau⁵⁵　siə³¹.

　　有　一　CL　图　挂　上　墙

060　平时家里妈妈做饭，爸爸种田。

　　kʰai¹¹　lem⁵⁵　tʰɯ³³tʰɯ³¹　ma:i⁵¹　sa:u⁵⁵　tʰou⁵⁵, po⁵¹　leŋ⁵¹tou¹¹.

　　每　CL　家里　　妈　煮　饭　爸　种田

061　咱们快点儿吃。（赶时间，咱们快吃吧。）

　　tei⁵⁵　siaŋ³¹　it⁵⁵kia³¹, mɛ³¹mɛ³¹　tei⁵¹.

　　1pl　快　一点　快快　吃

062 你砸碎玻璃不赔吗？

məi⁵⁵　təp¹¹　kia¹¹　ŋiən¹¹　buəi¹¹　ŋɔ³³　buəi¹¹?

2sg　砸　玻璃　碎　赔　NEG　赔

063 他爬上树去摘桃子。

nei⁵¹　hɔm¹¹　kʰəːn⁵⁵　nɔːu⁵¹tʰɔːu¹¹　lu¹¹　mɯat⁵⁵.

3sg　爬　上　桃树　摘　果子

064 你尝尝这个菜。

məi⁵⁵　si¹¹　tsan⁵⁵　nɛ⁵¹.

2sg　尝　菜　这

065 a．我再想想这件事怎么办。

a. kau⁵⁵　suən⁵¹suən⁵¹　nɛ⁵¹　tuəŋ⁵¹　dat⁵¹　leŋ⁵¹ŋaːi¹¹　leŋ⁵¹.

1sg　想想　这　CL　事　怎样　做

b. 这件事我再想想怎么办。

b. nɛ⁵¹　tuəŋ⁵¹　dat⁵¹　kau⁵⁵　suən⁵¹suən⁵¹　leŋ⁵¹ŋaːi¹¹　leŋ⁵¹.

这　CL　事　1sg　想想　怎样　做

066 我看看你的书好吗？

kau⁵⁵　mai⁵⁵　tu³³　məi⁵⁵　maŋ⁵⁵　ŋɔ³¹?

1sg　看　书　2sg　好　NEG/MOOD

067 你先走，我就来。

məi⁵⁵　hai³³　tin⁵⁵, kau⁵⁵　tsaŋ³³　mɯŋ¹¹.

2sg　走　先　1sg　就　来

068 你先打电话问清楚再说。

məi⁵⁵　təp¹¹　din⁵⁵uəi³³　hai⁵⁵　kɔ⁵⁵　min¹¹taːi³¹　na³³　hu⁵⁵.

2sg　打　电话　去　问　明白　才　说

069 妹妹听着歌写作业。

nuəi⁵¹　baːŋ³¹　ŋei³¹　ko³³　baːŋ³¹　tia³¹　tok⁵⁵ŋiap⁵¹.

妹妹　边　听　歌　边　写　作业

070 鱼是蒸着吃还是煮着吃？

tʰou¹¹　nɛ³¹　kʰɛ⁵¹　mɯŋ¹¹　tsen³³　a³³ti⁵¹　kʰɛ⁵¹　mɯŋ¹¹　saːu⁵⁵?

鱼　这　拿　来　蒸　CONJ　拿　来　煮

071 我听过几次小李唱歌。

kau⁵⁵ ŋei³¹ kua⁵¹ kui³¹ lem⁵⁵ tiau³¹li³¹ sa:ŋ⁵⁵ko³³.

1sg 听 ASP 几 CL 小李 唱歌

072 她有一条漂亮的红裙子。

nei⁵¹ tɔk⁵¹ kɯ³¹ tɯi⁵⁵ kuən³¹ tɯːu¹¹ nɔk⁵⁵.

3sg 有 一 CL 裙 红 漂亮

073 哥哥瘦，弟弟胖。

eːŋ⁵⁵ ŋaːu⁵⁵, nuəi⁵¹ kui⁵⁵.

哥 瘦 弟 胖

074 奶奶你慢慢走。

tsə³¹ məi⁵⁵ tsəŋ³¹tsəŋ³¹ pai⁵⁵.

奶奶 2sg 慢慢 走

075 天不热，但很潮湿。

min¹¹vuəi⁵⁵ ŋɔ³³ juŋ⁵⁵, kiu⁵⁵ bɯːn⁵¹.

天 NEG 热 很 潮湿

076 白花花的新米饭香喷喷的。

tʰou⁵⁵ ləp³¹ niau⁵⁵ nɛ⁵¹ kʰou⁵⁵pɯ¹¹ nei⁵¹ huəi¹¹ŋiːŋ⁵⁵ nə³¹.

饭 米 新 这 白花花 3sg 香 MOOD

077 他把房间打扫得干干净净的。

nei⁵¹ tset³¹ tʰɯ³¹ nɛ³¹ siəŋ¹¹siəŋ⁵¹səŋ¹¹səŋ⁵¹.

3sg 扫 房 这 干干净净

078 糯米饭香了整个村子。

tʰou⁵⁵ mɯ³¹ŋaːu⁵⁵ nɛ³¹ huəi¹¹ŋiːŋ⁵⁵ kɔːm¹¹fən⁵⁵.

饭 糯米 这 香 全村

079 奶奶总是对客人很热情。

tsə³¹ bɛ³³ fəːŋ⁵⁵lou⁵¹ kiu⁵⁵ maŋ⁵⁵.

奶奶 PREP 客人 非常 好

080 一年比一年好。

kɯ³¹ ma⁵⁵ bi³¹ kɯ³¹ ma⁵⁵ maŋ⁵⁵.

一 CL PREP 一 CL 好

081 老大和老二一样高。

pʰɯ³³lo⁵⁵ bɛ³³ pʰɯ³³zi³³ pʰɯ⁵¹ tʰuŋ³³tʰa⁵⁵.

老大 CONJ 老二 高 一样

082 我比你高，他比我更高。

kau⁵⁵ pʰɯ⁵¹ kua⁵¹ məi⁵⁵, nei⁵¹ pʰɯ⁵¹ kua⁵¹ kau⁵⁵.

1sg 高 PREP 2sg 3sg 高 PREP 1sg

083 我们三个人中他最高。

tei⁵⁵ ta:u⁵⁵ ŋuən⁵⁵ su³³nɛ⁵¹ nei⁵¹ kiu⁵⁵ pʰɯ⁵¹.

1pl 三 CL 中间 3sg 非常 高

084 连续几天熬夜，我困死了。

kau⁵⁵ kui³¹ vɔ:n⁵⁵ ŋɔ³³ ŋɔ¹¹ tʰau⁵⁵, ta:k⁵¹paŋ¹¹ tou⁵⁵.

1sg 几 CL NEG 睡 着 困 眼睛

085 你再吃一碗饭。

məi⁵⁵ tei⁵¹ kɯ³¹ la:k⁵¹ tʰen⁵¹.

2sg 吃 一 CL ASP

086 他又买了一辆摩托车。

nei⁵¹ aŋ³³ ta:t⁵¹ kɯ³¹ bu⁵¹ ma¹¹tʰɔ⁵⁵sia³³.

3sg 又 买 一 CL 摩托车

087 他家两个儿子都在广东打工，一年大概能挣十几万。

tʰɯ³¹ mou⁵¹ tɔk⁵¹ tʰiau¹¹ ŋuən⁵⁵ tʰiək³¹ haŋ⁵⁵ kuaŋ³¹da:ŋ³³ təp¹¹kɔŋ⁵⁵, kɯ³¹

家 3sg 有 两 CL 孩子 PREP 广东 打工 一

ma⁵⁵ bo⁵⁵ mɯ³¹ puət⁵¹ tsou¹¹ va:n³³.

CL 赚 得 十 多 万

088 劝他一下午，可是他根本听不进。（白白劝他一下午，可是他根本听不进。）

hu⁵⁵ kɔ:m¹¹ tɯən³³uəi⁵⁵ nei⁵¹ dou³³ ŋɔ³³ ŋei³¹.

说 CL 下午 3sg 都 NEG 听

089 我刚要去找他，他就匆匆忙忙地跑了进来。

kau⁵⁵ tsa:t⁵¹ hai⁵⁵ liau³¹ nei⁵¹, nei⁵¹ aŋ³³ ken¹¹ken⁵¹ ko⁵⁵ mɯŋ¹¹.

1sg 刚 去 找 3sg 3sg 就 急急 跑 来

090 我跟妈妈到家时，爸爸可能才刚刚出门。

kau⁵⁵ bɛ³³ ma:i⁵¹ vou⁵⁵ tʰɯ³¹, po⁵¹ ŋɛ⁵¹ kɯ³¹tsa:t⁵¹ daŋ⁵⁵hai⁵⁵.

1sg CONJ 妈 到 家 爸 可能 刚刚 出去

091 他最近很高兴，我听说他快结婚了。

nei⁵¹ nɛ⁵¹kʰu:i¹¹ lam⁵⁵liam⁵¹, kau⁵⁵ ŋei³¹ nei⁵¹ kɯ³³ sɔŋ⁵¹na:u⁵¹.

3sg 最近 高兴 1sg 听 3sg 要 结婚

092 孙子给爷爷寄回茶叶，爷爷笑得合不拢嘴。

tʰiək³¹kɯ³¹pə:u¹¹　kia¹¹　pə:u¹¹　nei⁵¹　lɔ⁵¹　dɛ¹¹, pə:u¹¹　nei⁵¹　tsu¹¹　vou⁵⁵

孙子　　　　　　寄　爷爷　3sg　BEN　茶　爷爷　3sg　笑　PAR

mɯ³¹suŋ⁵⁵　dou³³　ŋɔ³³　dat⁵⁵　mɯ³¹.

嘴巴　　　都　　NEG　关　得

093 唱歌令人开心。

sa:ŋ⁵⁵ko³³　ŋei³¹　dou³³　diəm³¹.

唱歌　　听　都　开心

094 他个子虽然小，但气力很大。

huən¹¹　nei⁵¹　tə:k³¹, na³³　kʰa:u⁵⁵　lo⁵⁵.

身体　3sg　小　CONJ　力气　大

095 只要能刨土，拿铲子或锄头来都行。

sə:t⁵¹　mɯ³¹　kɯ³¹len¹¹, kʰɛ⁵¹　se:n³¹　kʰɛ⁵¹　kuak⁵⁵　dou³³　maŋ⁵⁵.

铲　PAR　土　拿　铲子　拿　锄头　都　好

096 如果沿着河边走就更绕了。

lɔ⁵¹　taŋ¹¹　na:m⁵⁵　pai⁵⁵　na³³　vɔ:ŋ⁵⁵.

PREP　边　水　走　更　绕

097 滴滴答答下雨啦，快收衣服吧。

lɔk¹¹lɔk¹¹　ta:u⁵⁵pɔŋ⁵⁵, siaŋ³¹siaŋ³¹　huan⁵⁵　vo¹¹.

滴滴答答　下雨　快快　　收　衣服

098 a．明天赶集去不去？

a. kɯ³¹ziau¹¹　huat⁵⁵tʰai¹¹, hai⁵⁵　ŋɔ³³　hai⁵⁵?

明天　　赶集　去　NEG　去

b．明天去赶集好不好？

b. kɯ³¹ziau¹¹　huat⁵⁵tʰai¹¹　hai⁵⁵, maŋ⁵⁵　ŋɔ³³　maŋ⁵⁵?

明天　　赶集　去　好　NEG　好

099 是他打的人。

tsaŋ⁵⁵　nei⁵¹　təp¹¹　tʰai¹¹.

是　3sg　打　人

100 拿这种菜说吧，大家都很久没吃了呢。

tsan⁵⁵　nε⁵¹　kɔ:m¹¹kɛ¹¹　jɔ:t⁵¹　ŋɔ³³　mɯ³¹　tei⁵¹.

菜　这　大家　久　NEG　得　吃

第二节

话语材料

一 歌谣

1. 摇篮曲

i⁵⁵aŋ¹¹ə:i³³, ma:i⁵¹ taŋ¹¹ tei⁵⁵ ha:m⁵⁵ sa:k⁵¹,
（拉调） 大 影子 1pl 抓 螃蟹
大影子去抓螃蟹，

ha:m⁵⁵ sa:k⁵¹ mɯ³¹ kɯ³¹ tɔŋ⁵⁵,
抓 螃蟹 得 一 CL
抓来一只大螃蟹，

kuət⁵⁵ tʰa⁵⁵ lɔ⁵¹ lɔŋ⁵⁵kuən⁵¹.
分 RECIP BEN 蟹爪
我们一起分蟹爪。

lou⁵¹ liəu³¹ au⁵⁵ bɛ⁵¹ mɯan⁵⁵,
别人 找 1pl NEG 给
有人想吃我们不给，

au⁵⁵ tɯan⁵⁵ nuəi⁵¹ au⁵⁵ lɔ⁵¹.
1pl 留 弟弟 1pl BEN
好货留给咱弟弟。

2．种田歌

nəm¹¹nəːn¹¹　muɯŋ¹¹　vou⁵⁵　tsaŋ³³　leŋ⁵¹tou¹¹,
六月　　　来　到　就　种田
六月到来要种田，

luəi³¹　tʰa⁵⁵　kʰəːn⁵⁵　si⁵⁵　hai⁵⁵　taːt⁵¹　dou⁵¹.
带　RECIP　上　街　去　买　刀
结伴上街去买刀。

taːt⁵¹　mɯ³¹　tet⁵⁵　dou⁵¹　luəi³¹　tʰa⁵⁵　pə¹¹,
买　得　CL　刀　带　RECIP　回
买得好刀结伴回，

dou⁵¹　bi³³　vou⁵⁵　laːi¹¹　kuak⁵⁵　vou⁵⁵　laːi¹¹.
刀　就　到　哪里　锄头　到　哪里
锄头跟着柴刀走。

3．割稻歌

ku⁵⁵nəːn¹¹　muɯŋ¹¹　vou⁵⁵　məːt³¹　leŋ⁵¹pɔːŋ³¹,
八月　　来　到　稻　抽穗
八月来到稻抽穗，

mɯ³¹tʰum⁵⁵　ŋɔ³³　saːk⁵¹　tsaŋ³³　tsai¹¹ɔːŋ³³.
石榴　　NEG　熟　是　半生不熟
石榴未到成熟季。

məːt³¹　tou¹¹　bi³³　daŋ⁵⁵　məːt³¹　tou¹¹　maŋ⁵⁵,
稻　田　就　出　稻　田　好
穗长水稻长势好，

məːt³¹　uaŋ⁵⁵　bi³³　daŋ⁵⁵　tsaŋ³³　tɔm⁵¹pɔːŋ³¹.
稻　田野　就　出　就　包穗
山栏稻穗正生长。

4．排闷歌

kʰɛ⁵¹　dou⁵¹　kʰəːn⁵⁵　tsou⁵⁵　tʰaːn⁵⁵　təm⁵⁵　leŋ⁵¹　ku³¹tsuən³¹,
拿　刀　上　山　砍　竹　做　笛子
上山砍竹来做笛，

ku²¹tsuən³¹　lam¹¹lam¹¹　kɔːi³¹　tiəm³³muən³³.
笛子　　　（笛子声）　解　　心闷
幽幽笛声解忧愁。

ku³¹ma⁵⁵　bi³³　han³¹　ku³¹muəŋ¹¹　aːu⁵⁵,
手　　就　动　嘴巴　　吹
手拿笛来嘴巴吹，

ku³¹muəŋ¹¹　ti⁵¹　zuan¹¹　aːu⁵⁵　ku³¹tsuən³¹.
嘴巴　　是　原　吹　笛子
嘴巴原是来吹笛。

5．除草歌

tiəu⁵⁵nəːn¹¹　muŋ¹¹　vou⁵⁵　tiəu⁵⁵nəːn¹¹　tiəu⁵⁵,
四月　来　到　四月　四
四月来到四月四，

luəi³¹　tʰa⁵⁵　kʰəːn⁵⁵　uaŋ⁵⁵　səːt⁵¹　kəːn¹¹siːu³³.
带　RECIP　上　田野　除　杂草
结伴到田拔新草。

səːt⁵¹　muɯ³¹　kəːn¹¹siːu⁵⁵　luəi³¹　tʰa⁵⁵　pə¹¹,
除　得　杂草　　带　RECIP　回
除完杂草结伴回，

tʰa¹¹　bi³³　fi³¹　fuŋ¹¹　naːu⁵¹　hun¹¹　viu³¹.
夫　就　扛　柴　妻　挑　壶
哥来背柴妹挑壶。

二　故事

1．山林鬼的故事

zi¹¹taːi¹¹　tɔk⁵¹　ŋuən⁵⁵　tʰaːi¹¹,　naːu⁵¹　nei⁵¹　lɔːt⁵¹　hai³³,　tʰau¹¹　tʰiau¹¹　ŋuən⁵⁵
以前　有　CL　人　老婆　3sg　死　ASP　生　两　CL
tʰiək³¹.　hai¹¹dəːn⁵⁵,　liəu³¹　maːi⁵¹ku³¹dəːn⁵⁵　pə¹¹,　na³³ti⁵¹　maːi⁵¹ku³¹dəːn⁵⁵　ai⁵⁵,
孩子　后来　找　后妈　回　CONJ　后妈　坏
tiəm³³li³¹　ai⁵⁵,　tiə⁵¹　haːi⁵¹　tʰiək³¹　maːi⁵¹ku³¹tin⁵⁵　kə¹¹,　tʰiək³¹　maːi⁵¹ku³¹tin⁵⁵
心里　坏　想　害　孩子　生母　　那　孩子　生母

leŋ⁵¹　ua⁵¹　maŋ⁵⁵　dat⁵⁵　nei⁵¹　dou³³　vun¹¹　ai⁵⁵.
做　　多么　　好　　事　　3sg　　都　　说　　坏

从前有一个男人，他老婆生了两个孩子就死了。后来，男人（给孩子）找了个后妈，可后妈心地很坏，老想害男人前妻的孩子，不管孩子活儿干得多好，她都要挑刺。

tɔk⁵¹　kɯ³¹　vɔːn⁵⁵　taːu⁵¹　li³¹ziːu¹¹　lɔ³¹:　"tʰiək³¹　məi⁵⁵　kɛ¹¹　ai⁵⁵　jə³¹,
有　　一　　CL　　造　　理由　　MOOD　　孩子　　2sg　　那　　坏　　MOOD

məi⁵⁵　hai⁵⁵　daŋ⁵⁵　kɔŋ⁵⁵,　kau⁵⁵　ke⁵⁵　mou⁵¹　sa⁵¹　vo¹¹　məi⁵⁵,　ti³¹　mou⁵¹　ŋɔ³³
2sg　　去　　出　　工　　叫　　3pl　　洗　　衣服　　2sg　　是　　3pl　　NEG

sa⁵¹,　kʰɛ⁵¹　vo¹¹　məi⁵⁵　kɛ¹¹,　kʰɛ⁵¹　si³³zəːu¹¹　məi⁵⁵　kɛ¹¹,　kʰɛ⁵¹　piːn⁵⁵　məi⁵⁵
洗　　拿　　衣服　　2sg　　那　　拿　　裤子　　2sg　　那　　拿　　包卵布　　2sg

kɛ¹¹,　hai⁵⁵　bɔŋ⁵¹　tʰau¹¹　huai³¹kʰai⁵⁵　mɔ³¹　siak³³siak⁵⁵,　nei⁵¹　ŋɔ³³　sa⁵¹　kai¹¹."
那　　去　　放　　进　　鸡屎　　那　　脏脏　　3pl　　NEG　　洗　　MOOD

有一天，后妈故意找茬啦，她对丈夫说："你的孩子真坏啊，你出去干活时，我叫他们洗你的衣服，他们不洗，还把你的上衣、裤子还有内裤放进（鸡笼），衣服全沾上了鸡屎，脏死了，他们就是不洗。"

bo¹¹　mɯan⁵⁵　po⁵¹　kɛ¹¹　lɔ³¹.　po⁵¹　kɛ¹¹　tsiu⁵¹　mai⁵⁵,　ti⁵¹　ɔ³¹.　"kau⁵⁵
告状　　PREP　　父亲　　那　　BEN　　爸　　那　　就　　看　　是　　MOOD　　1sg

dou³³　ke⁵⁵　nei⁵¹　sa⁵¹,　nei⁵¹　dou³³　ŋɔ³³　sa⁵¹,　iən³³paːi⁵⁵　ŋɔ³³　sa⁵¹,　leŋ⁵¹paːi⁵⁵
都　　叫　　3pl　　洗　　3pl　　都　　NEG　　洗　　为什么　　NEG　　洗　　为什么

ua⁵¹　huai³¹kʰai⁵⁵　nɛ⁵¹,　tʰei¹¹　nɛ⁵¹　lau⁵⁵　nɛ⁵¹　a³³.　ə⁵⁵,　tʰiək³¹　məi⁵⁵
沾　　鸡屎　　那　　多　　这么　　上　　这里　　MOOD　　INTERJ　　孩子　　2sg

kɛ¹¹　tɔk⁵¹　paːi⁵⁵　jɔŋ⁵¹,　kan³³sui⁵⁵　luəi³¹　tʰiək³¹　məi⁵⁵　kɛ¹¹　hai⁵⁵　fat⁵⁵,　jou³¹
那　　有　　什么　　用　　干脆　　带　　孩子　　2sg　　那　　去　　扔　　NEG

lɔ⁵¹　tʰiək³¹　məi⁵⁵　kɛ¹¹　he³¹."　maːi⁵¹dəːn⁵⁵　ti⁵¹　hu⁵⁵　leŋ⁵¹kɛ¹¹,　po⁵¹　kɛ¹¹　ti³¹
要　　孩子　　2sg　　那　　MOOD　　后妈　　是　　说　　这样　　爸　　那　　是

ŋei³¹　dat⁵¹　maːi⁵¹kɯ³¹dəːn⁵⁵　o³³.
听　　话　　后妈　　MOOD

后妈恶人先告状。爸爸跑过去一看，真是那样啊。（后妈借机）说道："我都叫他们洗了，他们就不洗，干吗不洗呢，怎么衣服沾上了这么多鸡屎啊。哎，你孩子有什么用，干脆带出去扔了，别要他们了。"后妈不断煽风点火，爸爸也就听信她的谗言啦。

tɔk⁵¹　kɯ³¹　vɔːn⁵⁵,　suan⁵¹　tʰiək³¹　kɛ¹¹:　"sau⁵⁵　van³³nɛ⁵¹　tsaŋ³³　hai⁵⁵　lɔ³¹,
有　　一　　CL　　骗　　孩子　　那　　2pl　　今天　　就　　去　　MOOD

sau⁵⁵ tʰiau¹¹ ŋuən⁵⁵, e³¹, po⁵¹ luəi³¹ sau⁵⁵ tʰiau¹¹ ŋuən⁵⁵ tʰau¹¹ ŋuən⁵¹

2pl 两 CL INTERJ 爸 带 2pl 两 CL 进 山

mɔ⁵¹, hai⁵⁵ lu¹¹ muat⁵⁵sai⁵⁵, hai⁵⁵ ha:m⁵⁵ tʰou¹¹." "maŋ⁵⁵ o³¹, muat⁵⁵sai⁵⁵

那 去 摘 果子 去 抓 鱼 好 MOOD 果子

mɔ³¹ maŋ⁵⁵ tei⁵¹, sun⁵⁵ kan¹¹nɛ⁵¹ muat⁵⁵sai⁵⁵ pa:i⁵⁵ lak³¹ sa:k⁵¹, tuɯ⁵⁵, maŋ⁵⁵

那 好 吃 春天 现在 果子 什么 也 熟 甜 好

tei⁵¹, ha:m⁵⁵ tʰou¹¹ sɔ³¹." ŋɔ³³ min¹¹ta:i³¹ muɯ³¹pa:i⁵⁵ tsiu³³ hai⁵⁵ lɔ³¹, dəːn⁵⁵

吃 抓 鱼 ASP NEG 知道 什么 就 去 MOOD 跟着

nei⁵¹ hai⁵⁵ he³¹lɔ³¹, hai⁵⁵ tʰau¹¹ ŋuən⁵¹.

3sg 去 MOOD 去 进 山

有一天，爸爸哄骗孩子："今天你们就出去吧，你们两个，嗯，爸爸带你们两个去山里，去摘果子，去抓鱼。"（孩子们听了很高兴，）说："好啊，果子好吃，现在是春天，什么样的果子都熟了，很甜，很好吃，还能抓鱼呢。"孩子们不知是陷阱就去啦，跟着爸爸去啦，进山。

luəi³¹ tʰau¹¹ ŋuən⁵⁵ mɔ³¹, ma:i⁵¹tsou⁵⁵ mɔ³¹ hai⁵⁵. vou⁵⁵ kɔ:m¹¹ pa:k⁵¹

带 进 山 那 大山 那 去 到 CL 地方

bo³³te³³bo³³te³³, kɔ⁵⁵ tʰiək³¹ kɛ¹¹: "sau⁵⁵ min¹¹ta:i³¹ pa:k⁵¹ nɛ⁵¹ ŋɔ³¹?" tʰiək³¹

半生不熟 问 孩子 那 2pl 知道 地方 这 NEG 孩子

kɛ¹¹ tsiu³³ hu⁵⁵: "nɛ⁵¹ min¹¹ta:i³¹. nɛ⁵¹ ti⁵¹ au⁵⁵ keŋ³³tiaŋ¹¹ muɯŋ¹¹ nɛ⁵¹

那 就 说 这里 知道 这里 是 1pl 经常 来 这里

it⁵⁵ huai³¹ it⁵⁵ tsem⁵¹. nɛ⁵¹ ku³¹sua⁵⁵, nei⁵¹ au⁵⁵ min¹¹ta:i³¹." po⁵¹ kɛ¹¹

拉 屎 拉 尿 这 地方 3sg 1pl 知道 爸爸 那

tsiu⁵¹ vun¹¹: "kɛ¹¹ tsaŋ³³ tei⁵⁵ hai⁵⁵ tʰau¹¹ mɔ⁵¹, tɔk⁵¹ muat⁵⁵sai⁵⁵ tʰei¹¹

就 说 那 就 1pl 去 进 那里 有 果子 多

su³³ mɔ⁵¹, su³³ mɔ⁵¹ muat⁵⁵sai⁵⁵ tʰei¹¹."

PREP 那里 PREP 那里 果子 多

来到山里，那是一座大山。走到一个地方，觉得这里有些陌生，（爸爸）就问孩子："你们知道这个地方吗？"孩子们答道："知道。这个地方我们常来，我们常在这儿拉屎拉尿。我们可熟悉这里了。"爸爸就说："那我们再继续往山里走，那边果子多，那边的果子特别多。"

hai⁵⁵ he¹¹lɔ³¹, tʰau¹¹ vou⁵⁵ u⁵⁵ ŋuən⁵¹ mɔ⁵¹. tsou⁵⁵ lo³³lo⁵⁵ mɔ³¹, u⁵⁵

去 MOOD 进 到 中间 山 那 山 大大 那 中间

ŋuən⁵¹ mɔ³¹, ti⁵¹ ŋɔ³³ min¹¹ta:i³¹ he¹¹lɔ³¹. na³³ti⁵¹ po⁵¹ kɛ¹¹ kɔ⁵⁵ tʰiək³¹ kɛ¹¹:
山 那 是 NEG 知道 MOOD CONJ 爸 那 问 孩子 那

"nɛ⁵¹ sau⁵⁵ min¹¹ta:i³¹ ti³¹ ŋɔ³³?" "tin⁵⁵ kɛ¹¹ au⁵⁵ dou³³ ɔ:i⁵¹ kʰiən³¹ muɯŋ¹¹
这里 2pl 知道 是 NEG 路 那 1pl 都 会 常 来

nɛ⁵¹, nɛ⁵¹ pa:k⁵¹ au⁵⁵ pou⁵⁵ sei⁵⁵ pou⁵⁵ pa:i⁵⁵ dou³³ muɯŋ¹¹ nɛ⁵¹, liəu³¹
这里 这 地方 1pl 放 牛 放 什么 都 来 这里 找

muat⁵⁵sai⁵⁵ tei⁵¹."
果子 吃

234

他们继续走啦，走到山林深处。这座山特别大，都走了这么远了，爸爸想孩子们应该不熟悉这个地方了吧。可是，当他问孩子："这里你们知道吗？"（孩子们）就说："这条路我们经常来，我们老来这儿放牛，到这儿找果子吃。"

i³¹jɔ³⁵, mou⁵¹ jaŋ³¹ min¹¹ta:i³¹ sɔ³¹. a:u⁵¹la:i¹¹ nɛ³¹, po⁵¹ kɛ¹¹ aŋ³³ luəi³¹
INTERJ 3pl 还 知道 ASP 后来 TOP 爸 那 又 带

hai⁵⁵ tʰen⁵¹: "hai⁵⁵, hai⁵⁵ mɔ⁵¹, muat⁵⁵sai⁵⁵ na⁵⁵ tʰei¹¹ sɔ³¹, na⁵⁵ maŋ⁵⁵
去 ASP 去 去 那里 果子 才 多 MOOD 才 好

sɔ³¹." aŋ³³ luəi³¹ hai⁵⁵ tʰen⁵¹. luəi⁵¹ kua⁵¹ tsou⁵⁵ mɔ⁵¹ hai⁵⁵, tɔk⁵¹ na:m⁵⁵
MOOD 又 带 去 MOOD 带 过 山 那 去 有 水

tɔk⁵¹ tɔ:p⁵¹ su³³ mɔ⁵¹, po⁵¹ kɛ¹¹ ziu¹¹ kɔ⁵⁵: "nɛ⁵¹ sau⁵⁵ min¹¹ta:i³¹ ŋɔ³¹?"
有 溪 PREP 那里 爸 那 又 问 这里 2pl 知道 NEG

"nɛ⁵¹ kɔ:m¹¹ pa:k⁵¹ au⁵⁵ ŋɔ³³ min¹¹ta:i³¹, au⁵⁵ ŋɔ³³ muɯŋ¹¹ kua⁵¹ sɔ³¹
这 CL 地方 1pl NEG 知道 1pl NEG 来 ASP ASP

jɔ³¹." "sau⁵⁵ tsaŋ³³ mai⁵⁵ haŋ⁵⁵ nɛ⁵¹ tɔk⁵¹ kɔ:m¹¹ jɔŋ⁵¹ haŋ⁵⁵ kɛ¹¹, tɔk⁵¹
MOOD 2pl 就 看 PREP 这里 有 CL 池塘 PREP 这里 有

tʰei¹¹ tʰou¹¹ o³¹, sau⁵⁵ tsaŋ³³ kuəi⁵⁵ ha:m⁵⁵ tʰou¹¹ a¹¹. kau⁵⁵ po⁵¹
多 鱼 MOOD 2pl 就 舀 抓 鱼 MOOD 1sg 爸

hai⁵⁵ liəu³¹ muat⁵⁵sai⁵⁵, hai⁵⁵ liəu³¹ muat⁵⁵sai⁵⁵ maŋ³³maŋ⁵⁵ muɯŋ¹¹muan⁵⁵ sau⁵⁵
去 找 果子 去 找 果子 好好 来 给 2pl

lɔ⁵¹ tei⁵¹. kuəi⁵⁵ jɔŋ⁵¹ ti:t⁵¹ti:t⁵¹ ha:m⁵⁵ tʰou¹¹ nɛ⁵¹."
BEN 吃 舀 池塘 干干 抓 鱼 这些

咦哟，孩子们连这儿都知道啊。后来呢，爸爸又带着孩子继续走，说："走，去那边，那边的果子才多呢，更好吃呢。"说着就带他们过去了。走过这座山，来到一条小溪旁，爸爸又问："这地方你们知道吗？"（孩子们）说："这里我们不知道，我们没来过啊。"（爸爸）

就说："你们就在这里吧，这儿刚好有一个小池塘，里头好多鱼啊，你们就在这儿捞鱼吧。爸爸我去找好吃的水果，然后带来给你们吃。你们把池塘里的水舀干了抓鱼啊。"

tʰiək³¹	kɛ¹¹	ja³³	tsiau¹¹	haːm⁵⁵	tʰou¹¹	lɔ³³,	haːm⁵⁵,	haːm⁵⁵,	kɯəi⁵⁵	mu³¹
孩子	那	也	遵照	抓鱼	MOOD		抓	抓	舀	PAR

tiːt⁵¹	haːm⁵⁵	tʰou¹¹	a⁵⁵,	tʰei¹¹	tʰou¹¹	paːt³¹.	ku³¹sɔːp⁵¹	he³¹ei³¹,	ŋɔ³³	suəŋ⁵¹
干	抓	鱼	起来	多	鱼	真	晚上	MOOD	NEG	看

po⁵¹	muɯŋ¹¹	sɔ³¹.	mou⁵¹	tʰiau¹¹	ŋuən⁵⁵,	u⁵⁵	kɛ¹¹	tsiu⁵¹	vɔːu⁵⁵,	vɔːu⁵⁵	po⁵¹
爸	来	ASP	3pl	两	CL	姐	那	就	喊	喊	爸

kɛ¹¹.	sɔːp⁵¹	he³¹,	tʰiək³¹	ŋɔ³³	suəŋ⁵¹	ŋɛ⁵¹	ku³³	vɔːu⁵⁵	po⁵¹.	"po⁵¹	ɔːi⁵¹!"
那	晚上	MOOD	孩子	NEG	看见	肯定	要	喊	爸	爸	MOOD

"ɔːi⁵¹!"	"daːŋ³¹daːŋ³¹	po⁵¹	tei⁵⁵	hɔːn¹¹	haŋ⁵⁵	laːi¹¹	sua⁵⁵,	min¹¹duəi⁵¹	seu⁵⁵,
INTERJ	很像	爸	1pl	应	PREP	哪个	洞	听到	声音

na³³ti⁵¹	ŋɔ³³	suəŋ⁵¹	tʰai¹¹	ja³³."
CONJ	NEG	看见	人	MOOD

孩子们也听爸爸的话去抓鱼啦，抓啊抓，把池塘的水舀干了抓鱼，真的好多鱼啊。到了晚上，还没看到爸爸回来。这两个孩子（慌了），姐姐就喊爸爸。这么晚了，孩子们没看到爸爸回来当然要叫爸爸了。"爸爸唉！""唉！"（两姐弟想：）"这声音确实很像咱爸爸，声音好像是从哪个洞里传出来的，能听见声音，可没看到人啊。"

aŋ³³	vɔːu⁵⁵	ku³¹	tuəŋ⁵¹:	"po⁵¹	ɔːi⁵¹!"	"ɔːi⁵¹!"	bɛ⁵¹	seu⁵⁵	nɛ⁵¹	aŋ³³
又	喊	一	CL	爸	MOOD	INTERJ	怎么	声音	这	又

hɔːn¹¹	haŋ⁵⁵	laːi¹¹	sua⁵⁵,	seu⁵⁵	kɛ¹¹	lɔ⁵¹	jɔŋ⁵¹	kɛ¹¹	daŋ⁵⁵.	aŋ³³	vɔːu⁵⁵	ku³¹
应	PREP	哪个	洞	声音	那	PREP	池塘	那	出	又	喊	一

tuəŋ⁵¹	tʰen⁵¹:	"po⁵¹	ɔːi⁵¹!"	"ɔːi⁵¹!"	zuan¹¹laːi¹¹	seu⁵⁵	su³³	sua⁵⁵fəːŋ⁵⁵	kɛ¹¹
CL	ASP	爸	MOOD	INTERJ	原来	声音	里	洞穴	那

daŋ⁵⁵,	sua⁵⁵fəːŋ⁵⁵	kɛ¹¹	daŋ⁵⁵.
出	洞穴	那	出

（他们）又喊一声："爸爸唉！""唉！"怎么声音像是从哪个洞里发出来的，又好像是从池塘里传出来的。（他们）又喊一声："爸爸唉！""唉！"原来真是洞穴发出的声音，声音从洞穴传出来。

"a¹¹,	po⁵¹	tei⁵⁵	len⁵¹paːi⁵⁵	ko⁵⁵	tʰau¹¹	sua⁵⁵	kɛ¹¹	hɔːn¹¹? "	sɔːk⁵¹	ma⁵⁵
INTERJ	爸	1pl	为什么	跑	进	洞	那	应	伸手	

tʰau¹¹	ma:i⁵¹	sua⁵⁵fə:ŋ⁵⁵	kɛ¹¹.	ei⁵¹jɔ⁵¹,	muɯ³¹pa:i⁵⁵	dou³³	ŋɔ³³	suəŋ⁵¹,	na³³
进	大	洞穴	那	INTERJ	什么	都	NEG	看见	只

suəŋ⁵¹	tɔŋ⁵⁵	tʰou¹¹	lo⁵⁵	he¹¹pa:i⁵⁵	su³³	kɛ¹¹	o³¹.	ha:m⁵⁵	kɛ¹¹	tɔŋ⁵⁵	tʰou¹¹
看见	CL	鱼	大	特别	PREP	那里	MOOD	抓	那	CL	鱼

daŋ⁵⁵,	zuan¹¹la:i¹¹	kuɯ³¹	tɔŋ⁵⁵	ma:i⁵¹kuɯ³¹liam⁵⁵,	ma:i⁵¹kuɯ³¹liam⁵⁵	hɔ:n¹¹	kai¹¹.
出	原来	一	CL	大头鱼	大头鱼	应	MOOD

ka:u¹¹ziən¹¹	o³¹,	"bɛ⁵¹	kau⁵⁵	vɔ:u⁵⁵	po⁵¹	kau⁵⁵,	məi⁵⁵	hɔ:n¹¹	leŋ⁵¹pa:i⁵⁵?"
生气	MOOD	怎么	1sg	喊	爸	1sg	2sg	应	什么

"啊，咱爸怎么在洞里回应我们呢？"（姐弟俩感到很奇怪，）就把手伸进洞里。哎呀，什么都没有啊，只看见一条好大的鱼在里面。（他们）把那条鱼抓出来，原来那是一条大头鱼，是大头鱼在应答。（姐姐）很生气，问道："我叫我爸爸，你干吗回应？"

kʰɛ⁵¹	kuɯ³¹liam⁵⁵	kɛ¹¹	siap⁵⁵	lau⁵⁵	si:n⁵⁵,	kuɯ³¹liam⁵⁵	kɛ¹¹	muɯ³¹ki:u⁵⁵	dou³³
拿	大头鱼	那	砸	上	石头	大头鱼	那	头	都

pʰe:n⁵¹	hai³³,	buən⁵⁵	hai³³,	tʰiək³¹si:n⁵⁵	dou³³	ko⁵⁵	tʰau¹¹	muɯ³¹ki:u⁵⁵	kɛ¹¹.	aŋ³³
扁	ASP	裂	ASP	小石头	都	跑	进	头	那	又

vɔ:u⁵⁵:	"po⁵¹	ŋɔ³³	hɔ:n¹¹	he³¹pa:i³³	he³¹,	po⁵¹	tei⁵⁵	fat⁵⁵	tei⁵⁵	he³¹lɔ³¹,
喊	爸	NEG	应	什么	MOOD	爸	1pl	丢	1pl	MOOD

dou³³	ŋɔ³³	hɔ:n¹¹,	kɛ¹¹	tei⁵⁵	leŋ⁵¹la:i¹¹	leŋ⁵¹	a³³?	tei⁵⁵	ha:m⁵⁵	muɯ³¹	tʰou¹¹
都	NEG	应	那	1pl	怎么	做	MOOD	1pl	抓	得	鱼

lɔ³¹,	leŋ⁵¹la:i¹¹	leŋ⁵¹	a³³?"	tʰiau¹¹	ŋuən⁵⁵	luəi³¹	tʰa⁵⁵	daŋ⁵⁵	he¹¹lɔ³¹,
MOOD	怎样	做	MOOD	两	CL	带	RECIP	出	MOOD

ta:k⁵¹len¹¹	lɔ³¹.	ŋɔ³³	tɔk⁵¹	tʰou⁵⁵	tei⁵⁵,	ŋɔ³³	pa:i⁵⁵	ŋɔ³³
饿	MOOD	NEG	有	鱼	吃	NEG: EXIST	什么	NEG: EXIST

dau⁵⁵	sa:u⁵⁵	tʰou¹¹,	leŋ⁵¹la:i¹¹	leŋ⁵¹	maŋ⁵⁵?	tʰiau¹¹	ŋuən⁵⁵	tʰak⁵¹ha⁵⁵	kɔ⁵⁵	ta⁵⁵.
锅	煮	鱼	怎么	做	好	两	CL	姐弟	问	RECIP

（姐姐）拿起大头鱼就往石头上砸，只见鱼头摔扁了，裂开了，小石子都滚进鱼头里。两姐弟哭喊着说："爸爸没回应我们啊，他把我们丢在这儿，不管我们了，我们该怎么办啊？我们抓到的这条鱼，该怎么处理啊？"俩人从池塘里爬出来，肚子饿了。这鱼也不知该怎么吃，没有锅烧鱼，怎么办才好呢？两姐弟你问我，我问你，也没个法子。

kɛ¹¹	daŋ³³ti¹¹	tɔk⁵¹	kuɯ³¹	tɔŋ⁵⁵	nɔ:k⁵¹kuɯ³¹bat⁵⁵	sa:k⁵¹sa:k⁵¹	muɯ³¹suəŋ⁵⁵	kɛ¹¹
那	当时	有	一	CL	麻雀	红红	嘴巴	那

muɯŋ¹¹. "i⁵¹,　　mu³¹suəŋ⁵⁵　pa:t³¹　sa:k⁵¹sa:k⁵¹　a³¹,　　məi⁵⁵　ŋɛ⁵¹　ti³¹　fin¹¹
来　　INTERJ　嘴巴　　真　　红红　　MOOD　2sg　一定　是　飞

lɔ⁵¹　　la:i¹¹　muɯŋ¹¹?"　nɔ:k⁵¹bat⁵⁵　kɛ¹¹　kʰau³³　hɔ:n¹¹　nei⁵¹:　"mu³¹suəŋ⁵⁵　kau⁵⁵
PREP　远　来　　麻雀　　那　就　应　　3sg　嘴巴　　1sg

nɛ⁵¹　tʰɯ:u¹¹　ti⁵¹　da:n⁵⁵　a:ŋ⁵⁵pai⁵⁵　kai¹¹,　kau⁵⁵　nɛ⁵¹　ti⁵¹　da:n⁵⁵　a:ŋ⁵⁵pai⁵⁵　da:n⁵⁵
这么　红　　是　衔　　火炭　　　MOOD　1sg　这　是　衔　　火炭　　　衔

vou⁵⁵　sa:k⁵¹."　"i³⁵,　　kɛ¹¹　məi⁵⁵　tsaŋ³³　liəu³¹　a:ŋ⁵⁵pai⁵⁵　muɯŋ¹¹　au⁵⁵　lɔ⁵¹,
PAR　红　　INTERJ　那　2sg　就　　找　　火炭　　　来　　1pl　BEN

au⁵⁵　ta:k⁵¹len¹¹."　nɔ:k⁵¹　kɛ¹¹　hu⁵⁵:　"kau⁵⁵　liəu³¹　a:ŋ³³pai⁵⁵　muɯŋ¹¹."
1pl　饿　　　鸟　　那　说　　1sg　找　　火炭　　　来

这时，有一只红嘴巴麻雀飞过来。（姐姐问：）"咦，嘴巴好红啊，你一定是从很远的地方来的吧？"麻雀就回应她："我嘴巴这么红是因为衔火炭，总衔火炭，嘴巴都变红了。"（姐姐听了很高兴：）"噢，那你就去帮我们把火炭带过来吧，我们好饿。"麻雀说："那我去找火炭过来。"

bat⁵⁵　kʰau³³　fin¹¹　hai⁵⁵　lɔ³¹.　　ŋa:m⁵⁵　tou³³vɔ:n⁵⁵　mɔ³¹　sa:k³³sa:k⁵¹　kɯ³³
麻雀　就　　飞　去　MOOD　恰好　　太阳　　　那　红红　　　要

dɔ:k⁵¹,　kɛ¹¹　sa:k⁵¹sa:k⁵¹.　nei⁵¹　hai⁵⁵　la:i¹¹　liəu³¹　a³³,　　tou³³vɔ:n⁵⁵　mɔ³¹
落　　那里　红红　　　3sg　去　哪儿　找　　MOOD　太阳　　　那

sa:k⁵¹sa:k⁵¹,　mɔ⁵¹　tɔk⁵¹　a:ŋ⁵⁵pai⁵⁵,　kʰau³³　hai⁵⁵　liəu³¹,　liəu³¹　kʰau³³　mu³¹　pai⁵⁵,
红红　　　那里　有　　火炭　　　就　去　找　　找　　就　　得　　火

liəu³¹　mu³¹　muɯŋ¹¹　he¹¹lɔ³¹.　mou⁵¹　tʰiau¹¹　ŋuən⁵⁵　kʰau³³　kum⁵⁵　pai⁵⁵　a⁵⁵
找　　得　来　　MOOD　3pl　两　　CL　就　点　火　　起来

kʰau³³　dɯa⁵¹　tʰou¹¹　tei⁵¹,　tei⁵¹　he¹¹lɔ³¹,　dɯa⁵¹　mu³¹　tʰou¹¹　tei⁵¹　kʰɔm⁵⁵
就　烧　鱼　吃　　吃　　MOOD　烧　得　鱼　吃　饱

he¹¹lɔ³¹.
MOOD

（说完，）麻雀就飞走啦。正好太阳要落山了，天空红彤彤的。它去哪儿找火炭呢，太阳变得通红通红的，那里一定有火炭，麻雀飞过去找，找到了火炭，就带回来啦。两姐弟马上生火，就烤鱼吃啦，把鱼烤得香香的，吃得很饱啦。

nuəi⁵¹　kɛ¹¹　tei⁵¹　kʰɔm⁵⁵　a⁵⁵　kʰau³³　hai⁵⁵　i⁵⁵　huai³¹,　i⁵⁵　huai³¹　ləi³¹
弟　　那　吃　饱　　后　就　　去　拉　屎　　拉　屎　ASP

kʰau³³　kʰan⁵⁵　huai³¹,　kʰan⁵⁵　huai³¹　lau⁵⁵　kʰou³³sai⁵⁵.　zuan¹¹laːi¹¹　kʰou⁵⁵sai⁵⁵　kɛ¹¹
就　　擦　　屎　　擦　　屎　　上　　树枝　　　原来　　　树枝　　那

vai⁵⁵　kʰou⁵⁵sai⁵⁵　kai¹¹,　kɛ¹¹　ti³¹　kuɯ³¹　tɔŋ⁵⁵　hau¹¹　nəm¹¹　kuɯa³¹　lɔːt⁵¹,　hau¹¹
NEG: COP　树枝　　　MOOD　那　是　一　CL　鹿　六　分叉角　死　鹿

kɛ¹¹　ti⁵¹　daːŋ³¹　kʰou³³sai⁵⁵　kɛ¹¹,　li¹¹li¹¹laŋ³¹laŋ³¹.　sep⁵⁵　hau¹¹　kɛ¹¹　kʰau³³　daːn⁵⁵
那　是　像　树枝　　　那　参差不齐　　　　小虫　鹿　那　就　咬

lau⁵⁵　man⁵¹lin¹¹,　kʰau³³　iːu⁵⁵　a⁵⁵:　"tse⁵⁵　a³³,　man⁵¹lin¹¹　kau⁵⁵　leŋ⁵¹paːi⁵⁵
上　屁股　　就　叫　起来　姐　MOOD　屁股　　　1sg　为什么

nɛ⁵¹　kʰaːm⁵⁵,　məi⁵⁵　si¹¹　mai³³mai⁵⁵."
这里　痒　　　2sg　试　看看

弟弟吃饱后就去大便，大便完就擦屁股，把屎擦在了树枝上。那可不是树枝呢，那是一只有着六根角的死鹿，它的角像是长短不一的树枝。这时，死鹿身上的小虫咬了弟弟的屁股，他马上叫起来："姐姐啊，我的屁股怎么好痒啊，你帮我看看。"

u⁵⁵　kɛ¹¹　kʰau³³　mai⁵⁵　man⁵¹lin¹¹,　"nɛ⁵¹　dou³³　sep⁵⁵　hau¹¹　daːn⁵⁵　məi⁵⁵
姐　那　就　看　屁股　　　这　都　小虫　鹿　咬　　2sg

kai¹¹lɔ³¹."　"kau⁵⁵　tsaːt⁵¹　i⁵⁵　huai³¹　kʰau³³　kʰan⁵⁵　lau⁵⁵　kʰou³³sai⁵⁵　mɔ³¹,　kʰau³³
MOOD　　　1sg　刚才　拉屎　就　擦　上　树枝　那　就

daːn⁵⁵　kau⁵⁵."　u⁵⁵　kɛ¹¹　kʰau³³　hai⁵⁵　mai⁵⁵,　suən⁵¹　kuɯ³¹　puən¹¹　hau¹¹　lɔːt⁵¹
咬　　1sg　姐　那　就　去　看　看见　一　CL　鹿　死

haŋ⁵⁵　nɛ⁵¹　kɛ¹¹lɔ³¹.　kʰau³³　muɯ³¹　he¹¹lɔ³¹,　kum⁵⁵　pai⁵⁵　a⁵⁵　kʰau³³　duɯa⁵¹.
PREP　这儿　MOOD　就　得　MOOD　点　火　起来　就　烧

姐姐就去看，说道："是鹿身上的小虫咬你的啊。"（弟弟说：）"我刚才大便完用树枝来擦屁股，就有什么东西咬我。"姐姐走过去，看到是一只鹿死在这儿啦。就这样，他们得到一只鹿啦，然后点火烤鹿肉。

ɯ⁵¹　aŋ³³　aːk³¹aːk³¹　muɯŋ¹¹,　iːu⁵⁵　haŋ⁵⁵　kɛ¹¹.　"məi⁵⁵　iːu⁵⁵　haŋ⁵⁵　kɛ¹¹,
乌鸦　又　嘎嘎　　　来　　叫　PREP　那儿　2sg　叫　PREP　那儿

kɛ¹¹　məi⁵⁵　muɯan⁵⁵　kau⁵⁵　lɔ⁵¹　muɯ³¹paːi⁵⁵?"　"kau⁵⁵　bɛ³³　sau⁵⁵　liəu³¹　fuɯŋ¹¹
那　2sg　给　1sg　BEN　什么　　　　1sg　PREP　2pl　找　柴火

kum⁵⁵　pai⁵⁵,　kau⁵⁵　ŋɔ³³　lɔ⁵¹　muɯ³¹paːi⁵⁵,　kau⁵⁵　na³³　lɔ⁵¹　luɯi³¹ɳaŋ⁵⁵."　"ei³¹
点　火　　1sg　NEG　要　什么　　　　　1sg　只　要　大肠　　　　INTERJ

kɛ¹¹　məi⁵⁵　tsaŋ³³　kum⁵⁵　kau⁵⁵　lɔ⁵¹　pai⁵⁵,　liəu³¹　kau⁵⁵　lɔ⁵¹　fuɯŋ¹¹,　tsek⁵¹kek⁵⁵
那　2sg　就　点　1sg　BEN　火　找　1sg　BEN　柴　积极

leŋ⁵¹, kʰau³³ mɯ³¹ luɪ¹¹ɲaŋ⁵⁵ hau¹¹ kɛ¹¹ tei⁵¹."
做 就 得 大肠 鹿 那 吃

这时，有只乌鸦嘎嘎叫着飞过来，它一直叫。（姐姐问：）"你在那儿叫什么啊，你说你能给我们什么东西？"（乌鸦说：）"我帮你们找柴火点火，我啥都不要，我只要鹿肠。"（姐姐说：）"唉，只要你帮我们点上火，卖力找柴火，积极干活，就有鹿肠吃。"

ɯ⁵¹ hu⁵⁵: "kau⁵⁵ dou³³ kum⁵⁵ pai⁵⁵ nɛ⁵¹ kʰou³¹ o³¹, huan¹¹ pai⁵⁵
乌鸦 说 1sg 都 点 火 这 苦 MOOD 衔 火

mɔ⁵¹ kɔk⁵⁵ kau⁵⁵ kɔːm¹¹huan¹¹ dou³³ sei⁵⁵ lə:i³¹, kau⁵⁵ zuan¹¹laːi¹¹ ŋɔ³³
那 熏 1sg 全身 都 黑 MOOD 1sg 原来 NEG

sei⁵⁵ leŋ⁵¹nɛ⁵¹ he⁵¹." "kɛ¹¹ tsaŋ³³ kau⁵⁵ mɯan⁵⁵ məi⁵⁵ lɔ⁵¹ luɪ¹¹, məi⁵⁵
黑 这样 MOOD 那 就 1sg 给 2sg BEN 肠 2sg

tsaŋ³³ hai⁵⁵ a¹¹."
就 去 MOOD

乌鸦说："我点火很辛苦的啊，老衔火种我全身都给熏黑了，我原来没这么黑啊。"（姐姐说：）"我肯定会给你肠子吃，你就去吧。"

o³¹, dɯa⁵¹ mɯ³¹ hau¹¹ kɛ¹¹ lə:i³¹, kʰau³³ daŋ⁵⁵ kɔːm¹¹ paːk⁵¹ lo⁵⁵
INTERJ 烧 得 鹿 那 ASP 就 出 CL 地方 大

he¹¹paːi⁵⁵, din³³din⁵⁵dən³³dən⁵⁵. ei³¹, kɯ³¹ tɔŋ⁵⁵ kɯ³¹tsau¹¹ aŋ³³ fin¹¹ mɯŋ¹¹
非常 光秃秃 INTERJ 一 CL 斑鸠 又 飞 来

iːu⁵⁵: "ti³¹kɯ³³kɯ⁵⁵, tut⁵¹vi³¹ kɛ³³vi³¹① ua³¹ dou³³ u⁵¹, ei³¹, mɯ³¹ŋəːu⁵⁵
叫 嘀咕咕 糯米 稻米 多少 都 有 INTERJ 糯米

mɯ³¹tuɪ⁵⁵ kau⁵⁵ dou³³ tɔk⁵¹." hu⁵⁵ lɔ⁵¹ muəi⁵⁵, hu⁵⁵ leŋ⁵¹kɛ¹¹ jɔ³³.
稻米 1sg 都 有 说 PREP 汉语 说 这样 样子

噢，把鹿烤了之后，（在鹿躺着的地方）就烧出了一大块光秃秃的空地。欸，只见一只斑鸠飞过来，叫道："嘀咕咕，多少糯米稻米都有，欸，糯米稻米我都有。"它用汉语说道。

u⁵⁵ kɛ¹¹ kʰau³³ min¹¹taːi³¹ i⁵⁵, nɔːk⁵¹kɯ³¹tsau¹¹ kɛ¹¹ vun¹¹ su³³ luɪ¹¹ nei⁵¹
姐 那 就 知道 INTERJ 斑鸠 那 说 里 肚 3sg

mɔ³¹ tɔk⁵¹ ləp³¹ mɯ³¹ŋəːu⁵⁵, tʰou⁵⁵ mɯ³¹tuɪ⁵⁵. nuəi⁵¹ kɛ¹¹ kɔː⁵⁵: "kɛ¹¹ leŋ⁵¹laːi¹¹
那 有 米 糯米 饭 稻米 弟 那 问 那 怎样

---

① tut⁵¹vi³¹ 和 kɛ³³vi³¹ 是海南闽语的读音。

leŋ⁵¹　maŋ⁵⁵　a³³?"　kʰau³³　leŋ⁵¹　vi³¹　a⁵⁵,　ni¹¹　lau⁵⁵　kɯ³¹tsau¹¹　mɔ³¹,　dɔk⁵⁵
做　　好　　MOOD　就　　做　弓　起来　射　上　斑鸠　那　掉

ta:u⁵⁵　kʰau³³　ha:m⁵⁵.
下　　就　　抓

姐姐听到了，思量道：咦，斑鸠说它肚子里有糯米，还有稻米。弟弟问："那怎么做才好啊？"说完，他就拿起弓箭，射中了斑鸠，斑鸠从天上掉下来了他就跑去抓。

pɯi⁵⁵　de⁵¹ɔ⁵¹,　suəŋ⁵¹　mɯ³¹ŋə:u⁵⁵　mɯ³¹tɯi⁵⁵　su³³　mɔ⁵¹,　mou⁵¹　kʰau³³
剖开　鸟嗉　看　糯米　　稻米　PREP　那里　3pl　就

muən⁵⁵　tʰau¹¹　pak⁵¹　dɯa⁵¹　hau¹¹　kɛ¹¹.　pɔŋ⁵⁵　muŋ¹¹　kʰau³³　huat⁵⁵　a⁵⁵
播　　进　　地方　烧　鹿　那　　雨　来　就　发　起来

he¹¹lɔ³¹,　tɔk⁵¹　mɯ³¹ŋə:u⁵⁵　mɯ³¹tɯi⁵⁵　dou³³　huat⁵⁵　a⁵⁵,　a⁵⁵　lə:i³¹　kʰau³³　daŋ³³
MOOD　有　糯米　　稻米　　都　发　　起来　起来　ASP　就　出

muat⁵⁵,　daŋ⁵⁵　muat⁵⁵　lə:i³¹　kʰau³³　sak⁵¹,　sak⁵¹　lə:i³¹　kʰau³³　huam⁵⁵,　tiu³³
果　　出　果　　ASP　就　熟　　熟　ASP　就　捡　　收

a⁵⁵　leŋ⁵¹　san⁵⁵　mɯ³¹ŋə:u⁵⁵,　mɯ³¹tɯi⁵⁵　aŋ³³　leŋ⁵¹　san⁵⁵　mɯ³¹tɯi⁵⁵,　tsiau¹¹
起来　做　种子　糯米　　稻米　　又　做　种子　稻米　　照

kɛ¹¹　lɔ³¹.　kʰau³³　kʰɛ⁵¹　pə¹¹　lɔ³¹,　leŋ⁵¹la:i¹¹　leŋ⁵¹　a³³,　nɛ⁵¹　dou³³
那样　MOOD　就　拿　回　MOOD　怎样　做　MOOD　这　都

ŋɔ³³　pak⁵¹　kɯ⁵⁵.
NEG:EXIST　地方　种

他们把鸟嗉囊剖开，看到里面全是糯米和稻米，他们就把这些米粒种在烤鹿的地方。瞬间大雨倾盆而下，稻苗就冒出来啦，糯稻苗、水稻苗都长出来啦，接着稻穗抽出来，结出了谷子，谷子熟了掉在地上，他们就去捡，捡起糯稻谷留着当种子，捡起粳稻谷当种子，就那样一直捡。捡完他们把这些种子拿回去，可是该怎么办呢，这里没有足够大的空地种稻谷啊。

tʰiau¹¹　ŋuən⁵⁵　kʰau³³　kʰu:i⁵¹　kɔ:m¹¹　pak⁵¹　a⁵⁵,　leŋ⁵¹　tou¹¹,　leŋ⁵¹　tou¹¹
两　CL　就　开垦　CL　地方　起来　做　田　做　田

a⁵⁵.　mɯ³¹ŋə:u⁵⁵　kɯ⁵⁵　kɯ³¹　huan¹¹,　mɯ³¹tɯi⁵⁵　kɯ⁵⁵　kɯ³¹　huan¹¹,　kɯ⁵⁵　mɯ³¹mə:t³¹
起来　糯米　　种　一　CL　稻米　　种　一　CL　种　稻

a⁵⁵　he¹¹lɔ³¹.　ei³¹jɔ³¹,　mə:t³¹　kɛ¹¹　maŋ⁵⁵　mə:t³¹　o³¹,　nɛ⁵¹　leŋ⁵¹la:i¹¹　tiu³³?
起来　MOOD　INTERJ　稻　那　好　稻　MOOD　这　怎样　收

241

na³³ti⁵¹ pʰɯ⁵⁵ mɯ³¹ pʰaːi⁵¹tʰiəŋ¹¹ kɛ¹¹ ləi³¹, pʰaːi⁵¹tuːt⁵¹ aŋ³³ saːk⁵¹, na³³ti⁵¹ pʰɯ⁵⁵
CONJ 收 得 前面 那 ASP 后面 又 熟 CONJ 收

pʰaːi⁵¹tuːt⁵¹ kɛ¹¹ ləi³¹, pʰaːi⁵¹tʰiəŋ¹¹ kɛ¹¹ saːk⁵¹, toŋ¹¹ti⁵¹ pʰɯ⁵⁵ ŋɔ³³ ləi³¹.
后面 那 ASP 前面 那 熟 总是 收 NEG 完

他俩开始开垦荒地，准备种田。一块地种糯米，一块地种稻米，稻苗很快就长大啦。哎哟，那稻子长得真好啊，但该怎么收割呢？刚把前排的稻子收割完，后排的稻子就熟了，可收完后排的稻子，前排的稻子又熟了，总是有收割不完的稻子。

ŋɔ³³ mɔn⁵⁵, kʰau³³ len⁵¹ saːŋ⁵⁵ a⁵⁵ pei⁵⁵ pu¹¹ hɔːm¹¹ saːŋ⁵⁵ mət³¹, pu¹¹
NEG 完 就 做 谷仓 起来 存 五 CL 谷仓 稻 五

hɔːm¹¹ saːŋ⁵⁵ pək³¹. tʰei¹¹ he¹¹lɔ³¹, biən⁵⁵ tsia¹¹ tɔk⁵¹ tei⁵¹ a⁵⁵ he¹¹lɔ³¹. mət³¹
CL 谷仓 谷 多 MOOD 变 成 有 吃 起来 MOOD 稻

mɔ⁵¹ su³³ tou¹¹ ti³¹ maŋ⁵⁵ he¹¹lɔ³¹. tɔk⁵¹ nɔːk⁵¹ a³³, tsau¹¹ a³³, kɯ³¹bat⁵⁵
那 里 田 是 好 MOOD 有 鸟 MOOD 斑鸠 MOOD 麻雀

a³³, nɔːk⁵¹ paːi⁵⁵ dou³³ mɯŋ¹¹ tei⁵¹, tei⁵¹ he¹¹lɔ³¹.
MOOD 鸟 什么 都 来 吃 吃 MOOD

看着收不完的稻子，姐弟俩就开始建谷仓，盖了五个稻米仓、五个谷仓。好多的稻谷啊，这下他们就衣食无忧啦。田里的稻子长得非常好啊。总有鸟啊，如斑鸠啊、麻雀啊等各种鸟来偷吃稻谷啊。

u⁵⁵ kɛ¹¹ ke⁵⁵ nuɛi⁵¹: "mɛi⁵⁵ ŋɔ³³ len⁵¹ paːi⁵⁵, mɛi⁵⁵ tsaŋ³³ tʰaːu⁵¹ nɔːk⁵¹,
姐 那 叫 弟 2sg NEG 做 什么 2sg 就 等 鸟

nɔːk⁵¹ na³³ mɯŋ¹¹ tei⁵¹ mɛi⁵⁵ tsaŋ³³ pʰeːk⁵¹. mɛi⁵⁵ tsaŋ³³ kʰɛ⁵¹ buəi³³ nɛ⁵¹
鸟 CONJ 来 吃 2sg 就 追 2sg 就 PREP 米饭 那

ɔːp⁵¹ nɔːk⁵¹, len⁵¹ buəi³³ kʰuak⁵⁵ ki⁵¹ lo⁵⁵kɛ¹¹lo⁵⁵kɛ¹¹, nei⁵¹ iːu⁵⁵ haŋ⁵⁵ laːi¹¹
扔 鸟 做 米饭 块 捏 大大小小 3sg 叫 PREP 哪儿

mɛi⁵⁵ tsaŋ³³ ɔːp⁵¹ haŋ⁵⁵ laːi¹¹."
2sg 就 扔 PREP 哪儿

姐姐对弟弟说："你什么都不用做，就专门守小鸟，小鸟一来你就去驱赶它。你把这些米饭扔给小鸟，把这些米饭捏成大大小小的饭团，小鸟在哪儿叫，你就往哪儿扔。"

nɔːk⁵¹ mɔ⁵¹ iːu⁵⁵ tsit⁵⁵tsit⁵⁵tsit⁵⁵, nɔːu⁵¹mət³¹ tsi¹¹tsuət³¹tsi¹¹tsuət³¹, ɔːp⁵¹ aŋ³³
鸟 那 叫 吱吱吱 禾苗 窸窸窣窣 扔 又

ŋɔ³³ suəŋ⁵¹ nei⁵¹ hai⁵⁵. "i³⁵, kɛ¹¹ ti⁵¹ nɔːk⁵¹ paːi⁵⁵, ɔːp⁵¹ ŋɔ³³ hai⁵⁵
NEG 看 3sg 去 INTERJ 那 是 鸟 什么 扔 NEG 去

a³³?" u⁵⁵ mɔ⁵¹ kʰau³³ hu⁵⁵: "nɔːu⁵¹məːt³¹ tsi¹¹tsuət³¹ts¹¹tsuət³¹ daːŋ³¹ tɔk⁵¹ tʰai¹¹
MOOD 姐 那 就 说 禾苗 窸窸窣窣 像 有 人

su³³ mɔ⁵¹ a³³. nɔːu⁵¹məːt³¹ mɔ⁵¹ han¹¹ kiu⁵⁵ mɔ⁵¹, ŋɛ⁵¹ tɔk⁵¹ tʰai¹¹
PREP 那里 MOOD 禾苗 那 动 很 MOOD 一定 有 人

su³³ mɔ⁵¹ kai¹¹a³³. kɛ¹¹ məi⁵⁵ tsaŋ³³ hai⁵⁵ mai⁵⁵ a¹¹, mai⁵⁵ tʰai¹¹ paːi⁵⁵,
PREP 那里 MOOD 那 2sg 就 去 看 MOOD 看 人 什么

zɔːt³¹ lo³¹ kɛ¹¹ tsaŋ³³ po⁵¹, zɔːt³¹ kuɯ³¹leu¹¹ kɛ¹¹ tsaŋ³³ pa⁵⁵." maːi¹¹ nuəi⁵¹
烂 肚脐 那 是 爸 烂 背 那 是 叔 教 弟

kɛ¹¹.
那样

（有一天，）听到小鸟吱吱吱的叫声，禾苗窸窸窣窣的响声，（弟弟就朝有声响的地方）扔饭团，可动静还是没消停。（弟弟想：）"咦，那是什么鸟啊，都给它饭团了，怎么还不走？"姐姐就说："禾苗窸窸窣窣地响，好像有人在那儿啊。禾苗晃动得很厉害，一定有人在那里的。你过去看看吧，看到底是谁，烂肚脐的那就是爸爸，烂背的就是叔叔。"姐姐就那样教弟弟。

nuəi⁵¹ tsiau¹¹ kɛ¹¹ hai⁵⁵ mai⁵⁵, tsaŋ³³ suəŋ⁵¹ zɔːt³¹ kuɯ³¹leu¹¹, zɔːt³¹ kuɯ³¹leu¹¹
弟 照 那样 去 看 就 看 烂 背 烂 背

kɛ¹¹. "nɛ⁵¹ tsaŋ³³ pa⁵⁵ tei⁵⁵ he¹¹lɔ³¹." tʰau¹¹taːi¹¹ suəŋ⁵¹ pa⁵⁵ kuɯ³¹tin⁵⁵. pa⁵⁵
那 这 是 叔 1pl MOOD 首先 看 叔 首先 叔

kɛ¹¹ puət³¹ min¹¹duəi⁵¹ lou⁵¹ hu⁵⁵ nei⁵¹ tɔk⁵¹ tei⁵¹ he¹¹lɔ³¹, tɔk⁵¹ ləp³¹ tɔk³¹
那 早 知道 别人 说 3pl 有 吃 MOOD 有 米 有

pəːk³¹, muɯ³¹paːi⁵⁵ dou³³ tɔk⁵¹ he¹¹lɔ³¹.
谷 什么 都 有 MOOD

弟弟照着姐姐说的去看，就看到是个烂背的。"烂背的是我们叔叔啦。"他们先看到了叔叔。叔叔早就听别人说他们现在食物充足啦，有大米有谷子，什么都有啦。

kʰau³³ ke⁵⁵ nuəi⁵¹ luəi³¹ pa⁵⁵ kɛ¹¹ pə¹¹, u⁵⁵ kɛ¹¹ kʰau³³ tiə⁵¹ ban³³pʰaːt⁵⁵
就 叫 弟 带 叔 那 回 姐 那 就 想 办法

tsiau³³daːi⁵¹ pa⁵⁵ kɛ¹¹. pi⁵¹ tɔːŋ⁵⁵pəi¹¹, tɔːŋ⁵⁵pou¹¹ mɔ³¹, ke⁵⁵ pou¹¹ ke⁵⁵ pəi¹¹
招待 叔 那 敲 猪槽 狗槽 那 叫 狗 叫 猪

mɔ⁵¹ pə¹¹. tɔ³¹tɔk⁵¹ kai¹¹ tou¹¹maːu⁵⁵ dou³³ pə¹¹, u⁵⁵ kɛ¹¹ kʰau³³ tson¹¹ kuɯ³¹
那 回 所有 ASSOC 东西 都 回 姐 那 就 选 一

kʰaŋ⁵⁵ pəi¹¹ kui⁵⁵kui⁵⁵ kɛ¹¹, haːm⁵⁵ a⁵⁵ tse³¹, ke⁵⁵ pa⁵⁵ kɛ¹¹ tei⁵¹, ke⁵⁵ liau⁵⁵
CL　猪　肥肥　那　抓　起来 杀　叫　叔　那　吃　叫　住

tʰiau¹¹ vɔːn⁵⁵ taːu⁵⁵ sɔːp⁵¹ haŋ⁵⁵ mɔ⁵¹ nɯ³³ pə¹¹.
两　　CL　三　CL　PREP 那里 才　回

姐姐让弟弟带叔叔回家，姐姐就想办法招待叔叔。她敲敲猪槽、狗槽，把猪狗都喊回来。所有的家畜都回来了，姐姐就从中选了一头很肥的猪，抓起来宰了，然后叫叔叔吃，还叫他在那儿住两天三夜才回去。

u⁵⁵ kɛ¹¹ saːu⁵⁵ buəi³³ mɔ⁵¹ a⁵⁵, boŋ⁵¹ tʰau¹¹ biːn⁵⁵ mɔ³¹, tʰiau¹¹ hɔːm¹¹
姐　那　煮　饭　那　后　放　进　笋筐 那　两　CL

biːn⁵⁵ lɔ³¹, boŋ⁵¹ kəːm⁵⁵ boŋ⁵¹ buəi³³ su³³ kɛ¹¹, hu⁵⁵ pa⁵⁵ kɛ¹¹ lɔ⁵¹:
笋筐 MOOD 放　肉　放　米饭 PREP 那里 说　叔　那　BEN

"məi⁵⁵ kɯ³³ hai³³pə¹¹ tsaŋ³³ təːp⁵¹ buəi³³ təːp⁵¹ kəːm⁵⁵ nɛ⁵¹ hai³³pə¹¹. boŋ⁵¹
2sg 要　回去　就　挑　米饭 挑　肉　这　回去　放

kəːm⁵⁵ su³³ kɛ¹¹, nɛ⁵¹pʰaːi⁵¹ məi⁵⁵ tsaŋ³³ muan⁵⁵ tʰai¹¹ tʰɯ³³tʰɯ³¹ tei⁵¹,
肉　PREP 那里 这边　2sg　就　给　人　家里 吃

nɛ⁵¹pʰaːi⁵¹ muan⁵⁵ tʰai¹¹ su³³fəːn⁵⁵ lɔ⁵¹ tei⁵¹ o³³."
这边　　给　人　村里　BEN 吃　MOOD

姐姐煮好了米饭，把饭放进笋筐，一共两个笋筐咯，肉和米饭都放在里面，然后对叔叔说："你要回去，就把这担米饭和肉都挑走。这边笋筐放肉，你给家里人吃，这边（笋筐的米饭）给村里人吃。"

pa⁵⁵ kɛ¹¹ kʰau³³ hu⁵⁵ bɛ³³ lou⁵¹, hu⁵⁵ kɔːm¹¹fəːn⁵⁵kɔːm¹¹tʰɯ³¹ lɔ⁵¹, po⁵¹
叔　那　就　说　PREP 别人 说　全村众邻　　　BEN 爸

mɔ⁵¹ po⁵¹ nɛ⁵¹ a³³. mai⁵¹ mɔ⁵¹ mai⁵¹ nɛ⁵¹ a³¹, tʰau¹¹tʰaːu³¹ mai⁵⁵
那　爸　这　MOOD 看　那　看　这　MOOD 当初　　看

tʰiək³¹tʰak³¹tʰɯa³¹ huai³³, luəi³¹ tʰiək³¹ lou⁵¹ hai⁵⁵ fat⁵⁵, tiə⁵¹ haːi⁵¹ tʰiək³¹ lou⁵¹,
孤儿　　　坏　带　孩子 别人 去　扔　想　害　孩子 别人

o⁵¹, kan¹¹nɛ⁵¹ dou³³ leŋ⁵¹ tɔk⁵¹haŋ⁵⁵tɔk⁵¹tei⁵¹ he³¹, ləp³¹ mɯ³¹ŋəːu⁵¹, ləp³¹
INTERJ 现在　都　做　有吃有喝　　　MOOD 米　糯米　米

mɯ³¹tʰɯi⁵⁵ dou³³ tɔk⁵¹ he³¹.
稻米　都　有　MOOD

回到村里，叔叔逢人就跟别人讲，讲给乡里乡邻听，还跟孩子的父亲说了很多。你瞧啊，当时觉得孩子坏，就带着孩子去扔掉，想把人家孩子给害死，可现在孩子有吃有喝啦，糯米、稻米啥都有了啊。

po⁵¹　　kɛ¹¹　　tsaŋ³³　　kəi⁵¹　　mi¹¹　　kɛ¹¹: "tsaŋ³³　　be³¹　　ti³¹? kau⁵⁵　　vun¹¹　　tʰiək³¹
爸　　　那　　　就　　　　骂　　　　后妈　　那　　是　　　NEG　　是　　1sg　　说　　　孩子

kau⁵⁵　　kɛ¹¹　　maŋ⁵⁵,　　məi⁵⁵　　aŋ³³　　kɛ⁵⁵　　kau⁵⁵　　luəi³¹　　hai⁵⁵　　fat⁵⁵.　　kan¹¹nɛ⁵¹
1sg　　　那　　　好　　　　2sg　　　又　　　叫　　　1sg　　　带　　　　去　　　扔　　　　现在

leŋ⁵¹maŋ⁵⁵leŋ⁵¹tei⁵¹,　　məi⁵⁵　　leŋ⁵¹laːi¹¹　　leŋ⁵¹? pa⁵⁵　　mɔ⁵¹　　hai⁵⁵　　muu³¹paːi⁵⁵　　dou³³
仓廪殷实　　　　　　　　2sg　　　　怎样　　　　做　　　叔　　　那　　　去　　　什么　　　　　都

muan⁵⁵　　pə¹¹,　　kɔːm¹¹fəːn⁵⁵　　dou³³　　muu³¹　　tei⁵¹."
给　　　　回　　　全村　　　　　　都　　　得　　　吃

（回到家，）爸爸就骂后妈："（我就说他们怎么可能是坏孩子，）是不是？我说我的孩子好，你却叫我把孩子丢掉。现在他们有吃有穿，你说怎么办啊？叔叔去找他们还给捎了很多东西回来，全村人都能吃到。"

mi¹¹　　mɔ³¹　　kɛ⁵⁵　　po⁵¹　　mɔ⁵¹　　hai⁵⁵　　ɔ⁵¹　　pa⁵⁵　　mɔ⁵¹　　tʰau¹¹　　nɔːu⁵¹məːt³¹　　mɔ⁵¹
后妈　　那　　　叫　　　爸　　　那　　　去　　　学　　叔　　　那　　　进　　　禾苗　　　　　那

iːu⁵⁵　　tsit⁵⁵tsit⁵⁵tsit⁵⁵tsit⁵⁵.　tʰiək³¹　　mɔ³¹　　ki⁵¹　　buəi³³kɔŋ⁵⁵　　muŋ¹¹　　ɔːp⁵¹,　　pʰeːk⁵¹　　nɔːk⁵¹,
叫　　　吱吱吱吱　　　　　　　　小孩　　　那　　　捏　　　饭团　　　　　来　　　　扔　　　　追　　　鸟

na³³ti⁵¹　　nɔːk⁵¹　　kɛ¹¹　　ɔːp⁵¹　　toŋ³¹　　ŋɔ³³　　hai⁵⁵.　ɔːp⁵¹hai⁵⁵ɔːp⁵¹tʰen⁵¹,　ɔːp⁵¹　　tʰei¹¹laːi¹¹
CONJ　　　鸟　　　那　　　扔　　　总　　　NEG　　去　　　扔来扔去　　　　　　　　扔　　　多少

buəi³³　　muŋ¹¹　　vuam⁵⁵　　tʰei¹¹laːi¹¹　　tei⁵¹.　nɛ⁵¹　　leŋ⁵¹laːi¹¹　　leŋ⁵¹　　maŋ⁵⁵? vai⁵⁵
饭团　　　来　　　捡　　　　多少　　　　　吃　　　这　　　怎样　　　　　做　　　好　　　NEG: COP

he¹¹lɔ³¹,　　nɛ⁵¹　　vai⁵⁵　　　　nɔːk⁵¹　　he³¹.
MOOD　　　这　　　NEG: COP　　鸟　　　　MOOD

后妈让爸爸也去（孩子那里），叫他学着叔叔也藏在禾苗旁边，模仿小鸟吱吱吱地叫。（听到叫声，）弟弟把捏好的饭团扔过去，想把鸟赶走，可是不管扔多少饭团，那只鸟却怎么也赶不走。扔了又扔，不管扔多少饭团它都捡起来吃掉。（弟弟想：）这该怎么办啊？不是啦，这不是鸟啦。

u⁵⁵　　kɛ¹¹　　kʰau³³　　kɛ⁵⁵　　nuəi⁵¹　　kɛ¹¹　　hai⁵⁵　　mai⁵⁵: "məi⁵⁵　　na³³　　suəŋ⁵¹　　zɔːt³¹
姐　　　那　　　就　　　　叫　　　弟　　　　那　　　去　　　看　　　2sg　　　CONJ　　看　　　烂

lo³¹　　kɛ¹¹　　tsaŋ³³　　po⁵¹　　tei⁵⁵,　　zɔːt³¹　　kuu³¹leu¹¹　　kɛ¹¹　　tsaŋ³³　　pa⁵⁵." o³¹,　　mai⁵⁵suəŋ⁵¹
肚脐　　那　　　是　　　爸　　　1pl　　　烂　　　背　　　　　那　　　是　　　叔　　　INTERJ　看见

zɔːt³¹　　lo³¹　　tsia¹¹　　tsaŋ⁵⁵　　po⁵¹,　　kou¹¹　　pə¹¹　　he¹¹lɔ³¹.
烂　　　　肚脐　　正　　　是　　　　爸　　　叫　　　回　　　MOOD

姐姐就让弟弟过去看看，叮嘱道："你要是看到是个烂肚脐的，那就是咱爸，烂背的是叔叔。"噢，弟弟看到的是个烂肚脐的，那正是爸爸，就叫他一起回家啦。

pə¹¹	vou⁵⁵	tʰɯ³¹,	po⁵¹	tsaŋ³³	suəŋ⁵¹,	u⁵⁵	kɛ¹¹	pi⁵¹	tɔːŋ⁵⁵	kɛ¹¹	a⁵⁵,	suəŋ⁵¹
回	到	家	爸	就	看见	姐	那	敲	槽	那	后	看见

pəi¹¹	a³³,	lei⁵⁵	a³³,	hau¹¹	a³³,	mɯ³¹pa:i⁵⁵	dou³³	pə¹¹,	luːt⁵⁵luːt³¹	pə¹¹.
猪	MOOD	黄猄	MOOD	鹿	MOOD	什么	都	回	陆续	回

ha:m⁵⁵	pəi¹¹	a⁵⁵	tse³¹	da:i⁵¹	po⁵¹,	na³³ti⁵¹	vai⁵⁵	da:ŋ³¹	pa⁵⁵	kɛ¹¹	ha:m⁵⁵
抓	猪	起来	杀	待	爸	CONJ	NEG: COP	像	叔	那	抓

kui³³kui⁵⁵	tse³¹,	nei⁵¹	kɛ¹¹	ti⁵¹	tsɔn¹¹	ŋa:u³³ŋa:u⁵⁵	kɛ¹¹	muan⁵⁵	tei⁵¹.	tei⁵¹
肥肥	杀	3sg	那	是	选	瘦瘦	那	给	吃	吃

kʰɔm⁵⁵kʰɔm⁵⁵	tʰiau¹¹	vɔːn⁵⁵	nɯ³³	ke⁵⁵	pə¹¹.	ja³³	a:n³³	bi:n⁵⁵	buəi³³,	a:n³³
饱饱	两	CL	才	叫	回	也	安排	箩筐	米饭	安排

kə:m⁵⁵,	ke⁵⁵	nei⁵¹	tə:p⁵¹	pə¹¹.
肉	叫	3sg	挑	回

回到家，爸爸看到姐姐敲了敲食槽，猪啊、黄猄啊、鹿啊，各种动物就都陆陆续续地来了。姐姐抓了头猪来招待爸爸，但是不像上次招待叔叔那样抓了很肥的猪来宰，而是挑了瘦瘦的猪给爸爸吃。（爸爸）吃得饱饱的，（两姐弟留爸爸）住了两天才让回去。（爸爸回去那天，）姐姐也准备了一筐米饭、一筐肉，叫他挑回去。

tʰiək³¹	kɛ¹¹	tsiu⁵¹	ŋa:n⁵⁵:	"nɛ⁵¹	kɔ:m¹¹	bi:n⁵⁵	buəi³³,	nɛ⁵¹pʰa:i⁵¹	bi:n⁵⁵	buəi³³
孩子	那	就	叮嘱	这	CL	箩筐	米饭	这边	箩筐	米饭

tsaŋ³³	muan⁵⁵	mi¹¹	lɔ⁵¹	tei⁵¹	a¹¹,	ke⁵⁵	nei⁵¹	ou⁵⁵	sa:ŋ⁵⁵	mə:t³¹	mɔ³¹,
是	给	后妈	BEN	吃	MOOD	叫	3sg	开	谷仓	稻子	那

bɔn⁵¹	tʰau¹¹	mɔ⁵¹	tei⁵¹,	kʰam³³	ŋat⁵⁵	sa:ŋ⁵⁵	mə:t³¹	mɔ⁵¹	a⁵⁵	nɯ³³	tei⁵¹	nɛ⁵¹
放	进	那里	吃	要	关	谷仓	稻子	那	后	才	吃	这

kɔ:m¹¹	bi:n⁵⁵	buəi³³.	məi⁵⁵	tsaŋ³³	tei⁵¹	su³³	tə:n¹¹,	tap⁵⁵	muən⁵⁵	tə:n¹¹	mɔ³¹
CL	箩筐	米饭	2sg	就	吃	里	卧室	关	门	卧室	那

a⁵⁵	məi⁵⁵	nɯ³³	tei⁵¹,	məi⁵⁵	ŋɔ³³	tap⁵⁵	muən⁵⁵	məi⁵⁵	jou⁵¹	kua³¹	tei⁵¹."
后	2sg	才	吃	2sg	NEG	关	门	2sg	NEG	急	吃

孩子叮嘱爸爸："这个箩筐里面放着米饭，这筐米饭是给后妈吃的，叫她打开谷仓，进里头去吃，要把谷仓门关上才能吃这筐米饭。你就在卧室里吃，把门关紧后你才能吃，没关门你不要急着吃。"

po⁵¹ ja³³ tsiau¹¹ tʰiək³¹ kɛ¹¹ hu⁵⁵, kiət⁵⁵kuəi³¹ kʰɛ⁵¹ bin⁵⁵ buəi³³ kɛ¹¹ pə¹¹,
爸 也 照 孩子 那 说 结果 拿 筐 米饭 那 回

tsiau¹¹ tʰiək³¹ kɛ¹¹ mai¹¹ tei⁵¹ lɔ³¹. mi¹¹ kɛ¹¹ tei⁵¹ kai¹¹ tiʰaːu³³, kɛ¹¹
照 孩子 那 教 吃 MOOD 后妈 那 吃 ASSOC 时候 那里

tɔk⁵¹ bət⁵¹ su³³ kɛ¹¹, hut⁵¹ mai⁵¹ kɛ¹¹ su³³ mɔ⁵¹, hut⁵¹ nei⁵¹ su³³ mɔ⁵¹
有 蛇 PREP 那里 缠 后妈 那 PREP 那里 缠 3sg PREP 那里

iːu⁵⁵ ɔːkʰ¹¹ɔːk⁵¹, hut⁵¹ su³³ saːŋ⁵⁵ mɔ⁵¹ kʰuŋ¹¹kʰuŋ⁵¹ iːu⁵⁵.
叫 嗷嗷 缠 PREP 谷仓 那 咚咚 响

爸爸也照孩子说的去做，他把那筐米饭带回家，照孩子教他的那样去吃咯。后妈吃饭的时候，藏在箩筐里的一条蛇，突然爬出来缠住她，缠得后妈嗷嗷直叫，（后妈不断挣扎，）谷仓里发出咚咚的声响。

po⁵¹ kɛ¹¹ min¹¹duəi⁵¹ tsiu⁵¹ hu⁵⁵: "məi⁵⁵ seŋ³¹kʰuai¹¹ o³¹, məi⁵⁵ haːi⁵¹
爸 那 听到 就 说 2sg 高兴 MOOD 2sg 害

tʰiək³¹ kau⁵⁵, tei⁵¹ a⁵⁵ jaŋ⁵¹ seŋ³¹kʰuai¹¹ sɔ³¹, han¹¹ kʰuŋ¹¹kʰuŋ⁵¹, leŋ⁵¹
孩子 1sg 吃 后 还 高兴 MOOD 动 咚咚 做

seu⁵⁵ leŋ⁵¹ paːi⁵⁵ mɔːu³¹ su³³ kɛ¹¹ sɔ³¹." kəi⁵¹ maːi⁵¹ kɛ¹¹. aŋ³³ vou⁵⁵
声音 做 什么 摸 PREP 那里 MOOD 骂 后妈 那 又 到

po⁵¹ kɛ¹¹ tei⁵¹ lɔ³¹, tap⁵⁵ min¹¹muən⁵⁵ a⁵⁵ tei⁵¹. tɔŋ⁵⁵ lip³¹pou¹¹ daːn⁵⁵
爸 那 吃 MOOD 关 门 后 吃 CL 蜈蚣 咬

kuʔ³¹ɔ⁵¹ po⁵¹ kɛ¹¹, po⁵¹ kɛ¹¹ iːu⁵⁵ ɔːkʰ¹¹ɔːk⁵¹, iːu⁵⁵ o³¹, lip³¹pou¹¹ daːn⁵⁵
喉咙 爸 那 爸 那 叫 嗷嗷 叫 MOOD 蜈蚣 咬

tʰai¹¹. təp¹¹ mu³¹ lip³¹pou¹¹ hai⁵⁵, ŋo³³ daːn⁵⁵ he³¹, na³³ti⁵¹ taːk⁵¹ kiu⁵⁵
人 打 得 蜈蚣 去 NEG 咬 MOOD CONJ 疼 很

o³¹.
MOOD

爸爸听到声响就说："你可高兴啊，你害了我的孩子，吃完了还挺开心呢，怎么咚咚响，你在里面东摸西摸的干吗呢。"把后妈骂了一顿。轮到爸爸吃饭咯，他关上门后开始吃饭。不料有只蜈蚣一口咬住他的喉咙，爸爸嗷嗷直叫，大声叫啊，蜈蚣咬人啦。（一番挣扎后，）爸爸把蜈蚣打跑了，没被咬了，但是（刚才被咬的地方）很疼啊。

po⁵¹ ou⁵⁵ saːŋ⁵⁵ mɔ⁵¹ a⁵⁵, suəŋ⁵¹ bət⁵¹ mɔ⁵¹ daːn⁵⁵ maːi⁵¹ mɔ⁵¹ lɔːt⁵¹ hai⁵⁵,
爸 开 谷仓 那 后 看见 蛇 那 咬 后妈 那 死 ASP

bɔŋ⁵¹　pai⁵⁵　tsei⁵⁵　saːŋ⁵⁵　mɔ³¹,　bəːt⁵¹　ja³³　lɔːt⁵¹　hai⁵⁵　ei³¹,　bəːt⁵¹　mɔ³¹　kʰau³³
放　火　烧　谷仓　那　蛇　也　死　ASP　MOOD　蛇　那　就

kʰəːn⁵⁵　lin¹¹vuəi⁵⁵,　biən⁵⁵　tsɯŋ⁵⁵　saŋ⁵¹tɔŋ⁵⁵.　po⁵¹　ja³³　kʰi¹¹　a⁵⁵:　"o³¹,　tʰiək³¹
上　天　变　成　彩虹　爸　也　气　起来　INTERJ　孩子

paːi³³　leŋ⁵¹nɛ⁵¹　jə³³,　haːi⁵¹　maːi⁵¹　lɔːt⁵¹,　kau⁵⁵　dou³³　ŋɔ³³　kʰi¹¹　ja³¹,　aːn³³
怎么　这样　MOOD　害　后妈　死　1sg　都　NEG　气　MOOD　安排

lip³¹pou¹¹　daːn⁵⁵　kuː³¹ɔ⁵¹　kau⁵⁵,　taːk⁵¹　kiu⁵⁵　o³¹."
蜈蚣　咬　喉咙　1sg　疼　很　MOOD

爸爸打开谷仓后，只见蛇已经把后妈咬死了，他放了把火烧了谷仓，把蛇也烧死了，（后来）蛇就飞上天，变成了彩虹。爸爸火冒三丈，想："孩子怎么这样啊，如果只是害死后妈，我都不生气啊，可他们居然安排蜈蚣咬我的喉咙，很疼唷。"

kʰi¹¹　a⁵⁵,　kʰi³¹　bia³³,　aŋ³³　kou¹¹　lou⁵¹　kɔːm¹¹naːm⁵⁵kɔːm¹¹len¹¹　hai⁵⁵　kuː³³　tse³¹
气　起来起　兵　又　叫　别人　全村全寨　去　要　杀

tʰiək³¹　kɛ¹¹.　"kɯ³¹ziau¹¹　na⁵⁵　tsiu⁵¹　hai⁵⁵,　sau⁵⁵　tsaŋ³³　kʰɛ⁵¹　vi³¹,　kʰɛ⁵¹　pe⁵⁵,
孩子　那　明天　CONJ　就　去　2pl　就　拿　弓　拿　箭

kʰɛ⁵¹　kʰua⁵⁵,　kʰɛ⁵¹　dou⁵¹　hai⁵⁵,　suəŋ⁵¹　mou⁵¹　tsaŋ³³　tse³¹."
拿　锯子　拿　刀　去　看　3pl　就　杀

爸爸咽不下这口气，就发动了全村全寨的人去杀那两个孩子。他说："明天要是过去，你们就拿弓、箭、锯子、刀去，见到他们就杀。"

po⁵¹　kɛ¹¹　hai⁵⁵　he¹¹lɔ³¹.　na³³tiː⁵¹　lai⁵⁵　tin⁵⁵,　vou⁵⁵　tʰɔk⁵⁵tin⁵⁵,　bɔŋ⁵¹　taːu⁵⁵
爸　那　去　MOOD　CONJ　远　路　到　半路　放　下

kɯ³¹aːu⁵⁵,　mou⁵¹　ti³¹　liau⁵⁵　su³³　ŋuən⁵¹.　bɔŋ⁵¹　vi³¹,　bɔŋ⁵¹　pe⁵⁵　taːu⁵⁵,　bɔŋ⁵¹
休息　3pl　是　住　里　山　放　弓　放　箭　下　放

muː³¹paːi⁵⁵　taːu⁵⁵.　biən¹¹　daŋ⁵⁵　lua⁵¹,　kʰəːn⁵⁵　haŋ⁵⁵　vi³¹　haŋ⁵⁵　pe⁵⁵,　but⁵⁵　vi³¹
什么　下　变　出　白蚁　上　PREP　弓　PREP　箭　断　弓

kɛ¹¹,　ti⁵¹　tui⁵⁵　kɛ¹¹　but⁵⁵　hai⁵⁵,　ŋɔ³³　ni¹¹　muː³¹　pe⁵⁵,　dou⁵¹　ŋɔ³³　tʰaːn⁵⁵
那　是　绳　那　断　ASP　NEG　射　得　箭　刀　NEG　砍

muː³¹　lou⁵¹.
得　别人

爸爸就过去啦。但是那两孩子住在深山里，路途遥远，走到半路，大伙儿放下武器休息。他们把弓箭等搁在地上，突然出现很多白蚁，爬上弓箭，把弓啃断了，弓弦也断了，射不了箭，刀（也被啃坏了）砍不了人。

kʰi¹¹ o³¹, nɛ⁵¹ aŋ³³ leŋ⁵¹la:i¹¹ leŋ⁵¹ maŋ⁵⁵ a³³, "kɛ¹¹ tei⁵⁵ tsaŋ³³
气 MOOD 这 又 怎么 做 好 MOOD 那 1pl 就

hai⁵⁵, hai⁵⁵ mai⁵⁵ nei⁵¹ leŋ⁵¹la:i¹¹ jɔ³³." vou⁵⁵ tʰɔk⁵⁵tin⁵⁵, lau⁵⁵ a³³, tei⁵⁵
去 去 看 3sg 怎么 样子 到 半路 黄蜂 MOOD 蜜蜂

a³³, pa:i⁵⁵ dou³³ muŋ¹¹ pʰɛ:k⁵¹ mou⁵¹ da:n⁵⁵, da:n⁵⁵ zi:u¹¹na:ŋ³¹. lau⁵⁵
MOOD 什么 都 来 追 3pl 咬 咬 胡乱 黄蜂

a³³, tei⁵⁵ a³³, da:n⁵⁵ tʰai¹¹ ai⁵⁵dɔ:i⁵¹ o³¹.
MOOD 蜜蜂 MOOD 咬 人 难受 MOOD

气死人了，这该怎么办啊，爸爸就说："那咱们就去看看怎么回事。"走到半路，黄蜂啊，蜜蜂啊，各种昆虫都追着他们跑，疯狂地叮咬他们。黄蜂和蜜蜂咬人真的很疼啊。

kʰau³³ ko⁵⁵ pə¹¹, ja³³ ŋɔ³³ tsuŋ⁵⁵ tse³¹, leŋ⁵¹la:i¹¹ leŋ⁵¹ maŋ⁵⁵ ni⁵⁵?
就 跑 回 也 NEG 成 杀 怎样 做 好 MOOD

"kɛ¹¹ tei⁵⁵ tsaŋ³³ jou⁵¹ hai⁵⁵ he³¹. ti³¹ vuat⁵¹ e³¹, nei⁵¹ mɔ⁵¹ kuan³¹
那 1pl 就 NEG 去 MOOD 是 鬼 MOOD 3pl 那 管

hau¹¹, kuan³¹ pəi¹¹, kuan³¹ lei⁵⁵ su³³ ŋuən⁵¹, tɔ³¹u⁵¹ kai¹¹ tou¹¹ma:u⁵⁵ dou³³ ŋei³¹
鹿 管 猪 管 黄猄 里 山 所有 ASSOC 东西 都 听

dat⁵¹ nei⁵¹, nei⁵¹ ke⁵⁵ leŋ⁵¹la:i¹¹ tsaŋ³³ leŋ⁵¹la:i¹¹, məi⁵⁵ leŋ⁵¹la:i¹¹ tse³¹ mu³¹
话 3pl 3pl 让 怎样 就 怎样 2sg 怎么 杀 得

nei⁵¹?"
3pl

大伙儿只得狼狈地逃回去，杀不成两姐弟了，怎么办呢？有人就说："我们就别去啦。他们是鬼神啊，他们在山里掌管鹿、山猪、黄猄，所有的动物都要听他们的话，他们想怎样就怎样，你怎么能杀得了他们呢？"

mou⁵¹ tsaŋ³³ leŋ⁵¹maŋ⁵⁵leŋ⁵¹tei⁵¹, tsaŋ³³ tsuŋ⁵⁵ vuat⁵⁵ u⁵¹suən⁵⁵. kan¹¹nɛ⁵¹
3pl 就 仓廪殷实 就 成 鬼 山林里 现在

tʰai¹¹ hai⁵⁵ tʰau¹¹ ŋuən⁵¹ nɯ:u¹¹, kʰam³³ tse³¹ kʰai⁵⁵ pʰoŋ⁵¹ nei⁵¹, tsaŋ³³ maŋ⁵⁵
人 去 进 山 打猎 该 杀 鸡 祭拜 3sg 就 好

mu³¹ tou¹¹ma:u⁵⁵, təp¹¹ mu³¹ hau¹¹, mu³¹ pəi¹¹, mu³¹ lei⁵⁵. məi⁵⁵ ŋɔ³³
得 东西 打 得 鹿 得 猪 得 黄猄 2sg NEG

pʰoŋ⁵¹ nei⁵¹, mu³¹pa:i⁵⁵ dou³³ ŋɔ³³ mu³¹.
祭拜 3sg 什么 都 NEG 得

从此，姐弟俩就衣食无忧，变成了山林鬼。现在人们去山里打猎，要是杀鸡来祭拜山林鬼，就能有收获，想捉鹿就能捉到，想捉山猪也能捉到，想捉黄猄同样能捉到。你要是不祭拜它，就什么都得不到。

（黄仁芬讲述，2016年）

2．仙女和孤儿的故事

zi¹¹ta:i¹¹　tɔk⁵¹　ŋuən⁵⁵　tʰiək³¹tʰak³¹tʰua³¹,　nei⁵¹　leŋ⁵¹tou¹¹.　nei⁵¹　su⁵⁵　fə:n⁵⁵
以前　　　有　　CL　　孤儿　　　　　　　3sg　种田　　　3sg　里　村

leŋ⁵¹tou¹¹　kʰam³³　diam⁵⁵　ti:ŋ⁵¹　lɔ⁵¹　na:m⁵⁵,　ŋɔ³³　diam⁵⁵　ti:ŋ⁵¹　ja³³　ti⁵¹　ŋɔ³³
种田　　　要　　堵　　　坝　　PREP　水　　NEG　堵　　　坝　　也　是　NEG

tɔk⁵¹　na:m⁵⁵　leŋ⁵¹tou¹¹　kai¹¹.　diam⁵⁵　ti:ŋ⁵¹　a⁵⁵　na:m⁵⁵　tsiu⁵¹　tʰei¹¹　o³¹,
有　　水　　种田　　　　MOOD　堵　　坝　　后　水　　就　　多　　MOOD

na:m⁵⁵　bo⁵⁵　tʰu¹¹fi¹¹.
水　　满　溢出

很久以前有一个孤儿，他在村里种田。种田要砌坝用水，不砌坝的话就没水来灌溉稻田。水坝建好之后，只见坝里好多水，水满得都快溢出来了。

tʰiək³¹vuəi⁵⁵　lau⁵⁵　lin¹¹vuəi⁵⁵　suən⁵¹　ti:ŋ⁵¹　na:m⁵⁵　nei⁵¹　kɛ¹¹　tʰei¹¹,　vɔ:n⁵⁵vɔ:n⁵⁵
仙女　　　　上　　天　　　　看　　坝　　水　　3sg　那么　多　　天天

ta:u⁵⁵　ɯp⁵¹na:m⁵⁵.　ta:u⁵⁵　a³¹,　　ɯp⁵¹na:m⁵⁵　su³³　ti:ŋ⁵¹　nei⁵¹　kɛ¹¹,　ti³¹　maŋ⁵⁵
下　　洗澡　　　　下　　MOOD　洗澡　　　里　坝　　3sg　那　是　好

o³¹,　　kʰai¹¹　ŋuən⁵⁵　ti³¹　seŋ³¹kʰuai¹¹,　hi⁵⁵hi⁵⁵ha⁵⁵ha⁵⁵　ɯp⁵¹na:m⁵⁵　si⁵¹ta:i⁵¹.　na:m⁵⁵
MOOD　每　CL　　是　开心　　　　嘻嘻哈哈　　　洗澡　　　　自在　　　水

lak⁵⁵　daŋ⁵⁵　ti:ŋ⁵¹　na:m⁵⁵,　o⁵⁵　tʰau¹¹　tou¹¹　bo⁵⁵　leŋ⁵¹　ti:ŋ⁵¹,　sɛ⁵⁵　ti:ŋ⁵¹　kɛ¹¹
也　　出　　坝　　水　　难　进　　田　满　让　　坝　　踩　坝　那

tʰut¹¹.
塌

仙女看着水坝里满当当的水，天天从天上跑下来洗澡。在坝里洗澡真畅快啊，仙女们个个都很开心，嬉戏玩闹，自在得很。可她们洗澡时，水流到了坝外，水少了就流不到田里啦，坝沿还被仙女们踩塌了。

nei⁵¹　ziən¹¹　o³¹,　　"nɛ⁵¹　ti⁵¹　tʰiək³¹lat⁵⁵　pa:i⁵⁵　leŋ⁵¹　ti:ŋ⁵¹　kau⁵⁵　nɛ⁵¹　tʰut¹¹,
3sg　气　　MOOD　这　是　小孩　　　什么　做　　坝　　1sg　这　塌

na:m⁵⁵　ŋɔ³³　mɯ³¹　tʰau¹¹　tou¹¹."　dɔ:i³³zi³³　vɔ:n⁵⁵,　nei⁵¹　tsiu⁵¹　hai⁵⁵　tʰen⁵¹,　hai⁵⁵
水　　NEG　得　进　田　　　　第二　　CL　　3sg　就　去　ASP　去

tʰɔm⁵⁵　mai⁵⁵　ti⁵¹　ka:i⁵¹　leŋ⁵¹.
藏　　　看　　是　　谁　　做

孤儿很生气，（他心想：）"这是哪儿来的小孩把我的水坝踩塌了啊，水都没法儿流到田里了。"第二天，他就去水坝边上，偷偷藏起来想看看到底是谁干的。

nei⁵¹　mai⁵⁵suaŋ⁵¹　tiən³³ni³¹　lɔ⁵¹　lin¹¹vuəi⁵⁵　ta:u⁵⁵　uɯp⁵¹na:m⁵⁵　ti⁵¹　tsuət³¹
3sg　看到　　　　仙女　　　PREP　天上　　下　　　洗澡　　　　是　　脱

vo¹¹.　tsuət³¹　vo¹¹　lə:i³¹,　nei⁵¹　i:k⁵⁵i:k⁵⁵　miət¹¹　haŋ⁵⁵　nɔ:u⁵¹sai⁵⁵,　nɔ:u⁵¹kuɯ³¹tsɔŋ¹¹,
衣服　脱　　衣服　ASP　　3sg　静静　　　藏　　PREP　树　　　　丛树（音译）

mi³¹　kuɯ³¹　pa:n⁵⁵　vo¹¹　tʰɯ:u¹¹tʰɯ:u¹¹　kɛ¹¹　pei⁵⁵　a⁵⁵.　tʰa:u⁵¹　nei⁵¹　uɯp⁵¹na:m⁵⁵
拿　一　　CL　　衣服　红红　　　　　那　　放　起来　等　　3sg　洗澡

kuɯ³³　lə:i³¹,　nei⁵¹　kʰau³³　daŋ⁵⁵,　daŋ⁵⁵　seu⁵⁵　huai¹¹.　kʰai¹¹　ŋuən⁵⁵　mi³¹　vo¹¹
要　　完　　3sg　就　　　出　　　出　　声　　大叫　　每　　CL　　拿　衣服

sɔːt⁵¹　ei³¹.
穿　　MOOD

他看到仙女们从天上下来脱衣服洗澡。孤儿静静地躲在丛树（音译）后，她们脱了衣服后，他便悄悄拿起其中一件红色的衣服藏起来。等仙女们洗得差不多了，他突然跳出来大叫。那几个仙女被吓得赶紧上岸穿衣服。

kʰau³³　tsou¹¹　kɛ¹¹　ŋuən⁵⁵,　nei⁵¹　nuɯ³³　tsuk¹¹　vo¹¹　kai¹¹　ŋuən⁵⁵　la:i¹¹vo¹¹kiət⁵¹
就　　剩　　那　CL　　3sg　刚　　藏　　衣服　ASSOC　CL　　来不及

vo¹¹ba:n³³pʰat⁵⁵　sɔ:t⁵¹　vo¹¹.　"o³¹,　zuan¹¹la:i¹¹　ti⁵¹　sau⁵⁵　leŋ⁵¹　ti:ŋ⁵¹　kau⁵⁵
没办法　　　　穿　　衣服　INTERJ　原来　　是　2pl　做　坝　　1sg

nɛ⁵¹　tʰut¹¹,　kau⁵⁵　mi³¹　vo¹¹　məi⁵⁵.　məi⁵⁵　kuɯ³³　lɔ⁵¹　vo¹¹　məi⁵⁵　jou⁵¹　kʰə:n⁵⁵
这　塌，　　1sg　拿　衣服　2sg　2sg　想　要　衣服　2sg　NEG　上

lin¹¹vuəi⁵⁵,　məi⁵⁵　tsaŋ³³　bɛ³³　kau⁵⁵　leŋ⁵¹haŋ⁵⁵leŋ⁵¹tei⁵¹."
天　　　　2sg　就　　PREP　1sg　过日子

但那个被他偷了衣服的仙女，找不到衣服，就没法儿穿衣服。（他走出来，对那仙女说：）"哦，原来是你们把我的水坝踩坏了，我拿了你的衣服。你想要回衣服的话，就别回天上了，干脆和我一起过日子吧。"

u³³　kɛ¹¹　kʰau³³　hu⁵⁵:　"ki⁵⁵ziən¹¹　məi⁵⁵　mi³¹　vo¹¹　kau⁵⁵,　kau⁵⁵　ŋɔ³³　kʰə:n⁵⁵
女　那　就　　说　　CONJ　　2sg　拿　衣服　1sg　　1sg　NEG　上

muɯ³¹　lin¹¹vuəi⁵⁵,　tsiu⁵¹　na⁵⁵hɔ³¹　bɛ³³　məi⁵⁵　leŋ⁵¹haŋ⁵⁵leŋ⁵¹tei⁵¹."　kʰau³³　hai⁵⁵
得　天　　　　　就　　只好　　PREP　2sg　过日子　　　　　　　　就　　去

ei³¹,　　　leŋ⁵¹tei⁵¹　lɔ³¹.
MOOD　　过日子　　MOOD

那仙女一看这情形，只好答应："既然你拿了我的衣服，我也没法儿回天上了，那我就跟你过日子吧。"就这样，她跟着孤儿回家过日子了。

kua⁵¹　ku³¹　ma⁵⁵　leŋ⁵¹kɛ¹¹,　tɔk⁵¹　ŋuən⁵⁵　tʰiək³¹,　tɔk⁵¹　ŋuən⁵⁵　tʰiək³¹pʰɯ³³tsə¹¹
过　　一　　CL　　这样　　有　　CL　　孩子　　有　　CL　　儿子

daŋ⁵⁵.　tiək³¹　kɛ¹¹　lo⁵⁵　it⁵⁵　a⁵⁵,　dau⁵⁵　ku⁵⁵　huɛi¹¹,　lau⁵⁵　lin¹¹vuɛi⁵⁵　ta:u⁵⁵　su:i³³
出　　孩子　那　大　点　后　七　八　岁　　上　天　　下来　催

ma:i⁵¹　hai⁵⁵pə¹¹.　ma:i⁵¹　kʰau³³　hai⁵⁵,　tsou¹¹　tʰiək³¹　kɛ¹¹　ta:u³³　ne⁵¹　bɛ³³
妈　　回去　　妈　　就　　去　　剩　小孩　那　　下　这儿　CONJ

po⁵¹　nei⁵¹.
爸　3sg

过了大约一年，仙女生了个儿子。孩子长到七八岁的时候，神仙下凡叫仙女回天上去。仙女就回去了，把孩子和孩子他爸留在了凡间。

tʰiək³¹　kɛ¹¹　leŋ⁵¹la:i¹¹　a¹¹,　lo⁵⁵　a⁵⁵　kʰau³³　liəu³¹　ma:i⁵¹.　po⁵¹　kɛ¹¹　hu⁵⁵:
孩子　那　怎样　　MOOD　大　后　就　　找　妈　爸　那　说

"ma:i⁵¹　məi⁵⁵　ŋɔ³³　haŋ⁵⁵　ne⁵¹　ei³¹,　kʰə:n⁵⁵　lin¹¹vuɛi⁵⁵.　məi⁵⁵　kɯ³³　lɔ⁵¹　liəu³¹
妈妈　2sg　NEG　在　这　MOOD　上　天　　2sg　想　要　找

ma:i⁵¹　məi⁵⁵,　məi⁵⁵　tsaŋ³³　ke⁵⁵　ma:i⁵¹　məi⁵⁵　bɔŋ⁵¹　ba⁵⁵　ta:u⁵⁵,　məi⁵⁵　nu³³
妈妈　2sg　2sg　就　叫　妈　2sg　放　梯子　下　2sg　才

kʰə:n⁵⁵　lin¹¹vuɛi⁵⁵　mɔ³¹　hai⁵⁵."
上　天　　那　去

孩子大了之后就找妈妈。爸爸说："你妈妈不在这里，她在天上。要是想找你妈，只有叫她把梯子放下来，你才能爬到天上去。"

tsei⁵⁵　hə:ŋ⁵⁵　a⁵⁵,　ma:i⁵¹　kʰau³³　min¹¹ta:i³¹,　tʰiək³¹　kɯ³³　kʰə:n⁵⁵　lin¹¹vuɛi⁵⁵,
烧　香　后　妈　　就　知道　　孩子　要　上　天

kʰau³³　bɔŋ⁵¹　ba⁵⁵　ta:u⁵⁵.　ma:i⁵¹　ŋa:n⁵⁵　tʰiək³¹　kɛ¹¹:　"məi⁵⁵　kʰə:n⁵⁵　ba⁵⁵　kɛ¹¹
就　放　梯子　下　妈　嘱咐　孩子　那　2sg　上　梯子　那

lak³¹　maŋ⁵⁵,　kau⁵⁵　na³³　pi⁵¹　lɔ:ŋ⁵⁵,　məi⁵⁵　tsaŋ³³　kʰui³³ti¹¹　kʰə:n⁵⁵,　sɛ⁵⁵　lɔ⁵¹
也　好　1sg　CONJ　敲　锣　2sg　就　开始　上　踩　PREP

ba⁵⁵　kɛ¹¹　kʰə:n⁵⁵,　pi⁵¹　dɔ:i³³zi³³si¹¹　lɔ:ŋ⁵⁵,　kɛ¹¹　tsaŋ³³　tiu³³　ba⁵⁵　he¹¹lɔ³¹.　məi⁵⁵
梯子　那　上　敲　第二次　锣　那　就　收　梯子　MOOD　2sg

tsaŋ³³　tu⁵⁵i¹¹　o³³."

就　　　注意　　　MOOD

烧了香之后，妈妈知道孩子要上来找她，就把梯子放下来。她叮嘱孩子："你爬梯子时要小心，我一敲锣你就得马上踩梯子往上爬，第二次敲锣，梯子就要收起来了。你一定要注意啊。"

ŋa:n⁵⁵ŋa:n⁵⁵,　tʰiə k³¹　kɛ¹¹　ja³³　ŋei³¹,　kʰau³³　hai⁵⁵　ei³¹.　pi⁵¹　lo:ŋ⁵⁵　lə:i³¹,
不停叮嘱　　孩子　得　也　听　就　　去　　MOOD　敲　锣　ASP

tʰiə k³¹　kɛ¹¹　kʰau³³　se⁵⁵　lo⁵¹　ba⁵⁵　kʰə:n⁵⁵,　kʰə:n⁵⁵　vou⁵⁵　lin¹¹vuəi⁵⁵　mu³¹
孩子　得　就　踩　PREP　梯子　上　　上　　PREP　天　　得

liau³¹a:u⁵¹,　kʰau³³　hai⁵⁵　ei³¹.
之后　　　就　　去　　MOOD

孩子记住了妈妈的嘱咐。听到敲锣声，那孩子就踩上梯子往上爬，要爬到天上去啦！

no:k⁵¹sa:ŋ⁵⁵　kɛ¹¹　aŋ³³　huai³³,　suəŋ⁵¹　nei⁵¹　se⁵⁵　lo⁵¹　ba⁵⁵　kʰə:n⁵⁵　lin¹¹vuəi⁵⁵,
猴子　　　那　又　坏　　看　　3sg　踩　PREP　梯子　上　天

no:k⁵¹sa:ŋ⁵⁵　kʰau³³　vɯam⁵⁵　mɯat⁵⁵sai⁵⁵,　vin¹¹　tei⁵¹　lo:ŋ⁵⁵　kɛ¹¹　kʰau³³　i:u⁵⁵.
猴子　　　就　捡　　果子　　　扔　中　锣　　那　就　叫

ma:i⁵¹　kɛ¹¹　kou¹¹leŋ⁵¹　nei⁵¹　kʰə:n⁵⁵　ei³¹,　kʰau³³　tiu³³　ba⁵⁵　kɛ¹¹　a⁵⁵,　tʰiə k³¹
妈　那　以为　　　3sg　上　　MOOD　就　收　梯　那　起　孩子

kɛ¹¹　kʰau³³　do:k⁵¹　ta:u⁵⁵,　do:k⁵¹　lo⁵¹　lin¹¹vuəi⁵⁵　ta:u⁵⁵,　lo:t⁵¹　he¹¹lo³¹.
那　就　掉　　下　　掉　PREP　天　　　下　　死　MOOD

可是，有只猴子很坏，它看到那孩子正顺着梯子往天上爬，就捡来一个果子往前扔，正好扔中铜锣，铜锣随即发出响声。妈妈以为孩子已经爬上来了，就把梯子收起来了，孩子直接从天上掉下来摔死啦。

min¹¹ta:i³¹　tʰiə k³¹　kɛ¹¹　ŋo⁵⁵　kʰə:n⁵⁵　mu³¹　lin¹¹vuəi⁵⁵,　kau¹¹　tui⁵⁵a:u⁵¹　nɛ⁵¹,
知道　　孩子　那　NEG　上　　得　天上　　　到　最后　　　TOP

kʰau³³　kʰi¹¹　o³¹,　ha:i⁵¹　tʰiə k³¹　kɛ¹¹　lo:t⁵¹.　tʰiə k³¹　kɛ¹¹　lo:t⁵¹　liau³¹a:u⁵¹
就　气　MOOD　害　孩子　那　死　孩子　那　死　之后

nɛ⁵¹,　tʰiə k³¹　vuəi⁵⁵　tsaŋ³³　ma:i⁵¹　lo⁵¹　lin¹¹vuəi⁵⁵　ta:u⁵⁵　tʰau¹¹　nei⁵¹,　tsaŋ³³
TOP　孩子　天　是　妈　PREP　天　　　下　　生　3sg　是

no:k⁵¹sa:ŋ⁵⁵　ha:i⁵¹　tʰiə k³¹　kɛ¹¹.　vɯam⁵⁵　mɯat⁵⁵sai⁵⁵　lau⁵⁵　lo:ŋ⁵⁵　kʰau³³　i:u⁵⁵,
猴子　　　害　孩子　那　捡　果　　　上　锣　　就　叫

ma:i⁵¹　kou¹¹leŋ⁵¹　tʰiək³¹　kɛ¹¹　kʰə:n⁵⁵　vou⁵⁵　lin¹¹vuəi⁵⁵　lə:i³¹,　kʰau³³　tiu³³　ba⁵⁵
妈　　以为　　　孩子　　那　上　　　PREP　天　　　ASP　　就　　收　　梯

kɛ¹¹　a⁵⁵,　ha:i⁵¹　tʰiək³¹　kɛ¹¹　vou⁵⁵　tʰɔk⁵⁵　tin⁵⁵　kʰau³³　lɔ:t⁵¹.
那　　起　害　　孩子　　那　到　　半　　路　　就　　死

　　后来得知孩子没能爬上来，妈妈很生气，（也很自责，）觉得自己害死了孩子。这孩子是从天上下到凡间的仙女生的，可猴子害死了他。猴子扔果子砸中了铜锣，铜锣响了，妈妈以为孩子已经爬到天上，就收了梯子，让正爬到一半的孩子摔死了。

（黄仁芬讲述，2016年）

3．龙的故事

kɔŋ³¹　ku⁵¹si⁵¹　ti⁵¹　tə:ŋ¹¹　kai¹¹　ku⁵¹si⁵¹.　kɛ³³ma:u⁵⁵　di⁵¹kʰi³³　tɔk⁵¹　kuɯ³¹
讲　　故事　　是　龙　　ASSOC　故事　　加茂　　　地区　　　有　　一

pa:k⁵¹　na:m⁵⁵　tʰa³¹　he¹¹pa:i⁵⁵,　na:m³³lo⁵⁵　kai¹¹,　kɛ¹¹　kuɯ³¹　pa:k⁵¹　tsaŋ³³　kou¹¹leŋ⁵¹
CL　　水　　深　　特别　　　大河　　　MOOD　那　一　　CL　　就　　叫做

tʰa³¹kuɯ³¹fo¹¹.　tʰau¹¹tʰa:u³¹　kuəi⁵⁵hu¹¹　tɔk⁵¹　tə:ŋ¹¹,　tə:ŋ¹¹　liau⁵⁵　su³³　kɛ¹¹,　kan¹¹nɛ⁵¹
拓佛潭（音译）以前　　　　过去　　　有　龙　　龙　　住　PREP　那里　现在

bua⁵⁵kiaŋ³³　kai¹¹　tou¹¹uaŋ⁵⁵pʰɯ⁵¹　kɛ¹¹　kuɯ³¹sua⁵⁵.　tə:ŋ¹¹　kɛ¹¹　liau⁵⁵　su³³
半弓　　　ASSOC　大旺上　　　　　那　　地方　　　龙　　那　　住　　里

na:m⁵⁵　kɛ¹¹.
水　　那

　　这是龙的故事。加茂地区有一个特别深的水潭，叫做拓佛潭（音译）。很久以前潭里有条龙，那水潭在现在的半弓乡大旺上村。据说龙现在还在水潭里。

haŋ⁵⁵　lau⁵⁵　pʰɔ⁵⁵　tɔk⁵¹　kɔ:m¹¹　fə:n¹¹,　kou¹¹leŋ⁵¹　fə:n¹¹　tou¹¹uaŋ⁵⁵.　fə:n⁵⁵　kɛ¹¹
PREP　上　坡　有　　CL　　村　　叫做　　　村　　大旺　　　村　　那

tɔk⁵¹　kɯ³¹　ŋuən⁵⁵　tʰai¹¹,　po⁵¹　lɔ:t⁵¹　ma:i⁵¹　lɔ:t⁵¹,　tsou¹¹　nei⁵¹　bɛ³³　su⁵⁵
有　一　CL　　人　　爸　死　　妈　　死　　剩　　3sg　CONJ　嫂子

bɛ³³　e:ŋ⁵⁵　liau⁵⁵.　su³³　kɛ¹¹　ɔ:i⁵¹　niək⁵¹da:i⁵¹　nei⁵¹,　ŋɔ³¹　nei⁵¹,　ke⁵⁵　nei⁵¹
CONJ　哥　住　　　嫂　那　会　虐待　　　3sg　欺负　3sg　叫　3sg

leŋ⁵¹　mɔ⁵¹　leŋ⁵¹　nɛ⁵¹,　mɯ³¹pa:i⁵⁵　dou³³　ke⁵⁵　nei⁵¹　leŋ⁵¹,　tsiau³¹　nuəi⁵¹　kai¹¹
做　　那　做　　这　　什么　　　都　　叫　3sg　做　　找　　妹妹　　ASSOC

ma¹¹fan¹¹.
麻烦

以前，坡上有个村，叫大旺村。村里有个姑娘，她父母早就过世了，家里只剩下她和哥哥，还有嫂嫂。嫂嫂经常虐待、欺负她，总叫她做这做那，处处找她的麻烦。

tɔ³¹zi¹¹	tɔk⁵¹	kɯ³¹	vɔːn⁵⁵	vou⁵⁵	sun³³	ɯt⁵⁵	uaŋ⁵⁵.	ke⁵⁵	nuəi⁵¹	hai⁵⁵	ɯt⁵⁵
CONJ	有	一	CL	到	季	砍	田野	叫	妹妹	去	砍

bɛ⁵⁵,	nei⁵¹	ja³³	ɯt⁵⁵.	ɯt⁵⁵	a³³	ɯt⁵⁵,	maːi⁵¹	uaŋ⁵⁵	vi¹¹	he¹¹paːi⁵⁵,	tʰiau¹¹puət⁵¹
CONJ	3sg	也	砍	砍	MOOD	砍	大	田野	宽	特别	二十

tsou¹¹	mɔːu³¹,	ɯt⁵⁵	mɯ³¹	daŋ⁵⁵	he³¹lo³¹.	ke⁵⁵	nuəi⁵¹	kɛ¹¹	ɯt⁵⁵	uaŋ⁵⁵	ləːi³¹
多	CL	砍	得	出	MOOD	叫	妹	那	砍	坡地	完

he³¹lɔ³¹:	"məi⁵⁵	tsaŋ³³	kɛ¹¹	hai⁵⁵	tsei⁵⁵,	tsei⁵⁵	daŋ⁵⁵	kɯ³³	lɔ⁵¹,	mɯuan⁵⁵
MOOD	2sg	就	那	去	烧	烧	出	种	MOOD	给

mɯuai⁵⁵	mɯuan⁵⁵	məːt³¹	a³³,	kɯ⁵⁵	mɯ³¹paːi⁵⁵	mɯ³¹paːi⁵⁵	taːu⁵⁵	lɔ³¹."
玉米	给	稻子	MOOD	种	什么	什么	下	MOOD

有一天，到了开荒的季节，（要种山栏稻了）。嫂子叫姑娘一同上山砍树开荒。姑娘砍啊砍，砍出了一片大坡地，特别宽，约有二十亩。等姑娘砍伐完，（嫂子又说）："那你继续烧山吧，烧好之后就种地了，可以种玉米啊、稻子啊，什么都能种了。"

nuəi⁵¹	kɛ¹¹	kʰau³³	hai⁵⁵,	hai⁵⁵	mai⁵⁵	ŋuən⁵¹	mɔ⁵¹	tsaːt⁵¹	nu³³	ɯt⁵⁵	taːu⁵⁵,
妹	那	就	去	去	看	山	那	刚才	砍	下	

kɯ³¹sai⁵⁵	mɔ⁵¹	tʰau¹¹tʰau¹¹,	leŋ⁵¹laːi¹¹	tsei⁵⁵	a³³?	ŋɔ³³	tsei⁵⁵	mɯ³¹	kʰau³³
树	那	生生	怎么	烧	MOOD	NEG	烧	得	就

ŋaːi⁵⁵,	haŋ⁵⁵	uaŋ⁵⁵	kɛ¹¹	tɔk³¹	kɯ³¹	duən⁵⁵	maːi⁵¹	nɔːu⁵¹diau⁵⁵.
哭	PREP	坡地	那	有	一	CL	大	大叶榕

姑娘看着刚砍伐好的坡地（想）：这才刚清理完，树枝杂草还没晒干，这怎么能烧得起来啊？想到这些，姑娘就走到坡地上的一棵大榕树底下，坐下来大哭。

nuəi⁵¹	kɛ¹¹	tsiəŋ⁵⁵	haŋ⁵⁵	nɔːu⁵¹diau⁵⁵	kɛ¹¹	ŋaːi⁵⁵.	ŋaːi⁵⁵	kʰui¹¹kia³¹	suən⁵¹
妹	那	坐	PREP	大叶榕	那	哭	哭	会儿	看

ŋuən⁵⁵	tʰai¹¹	nuːi⁵⁵	lɔ⁵¹	naːm⁵⁵	a⁵⁵.	a⁵⁵	kʰau³³	kɔ⁵⁵	nei⁵¹:	"məi⁵⁵	aŋ³³
CL	人	钻	PREP	水	起来	起来	就	问	3sg	2sg	又

leŋ⁵¹paːi⁵⁵	ŋaːi⁵⁵	a³³?	"kau⁵⁵	də³³	ɯt⁵⁵	uaŋ⁵⁵	ne⁵¹	ləːi³¹,	eːŋ⁵⁵	kau⁵⁵	bɛ³³
干吗	哭	MOOD	1sg	都	砍	田野	这	完	哥	1sg	CONJ

su⁵⁵	kau⁵⁵	ke⁵⁵	kau⁵⁵	tsei⁵⁵.	ne⁵¹	də³³	tʰau¹¹tʰau¹¹,	ke⁵⁵	kau⁵⁵	leŋ⁵¹laːi¹¹	tsei⁵⁵."
嫂	1sg	让	1sg	烧	这	都	生生	让	1sg	怎么	烧

"məi⁵⁵ jou⁵¹ tʰɔ¹¹, kau⁵⁵ nu³³ ba:ŋ³³ məi⁵⁵. məi⁵⁵ be³³ kau⁵⁵ liəu³¹ tau⁵⁵."
2sg NEG 怕 1sg 才 帮 2sg 2sg PREP 1sg 找 虱子

姑娘在那树底下哭啊哭。不一会儿，她看到有个人从水里钻出来。（那其实是条龙。）龙问她："你干吗哭啊？"姑娘说："我砍了树枝，又清理完杂草了，我哥和我嫂竟让我现在就烧地。可这树枝杂草还是湿的，叫我怎么烧啊。"龙宽慰她说："没事，你别担心，我会帮你的。你先帮我找虱子。"

məi⁵⁵ liəu³¹ kau⁵⁵ lɔ⁵¹, kau⁵⁵ liəu³¹ məi⁵⁵ lɔ⁵¹. liəu³¹ vou³³ toŋ³³ŋɔːu⁵¹
2sg 找 1sg BEN 1sg 找 2sg BEN 找 PREP 中午

te³³te³³ ku³¹duən⁵¹ dou³³ ŋɔ³³ tsei⁵⁵ uaŋ⁵⁵, leŋ⁵¹la:i¹¹ leŋ⁵¹? "kʰui¹¹kia³¹ bɛ⁵⁵,
差不多 中午 都 NEG 烧 田野 怎么 做 等下 CONJ

kɛ¹¹ maŋ⁵⁵ leŋ⁵¹. kau⁵⁵ nu³³ leŋ⁵¹, məi⁵⁵ tsaŋ³³ dap⁵⁵ tou⁵⁵. kau⁵⁵ leŋ⁵¹ tsu³³
那 好 做 1sg 才 做 2sg 就 闭 眼睛 1sg 做 等

kʰui¹¹kia³¹ tsaŋ³³ ta:i³¹ leŋ⁵¹la:i¹¹ leŋ⁵¹." ku³¹fuɛi⁵⁵ kʰau³³ ma:i⁵¹pai⁵⁵, lo⁵¹
一下 就 知道 怎么 做 忽然 就 大火 大

he¹¹pa:i⁵⁵, pai⁵⁵ a⁵⁵ tsei⁵⁵ ŋuən⁵¹ mɔ³¹ din⁵⁵ ləːi⁵⁵ləːi³¹. kʰui¹¹kia³¹ kʰau³³
特别 火 起来 烧 山 那 光 完完 等下 就

suəŋ⁵¹ uaŋ⁵⁵ mɔ⁵¹ tseŋ⁵¹ fa⁵⁵, tsou¹¹ he¹¹, kʰia⁵⁵sai⁵⁵. tsei⁵⁵ muɯ³¹ ləːi³¹
看 田野 那 尽 灰 剩 MOOD 树枝 烧 PAR 完

he¹¹lɔ³¹, kʰau³³ pə¹¹.
MOOD 就 回

（姑娘和龙开始互找虱子了，）你给我找，我帮你找。差不多中午了，还没烧山，怎么办？龙说："那好办，等一下我来做。你闭上眼睛，我来做。等下你就知道怎么样了。"只见突然冒出一团大火，火势凶猛，把坡地烧得光秃秃的一片。不一会儿的工夫，坡地里都是草木灰，只剩一些残枝断干。烧好了山，姑娘就开开心心地回家了。

hai⁵⁵pə¹¹ vun¹¹ su⁵⁵ vun¹¹ eːŋ⁵⁵ lɔ⁵¹: "uaŋ⁵⁵ kɛ¹¹ kau⁵⁵ tsei⁵⁵ ləːi³¹, na³³ti⁵¹
回去 告诉 嫂 告诉 哥 BEN 田野 那 1sg 烧 完 CONJ

ŋɔ³³ kuəŋ⁵⁵ sɔ³¹." eːŋ⁵⁵ be³³ su⁵⁵ hu⁵⁵: "məi⁵⁵ kɯ³¹ziau¹¹ hai⁵⁵ kuəŋ⁵⁵
NEG 堆 MOOD 哥 CONJ 嫂 说 2sg 明天 去 堆

ləːi³¹ləːi³¹, maŋ³³ kɯ⁵⁵ tou¹¹ma:u⁵⁵ ta:u⁵⁵." nuəi⁵¹ kɛ¹¹ hai⁵⁵ he¹¹lɔ³¹, aŋ³³ pə¹¹
完完 好 种 东西 下 妹妹 那 去 MOOD 又 回

nɔːu⁵¹diau⁵⁵ kɛ¹¹ tsiəŋ⁵⁵ ŋa:i⁵⁵.
大叶榕 那 坐 哭

回到家，姑娘告诉她哥和嫂子："坡地我烧了，只是还没收拾没烧完的树枝。"哥哥和嫂子就说："那明天你去把树枝全部捡起来，堆在一起，就可以种地了。"妹妹只好再去坡地，又回到榕树底下坐着哭。

"nɛ⁵¹ aŋ³³ leŋ⁵¹la:i¹¹ leŋ⁵¹! tʰei¹¹ mɔ⁵¹ nɔ:u⁵¹kʰou⁵⁵sai⁵⁵, ke⁵⁵ kau⁵⁵ leŋ⁵¹la:i¹¹
这 又 怎么 做 多 那么 树枝 叫 1sg 怎么

kuəŋ⁵⁵ mu³¹ lə:i³¹?" u³³ lou⁵¹ kɛ¹¹ kʰau³³ ŋa:i⁵⁵. tə:ŋ¹¹ aŋ³³ kʰə:n⁵⁵ tʰen⁵¹,
堆 PAR 完 女孩 别人 那 就 哭 龙 又 上 ASP

ŋa:n⁵⁵ nei⁵¹: "məi⁵⁵ jou⁵¹ ŋa:i⁵⁵, jou⁵¹ tʰɔ¹¹, jou⁵¹ muən³³, ku³¹tsɯ⁵⁵ ba:ŋ³³
叮嘱 3sg 2sg NEG 哭 NEG 怕 NEG 闷 等下 帮

məi⁵⁵ leŋ⁵¹." kʰui¹¹kia³¹ aŋ³³ liəu³¹ tau⁵⁵ tʰen⁵¹.
2sg 做 等下 又 找 虱子 ASP

"这又该怎么办啊！那么多树枝，叫我怎么捡得完？"那姑娘一直哭。龙又上岸了，安慰她："你别哭，别担心，别烦恼，等下帮你弄。"他俩一会儿又互找虱子。

liəu³¹ vou⁵⁵ kɯ³¹duən⁵¹, aŋ³³ ŋɔ³³ suən⁵¹ leŋ⁵¹ pʰat⁵⁵ pa:i⁵⁵. huat⁵⁵
找 PREP 中午 又 NEG 看 做 法 什么 发

ta:i³³bak⁵⁵vo³¹ a⁵⁵, kʰau³³ ma:i⁵¹pɔŋ⁵⁵ luəi⁵¹ he¹¹pa:i⁵⁵, na:m⁵⁵ kʰau³³ tsim¹¹ o³¹,
西北风 ASP 就 大雨 下 特别多 水 就 浸 MOOD

tsim¹¹ bɛ³³ uaŋ⁵⁵ bɛ³³ u⁵¹. vun¹¹ ta:u⁵⁵ lɔ⁵¹ mɔ⁵¹ hai⁵⁵, biən¹¹ tʰei¹¹
浸 CONJ 田野 CONJ 中 冲 下 PREP 那里 去 变 多

he¹¹pa:i⁵⁵ fuŋ¹¹, kʰou⁵⁵sai⁵⁵kʰou⁵⁵ket⁵⁵. biən¹¹ pa:i⁵⁵ mu³¹pa:i⁵⁵ kʰə:n⁵⁵ vuam⁵⁵,
特别多 柴 树枝树丫 变 什么 什么 上 捡

fat⁵⁵ ta:u⁵⁵ lɔ⁵¹ na:m⁵⁵ mɔ³¹ hai⁵⁵, din⁵⁵ uaŋ⁵⁵ lə:i³¹. ke⁵⁵ məi⁵⁵ ou⁵⁵ tou⁵⁵
扔 下 PREP 水 那边 去 光 田野 MOOD 叫 2sg 开 眼睛

a⁵⁵, mai⁵⁵ tsia¹¹ tsaŋ³³ din⁵⁵ pa:t³¹.
起 看 真 是 光 真

找虱子找到中午，龙还没施法术。后来，突然狂风大作，天空下起了倾盆大雨，雨越下越大，不一会儿便把坡地淹没成河，河水哗哗地往坡下流去。雨水不断冲刷，大量的树枝集中堆积在河边。只见龙变出了小鱼和其他小动物，它们纷纷跑到河边捡起树枝，顺着水流扔下去，（不一会儿工夫，）坡地就清理好了。（完了后，）龙叫姑娘睁开眼睛，果真坡地被清理得非常干净。

pə¹¹, vun¹¹ su³³ vun¹¹ e:ŋ⁵⁵ lɔ³¹: "kau⁵⁵ kuəŋ⁵⁵ uaŋ⁵⁵ lə:i³¹ ei³¹." su³³
回 告诉 嫂 告诉 哥 BEN 1sg 堆 田野 完 MOOD 嫂

ke¹¹ vun¹¹: "məi⁵⁵ kuəŋ⁵⁵ uaŋ⁵⁵ lə:i³¹ tsaŋ³³ maŋ⁵⁵ ei³¹, məi⁵⁵ kɯ³¹ziau¹¹
那 说 2sg 堆 田野 完 就 好 MOOD 2sg 明天

tsaŋ³³ tə:p⁵¹ pə:k³¹ hai⁵⁵ muən⁵⁵ ta:u⁵⁵ lɔ³¹! məi⁵⁵ ŋɔ³³ tə:p⁵¹ pə:k³¹ hai⁵⁵
就 挑 稻谷 去 播种 下 MOOD 2sg NEG 挑 稻谷 去

muən⁵⁵ kua⁵¹ ti¹¹ka:n³³ tsiu⁵¹ niau⁵⁵ he¹¹lɔ³¹."
播种 过 时间 就 晚 MOOD

（姑娘）回到家，告诉哥哥和嫂子："我把坡地收拾好了。"嫂子说："你清理完坡地当然好啊，那明天你挑稻谷去种吧！要不去播种，错过了时间种稻可就晚了。"

nuəi⁵¹ mɔ⁵¹ aŋ³³ tə:p⁵¹ pə:k³¹ hai⁵⁵, tə:p⁵¹ kɯ³¹ pia⁵¹ pə:k³¹ hai⁵⁵ he¹¹lɔ³¹.
妹 那 又 挑 稻谷 去 挑 一 CL 稻谷 去 MOOD

aŋ³³ muən³³ ei³¹, ŋuən⁵⁵na⁵⁵ leŋ⁵¹la:i¹¹ muən⁵⁵ tʰei¹¹nɛ⁵¹ pə:k³¹, məi⁵⁵ kʰam³³
又 闷 MOOD 自己 怎么 播种 这些 稻谷 2sg 该

sa:ŋ⁵¹ aŋ³³ bɔŋ⁵¹ tʰau¹¹ sua⁵⁵. aŋ³³ ŋa:i⁵⁵ tʰen⁵¹. tə:ŋ¹¹ mɔ⁵¹ aŋ³³ lɔ⁵¹ na:m⁵⁵
戳 又 放 进 洞 又 哭 ASP 龙 那 又 PREP 水

mɔ⁵¹ kʰə:n⁵⁵ tʰen⁵¹, suəŋ⁵¹ nei⁵¹, aŋ³³ hu:i¹¹ nei⁵¹ jou⁵¹ ŋa:i⁵⁵: "kau⁵⁵ tsɯ⁵⁵
那 上 ASP 看 3sg 又 劝 3sg NEG 哭 1sg 等下

baŋ³³ məi⁵⁵ leŋ⁵¹, məi⁵⁵ ta:i³³ liəu³¹ kau⁵⁵ lɔ⁵¹ tau⁵⁵ diə⁵¹."
帮 2sg 做 2sg 先 找 1sg BEN 虱子 对

姑娘只好挑了一担稻谷去地里。可她又发愁了，自己一个人怎么种得了那么多稻谷，这可得一边（用棍子往地面上）戳个坑一边往坑里放稻谷。（想到这些，姑娘）又哭了。龙这时又从水里钻出来，看到她在哭，又规劝说别哭："我等下帮你弄，你先好好帮我找虱子。"

tʰiau¹¹ ŋuən⁵⁵ liəu³¹ tau⁵⁵ tʰa⁵⁵ lɔ³¹, bo⁵⁵tʰa⁵⁵bo⁵⁵tʰa⁵⁵ liəu³¹, te³³te³³ mai⁵⁵
两 CL 找 虱子 RECIP MOOD 交互 找 差不多 看

kɯ³¹duən⁵¹, aŋ³³ ŋɔ³³ suəŋ⁵¹ leŋ⁵¹la:i¹¹ leŋ⁵¹. "kʰui¹¹kia³¹ məi⁵⁵ dap⁵⁵ tou⁵⁵,
中午 又 NEG 看 怎么 做 等下 2sg 闭 眼睛

məi⁵⁵ jou⁵¹ mai⁵⁵, kau⁵⁵ tsɯ⁵⁵ tsaŋ³³ leŋ⁵¹ məi⁵⁵ lɔ⁵¹ siəŋ⁵¹, leŋ⁵¹ məi⁵⁵ lɔ⁵¹
2sg NEG 看 1sg 等下 就 做 2sg BEN 干净 做 2sg BEN

kɔŋ⁵⁵ nɛ⁵¹ lə:i³¹." kʰui¹¹kia³¹ kʰau³³ biən¹¹ ma:i⁵¹pɔŋ⁵⁵ lo⁵⁵ he¹¹pa:i¹¹ muŋ¹¹,
工 这 完 等下 就 变 大雨 大 特别 来

na:m⁵⁵ kɛ¹¹ ɯŋ⁵¹ kʰə:n⁵⁵ uaŋ⁵⁵ kɛ¹¹ tsim¹¹. biən¹¹ daŋ⁵⁵ tʰei¹¹ he¹¹pa:i¹¹ tʰou¹¹,
水 那 涨 上 田地 那 浸 变 出 多 特别 鱼

tʰiək³¹tʰou¹¹　li³¹hu¹¹　a³³,　　tʰou¹¹　pa:i⁵⁵　dou³³　kʰə:n⁵⁵,　kʰɛ⁵¹　pə:k³¹　kɛ¹¹　boŋ⁵¹
小鱼　　　　鲤鱼　　MOOD　鱼　什么　都　　上　　　PREP　稻谷　那　放

tʰau¹¹　fə:ŋ⁵¹,　kʰui¹¹kia³¹　ku³¹　pia⁵¹　pə:k³¹　kʰau³³　to⁵⁵ɛ³³　muən⁵⁵　lə:i³¹lə:i³¹.
进　　洞　　　等下　　　一　　CL　　稻谷　　就　　全部　　播种　　完完

kʰui¹¹kia³¹　ke⁵⁵　məi⁵⁵　lə:ŋ⁵⁵　tou⁵⁵　a⁵⁵　mai⁵⁵,　tsia¹¹　tsaŋ³³　suəŋ⁵¹　pə:k³¹　muən⁵⁵
等下　　　　叫　　2sg　　睁　　眼睛　起　看　　正　　是　　看　　稻谷　播种

lə:i³¹.
完

　　　两个人就相互找虱子，差不多到中午，龙还是没动静。（龙说：）"等会儿你闭上眼睛，别看，我等下就帮你清理完，帮你干完活。"不一会儿，又下起了瓢泼大雨，河水渐渐涨起来，漫过稻田。龙又变出很多鱼，小鱼啊、鲤鱼啊纷纷上岸，轮流衔着稻谷放进坑里，没一会儿工夫，一担稻谷就播种完了。过后，龙让姑娘睁开眼睛看，稻谷真的都播完了。

kɛ¹¹　lɔ³¹,　maŋ⁵⁵　lɔ³¹.　kʰau³³　hai³³pə¹¹,　vun¹¹　su⁵⁵　vun¹¹　e:ŋ⁵⁵　lɔ⁵¹　tʰen⁵¹:
那样　MOOD　好　　MOOD　就　　回去　　告诉　嫂　告诉　哥　　BEN　ASP

"kau⁵⁵　muən⁵⁵　ei³¹,　　tə:p⁵¹　pə:k³¹　mɔ³¹　hai⁵⁵,　kau⁵⁵　muən⁵⁵　lə:i³¹.　leŋ⁵¹la:i¹¹
1sg　播种　　MOOD　挑　　稻谷　那　去　　1sg　播　　完　　怎么

leŋ⁵¹　a³³,　　tɔk⁵¹　pa:i⁵⁵　kɔŋ⁵⁵　sɔ³¹　a³³?"　　su³³　kɛ¹¹　hu⁵⁵:　"məi⁵⁵　pʰɔ:n⁵⁵　tə:p⁵¹
做　　MOOD　有　什么　工　　ASP　MOOD　嫂　那　说　　2sg　昨天　挑

pə:k³¹　kɛ¹¹　dou³³　ŋɔ³³　diə⁵¹　he¹¹lɔ³¹,　ke⁵⁵　məi⁵⁵　tə:p⁵¹　muɯ³¹ŋə:u⁵⁵,　məi⁵⁵
稻谷　那　都　　NEG　对　　MOOD　让　2sg　挑　　糯米　　　　2sg

ziu¹¹　tə:p⁵¹　muɯ³¹tui⁵⁵,　ŋɔ³³　diə⁵¹　ei³¹,　me³¹me³¹　vɯam⁵⁵　a⁵⁵　tʰen⁵¹,　kʰɛ⁵¹
又　　挑　　稻米　　　NEG　对　　MOOD　快快　　捡　　起来　ASP　　拿

muɯ³¹ŋə:u⁵⁵　hai⁵⁵　muən⁵⁵　ta:u⁵⁵　tʰen⁵¹."
糯米　　　　去　　播种　　下　　ASP

　　　播好后，她又回到家跟哥哥嫂子说："我挑去的稻米都种完了。怎样啊，还有什么活儿吗？"嫂嫂说："你昨天挑错稻种了啊，叫你挑糯米种你挑走稻米种，不对啊，快去把种好的稻米捡起来，再拿糯米种去种。"

tə:p⁵¹　muɯ³¹　hai⁵⁵　aŋ³³　muən³³　tʰen⁵¹:　"nɛ⁵¹　leŋ⁵¹la:i¹¹　leŋ⁵¹　a³³,　　pə:k³¹
挑　　得　　去　　又　闷　　ASP　　这　怎么　　　做　　MOOD　稻谷

dou³³　muən⁵⁵　ta:u⁵⁵,　leŋ⁵¹la:i¹¹　vɯam⁵⁵　a⁵⁵　tʰen⁵¹,　vɯam⁵⁵　a⁵⁵　ti⁵¹　ma¹¹fan¹¹!"
都　　播　　下　　怎么　　　捡　　起来　ASP　捡　　起来　是　麻烦

aŋ³³　ŋa:i⁵⁵　tʰen⁵¹.　tə:ŋ¹¹　kɛ¹¹　aŋ³³　ŋa:n⁵⁵　nei⁵¹:　"jou³¹　ŋa:i⁵⁵,　kau⁵⁵　tsu³³　nu³³
又　哭　　ASP　　龙　　那　又　安慰　3sg　　NEG　哭　　1sg　等下　才

ba:ŋ³³　məi⁵⁵　leŋ⁵¹." aŋ³³　liəu³¹　tau⁵⁵　tʰa⁵⁵　　lɔ³¹.
帮　　2sg　　做　又　找　　虱子　RECIP　MOOD

　　姑娘挑着糯米种来到田地，又发愁了："这该怎么办啊，稻谷都播下去了，怎能又捡起来呢，这很麻烦啊！"想着又哭了。龙继续安慰她："别哭，我等下就帮你。"随后，两人又互找虱子了。

liəu³¹　vou³³　ku³¹duən⁵¹, tə:ŋ¹¹　mɔ³¹　kʰau³³　leŋ⁵¹pʰat⁵⁵　a⁵⁵. huat⁵⁵　ta:i³³bak⁵⁵vo³¹,
找　　PREP　中午　　龙　　那　就　　做法　　起来 发　西北风

kʰau³³　ta:u⁵⁵　ma:i⁵¹pɔŋ⁵⁵, ke⁵⁵　tʰiək³¹tʰou¹¹　mɔ³¹　vuuam⁵⁵　pə:k³¹　kɛ¹¹　a⁵⁵, na:m⁵⁵
就　　下　　大雨　　让　小鱼　　那些　捡　　稻谷　那　起来 水

kɛ¹¹　uuŋ⁵¹　a⁵⁵, aŋ³³　kʰɛ⁵¹　tʰei¹¹kɛ¹¹　muu³¹ŋə:u⁵⁵　ku⁵⁵　tʰau¹¹　fə:ŋ⁵¹　tʰen⁵¹.
那　涨　起来 又　拿　这些　　糯米　　种　进　洞　ASP

kʰui¹¹kia³¹　kʰau³³　leŋ⁵¹　lə:i³¹　kɔŋ⁵⁵. ke⁵⁵　nei⁵¹　lə:ŋ⁵⁵　tou⁵⁵　a⁵⁵　mai⁵⁵, o³¹,
等下　　就　　做　完　工　　让　3sg　睁　眼睛 起　看　INTERJ

tsia¹¹　tsaŋ³³　pa:t³¹, muu³¹ŋə:u⁵⁵　kɛ¹¹　muən⁵⁵　lə:i³¹　he¹¹lo³¹, kʰau³³　maŋ⁵⁵! maŋ⁵⁵
真　　就　真　糯米　　那　播　　完　MOOD　就　好　好

liau³¹　kʰau³³　pə¹¹.
ASP　就　回

　　到了中午，龙开始做法。顿时狂风大作，大雨如注，河水上涨，那些小鱼又将原先种好的稻谷捡起来，再把糯米种挨个放进洞坑里。没一会儿就完工了。龙让姑娘睁开眼睛，她定睛一看，噢，真的啊，糯米种都播种完了，真是太好了！接着，姑娘就回家了。

e:ŋ⁵⁵　kɛ¹¹　kʰau³³　huai¹¹ŋi¹¹: "ti⁵¹vo¹¹ti⁵¹　nuəi⁵¹　tei⁵⁵　kɛ¹¹　hai⁵⁵　bɛ³³　ka:i⁵¹?
哥　那　就　怀疑　　是不是　　妹　1pl　那　去　跟　谁

ti⁵¹vo¹¹ti⁵¹　leŋ⁵¹　vo¹¹ta³³vo¹¹ti⁵¹, vo¹¹tsiɔ⁵¹vo¹¹lɔ⁵¹　kai¹¹　　kɔŋ⁵⁵, a³³ti⁵¹　bɛ³³
是不是　　做　不三不四　　不上不下　　ASSOC　事情　CONJ　PREP

lou⁵¹　tʰa:m¹¹　liən⁵⁵a:i¹¹　kai¹¹　　kɔŋ⁵⁵, lou⁵¹　ba:ŋ³³　nei⁵¹?" si¹¹　hai⁵⁵　mai⁵⁵
别人　谈　恋爱　　ASSOC　事情　别人　帮　3sg　试　去　看

ni³³, kʰau³³　ke⁵⁵　nuəi⁵¹　mɔ³¹: "məi⁵⁵　vɔ:n³³nɛ⁵¹　jou⁵¹　hai⁵⁵　ei³¹, məi⁵⁵
MOOD　就　叫　妹　那　2sg　今天　NEG　去　MOOD　2sg

jou⁵¹　hai⁵⁵　leŋ⁵¹kɔŋ⁵⁵, kau⁵⁵　hai⁵⁵　tsaŋ³³　maŋ⁵⁵."
NEG　去　做工　　1sg　去　就　好

　　姑娘的哥哥起了疑心，心想："我们妹妹是不是跟谁做了不三不四、见不得人的事情，还是和谁相好了，人家就帮她呢？"哥哥想着要去一探究竟，就跟妹妹说："你今天不要去地里，别去干活了，我去就行。"

eːŋ⁵⁵	kʰau³³	kʰɛ⁵¹	vo¹¹	nuəi⁵¹	liːn¹¹	nuəi⁵¹	muɯŋ¹¹	pʰiːn⁵⁵	a⁵⁵,	to³³leŋ⁵¹	nuəi⁵¹
哥	就	拿	衣服	妹	筒裙	妹	来	穿	起来	装作	妹

mɔ³¹	hai⁵⁵daŋ³³	mɔ⁵¹.	vou⁵⁵	nɔːu⁵¹diau⁵⁵	mɔ³¹	tsiəŋ⁵⁵	ŋai⁵⁵	hai⁵⁵	tʰen⁵¹.
那	出去	那里	PREP	大叶榕	那	坐	哭	去	ASP

"kau⁵⁵	leŋ⁵¹laːi¹¹	leŋ⁵¹	a⁵⁵,	muən⁵⁵	mu³¹	taːu⁵⁵,	eːŋ⁵⁵	bɛ³³	su⁵⁵	ke⁵⁵	kau⁵⁵
1sg	怎么	做	起来	播	PAR	下	哥哥	CONJ	嫂	叫	1sg

səːt⁵¹	kəːn¹¹,	leŋ⁵¹laːi¹¹	səːt⁵¹	mu³¹	kəːn¹¹	nɛ⁵¹	ləːi³¹	a³¹!	vi¹¹	nɛ⁵¹	uan⁵⁵
除	草	哪里	除	得	草	这	完	MOOD	宽	这么	稻田

leŋ⁵¹laːi¹¹	səːt⁵¹	mu³¹	ləːi³¹?"
怎么	除	PAR	完

哥哥偷拿妹妹的上衣和筒裙来穿，假扮妹妹走到榕树底下。坐下来哭着说："我该怎么办啊，刚种完谷子，哥哥嫂嫂又叫我除草，怎能除得完啊！这么大的稻田，怎么除得完啊？"

təːŋ¹¹	mɔ³¹	aŋ³³	kʰəːn⁵⁵:	"məi⁵⁵	jou⁵¹	tʰɔ¹¹,	kau⁵⁵	tsu⁵⁵	nu³³	baːŋ³³	məi⁵⁵
龙	那	又	上	2sg	NEG	怕	1sg	等下	才	帮	2sg

leŋ⁵¹	ma³¹."	təːŋ¹¹	kɛ¹¹	kʰəːn⁵⁵	bɛ³³	nei⁵¹	hu⁵⁵	dat⁵¹,	ke⁵⁵	nei⁵¹	jou⁵¹
做	MOOD	龙	那	上	PREP	3sg	说	话	让	3sg	NEG

muən³³.	kʰui¹¹kia³¹	huat⁵⁵	taːi³³bak⁵⁵vo³¹	a⁵⁵,	maːi⁵¹naːm⁵⁵	aŋ³³	ɯŋ⁵¹	a⁵⁵	tʰen⁵¹,
闷	等下	发	西北风	起	大水	又	涨	起来	ASP

tʰiək³¹tʰou¹¹,	tʰiək³¹mu³¹paːi⁵⁵	a⁵⁵	kəm⁵⁵,	kəm⁵⁵	kəːn¹¹	mɔ³¹	ləːi³¹,	kʰui¹¹kia³¹
小鱼	小东西	起来	吃	吃	草	那些	完	等下

kʰau³³	din⁵⁵	kəːn¹¹	ləːi³¹.	nei⁵¹	kʰau³³	ləːŋ⁵¹	tou⁵⁵	a⁵⁵	mai⁵⁵,	tsaŋ³³	paːt³¹
就	光	草	完	3sg	就	睁	眼睛	起来	看	就	真

ei³¹,	tsia¹¹	tsaŋ³³	din⁵⁵	ləːi⁵¹.
MOOD	真	是	光	完

龙又上岸来，说："你别担心，我等下就帮你弄嘛。"来到岸边的龙跟哥哥说话，叫他别烦心。过会儿又狂风四起，河水又涨起来，小鱼啊，还有一些小动物啊，来到岸边把草吃了，不一会儿就把草除得干干净净。哥哥睁开眼睛看，真的啊，稻田真的清理干净了。

eːŋ⁵⁵	aŋ³³	ŋaːi⁵⁵.	"məi⁵⁵	leŋ⁵¹paːi⁵⁵	aŋ³³	ŋaːi⁵⁵	tʰen⁵¹,	kɛ¹¹	tei⁵⁵	tsaŋ³³	liəu³¹
哥	又	哭	2sg	怎么	又	哭	ASP	那	1pl	就	找

tau⁵⁵ tʰa⁵⁵ lɔ⁵¹ tʰen⁵¹. məi⁵⁵ pa:i⁵⁵ huəi¹¹hu⁵⁵ kiu⁵⁵ nɛ⁵¹ʔ? "kau⁵⁵ bi³³
虱子　RECIP　BEN　ASP　2sg　怎么　腥　很　这么　1sg　就

ziau¹¹nɛ⁵¹ pui⁵⁵ tʰou¹¹, ŋɔ³³ uət⁵⁵ ma⁵⁵ bi³³ huəi¹¹hu⁵⁵." "ŋɔ⁵⁵ ei³¹, məi⁵⁵
今早　杀　鱼　NEG　洗　手　就　腥　　NEG　MOOD　2sg

ŋɛ⁵¹ti⁵¹ lau⁵⁵ huən¹¹ tuəi⁵⁵ mu³¹pa:i⁵⁵." "ŋɔ⁵⁵ lɔ³¹, ŋɔ⁵⁵ mu³¹pa:i⁵⁵, kɛ¹¹ tei⁵⁵
定是　上　身　装　什么　　NEG　MOOD　NEG:EXIST 什么　　那　1pl

tsaŋ³³ liəu³¹ tau⁵⁵ diə⁵¹." tə:ŋ¹¹ kɛ¹¹ liəu³¹ tau⁵⁵ e:ŋ⁵⁵ kɛ¹¹ lɔ⁵¹, hai¹¹də:n⁵⁵
就　找　虱子　对　龙　那　找　虱　哥　那　BEN　之后

ke⁵⁵ tə:ŋ¹¹ kɛ¹¹ tsiəŋ⁵⁵ ta:u⁵⁵, e:ŋ⁵⁵ kɛ¹¹ liəu³¹ tə:ŋ¹¹ lɔ⁵¹ tau⁵⁵. nei⁵⁵ pʰa:i⁵¹
叫　龙　那　坐　下　哥　那　找　龙　BEN　虱子　3sg　边

kɯ³¹tu:t⁵¹ kʰau³³ kʰɛ⁵¹ kʰua⁵⁵ daŋ⁵⁵ sua⁵¹ tei⁵¹ tə:ŋ¹¹. mu³¹ ta:k⁵¹ daŋ⁵⁵
后面　就　拿　刀　出　刺　中　龙　得　伤　出

tʰə:t³¹, ko⁵⁵ ta:u⁵⁵ na:m⁵⁵ mɔ⁵¹ hai⁵⁵.
血　跑　下　水　那　去

哥哥又哭起来。（龙问：）"你怎么又哭啊，我们再来互相找找虱子吧。但是今天你身上怎么有一股腥味啊？"（哥哥说：）"我今早杀了鱼，没洗手所以闻着有腥味。"（龙说：）"不对，你一定在身上藏了什么东西。"（哥哥说：）"不是啦，没有什么，我们继续找虱子吧。"龙先帮哥哥找虱子，然后，（哥哥）叫龙坐下，说要帮它找虱子。哥哥走到龙的身后，趁其不备，便拿出刀刺向龙。龙被刺伤了，流了很多血，就赶紧跑进水里去了。

e:ŋ⁵⁵ kɛ¹¹ pə¹¹ kʰau³³ kəi⁵¹ nuəi⁵¹: "kau⁵⁵ ke⁵⁵ məi⁵⁵ hai⁵⁵ leŋ⁵¹kɔŋ⁵⁵, məi⁵⁵
哥　那　回　就　骂　妹　1sg　叫　2sg　去　做工　2sg

kʰau³³ hai⁵⁵ kau³³da⁵⁵ tʰai¹¹pa:i⁵⁵tʰai¹¹pa:i⁵⁵, məi⁵⁵ ti⁵¹ jau³³ ja³¹. məi⁵⁵ tiə⁵¹
就　去　勾搭　张三李四　　2sg　是　妖　MOOD　2sg　想

liəu³¹ tʰa¹¹ bo¹¹?" nuəi⁵¹ kɛ¹¹ kʰi¹¹ a⁵⁵ he¹¹lɔ³¹. "kau⁵⁵ vɔ:n³³nɛ⁵¹ zi¹¹keŋ³³
找　老公　MOOD　妹　那　气　起来　MOOD　1sg　今天　已经

sua⁵¹ kɛ¹¹ kɯ³¹ ŋuən⁵⁵ tʰai¹¹." nuəi⁵¹ kɛ¹¹ hai⁵⁵ kʰau³³ kou¹¹ tə:ŋ¹¹, ŋɔ³³
刺　那　一　CL　人　妹　那　去　就　叫　龙　NEG

suən⁵¹ tə:ŋ¹¹ a⁵⁵.
看　龙　起来

哥哥回到家就骂妹妹："我让你去干活，你偏去勾三搭四，真是不安分啊。你是想找男人吗？"妹妹听了很生气。哥哥继续说："我今天已经用刀刺伤那家伙了。"姑娘（听了大惊失色，）立刻跑到河边呼唤龙，但没看到龙从水里出来。

kʰau³³　kɯ³¹　toŋ⁵⁵　tʰou¹¹　a⁵⁵,　kɯ³¹　toŋ⁵⁵　li³¹hu¹¹　a⁵⁵　kʰau³³　hu⁵⁵: "e:ŋ⁵⁵
就　　一　　CL　　鱼　　起来　一　　CL　　鲤鱼　　起来　就　　说　　哥

məi⁵⁵　kɛ¹¹　sua⁵¹　e:ŋ⁵⁵　kau⁵⁵　lɔ³¹,　e:ŋ⁵⁵　au⁵⁵　mɯ³¹　ta:k⁵¹　ei³¹.　ke⁵⁵　kau⁵⁵
2sg　　那　　刺　　哥　　1sg　BEN　哥　　1pl　得　　病　　MOOD　叫　　1sg

hu⁵⁵　məi⁵⁵　lɔ⁵¹,　nɛ⁵¹　kɯ³¹　lem⁵⁵　məi⁵⁵　tsaŋ³³　ŋɔ³³　suaŋ⁵¹　mɯ³¹　nei⁵¹
告诉　2sg　BEN　这　一　　CL　　2sg　　就　　NEG　看　　得　　3sg

ei³¹.　məi⁵⁵　tsaŋ³³　mai⁵⁵　nɔ:u⁵¹diau⁵⁵　nɛ⁵¹　a¹¹.　pi⁵⁵sai⁵⁵　nɛ⁵¹　un⁵⁵　ta:u⁵⁵
MOOD　2sg　就　　看　　大叶榕　　　　这　　MOOD　叶子　　　这　　掉　　下

kɛ¹¹　tsaŋ³³　e:ŋ⁵⁵　au⁵⁵　ta:k⁵¹　ei³¹,　un⁵⁵　kʰou⁵⁵　kɛ¹¹　tsaŋ³³　ta:k⁵¹　kiu⁵⁵　ei³¹.
那　　是　　哥哥　1pl　病　　MOOD　掉　　树枝　那　　就　　病　　很　　MOOD

kʰou⁵⁵　nit³³nit⁵⁵　kɛ¹¹　tsaŋ³³　ta:k⁵¹　ŋɔ³³　kiu⁵⁵　la:i¹¹,　un⁵⁵　lo⁵⁵lo⁵⁵　kɛ¹¹　tsaŋ³³
树枝　细细　　　那　是　　病　　NEG　很　　多　　掉　　大大　　那　是

ta:k⁵¹　kiu⁵⁵　ei³¹.　suaŋ⁵¹　kɯ³¹vɯat⁵⁵　mɯŋ¹¹,　kɯ³³　lut⁵⁵　tat⁵⁵　kɛ¹¹　tsaŋ³³　kɯ³³
病　　很　　MOOD　看　　风　　　　来　　要　　露出　树根　那　是　　要

lɔ:t⁵¹　ei³¹.　məi⁵⁵　mɯŋ¹¹　mai⁵⁵　tsaŋ³³　mai⁵⁵　kɛ¹¹　a³³."
死　　MOOD　2sg　来　　看　　就　　看　　那样　MOOD

　　这时，只见一条鲤鱼跳出水面，它说："你哥哥刺伤我哥哥了，我们哥哥病了。他托我告诉你，这次你见不着他了。（想了解他的情况，）你就看看这棵大叶榕树吧。榕树叶子掉了，说明我们哥哥病了，树枝掉的话就表示哥的病情加重了。如果掉的是细树枝，说明病情还不是特别严重；如果掉的是大树枝，就意味着病情非常严重。要是风一吹，树根露出来，那就是哥要死了。你只要那样看就行了。"

nuəi⁵¹　kɛ¹¹　tiaŋ³³tiəm³³,　kʰau³³　hai⁵⁵pə¹¹.　vɔ:n⁵⁵vɔ:n⁵⁵　dou³³　mɯŋ¹¹　uaŋ⁵⁵　kɛ¹¹
妹　　那　伤心　　　　就　　回去　　　天天　　　都　　来　　田地　那

mai⁵⁵　nɔ:u⁵¹sai⁵⁵.　dɔ:i³³iət⁵⁵　vɔ:n⁵⁵　mɯŋ¹¹,　suaŋ⁵¹　pi⁵⁵　kɛ¹¹　un⁵⁵　lə:i³¹,　suaŋ⁵¹
看　　树　　　　　第一　　　CL　　来　　看　　叶子　那　　掉　　ASP　看

kʰou⁵⁵　kɛ¹¹　se:t⁵¹　daŋ³³　nei⁵¹.　dɔ:i³³zi¹¹　vɔ:n⁵⁵　mɯŋ¹¹,　suaŋ⁵¹　tʰiək³¹kʰou⁵⁵　kɛ¹¹
树枝　那　清楚　出　　3sg　第二　　　CL　　来　　看　　小树枝　　　那

un⁵⁵　ta:u⁵⁵　he¹¹lo³¹,　tsou¹¹　ma:i⁵¹kʰou⁵⁵　lo⁵⁵lo⁵⁵　kɛ¹¹　ŋɔ³³　un⁵⁵.　dɔ:i³³ta³³　vɔ:n⁵⁵
掉　　下　　MOOD　剩　大树枝　　　大大　　那　NEG　掉　第三　　　CL

mɯŋ¹¹,　suaŋ⁵¹　ma:i⁵¹kʰou⁵⁵　kɛ¹¹　un⁵⁵　he¹¹lo³¹,　dou⁵⁵ta:u⁵⁵dou⁵⁵ta:u⁵⁵,　te⁵⁵meŋ¹¹
来　　看　　大树枝　　　那　掉　　MOOD　摇摇欲坠　　　　　　　说明

nei⁵¹　ta:k⁵¹　kʰɔ:n⁵⁵　kiu⁵⁵　ei³¹.
3sg　病　　重　　很　　MOOD

姑娘听了很伤心，就回去了。之后，她天天都来田里看那棵树。第一天，叶子掉下来，只剩下光秃秃的树枝。第二天，小树枝掉下来了，大树枝还没掉。第三天，大树枝也相继落下，说明龙的病情很严重了。

tsui⁵⁵aːu⁵¹,	kɛ¹¹	kuɯ³¹	vɔːn³³	vɔːn³³kɛ¹¹.	nɔːu⁵¹sai⁵⁵	kɛ¹¹	han³¹	lu³³li⁵⁵lu³³lit⁵⁵,
最后	那	一	CL	那天	树	那	动	摇摇晃晃

kuɯ³³	tiu⁵⁵	lɔ⁵¹	mɔ⁵¹	hai⁵⁵,	nei⁵¹	aŋ³³	ko⁵⁵	lɔ⁵¹	mɔ⁵¹	hai⁵⁵,	nɔːu⁵¹sai⁵⁵	aŋ³³
要	倒	PREP	那	去	3sg	又	跑	PREP	那边	去	树	又

kuɯ³³	tiu⁵⁵	lɔ⁵¹	ne⁵¹	muɯŋ¹¹.	ko⁵⁵hai⁵⁵ko⁵⁵tʰen⁵¹,	nɔːu⁵¹sai⁵⁵	kɛ¹¹	kʰau³³	huan³³
要	倒	PREP	这边	来	跑来跑去	树	那	就	倒

taːu⁵⁵.	nei⁵¹	kʰau³³	min¹¹taːi³¹	tɘːŋ¹¹	ne⁵¹	lɔːt⁵¹	he¹¹lo³¹,	tat⁵⁵	ne⁵¹	lut⁵⁵	hai⁵⁵,
下	3sg	就	知道	龙	这	死	MOOD	树根	这	露	去

tɘːŋ¹¹	tsaŋ³³	lɔːt⁵¹	ei³¹.	nei⁵¹	kuɯ³³	tiɘ⁵¹	hai⁵⁵,	aŋ³³	ŋɔ³³	tʰau¹¹	naːm⁵⁵	mu³¹.
龙	就	死	MOOD	3sg	要	想	去	又	NEG	进	水	得

最后，那一天终于到来了。树摇摇晃晃的，先歪向一边，姑娘赶紧往那边跑；一会儿树又歪向另外一边，她就往另一边跑。姑娘来回跑了几次，可树最终还是倒下了。她知道龙死了，因为树根露出来了，说明龙已经死啦。姑娘想跳河，但怎么跳都跳不进河里。

nei⁵¹	kʰau³³	kʰi¹¹	o³¹,	ŋaːi⁵⁵	o³¹,	"maŋ⁵⁵	kai¹¹	tʰai¹¹	baːŋ³³	kau⁵⁵
3sg	就	气	MOOD	哭	MOOD	好	ASSOC	人	帮	1sg

len⁵¹	tʰei¹¹ne⁵¹	kɔŋ⁵⁵,	iɘn³³paːi⁵⁵	eːŋ⁵⁵	kʰau³³	haːi⁵¹	nei⁵¹	lɔːt⁵¹?"	kʰau³³	pɘ¹¹
做	这些	工	为什么	哥	就	害	3sg	死	就	回

tʰu³¹,	kʰau³³	tiɘ⁵¹	len⁵¹laːi¹¹	maŋ⁵⁵,	nei⁵¹	na³³	lɔːt⁵¹	hai⁵⁵,	kau⁵⁵	ja³³	lɔːt⁵¹
家	就	想	怎样	好	3sg	CONJ	死	ASP	1sg	也	死

bɛ⁵⁵.	kʰau³³	lin¹¹	lin¹¹laːt⁵¹	a⁵⁵,	ŋɔ¹¹	su³³	kuɯ³¹ɔ⁵¹,	duːi⁵⁵duːi¹¹	kuɯ³¹ɔ⁵¹	nei⁵¹
CONJ	就	吊	镰刀	起来	睡	里	喉咙	正对	喉咙	3sg

kɛ¹¹.	nei⁵¹	kʰau³³	tʰap³¹	tʰua⁵⁵	ke⁵⁵	kuɯ³¹keu¹¹	muɯŋ¹¹	daŋ⁵⁵	dɘːt⁵¹	taːu⁵⁵	kʰau³³
那	3sg	就	念	咒语	叫	老鼠	来	出	断	下	就

maŋ³³	jak⁵⁵	ɔ⁵¹	nei⁵¹.	tɔk⁵¹	kuɯ³¹	vɔːn⁵⁵,	kuɯ³¹keu¹¹	bɛ³³	lip¹¹laːk⁵¹	kʰau³³
好	割	喉咙	3sg	有	一	CL	老鼠	CONJ	蟑螂	就

muɯŋ¹¹,	daːn⁵⁵	tui⁵⁵	kɛ¹¹	dɘːt⁵¹,	sua⁵¹	lau⁵⁵	ɔ⁵¹	nei⁵¹,	lɔːt⁵¹	he¹¹lo³¹.
来	咬	绳子	那	断	刺	上	喉咙	3sg	死	MOOD

姑娘又气又伤心，一直哭个不停，心想："那么好的人帮我干了那么多的活儿，为什么哥哥要害死它？"回到家，她不知该怎么办才好，觉得龙都死了，自己也跟着死算了。她

把镰刀吊在梁上，正对着自己的喉咙。她（想着，）躺在床上时可以念咒语唤出老鼠咬断绳子，镰刀就能掉下来割断自己的喉咙了。有一天，老鼠和蟑螂出来了，咬断了绳子，镰刀刺中姑娘的喉咙，她就死啦。

e:ŋ⁵⁵　be³³　su⁵⁵　kɛ¹¹　kʰau³³　vun¹¹:　"nuəi⁵¹　dou³³　lɔ:t⁵¹　hai⁵⁵,　tsaŋ³³　kʰɛ⁵¹
哥　CONJ　嫂　那　就　说　妹　都　死　ASP　就　拿

hai⁵⁵　tʰum¹¹,　jaŋ³¹　tɔk⁵¹　pa:i⁵⁵　sɔ³³?"　na³³ti⁵¹　hai⁵⁵　la:i¹¹　mu³¹　sai¹¹to³¹
去　埋　还　有　什么　MOOD　CONJ　去　哪儿　得　棺材

a³³,　kou¹¹　lou⁵¹　hai⁵⁵　liəu³¹.　kuəi⁵⁵hu¹¹　tʰai¹¹　na³³　lɔ:t⁵¹　tsaŋ³³　kʰɛ⁵¹
MOOD　叫　别人　去　找　过去　人　CONJ　死　就　拿

ku¹¹　kʰɛ⁵¹　fɔ⁵¹　kʰɛ⁵¹　dou⁵¹,　kʰə:n⁵⁵　ŋuən⁵¹　hai⁵⁵　liəu³¹　ku³¹sai⁵⁵,　tʰa:n⁵⁵
锯子　拿　斧头　拿　刀　上　山　去　找　树木　砍

muŋ¹¹　leŋ⁵¹　sai¹¹to³¹　nu³³　tʰum¹¹　tʰai¹¹.
来　做　棺材　才　埋　人

（看到姑娘死了，）哥哥和嫂子就说："妹妹都死了，就抬去埋了吧，那还能怎样？" 但是去哪儿找棺材呢，他们让别人帮忙去找。过去有人过世了，人们得拿着锯子、斧头和刀上山去砍树木来做棺材，才能安葬过世者。

suəŋ⁵¹　ku³¹　duən⁵⁵　ma:i⁵¹　nɔ:u⁵¹bɔŋ⁵⁵.　nɔ:u⁵¹bɔŋ⁵⁵　nɛ⁵¹　lo⁵⁵,　tʰiau¹¹　ŋuən⁵⁵
看　一　CL　大　双本树　双本树　这　大　两　CL

tʰai¹¹　up⁵⁵　dou³³　ŋɔ³³　up⁵⁵　mu³¹,　lɔ⁵¹　nɛ⁵¹　lak³¹　maŋ⁵⁵　ei³¹.　kou¹¹　tʰa⁵⁵
人　抱　都　NEG　抱　得　用　这个　也　好　MOOD　叫　RECIP

muŋ¹¹　bɔŋ⁵¹　dou⁵¹　bɔŋ⁵¹　fɔ⁵¹　tʰa:n⁵⁵.　tʰa:n⁵⁵　a³³　tʰa:n⁵⁵,　biən¹¹　fɔ⁵¹　kɛ¹¹
来　放　刀　放　斧头　砍　砍　MOOD　砍　变　斧头　DEF

pʰiu⁵⁵　muŋ¹¹　tei⁵¹　lau⁵⁵　hɔ:k⁵¹　vu¹¹.　mui³¹　ŋuən⁵⁵　tʰa:n⁵⁵,　fɔ⁵¹　kɛ¹¹　toŋ³¹ti⁵¹
弹　来　中　上　脚　自己　每　CL　砍　斧头　那　总是

tei⁵¹　lau⁵⁵　hɔ:k⁵¹.　tɔ³¹u⁵¹　kai¹¹　tʰai¹¹　tʰa:n⁵⁵　nɔ:u⁵¹bɔŋ⁵⁵　kɛ¹¹　doŋ³¹　mu³¹
中　上　脚　所有　ASSOC　人　砍　双本树　那　总　得

tiaŋ³³,　ŋɔ³³　ban⁵¹pʰa:t⁵⁵　tʰa:n⁵⁵　nɔ:u⁵¹sai⁵⁵　kɛ¹¹.　dou³³　mu³¹　ta:k⁵¹:　"kɛ¹¹　tsaŋ³³
伤　NEG: EXIST　办法　砍　双本树　那　都　得　疼　那就

jou⁵¹　tʰa:n⁵⁵　ei³¹,　ku³¹ziau¹¹　nu³³　liəu³¹　ha:u³¹　tʰa:n⁵⁵　tʰen⁵¹."
NEG　砍　MOOD　明天　才　找　别的　砍　ASP

（到了山上），看到一棵很大的双本树①。好粗的树啊，两个人合抱都抱不拢，用这树当棺材也不错啊。大家一起用刀、斧头来砍。砍着砍着，斧头居然反弹起来，砸中砍树人的脚。谁砍树，斧头就砸谁的脚。（这样一来，）每个砍树的人都受伤了，砍不了双本树了。大家都疼得不行，就说："（既然都受伤了，）就别砍了，明天再砍别的树吧。"

kʰau³³	pə¹¹	nɔːu⁵¹diau⁵⁵	kɛ¹¹	liau⁵⁵	pə¹¹	u³³	lou⁵¹	nɯ³³	bɛ³³	təŋ¹¹	liəu³¹
就	回	大叶榕	那	休息	回	女孩	别人	只	CONJ	龙	找

tau⁵⁵	kɛ¹¹	tsiəŋ⁵⁵.	bɔŋ⁵¹	fɔ⁵¹	taːu³³	siːn⁵⁵	kɛ¹¹,	fɔ⁵¹	kʰau³³	man¹¹man⁵¹	tʰau¹¹
虬子	那里	坐	放	斧头	下	石头	那	斧头	就	慢慢	进

siːn⁵⁵	kɛ¹¹.	"i¹¹,	bɛ⁵¹	fɔ⁵¹	tei⁵⁵	ne⁵¹	tʰaːn⁵⁵	siːn⁵⁵	paːi³³	baːk⁵¹	kiu⁵⁵	ne⁵¹,
石头	那	INTERJ	怎么	斧头	1pl	这	砍	石头	什么	容易	很	这么

a³³ti⁵¹	lɔ⁵¹	siːn⁵⁵	kɛ¹¹	leŋ⁵¹	sai¹¹to³¹	maŋ⁵⁵	a³³."	kʰau³³	ke⁵⁵	lou⁵¹	tʰaŋ⁵¹
CONJ	PREP	石头	那	做	棺材	好	MOOD	就	让	别人	动

siu³¹,	kʰɛ⁵¹	fɔ⁵⁵	mɯŋ¹¹	tʰaːn⁵⁵	siːn⁵⁵	leŋ⁵¹	sai¹¹to³¹.	tʰaːn⁵⁵	siːn⁵⁵	kɛ¹¹
手	拿	斧头	来	砍	石头	做	棺材	砍	石头	那

ti⁵⁵ti⁵⁵baŋ³³baŋ³³,	kʰau³³	pʰək⁵⁵	a⁵⁵,	daːŋ³¹	sai¹¹to³¹.	siːn⁵⁵	leŋ⁵¹	sai¹¹to³¹	na³³
四四方方	就	削	起来	像	棺材	石头	做	棺材	才

maŋ⁵⁵	sɔ³¹,	ŋɔ³³	tiaŋ³³	tʰai¹¹	ŋɔ³³	lap⁵⁵	tʰai¹¹,	keŋ⁵⁵	maŋ⁵⁵.
好	MOOD	NEG	伤	人	NEG	打中	人	更	好

大家回到大榕树底下休息，那是女孩和龙找虬子的地方。他们坐下后，把斧头放在石头上，斧头居然一点点地缩进石头里面。（他们觉得奇怪：）"咦，怎么我们的斧头砍石头这么轻松啊，那还是用石头做棺材好了。"哥哥就让大家拿斧头去砍石头来做棺材。大家很快把石头削得四四方方，像个棺材的样子。（大家都觉得，）石头做的棺材才好呢，不会伤人，也不会砸人，挺好的。

kʰɛ⁵¹	siːn⁵⁵	kɛ¹¹	leŋ⁵¹	sai¹¹to³¹	kʰau³³	pə¹¹	he¹¹lo³¹.	pə¹¹	lo³¹,	bɔŋ⁵¹	nuəi⁵¹
PREP	石头	那	做	棺材	就	回	MOOD	回	MOOD	放	妹

kɛ¹¹	tʰau¹¹,	kʰau³³	ke⁵⁵	lou⁵¹	tɔm⁵⁵.	tɔm⁵⁵	a³¹	tɔm⁵⁵,	kʰau³³	kua⁵¹	lɔ⁵¹
那	进	就	叫	别人	抬	抬	MOOD	抬	就	过	PREP

uaŋ⁵⁵	nei⁵¹	kɛ¹¹,	tɔm⁵⁵	a³¹	tɔm⁵⁵,	dua³³kɛ¹¹	dou³³	puk⁵⁵	kiu⁵⁵	ei³¹.	ne⁵¹
田地	3sg	那	抬	MOOD	抬	大家	都	累	很	MOOD	这

---

① 黎族过去常用双本树的树干来制棺材。

tsaŋ³³ si:n⁵⁵ leŋ⁵¹ sai¹¹to³¹ nei⁵¹ kɛ¹¹, boŋ⁵¹ nɛ⁵¹ ku³¹a:u⁵⁵, tsu³³ kʰɔ:n⁵⁵ da:k⁵¹
是　石头　做　棺材　3sg　那　放　这里　休息　等　重　太

ka:i⁵¹ lak³¹ i:u⁵⁵ puk⁵⁵, boŋ⁵¹ si:n⁵⁵ kɛ¹¹ ta:u⁵⁵.
谁　也　叫　累　放　石头　那　下

大家抬着石头做的棺材回家了。回到家，哥哥把妹妹放在棺材里，喊别人来抬。抬啊抬，经过他家的田地时，大家都累了。走到那个采石头做棺材的地方，就停下来休息，棺材实在是太沉了，抬的人个个都叫累，就把棺材放下来了。

tɯi⁵⁵ kɛ¹¹ kʰau³³ biən¹¹ də:t⁵¹, luət⁵⁵ ta:u⁵⁵ lɔ⁵¹ na:m⁵⁵ mɔ³¹ hai⁵⁵ ei³¹.
绳子　那　就　变　断　滑　下　PREP　水　那　去　MOOD

kʰau³³ suəŋ⁵¹ tə:ŋ¹¹ mɔ⁵¹ su⁵⁵ mɔ⁵¹, tə:ŋ¹¹ mɔ⁵¹ ja³³ tɔk⁵¹ kɔ:m¹¹ sai¹¹to³¹,
就　看　龙　那　PREP　那里　龙　那　也　有　CL　棺材

ja³³ lɔ⁵¹ si:n⁵¹ leŋ⁵¹ tʰiəŋ¹¹. kʰau³³ hai⁵⁵, hai⁵⁵ tʰau¹¹ na:m⁵⁵ mɔ³¹. tʰiau¹¹
也　PREP　石头　做　脸　就　去　去　进　水　那　两

hɔ:m¹¹ sai¹¹to³¹ tɔ:i³¹tɔ:i³¹ su³³ mɔ⁵¹.
CL　棺材　齐齐　PREP　那里

（刚把棺材放下，）绑棺材的绳子就突然断了，棺材一下滑进水里。（这时，）大家看到龙在水底下，它躺在棺材里，那棺材也是用石头做的。姑娘的棺材掉下水之后，只见水底下两个棺材整整齐齐地摆放着。

kan¹¹nɛ⁵¹ haŋ⁵⁵ tʰou¹¹uan⁵⁵pʰɯ⁵¹, na:m⁵⁵ seŋ³³seŋ³³ mai⁵⁵ ta:u⁵⁵ dou³³ suəŋ⁵⁵
现在　PREP　大旺上村　水　清清　看　下　都　看见

tʰiau¹¹ hɔ:m¹¹ sai¹¹to³¹ tɔ:i³¹tɔ:i³¹ su³³ mɔ⁵¹, ka:i⁵¹ dou³³ hai⁵⁵ mai⁵⁵, ka:i⁵¹
两　CL　棺材　齐齐　PREP　那里　谁　都　去　看　谁

dou³³ suəŋ⁵¹. da⁵¹lɔ⁵¹kɛ¹¹, kʰau³³ ŋɔ⁵¹ tɔk⁵¹ tə:ŋ¹¹ ei³¹. tsaŋ³³ u³³ kɛ¹¹
都　看　那时起　就　NEG　有　龙　MOOD　就　姑娘　那

bɛ³³ tə:ŋ¹¹ leŋ⁵¹ tʰau³³kʰɔŋ⁵⁵, kʰə:n⁵⁵ tə:ŋ¹¹ kɛ¹¹ leŋ⁵¹ lau⁵¹kɛ³³.
CONJ　龙　做　陪伴　上　龙　那　做　老家

现在在大旺上村，还能清清楚楚地看到两口棺材整整齐齐地摆放在水底下，很多人都去看。从那时起，就没有龙了。姑娘就和龙做伴，一起过着幸福的日子了。

（黄仁芬讲述，2016年）

4．蛤蟆的故事

ta:i¹¹si¹¹ tɔk⁵¹ ŋuən⁵⁵ tʰai¹¹ tʰau¹¹ tʰiək³¹, tʰiək³¹ kɛ¹¹ hɔŋ¹¹ ta:u⁵⁵ ma⁵⁵, nɯ³³
以前　有　CL　人　生　孩子　孩子　那　怀　三　CL　才

mɯ³¹ tʰau¹¹ daŋ⁵⁵. zi¹¹ui¹¹ tʰau¹¹ daŋ⁵⁵ leŋ⁵¹la:i¹¹, tʰau¹¹ daŋ⁵⁵ mɯ³¹ toŋ⁵⁵
得　 生　　 出　　 以为　 生　　 出　　 什么　　　　 生　　 出　　 得　 CL

kɯ³¹kəp⁵⁵ kɯ²¹kəp⁵⁵ vai⁵⁵ tʰai¹¹ kai¹¹ lɔ³¹, dou³³ tʰaŋ⁵¹vut⁵¹. kit⁵⁵kuəi³¹ ti³¹
蛤蟆　　　 蛤蟆　　　 NEG: COP 人　 MOOD MOOD 都　 动物　　　 结果　　　　 是

po⁵¹ bɛ³³ ma:i⁵¹ kɛ¹¹ kʰi¹¹ o³¹, tiə⁵¹ təp¹¹ lɔ:t⁵¹. na³³ti⁵¹ kɯ³¹kəp⁵⁵ kɛ¹¹
爸爸　 CONJ 妈妈　 那　 气　 MOOD 想　　 打　　 死　　 CONJ 蛤蟆　　　 那

min¹¹ta:i³¹ hu⁵⁵ dat⁵¹, nei⁵¹ min¹¹ta:i³¹ hu⁵⁵ dat⁵¹ bɛ³³ tʰai¹¹.
知道　　　　 说　　 话　　 3sg 知道　　　　 说　　 话　　 PREP 人

以前有个人怀孕三年才把孩子生出来。生出了什么东西啊，竟然是只蛤蟆，不是人类啊，是只动物。爸爸和妈妈很生气，想打死它。但这蛤蟆会说话，会说人话。

"po⁵¹ a³¹, ma:i⁵¹ a³¹, sau⁵⁵ jou⁵¹ təp¹¹ kau⁵⁵, kau⁵⁵ nɛ⁵¹ ti⁵¹ tʰai¹¹
爸　 TOP 妈　　 TOP 2pl　 NEG 打　　 1sg　　 1sg　 这　 是　 人

kai¹¹." "i¹¹, məi⁵⁵ iən³³mɯ³¹pa:i⁵⁵ aŋ³³ tsɯŋ⁵⁵ kɯ³¹kəp⁵⁵ jə³³?" "sau⁵⁵
MOOD INTERJ 2sg 为什么　　　　　 又　　 成　　 蛤蟆　　　 样　　 2pl

jou⁵¹ təp¹¹ kau⁵⁵." "ki⁵⁵ziən¹¹ ti⁵¹ tʰai¹¹, na³³ti⁵¹ kau⁵⁵ hoŋ¹¹ məi⁵⁵ ta:u⁵⁵
NEG　 打　　 1sg　　 CONJ　　　 是　 人　　 CONJ　　 1sg　 怀　　 2sg　　 三

ma⁵⁵" ma:i⁵⁵ kɛ¹¹ hu⁵⁵. "tʰau¹¹ məi⁵⁵ daŋ⁵⁵, məi⁵⁵ kʰam³³ bɛ³³ kau⁵⁵
CL　 妈妈　 那　 说　　 生　　 2sg　　 出　　 2sg　　 该　　 PREP 1sg

leŋ⁵¹koŋ⁵⁵" po⁵¹ kɛ¹¹ hu⁵⁵, "məi⁵⁵ leŋ⁵¹koŋ⁵⁵ pa:i⁵⁵ maŋ⁵⁵?" ke⁵⁵ nei⁵¹ hai⁵⁵
做工　　　　 爸　 那　 说　　 2sg　　 做工　　　　 什么　 好　　　 叫　　 3sg 去

pou⁵⁵ sei⁵⁵.
养　　 牛

它说："爸啊，妈啊，你们别打我，我是人啊。"父母说："咦，那你怎么长得像蛤蟆的样子？"（蛤蟆苦苦央求：）"你们别打我。"（妈妈心软了，）说："（好吧，你说你）是人（也对），怎么说你也是我怀胎三年生下的孩子。"爸爸说："把你生出来了，那你该给我干点活吧。你干什么好呢？"（后来，）爸爸叫它去放牛。

tɔk⁵¹ kɯ³¹ puən¹¹ sei⁵⁵ haŋ⁵⁵ mɔ⁵¹, kʰau³³ bɔŋ⁵¹ sei⁵⁵ kɛ¹¹ hai⁵⁵, ke⁵⁵
有　　 一　　 CL　　　 牛　　 在　　 那里　 就　　 放　　 牛　　 那　 去　　 叫

kɯ³¹kəp⁵⁵ kɛ¹¹ hai⁵⁵ pou⁵⁵. i¹¹jɔ¹¹, kɯ³¹kəp⁵⁵ kɛ¹¹ pou⁵⁵ sei⁵⁵ jaŋ³¹ li⁵¹ha:i⁵¹
蛤蟆　　　 那　 去　　 养　　 INTERJ 蛤蟆　　　 那　 养　　 牛　　 还　　 厉害

kua⁵¹ tʰai¹¹. nei⁵¹ kʰau³³ leŋ⁵¹la:i¹¹ hai⁵⁵ lɔ³¹? bɔŋ⁵¹ sei⁵⁵ mɔ⁵¹ tʰau¹¹ tou¹¹,
PREP 人　　 3sg 就　　 怎样　　　 去　　 MOOD 放　　 牛　　 那　 进　　 田

pai⁵⁵ lin¹¹la⁵¹lin¹¹la⁵¹, pai⁵⁵ li¹¹lum⁵⁵li¹¹lum⁵⁵, pai⁵⁵ vou⁵⁵ la:i¹¹ ti⁵¹ tsem⁵⁵ vou⁵⁵
走　　到处　　　　　　走　　一圈一圈　　　　　　走　PREP　哪儿　是　尿　PREP

la:i¹¹. sei⁵⁵ kɛ¹¹ kəm⁵⁵ vou⁵⁵ la:i¹¹ na³³ huəi¹¹ kʰui¹¹ na:m³³tsem⁵⁵. tʰat⁵⁵
哪儿　牛　那　吃（草）　PREP　哪儿　就　闻　臭　尿　　　　转

lak⁵⁵ lou⁵⁵ pə¹¹, ŋɔ³³ hai⁵⁵ la:i¹¹ lɔ³¹.
回头　相反　回　NEG　去　哪里　MOOD

它家有一头牛，爸爸就叫蛤蟆去放牛咯。咦哟，蛤蟆可比人还会放牛。那它是怎样放牛的呢？它带着牛在稻田边上到处游逛，随处乱走，来来回回走了一遍又一遍，走到哪儿牛都撒一泡尿。牛身上总带着一股尿骚味，远远就能闻到，（所以牛不管走到哪儿吃草都丢不了）。牛吃完草就回到原地，不乱跑。

tʰiək³¹lat⁵⁵ kɛ¹¹ tiaŋ⁵¹ bɛ³³ nei⁵¹ pou⁵⁵ sei⁵⁵. nei⁵¹ ku³¹kəp⁵⁵ na³³ti⁵¹ ɔ:i⁵¹
小孩　　　那些　喜欢　PREP　3sg　养　牛　　3sg　蛤蟆　　　也是　会

hu⁵⁵ dat⁵¹ a³³: "sau⁵⁵ jou⁵¹ təp¹¹ kau⁵⁵, sau⁵⁵ ku³³ təp¹¹ kau⁵⁵, kau⁵⁵
说　话　MOOD　2pl　NEG　打　1sg　　2pl　要　打　1sg　1sg

vun¹¹ po⁵¹ vun¹¹ ma:i⁵¹ kau⁵⁵ lɔ⁵¹." lou⁵¹ ja³³ ŋɔ³³ təp¹¹, lou⁵¹ tiaŋ⁵¹ nei⁵¹.
告诉　爸　告诉　妈　1sg　BEN　别人　也　NEG　打　别人　喜欢　3sg

小伙伴们都乐意跟它一块儿放牛。这蛤蟆也真是会说话啊，它说："你们别打我啊，你们要是打我，我就告诉我爸妈。"其实谁都不会打它，大家可喜欢它了。

tɔk⁵¹ ku³¹ vɔ:n⁵⁵ hai⁵⁵ pou⁵⁵ sei⁵⁵, nei⁵¹ kɔ⁵⁵ tʰiək³¹lat⁵⁵: "sau⁵⁵ ku³³ tiə⁵¹
有　一　CL　去　养　牛　　3sg　问　小孩　　　　2pl　要　想

mai⁵⁵ hi¹¹ ŋɔ³¹? sau⁵⁵ tiə⁵¹ mai⁵⁵ hi¹¹ ti⁵¹ ŋɔ³³?" tʰiək³¹ hu⁵⁵: "mai⁵⁵ lɔ³³
看　戏　NEG　2pl　想　看　戏　是　NEG　小孩　说　　看　也

tɔ⁵⁵diət⁵⁵, hai⁵⁵ la:i¹¹ mai⁵⁵ hi¹¹?" "kua⁵¹ la:ŋ⁵⁵ hai⁵⁵ mai⁵⁵." "kua⁵¹ la:ŋ⁵⁵ len⁵¹la:i¹¹
可以　　去　哪儿　看　戏　过　海　去　看　　过　海　怎么

hai⁵⁵?" "tei⁵⁵ vo¹¹ti⁵¹ tɔk⁵¹ tʰua¹¹ ma⁵⁵, tei⁵⁵ tsiu⁵¹ bɔŋ⁵¹ tʰua¹¹ tʰau¹¹ na:m⁵⁵,
去　　1pl　不是　有　帽子　MOOD　1pl　就　放　帽子　进　水

tei⁵⁵ tsiəŋ⁵⁵ lau⁵⁵ tʰua¹¹ da:ŋ³¹ lou⁵¹ tsiəŋ⁵⁵ lɔ¹¹ kua⁵¹ la:ŋ⁵⁵, kua⁵¹ la:ŋ⁵⁵ mɔ⁵¹
1pl　坐　上　帽子　像　别人　坐　船　过　海　过　海　那

hai⁵⁵ tsaŋ³³ mu³¹ hi¹¹ mai⁵⁵."
去　就　得　戏　看

有一天，放牛的时候，蛤蟆问小伙伴们："你们想要看戏吗？你们想看戏，是不？"小伙伴说："想看，可去哪儿看戏啊？"（蛤蟆说：）"过海去看。"（小伙伴问：）"怎么过海？"

（蛤蟆说：）"我们不是有帽子吗，把帽子放在海面上，我们坐在帽子里漂过去，就像人家坐船过海那样，到了海的那边就能看到戏了。"

nei⁵¹	hu⁵⁵	kɛ¹¹	tsia¹¹	tsaŋ³³	paːt³¹,	lou⁵¹	tsaŋ³³	leŋ⁵¹hi¹¹.	pʰaːŋ³¹	tʰiək³¹lat⁵⁵
3sg	说	NMLZ	正	是	真	别人	就	演戏	CL	小孩

kɛ¹¹	kʰau³³	ŋei³¹	dat⁵¹	nei⁵¹,	kʰau³³	kʰɛ⁵¹	tʰua¹¹	fat⁵⁵	tʰau¹¹	naːm⁵⁵	fu¹¹
那	就	听	话	3sg	就	拿	帽子	扔	进	水	浮

vɯəŋ³¹	su³³	naːm⁵⁵,	ko⁵⁵kaːi⁵¹	tsiəŋ⁵⁵	lau⁵⁵	tʰua¹¹	kaːi⁵¹,	le³¹le⁵⁵	ku³¹vɯat⁵⁵
漂	里	水	各自	坐	上	帽子	谁	轻快	风

pʰaŋ⁵¹	kʰau³³	le³¹le⁵⁵	hai⁵⁵	kua⁵¹	laːŋ⁵⁵	mɯ³¹	hai⁵⁵,	kʰau³³	suəŋ⁵¹	leŋ⁵¹hi¹¹
吹	就	轻轻	去	过	海	得	去	就	看	做戏

paːt³¹.
真

蛤蟆说的没错，（海的那一头）有人在演戏。那些孩子听了蛤蟆的话，把帽子放在海面上漂着，都坐在自己的帽子里，风一吹，（帽子便借着风力轻快地向前移动，）他们就这样轻轻松松地过海了，接着就看到戏啦。

tʰei¹¹	tʰa⁵⁵	leŋ⁵¹hi¹¹,	maŋ⁵⁵huəi⁵⁵	o³¹,	kaːi⁵¹	lak³¹	tiə⁵¹	mai⁵⁵.	"sei⁵⁵	tei⁵⁵
多	人	做戏	好看	MOOD	谁	也	想	看	牛	1pl

mɔ⁵¹	kaːi⁵¹	mai⁵⁵?"	"ai¹¹ja¹¹,	sau⁵⁵	jou⁵¹	tʰɔ¹¹,	sei⁵⁵	mɔ⁵¹	si⁵¹ziən¹¹	ŋɔ³³
那	谁	看	INTERJ	2pl	NEG	怕	牛	那些	自然	NEG

ɔːi⁵¹	ko⁵⁵	hai⁵⁵	laːi¹¹,	nei⁵¹	kəm⁵⁵	kəːn¹¹	su³³	mɔ⁵¹.	tsu⁵⁵	hai³³pə¹¹	nu³³
会	跑	去	哪儿	3pl	吃	草	PREP	那里	等	回去	才

toŋ⁵⁵	hai³³pə¹¹."	kʰau³³	mai⁵⁵suəŋ⁵¹	lou⁵¹	leŋ⁵¹hi¹¹.	jɔ³¹,	leŋ⁵¹hi¹¹	maŋ⁵⁵huəi⁵⁵.
牵	回去	就	看见	别人	做戏	INTERJ	做戏	好看

taːk⁵¹len¹¹	a³¹,	mai⁵⁵	jɔːt⁵¹	liəu³¹	tsin⁵⁵	tei⁵¹	tʰou⁵⁵.
饿	MOOD	看	久	找	钱	吃	饭

好多人在演戏，真好看啊，孩子们都喜欢看。（但他们有点放心不下，问蛤蟆：）"我们的牛谁照看啊？"（蛤蟆说：）"哎呀，你们别担心，牛肯定不会随便乱跑的，它们就在那边吃草。等下回去咱们就牵牛回家。"（听到蛤蟆那么说，）他们也安心看戏咯。哎哟，这戏真是好看啊。不知过了多长时间，他们的肚子都饿了，想找点钱买吃的。

"sau⁵⁵	ŋɔ³³	tsin⁵⁵	vo¹¹,	sau⁵⁵	ŋɔ³³	tsin⁵⁵	kau⁵⁵	suəŋ⁵¹	lou⁵¹	tɔk⁵¹	tsin⁵⁵
2pl	没	钱	MOOD	2pl	NEG: EXIST	钱	1sg	看	别人	有	钱

haŋ⁵⁵	mɔ⁵¹,	sau⁵⁵	tsaŋ³³	hai⁵⁵	tau⁵⁵."	zuan¹¹laːi¹¹	suəŋ⁵¹	tʰai¹¹hɯa³¹	tɔk⁵¹	tsin⁵⁵
PREP	那里	2pl	就	去	挖	原来	看	地主	有	钱

tʰum¹¹	haŋ⁵⁵	nɔːu⁵¹vɯa⁵¹.	tau⁵⁵	a⁵⁵	tsaŋ³³	mɯ³¹	tsin⁵⁵	mɯ³¹	kuan¹¹.	sia³¹
埋	PREP	芭蕉树	挖	起来	就	得	钱	得	银圆	请

tʰa⁵⁵	tei⁵¹	ŋəːu³¹	tei⁵¹	kəm⁵⁵,	tei⁵¹	kʰɔm³³kʰɔm⁵⁵	ləi³¹	nɯ³³	pə¹¹.	kʰai¹¹
RECIP	吃	酒	吃	肉	吃	饱饱	ASP	才	回	每

ŋuən⁵⁵	tiaŋ⁵¹.	pə¹¹	aŋ³³	ko⁵⁵kaːi⁵¹	tsiəŋ⁵¹	tʰɯa¹¹	pə¹¹	tʰen⁵¹.
CL	喜欢	回	又	各自	坐	帽子	回	ASP

蛤蟆问："你们没钱吧，没钱的话，我知道人家把钱放在哪里，你们想要就去挖吧。"原来它曾看到地主把钱埋在芭蕉树下。随后他们把钱挖出来，就有钱啦。他们拿钱来喝酒吃肉，吃得饱饱的才回去。每个人都很开心。后来，他们就又各坐各的帽子回去了。

pə¹¹	suəŋ⁵¹	sei⁵⁵	maŋ³³maŋ⁵⁵,	kəm⁵⁵	su³³	tou¹¹	mɔ⁵¹	maŋ³³maŋ⁵⁵	ŋɔ³³	ko⁵⁵
回	看	牛	好好	吃草	PREP	田	那	好好	NEG	跑

hai⁵⁵	laːi¹¹,	pə¹¹	lɔ³¹,	kʰai¹¹	ŋuən⁵⁵	dou³³	hu⁵⁵:	"kʰi³³lua³³	o³¹,	ku³¹kəp⁵⁵
去	哪里	回	MOOD	每	CL	都	说	幸亏	MOOD	蛤蟆

maːi¹¹	au⁵⁵	hai⁵⁵	mai⁵⁵	hi¹¹,	au⁵⁵	hai⁵⁵	mai⁵⁵	hi¹¹	suəŋ⁵¹	maŋ⁵⁵huɛi⁵⁵	o³¹!
教	1pl	去	看	戏	1pl	去	看	戏	看	好看	MOOD

au⁵⁵	kʰau³³	mɯ³¹	tʰou⁵⁵	tei⁵¹,	au⁵⁵	ŋɔ³³		tsin⁵⁵	tei⁵¹,	nei⁵¹	kʰau³³	suəŋ⁵¹	lou⁵¹
1pl	就	得	饭	吃	1pl	NEG: EXIST		钱	吃	3sg	就	看	别人

tsuk¹¹	tsin⁵⁵	haŋ⁵⁵	laːi¹¹,	kʰau³³	ke⁵⁵	au⁵⁵	hai⁵⁵	tau⁵⁵	kʰau³³	mi³¹	daŋ⁵⁵,
藏	钱	PREP	哪儿	就	叫	1pl	去	挖	就	拿	出来

au⁵⁵	kʰau³³	mɯ³¹	tsin⁵⁵	kɛ¹¹	tei⁵¹	tʰou⁵⁵	tei⁵¹	ŋəːu³¹	tei⁵¹	kəm⁵⁵."	ai³¹jɔ³¹,
1pl	就	得	钱	那	吃	饭	吃	酒	吃	肉	INTERJ

kʰai¹¹	ŋuən⁵⁵	ti⁵¹	tsəŋ¹¹	nei⁵¹.
每	CL	是	赞	3sg

回去后，他们看到牛安安静静地在田里吃草，没到处乱跑，就说："真好啊，蛤蟆带我们去看戏，我们去看了，戏真是好看啊！我们还有东西吃，我们本来没钱买东西，它知道人家把钱藏在哪儿，叫我们去挖出来，我们就有钱吃饭喝酒吃肉啦。"哎哟，谁都对蛤蟆赞不绝口啊。

tɔk⁵¹	ku³¹	vɔːn⁵⁵,	tʰei¹¹	tʰa⁵⁵	tiaŋ⁵¹	nei⁵¹	pou⁵⁵	sei⁵⁵.	tʰai¹¹tʰau¹¹tʰaːu¹¹	pou⁵⁵
有	一	CL	多	人	喜欢	3sg	养	牛	地主	养

sei⁵⁵	tʰei¹¹,	tʰai¹¹hɯa³¹	sei⁵⁵	tʰei¹¹,	kou¹¹	lou⁵¹	mɯŋ¹¹	pou⁵⁵	sei⁵⁵.	ku³¹kəp⁵⁵
牛	多	地主	牛	多	叫	别人	来	养	牛	蛤蟆

kɛ¹¹　kʰau³³　kɔ⁵⁵　lou⁵¹:　"sau⁵⁵　tiə⁵¹　tei⁵¹　kə:m⁵⁵　sei⁵⁵　ŋɔ³¹?"　"tiə⁵¹　a³³,
那　　就　　问　别人　2pl　想　吃　肉　牛　NEG　想　MOOD

hai⁵⁵　la:i¹¹　mu³¹　kə:m⁵⁵　sei⁵⁵　tei⁵¹?"　"tɔk⁵¹　mɔ⁵¹　puən¹¹　tʰiək³¹sei⁵⁵　nit³³nit⁵⁵,
去　哪里　得　肉　牛　吃　有　那　CL　小牛　细细

ha:m⁵⁵　muɯŋ¹¹　tse³¹."　"i⁵¹,　　　mɔ⁵¹　sei⁵⁵　tʰai¹¹hɯa³¹　kai¹¹　ə³¹,　　jou⁵¹　tse³¹
抓　来　杀　INTERJ　那　牛　地主　MOOD　MOOD　NEG　杀

ə³¹!　tsɯ⁵⁵　hai³³pə¹¹　lou⁵¹　ha:m⁵⁵　təp¹¹　lɔ:t⁵¹　ə³¹."
MOOD　等　回去　别人　抓　打　死　MOOD

后来，地主家的放牛娃都想跟着蛤蟆去放牛。地主养了好多牛，就雇了很多小孩来放牛。（有一天，）蛤蟆问这些小孩："你们想吃牛肉吗？"（他们说：）"想啊，可去哪儿找牛肉吃呢？"（蛤蟆说：）"不是有头小牛犊吗，我们抓来宰了吧。"（孩子们慌忙说：）"咦，那可是地主的牛啊，别宰啊！不然回去之后他会打死我们的啊。"

"sau⁵⁵　jou⁵¹　tʰɔ¹¹　ti³¹,　　sau⁵⁵　tse³¹　tei⁵¹　a⁵⁵,　muan⁵⁵　kau⁵⁵　lɔ⁵¹　lɔŋ⁵⁵suət⁵¹,
2pl　NEG　怕　MOOD　2pl　杀　吃　后　给　1sg　BEN　尾巴

lou⁵¹　na³³kɯ³³　kɔ⁵⁵　sei⁵⁵　hai⁵⁵　la:i¹¹,　sau⁵⁵　tsaŋ³³　vun¹¹,　sei⁵⁵　mɔ⁵¹　ko⁵⁵
别人　CONJ　问　牛　去　哪里　2pl　就　说　牛　那　跑

tʰau¹¹　sua⁵⁵fɔŋ⁵⁵　hai⁵⁵."　tse³¹　muɯŋ¹¹　tei⁵¹　kʰau³³　tei⁵¹　kə:m⁵⁵,　dɯa⁵¹　kai¹¹
进　洞穴　去　杀　来　吃　就　吃　肉　烧　的

dɯa⁵¹,　sa:u⁵⁵　kai¹¹　sa:u⁵⁵,　tʰiək³¹lat⁵⁵　kɛ¹¹　kɯ³¹　pʰa:ŋ³¹,　tei⁵¹　vou⁵⁵　kʰɔm⁵⁵
烧　煮　的　煮　小孩　那　一　CL　吃　PAR　饱

ŋɔ³³　tiə⁵¹　pə¹¹.
NEG　想　回

（蛤蟆说：）"你们别怕嘛，你们把牛宰了吃肉之后，牛尾巴留给我。如果地主问牛去哪儿了，你们就说牛跑进洞穴里头去了。"（然后，他们）宰了小牛犊吃肉，把牛肉烧的烧，煮的煮，吃肉吃到撑，不想回家了。

tʰai¹¹hɯa³¹,　pʰou⁵⁵di⁵¹tu³¹　kɛ¹¹　kʰau³³　kɔ⁵⁵:　"liəu³¹　puən¹¹　sei⁵⁵　ŋɔ³³　suəŋ⁵¹,
地主　地主　那　就　问　找　CL　牛　NEG　见

sei⁵⁵　hai⁵⁵　la:i¹¹　lə³³?"　mou⁵¹　kʰau³³　vun¹¹:　"ta:i³¹　sei⁵⁵　kɛ¹¹　kʰau³³　ko⁵⁵,
牛　去　哪里　MOOD　3pl　就　说　不知　牛　那　就　跑

ko⁵⁵　tʰau¹¹　sua⁵⁵fɔŋ⁵⁵　mɔ⁵¹　hai⁵⁵."　di⁵¹tu³¹　kɛ¹¹　ŋɔ³³　tiən¹¹,　sei⁵⁵　pa:i³³
跑　进　洞穴　那　去　地主　那　NEG　信　牛　怎么

ko⁵⁵ tʰau¹¹ sua³³fɔŋ⁵⁵? "kɛ¹¹ məi⁵⁵ ŋɔ³³ tiən¹¹ tsaŋ³³ hai⁵⁵ mai⁵⁵. ko⁵⁵ ŋɔ³³
跑　　进　　洞穴　　那　2sg　NEG　信　　就　　去　　看　　跑　　NEG

hai⁵⁵ sɔ³¹, tɔk⁵¹ suən⁵¹ haŋ⁵⁵ mɔ⁵¹, bɛ⁵¹ tiən¹¹ məi⁵⁵ tsiu⁵¹ hai⁵⁵ lə:m⁵⁵."
去　 ASP　有　　尾巴　 PREP　那里　NEG　信　　2sg　就　　去　　拉

（找不见小牛，）地主问（那些放牛娃）："小牛找不见了，去哪儿了？"他们说："不知怎么回事，小牛自己跑了，跑进那个洞穴里了。"地主不信，牛怎么会跑进洞穴里？（放牛娃说：）"你要是不信，就去看看。牛还没完全跑进洞穴里，它的尾巴还在洞口外边，不信你就去拉拉看。"

di⁵¹tu³¹ kɛ¹¹ hai⁵⁵ lə:m⁵⁵ suət⁵¹ sei⁵⁵ na³¹ lə:m⁵⁵ na³¹ tʰau¹¹, mit³¹mit⁵⁵ lɔ⁵¹
地主　　那　去　　拉　　尾巴　牛　越　　拉　　越　　进　　逐渐　　PREP

mɔ⁵¹ hai⁵⁵ o⁵¹. "tsia¹¹ tsaŋ³³ pa:t³¹ o³³, ja³³ kʰi¹¹kuai¹¹, sei⁵⁵ pa:i⁵⁵ ko⁵⁵
那　去　MOOD　真　是　　真　　MOOD　也　　奇怪　　牛　　为什么　跑

tʰau¹¹ sua³³fɔŋ⁵⁵? di⁵¹tu³¹ kʰau³³ ŋɔ³³ kəi⁵¹ kɛ¹¹ ku³¹ pʰa:ŋ³¹ tʰiək³¹lat⁵⁵.
进　　洞穴　　地主　　就　　NEG　骂　　那　一　　CL　　小孩

地主去拉了下牛尾巴，可越拉尾巴越往里进，不一会儿，牛尾巴全部溜进洞里了。（地主想：）"看来是真的啊，但也奇怪，牛为什么会跑进洞穴里呢？"结果，地主没打骂那群放牛娃。

vou⁵⁵ lou⁵¹ jɔ:t⁵¹ ta:u⁵⁵ ma⁵⁵ pə¹¹ a:u⁵¹, lou⁵¹ kʰau³³ ke⁵⁵ nei⁵¹ hai⁵⁵ tʰak⁵¹tu³³.
到　　别人　久　　三　　CL　回　　后　　别人　就　　让　　3sg　去　　读书

ku³¹kəp⁵⁵ ja³³ tiə⁵¹ hai⁵⁵ tʰak⁵¹tu³³, "po⁵¹ a³¹, ma:i⁵¹ a³¹, kau⁵⁵ ku³³ hai⁵⁵
蛤蟆　　　也　想　　去　　读书　　　　爸　TOP　妈　TOP　1sg　要　　去

tʰak⁵¹tu³³ ti³¹." lou⁵¹ vun¹¹: "məi⁵⁵ dou³³ ku³¹kəp⁵⁵, leŋ⁵¹ŋa:i¹¹ hai⁵⁵ tʰak⁵¹tu³³
读书　　　MOOD　人家　问　 "2sg　都　　蛤蟆　　　干吗　　　去　　读书

lɔ⁵⁵?" "kau⁵⁵ min¹¹ta:i³¹ mɔ³³, məi³¹ na³³ bɔŋ⁵¹ kau⁵⁵ tʰau¹¹ o⁵¹hiau⁵¹, kau⁵⁵
MOOD　1sg　知道　　MOOD　2sg　CONJ　放　　1sg　进　　学校　　　1sg

ja³³ tʰak⁵¹tu³³ ti³¹."
也　　读书　　　MOOD

过了三年，人家叫蛤蟆去上学。蛤蟆也想去读书，就说："爸啊，妈啊，我想去读书啊。"人家（父母）说："你是蛤蟆，怎么去读书啊？"（蛤蟆说：）"我知道啊，但只要让我上学，我也会读书的。"

lou⁵¹ mɔ⁵¹ tʰak⁵¹tu³³, dou³³ ti⁵¹ tʰai¹¹, kʰai³³ ŋuən⁵⁵ tsiən⁵⁵ lau⁵⁵ do⁵⁵
别人　那　读书　　　都　　是　人　　每　　CL　　坐　　上　　桌子

tia³¹tu³³, nei⁵¹ ti⁵¹ det⁵⁵ kʰə:n⁵⁵ do⁵⁵ lou⁵¹ mɔ⁵¹. lou⁵¹ ti⁵¹ mai⁵⁵ kʰi¹¹kuai¹¹,
写字　　　3sg　是　跳　上　　桌　　别人　那　　别人　是　看　　奇怪

kuɯ³¹kəp⁵⁵ leŋ⁵¹la:i¹¹ tia³¹tu³³. nei⁵¹ tʰak⁵¹tu³³ bo⁵⁵ maŋ⁵⁵ seu⁵⁵ sɔ³¹, bo⁵⁵
蛤蟆　　　怎么　　　写字　　3sg　读书　　更　好　声音　MOOD　更

lo⁵⁵ seu⁵⁵ bo⁵⁵ seŋ³³sɔ³¹, bo⁵⁵ diə⁵¹ bɛ³³ sɔ³¹. lou⁵¹ ja³³ kʰi¹¹kuai¹¹ o³¹,
大　声　更　清楚　　　更　对　CONJ　MOOD　别人　也　奇怪　　　MOOD

nei⁵¹ ŋuən⁵⁵ tʰiək³¹ ti⁵¹ vuak⁵¹ vai⁵⁵ tʰai¹¹ o³¹, nei⁵¹ tsia⁵⁵ba:i¹¹ ti⁵¹
3sg　CL　　小孩　　是　鬼　　NEG: COP　人　MOOD　3sg　真的　　　是

ku:i³¹kuai⁵⁵ o³¹.
鬼怪　　　MOOD

（到了学校，）大家都在桌子上写字，而蛤蟆呢，却跳到别人的桌上。大家感到疑惑，这蛤蟆怎么写字啊。（实际上）它读书的声音比谁都好呢，又大又清楚，还全读对了。大家更觉得神奇了，看来这个蛤蟆是鬼怪不是人啊，它是妖怪啊。

tʰak⁵¹ ta:u⁵⁵ ma⁵⁵ bit⁵⁵ȵap⁵¹, lou⁵¹ kʰau³³ ke⁵⁵: "kɛ¹¹ tsiaŋ³³ hai⁵⁵ kʰau³¹si¹¹
读　　三　　CL　毕业　　别人　就　　叫　　那　　就　　去　　考试

lo³¹, məi⁵⁵ kuɯ³³ hai⁵⁵ ŋɔ³¹?" "kau⁵⁵ ja³³ hai⁵⁵ ti³¹." kʰai¹¹ ŋuən⁵⁵ kuɯ³¹
MOOD　2sg　要　去　　MOOD　1sg　也　去　MOOD　每　CL　　一

viən¹¹ tse⁵¹, tiən³³te³³ daŋ⁵⁵ kuɯ³¹ viən¹¹ tse⁵¹, ti⁵¹ ŋɔ³³ lo⁵⁵ la:i¹¹ vi¹¹
CL　　纸　先生　　出　　一　CL　　纸　　是　NEG　大　多　宽

pʰaŋ⁵¹ma⁵⁵ kɛ¹¹, ke⁵⁵ tia³¹ kuɯ³¹ va:n³³ hɔ:m¹¹ tu³³ su³³ kɛ¹¹.
手掌　　　那　让　写　一　万　CL　字　PREP　那里

过了三年快毕业了，（同学们要去考试，）跟蛤蟆说："要考试了，你要去吗？"（蛤蟆说：）"我也去啊。"（到了考试现场）老师发给每人一张纸，手掌般大小，老师让大家在上头写满一万个字。

"məi⁵⁵ kʰam³³ tia³¹ muɯa¹¹muɯa⁵¹ su³³ kɛ¹¹, tia³¹ mɯ³¹ tu³³ kɛ¹¹ ta:u⁵⁵
2sg　　该　　写　满满　　　PREP　那里　写　得　字　那　下

lə:i¹¹, tɔk⁵¹ kuɯ³¹ va:n³³ tu³³ su³³ kɛ¹¹, məi⁵⁵ tsan³³ mɯ³¹ dɔ:i³³iət⁵⁵ mia¹¹,
完　　有　一　万　字　PREP　那里　2sg　就　　得　第一　　名

məi⁵⁵ na³³ tia³¹ tse⁵¹ lə:i³¹ ŋɔ³³ vou⁵⁵ kuɯ³¹ va:n³³ tu³³, məi⁵⁵ ja³³ ŋɔ³³
2sg　只　写　纸　完　NEG　到　一　万　字　2sg　也　NEG

mɯ³¹ dɔ:i³³iət⁵⁵ mia¹¹."
得　第一　　名

（老师说：）"要把纸写满了，一万个字全部写得下，就能拿第一名；把纸写满了，还写不到一万个字，也得不了第一名。"

nei⁵¹ tsiu⁵¹ tia³¹ a³¹. lou⁵¹ mɔ⁵¹ kʰai¹¹ ŋuən⁵⁵ tia³¹ miət⁵⁵miət⁵⁵ma¹¹ma¹¹,

3sg　就　写　MOOD　别人　那　每　CL　写　密密麻麻

nəːp⁵⁵nəːp³¹ daːŋ³¹ tʰiək³¹puət³¹. nei⁵¹ ŋɔ³³ tia³¹ daːŋ³¹ lou⁵¹ nəːp⁵⁵nəːp³¹. nei⁵¹

细细　像　小蚂蚁　3sg　NEG　写　PREP　别人　细细　　3sg

tia⁵¹: "tap⁵¹ kai¹¹ ziak⁵¹ ti⁵¹ tap⁵¹, tap⁵¹ kai¹¹ tap⁵¹ ti⁵¹ ziak⁵¹bɛ⁵⁵, tap⁵¹

写　十　CL　一　是　十　十　CL　十　是　一百　十

kai¹¹ ziak⁵¹bɛ⁵⁵ ti⁵¹ ziak⁵¹saːi³³, tap⁵¹ kai¹¹ ziak⁵¹saːi³³ ti⁵¹ ziak⁵¹vaːn³³."

CL　一百　是　一千　十　CL　一千　是　一万

nei⁵¹ tia³¹ lau⁵⁵ tse⁵¹ kɛ¹¹ mua⁵⁵mua³¹.

3sg　写　上　纸　那　满满

蛤蟆就写咯。大家都写得密密麻麻，字小得像小蚂蚁一样。它不像别人那样写得细细密密。它写道："十乘以一是十，十乘以十是一百，十乘以一百是一千，十乘以一千是一万。"把一张纸写得满满的。

kʰɛ⁵¹ kʰəːn⁵⁵ muan⁵⁵ tiən³³te³³ lɔ⁵¹ mai⁵⁵. ai⁵¹jɔ⁵¹, kɛ¹¹ ŋuən⁵⁵ tʰai¹¹ tseŋ³³,

拿　上　给　先生　BEN　看　INTERJ　那　CL　人　聪明

nei⁵¹ ɔːi⁵¹ tia³¹ o³¹. teŋ³¹kai¹¹ doŋ³¹ti⁵¹ tia³¹tu³³ nit⁵⁵nit⁵⁵nəːp³¹nəːp³¹, teŋ³¹kai¹¹

3sg　会　写　MOOD　剩的　都是　写字　细细密密　　剩的

tʰai¹¹ ŋɔ³³ vou⁵⁵ ku³¹ vaːn³³ tu³³, na³³bo⁵⁵ nei⁵¹ kɛ¹¹, "tap⁵¹ kai¹¹ ziak⁵¹

人　NEG　PREP　一　万　字　只有　3sg　那　十　CL　一

ti⁵¹ tap⁵¹, tap⁵¹ kai¹¹ tap⁵¹ ti⁵¹ ziak⁵¹bɛ⁵⁵, tap⁵¹ kai¹¹ ziak⁵¹bɛ⁵⁵ ti⁵¹ ziak⁵¹saːi³³,

是　十　十　CL　十　是　一百　十　CL　一百　是　一千

tap⁵¹ kai¹¹ ziak⁵¹saːi³³ ti⁵¹ ziak⁵¹vaːn³³." mua⁵⁵mua³¹ tse⁵¹, nei⁵¹ kʰau³³ muu³¹

十　CL　一千　是　一万　满满　纸　3sg　就　得

dɔːi³³iət⁵⁵ mia¹¹, kʰau³³ diaŋ¹¹ tuaŋ⁵¹zuan¹¹.

第一　名　就　中　状元

（写完之后，）它把考卷拿给老师看。（老师一看，）哎哟，这家伙真聪明啊，好会写啊。其他人呢，要么写得密密麻麻的，要么写了不到一万个字，只有它写着："十乘以一是十，十乘以十是一百，十乘以一百是一千，十乘以一千是一万。"整整一张纸都写满了，蛤蟆也就得第一名了，中了状元。

pə¹¹ lo³¹, lou⁵¹ kʰau³³ ke⁵⁵ nei⁵¹ hai⁵⁵ leŋ⁵¹ huɑ³¹. "kau⁵⁵ ku³¹kəp⁵⁵
回 MOOD 别人 就 让 3sg 去 做 官 1sg 蛤蟆

leŋ⁵¹la:i¹¹ leŋ⁵¹ huɑ³¹ a³³?" nei⁵¹ kʰau³³ pə¹¹ bɛ³³ po⁵¹ hu⁵⁵. po⁵¹ hu⁵⁵:
怎么 做 官 MOOD 3sg 就 回 PREP 爸 说 爸 说

"kɛ¹¹ məi⁵⁵ hai⁵⁵ tsaŋ³³ hai⁵⁵ lo³³, məi⁵⁵ leŋ⁵¹ huɑ³¹ doŋ³¹ti⁵¹ lɔ⁵¹ lou⁵¹
那 2sg 去 就 去 MOOD 2sg 做 官 总是 要 别人

tɔm⁵⁵ kai¹¹, məi⁵⁵ ku³¹kəp⁵⁵ leŋ⁵¹la:i¹¹ ke⁵⁵ lou⁵¹ tɔm⁵⁵?" "məi⁵⁵ jou⁵¹ tʰɔ¹¹
抬 MOOD 2sg 蛤蟆 怎么 让 别人 抬 2sg NEG 怕

kau⁵⁵. kau⁵⁵ na³³ hai⁵⁵ ne³¹, kau⁵⁵ leŋ⁵¹ huɑ³¹ kou¹¹ lou⁵¹ tɔm⁵⁵ kau⁵⁵,
1sg 1sg CONJ 去 TOP 1sg 做 官 叫 别人 抬 1sg

kau⁵⁵ na³³ tʰau¹¹ kiə⁵¹ kɛ¹¹ tsaŋ³³ tsuət³¹ na⁵⁵ ku³¹kəp⁵⁵ biən¹¹daŋ⁵⁵ tʰai¹¹."
1sg CONJ 进 轿子 那 就 脱 皮 蛤蟆 变成 人

回到家乡，人家叫它去当官。"我一个蛤蟆能当什么官啊？"它回到家对父亲说。父亲说："那你当就当啦，当官的都要别人来抬，但你是蛤蟆，让别人怎么抬呢？"（蛤蟆说：）"这你别担心。我只要当官了，人家抬轿时，我一进轿子，就脱了蛤蟆皮变成人。"

tsuət³¹ na⁵⁵, ku³¹kəp⁵⁵ kɛ¹¹ daŋ⁵⁵ tsia¹¹ tsaŋ³³ biən¹¹daŋ⁵⁵ tʰai¹¹, biən¹¹daŋ⁵⁵
脱 皮 蛤蟆 那 出 真 是 变成 人 变成

tʰai¹¹ nɔk⁵⁵nɔk⁵⁵nək³³nək⁵⁵, sɔ:t⁵¹ ba:u¹¹ mɔ⁵¹ a⁵⁵ tsəŋ⁵⁵ huɑ³¹ kai¹¹ jə³³zi³¹.
人 漂漂亮亮 穿 袍子 那 后 成 官 ASSOC 样子

hai⁵⁵ o³¹, tʰai¹¹ kɛ¹¹ ti⁵¹ vɔ:n³³nɛ⁵¹ hai⁵⁵ mai⁵⁵ ku³¹kəp⁵⁵ leŋ⁵¹ huɑ³¹
去 MOOD 人 那 是 今天 去 看 蛤蟆 做 官

diaŋ¹¹ tuaŋ⁵¹zuan¹¹, hai⁵⁵ mai⁵⁵ ku³¹ lem⁵⁵ mai⁵⁵ leŋ⁵¹la:i¹¹jə³³.
中 状元 去 看 一 CL 看 什么样

脱了蛤蟆皮，蛤蟆真的变成人了，看上去仪表堂堂的，穿上官袍也有模有样啦。这一天正是他上任的日子，百姓们都跑去看新上任的蛤蟆状元，看下他长什么样子。

tsiu⁵¹ kʰui³³ti¹¹ teŋ³³dɔ¹¹ a⁵⁵, hua⁵⁵ pʰa:ŋ³¹ huɑ³¹, "sau⁵⁵ na:ŋ¹¹miən¹¹kʰun³¹tsiaŋ¹¹,
就 开始 升堂 起来 吼 CL 地主 2pl 人民群众

ka:i⁵¹ tɔk⁵¹ iən³³ tɔk⁵¹ kʰou³¹ sau⁵⁵ tsaŋ³³ muŋ¹¹ su⁵⁵! kau⁵⁵ tsaŋ³³ bɛ³³
谁 有 冤屈 有 苦 2pl 就 来 诉 1sg 就 PREP

sau⁵⁵ tiəm⁵¹pʰuan¹¹, ka:i⁵¹ na³³ tɔk⁵¹ kʰou³¹ ka:i⁵¹ tsaŋ³³ su⁵⁵." tʰei¹¹kɛ¹¹
2pl 审判 谁 CONJ 有 苦 谁 就 诉 那些

kʰun³¹tsiaŋ¹¹ ŋei³¹ dat⁵¹ nei⁵¹.
群众　　　　听　话　3sg

　　升堂后，蛤蟆把在场的地主骂了一通，说："你们人民群众，谁有冤屈苦楚，就来申诉！我为你们做主，谁有不平事谁就来申诉。"群众把他的话都听进去了。

"ka:i⁵¹ na³³ kuəi⁵⁵hu¹¹ tʰai¹¹hɯa³¹ ŋɔ³¹ tʰai¹¹fɯ:t³¹, ka:i⁵¹ dou³³ su³³ daŋ⁵⁵.
谁　CONJ 过去　　地主　　　欺负 穷人　　　谁　都　诉 出

au⁵⁵ leŋ⁵¹ tou¹¹ nei⁵¹, nei⁵¹ təp¹¹ au⁵⁵ o³¹, ŋɔ³³ mɯan⁵⁵ tʰou⁵⁵ tei⁵¹
1pl 做　田　3sg, 3sg　打　1pl MOOD NEG 给　饭　吃

a³¹, ŋɔ³³ mɯan⁵⁵ au⁵⁵ lɔ⁵¹ pə:k³¹." nei⁵¹ kʰau³³ ha:m⁵⁵ kɛ¹¹ pʰa:ŋ³¹
MOOD NEG 给　1pl BEN 稻子　3sg 就　抓　那　CL

tʰai¹¹hɯa³¹, kʰə:n⁵⁵ koŋ³³ ke⁵⁵ lou⁵¹ təp¹¹.
地主　　　　上　公堂　让　别人 打

　　（蛤蟆继续说：）"谁过去受到地主的欺压，都说出来吧。（比如，）咱们给地主种田，地主打骂咱们啊，不给饭吃啊，不给稻子啊。"它常把那些（横行霸道的）地主抓到公堂上打（为受欺负的百姓出头）。

liau³¹a:u⁵¹, pʰa:ŋ³¹ hɯa³¹ kɛ¹¹ ti⁵¹ huən⁵¹ nei⁵¹, kʰi¹¹ nei⁵¹, tiə⁵¹ ha:i⁵¹ nei⁵¹
以后　　　CL　地主 那　是　恨　3sg　气　3sg　想　害　3sg

lɔ:t⁵¹. "lou⁵¹ leŋ⁵¹ hɯa³¹ dou³³ ŋɔ³³ ke⁵⁵ kʰun³¹tsiaŋ¹¹ təp¹¹ tʰai¹¹hɯa³¹, məi⁵⁵
死　"别人 做　官　都　NEG 叫　群众　　　打　地主　　　2sg

kʰə:n⁵⁵ leŋ⁵¹ hɯa³¹ tsiu⁵¹ ke⁵⁵ noŋ¹¹su:i¹¹ kai¹¹ tʰai¹¹, kʰou³¹ kai¹¹, təp¹¹
上　做　官　就　让　农村　　　ASSOC 人　苦　ASSOC 打

au⁵⁵ tʰai¹¹hɯa³¹." kiət⁵⁵kuəi³¹ tiə⁵¹ ba:n³³pʰat⁵⁵ ha:i⁵¹ nei⁵¹ lɔ:t⁵¹.
1pl 富人　　　结果　　　想　办法　　害　3sg 死

　　之后，那些地主恨他恨得要死，想害死他。（他们心想：）"别人当官都没让百姓打地主，你当官了居然让那些受苦的百姓打我们。"他们一心想要设计杀死蛤蟆。

nei⁵¹ kʰau³³ min¹¹ta:i³¹ lou⁵¹ ha:i⁵¹ nei⁵¹, hu⁵⁵ bɛ³³ pɔ⁵¹ma:i⁵¹: "pɔ⁵¹ a³¹, ma:i⁵¹
3sg 就　知道　　别人 害　3sg 说　PREP 爸妈　　　爸　TOP 妈

a³¹, kau⁵⁵ ku³³ lɔ:t⁵¹ e³¹, lou⁵¹ ku³³ ha:i⁵¹ kau⁵⁵ lɔ:t⁵¹ e³¹. na³³ti⁵¹
TOP 1sg 要　死　MOOD 别人 要　害　1sg 死　MOOD CONJ

sau⁵⁵ kʰam³³ tun³¹bi⁵¹ kau⁵⁵ lɔ:t⁵¹. kau⁵⁵ liau⁵⁵ lau⁵⁵ la:u³¹ mɔ⁵¹, tun³¹bi⁵¹
2pl 该　准备　　1sg 死　1sg 住　上　楼　那　准备

ku³¹　puən¹¹　tsɯ⁵⁵　kau⁵⁵　lɔ⁵¹,　tun³¹bi⁵¹　ha:m⁵⁵　kau⁵⁵　lɔ⁵¹　pɔn¹¹,　ha:m⁵⁵　kau⁵⁵
一　　CL　　羊　　1sg　BEN　准备　　抓　　1sg　BEN　鸽子　抓　　1sg

lɔ⁵¹　ku³¹pɯŋ¹¹,　lin¹¹　lau⁵⁵　ku³¹tun⁵¹　kau⁵⁵　lɔ⁵¹,　lin¹¹　su³³　ma:ŋ³¹diə¹¹.
BEN　屎壳郎　　吊　上　床　　　1sg　BEN　吊　里　蚊帐

vou⁵⁵　ta:u⁵⁵　vɔ:n⁵⁵　a:u⁵¹,　sau⁵⁵　tsaŋ³³　min¹¹ta:i³¹　kau⁵⁵　lɔ:t⁵¹."
到　　三　　CL　　后　　2pl　就　　知道　　　1sg　死

　　　蛤蟆知道有人想害他，就跟父母说："爹啊，娘啊，我要死了，有人想害死我。你们要准备好我的后事。我住在楼上，帮我找一头羊，一只鸽子，再抓一只屎壳郎挂在我的床上，挂在蚊帐里面。三天后，你们就收到我死的消息了。"

o³¹,　　po⁵¹　bɛ³³　ma:i⁵¹　ja³³　tsiau¹¹,　kʰau³³　ha:m⁵⁵　pɔn¹¹,　ku³¹pɯŋ¹¹,
INTERJ　爸　CONJ　妈　　也　照　　就　　　抓　　鸽子　屎壳郎

lin¹¹　su³³　du⁵⁵du⁵⁵deŋ⁵⁵deŋ⁵⁵　ma:ŋ³¹diə¹¹　nei⁵¹　mɔ³¹,　aŋ³³　ha:m⁵⁵　puən¹¹　tsɯ⁵⁵
吊　里　各式各样　　　　　蚊帐　　　3sg　那　又　抓　　CL　　羊

lau⁵⁵　la:u⁵¹.　lou⁵¹hua³¹　kɛ¹¹　tiə⁵¹　ba:n³³pʰat⁵⁵,　"məi⁵⁵　kʰə:n⁵⁵　leŋ⁵¹　hua³¹　lau⁵⁵
上　　楼　　地主　　那些　想　办法　　　　2sg　上　　做　官　上

nɛ⁵¹,　vɔ:n³³nɛ⁵¹　ti⁵¹　sia³¹　məi⁵⁵　tei⁵¹　ŋə:u³¹　lo³¹".　tei⁵¹　ŋə:u³¹　kʰau³³　bɔŋ⁵¹
这里　今天　　　是　请　2sg　吃　酒　　MOOD　吃　酒　　就　　放

dak⁵¹　tʰau¹¹　ŋə:u³¹　mɔ³¹　hai⁵⁵,　tiə⁵¹　ha:i⁵¹　nei⁵¹　lɔ:t⁵¹.　nei⁵¹　tei⁵¹　ŋə:u³¹　kʰau³³
毒药　进　酒　　那　　去　　想　害　　3sg　死　　3sg　吃　酒　　就

min¹¹ta:i³¹　nei⁵¹　ku³³　lɔ:t⁵¹,　nei⁵¹　kʰau³³　pə¹¹　kʰə:n⁵⁵　la:u³¹　mɔ³¹　ŋɔ¹¹.
知道　　　3sg　要　死　　3sg　就　　回　上　　楼　那　睡

　　　父母照蛤蟆说的做了，他们抓来了鸽子和屎壳郎，挂在他的蚊帐里面，又抓来一只羊放在楼上。（这天，）那些地主故意邀请蛤蟆，说："你来这里当官，今天请你喝酒咯。"喝酒的时候，他们就在酒里下毒，想要毒死蛤蟆。蛤蟆喝完酒就知道自己要死了，就回家上楼躺着。

tsɯ⁵⁵　lau⁵⁵　la:u³¹,　sɛ⁵⁵　lau⁵⁵　ba:i³¹　lik¹¹lək¹¹lik¹¹lək¹¹　i:u⁵⁵,　ku³¹pɯŋ¹¹　mɔ³¹
羊　　上　　楼　　踩　上　　板　　吱呀吱呀　　　　叫　　屎壳郎　　　那

nɛ³¹　fin¹¹　u³³u³³u³³,　aŋ³³　pɔn¹¹　mɔ³¹,　pʰi⁵¹　mɔ³¹　pʰik¹¹pʰak¹¹pʰik¹¹pʰak³¹.　ai³¹jɔ¹¹,
TOP　飞　呜呜呜　　又　鸽子　那　翅膀　那　噼啪噼啪　　　　　　　INTERJ

tʰai¹¹hua³¹　zi¹¹ui¹¹　tei⁵¹　tso⁵⁵　ŋɔ³³　lɔ:t⁵¹　sɔ³¹,　tʰai¹¹hua³¹　hai⁵⁵　ŋei³¹　pʰa⁵¹.
地主　　　以为　吃　药　NEG　死　ASP　地主　　　去　听　打听

　　　楼上的羊踩着地板，发出吱呀吱呀的响声，屎壳郎呜呜呜地飞着，鸽子不停噼啪噼啪地扇动着翅膀。哎呀，地主（听到楼上的声响，）以为蛤蟆吃了毒药还没死，就上楼看看情况。

min¹¹duəi⁵¹ tsɯ⁵⁵ lau⁵⁵ la:u³¹ lik¹¹lɔk¹¹lik¹¹lɔk¹¹ pai⁵⁵, zuan¹¹la:i¹¹ seu⁵⁵ kɛ¹¹ ti⁵¹
听到　　　羊　　上　楼　　　吱呀吱呀　　　　　　走　原来　　声音　那　　是

tsɯ⁵⁵ han³¹ kɛ¹¹ seu⁵⁵, seu⁵⁵ hɔːk⁵⁵ kɛ¹¹ ti⁵¹ seu⁵⁵ tsɯ⁵⁵ kai¹¹;
羊　　动　　那　声音　　声音　脚　　那　是　声音　羊　　MOOD

pʰik¹¹pʰak³¹pʰik¹¹pʰak³¹ ti⁵¹ seu⁵⁵ pʰi⁵¹ pɔŋ⁵⁵ i:u⁵⁵ kai¹¹, da:ŋ³¹ lou⁵¹ hiau³³sɛ⁵⁵
噼啪噼啪　　　　　　　是　声音　翅膀　鸽子　叫　MOOD　像　别人　翻书

mai⁵⁵ tu³³; kɯ³¹puŋ¹¹ mɔ⁵¹ fin¹¹ i:u⁵⁵ u³³u³³. "nei⁵¹ jaŋ³¹ niam³³ti³³ sɔ³¹, jaŋ³¹
看　书　　屎壳郎　　那　飞　叫　呜呜　3sg　还　念诗　　ASP　还

mai⁵⁵ tu³³ ŋɔ³³ lɔ:t⁵¹ sɔ³¹ o³¹."
看　书　NEG　死　ASP　MOOD

　（结果，还没到楼上，）地主就听到地板吱呀吱呀地响，其实那是羊走动的声音，响声是羊踩着地板发出来的；噼啪噼啪的声响是鸽子扇动翅膀的声音，但听着好像翻书的声音；屎壳郎呜呜呜地叫。（地主吓坏了，心想：）"他还能念诗啊，还在看书，没死呢。"

"i¹¹, jaŋ³¹ tɔk⁵¹ ka:i⁵¹ leŋ⁵¹kɛ¹¹jə³³?" kʰai¹¹ ŋuən⁵⁵ ŋɔ³³ tiən¹¹, kɔ⁵⁵: "məi⁵⁵
INTERJ　还　有　谁　这样子　　　每　CL　NEG　信　问　2sg

bɔŋ⁵¹ tso⁵⁵ tʰau¹¹ ti³¹ ŋɔ³³, bɛ⁵¹ pa:i³³ ŋɔ³³ lɔ:t⁵¹, nei⁵¹ ŋɔ³³ lɔ:t⁵¹?" "sau⁵⁵
放　药　进　是　NEG　不然　什么　NEG　死　3sg　NEG　死　　2pl

ŋɔ³³ tiən¹¹ tsaŋ³³ luŋ¹¹la:u³¹ tei⁵¹." "tei⁵¹ tsaŋ³³ luŋ¹¹la:u³¹ tei⁵¹." lam¹¹lam¹¹ tei⁵¹
NEG　信　就　一起　　吃　　就　一起　　吃　　轮流　　吃

tso⁵⁵ kɛ¹¹. hu⁵⁵, tʰai¹¹huɯa³¹ kʰau³³ lɔ:t⁵¹.
药　那　INTERJ　地主　　就　死

　（那群地主难以置信，想：）"咦，还能这样啊？"他们问投毒的人："你下毒了吗，怎么蛤蟆还没死啊？"（投毒的人说：）"你们不信的话就一起吃呗。"（其他人也不甘示弱，）说："那就一起吃看看。"地主们轮流把毒药吃了。结果全都一命呜呼了。

nei⁵¹ ja³³ lɔ:t⁵¹ hai³³. nei⁵¹ si⁵¹ta:i¹¹ ŋa:n⁵⁵ ma:i⁵¹: "kau⁵⁵ lɔ:t⁵¹ hai³³, jou⁵¹
3sg　也　死　ASP　3sg　之前　　叮嘱　妈　　1sg　死　ASP　NEG

liəu³¹ tʰai¹¹ pa:i⁵⁵, məi⁵⁵ tsaŋ³³ liəu³¹ tʰai¹¹kʰiu⁵⁵ bɛ³³ liəu³¹ tʰai¹¹he:ŋ³¹hɔːk⁵¹.
找　人　　什么　2sg　就　找　瞎子　　CONJ　找　瘸子

tɔm⁵⁵ hai⁵⁵ tʰum¹¹, tɔm⁵⁵ kua⁵¹ na:m⁵⁵ mɔ³¹ hai⁵⁵, kʰau³³ tʰum¹¹." po⁵¹ma:i⁵¹
抬　去　埋　　抬　过　水　那　去　　就　埋　　爸妈

kʰau³³　tsiau¹¹.
就　　照

　　蛤蟆也死了。他之前叮嘱过母亲："我死了，别找其他人，就找瞎子和瘸子把我抬过河去埋了。"他父母照做了。

kiət⁵⁵kuəi³¹　loːt⁵¹　kʰau³³　leŋ⁵¹　kua³³saːi¹¹　a⁵⁵，　kʰau³³　liəu⁵⁵　kɯ³¹　ŋuən⁵⁵
结果　　　　死　　就　　做　　棺材　　　起来　就　　找　　一　　CL

tʰai¹¹kʰiu⁵⁵　muɯŋ¹¹，　liəu³¹　ŋuən⁵⁵　tʰai¹¹heːŋ³¹　muɯŋ¹¹　tɔm⁵⁵　nei⁵¹.　tʰai¹¹kʰiu⁵⁵　bɛ³³
瞎子　　　　来　　找　　CL　　瘸子　　　来　　抬　3sg　瞎子　　　　CONJ

tʰai¹¹heːŋ³¹hɔːk⁵¹　tɔm⁵⁵　mə³¹lə³³.　tɔm⁵⁵　tʰau¹¹　naːm⁵⁵　mɔ³¹，　tɔm⁵⁵　vou⁵⁵　naːm⁵⁵，
瘸子　　　　　　抬　　MOOD　抬　　进　　水　　那　　抬　　PREP　水

kʰou⁵⁵sai⁵⁵　kʰau³³　vɯən¹¹　taːu⁵⁵.
树枝　　　　就　　浮　　　下

　　蛤蟆死了之后，他父母做好了棺材，便找了个瞎子和瘸子来抬棺材。瞎子和瘸子抬着棺材就走了。来到河边，他们抬着棺材下到河里，这时水面上漂浮的树枝把他们困住了。

　　"ai³¹jɔ³¹，　nɛ⁵¹　aŋ³³　ŋɔ³³　hai⁵⁵　mɯ³¹，　hɔːk⁵¹　kau⁵⁵　nɛ⁵¹　heːŋ³¹　aŋ³³　ŋɔ³³　hai⁵⁵
　　INTERJ　这　又　NEG　去　得　脚　1sg　这　瘸　又　NEG　去

mɯ³¹."　"kɛ¹¹　kau⁵⁵　aŋ³³　ŋɔ³³　suəŋ⁵¹　kɯ³¹tin⁵⁵，　leŋ⁵¹laːi¹¹　leŋ⁵¹？　tʰai¹¹heːŋ³¹
得　　　那　1sg　又　NEG　看　路　　　　怎么　　　做　瘸子

kɯ³¹tou⁵⁵　maŋ⁵⁵，　məi⁵⁵　tsaŋ³³　mi³¹　fɔ⁵¹　daŋ⁵⁵，　tʰaːn⁵⁵　kʰou⁵⁵sai⁵⁵　hai⁵⁵　mɔ³¹，
眼睛　　　好　　　2sg　就　　拿　斧头　出　　砍　　　树枝　　　　去　　MOOD

ziaŋ⁵¹　nei⁵¹　maŋ⁵⁵　pai⁵⁵，　maŋ⁵⁵　kua⁵¹　naːm⁵⁵."
让　　　3sg　好　　走　　　好　　过　　水

　　（瘸子说：）"哎呀，过不去了，我这瘸脚过不去啊。"（瞎子说：）"可我看不见，怎么办？瘸子你眼睛是好的，你用斧头砍掉树枝嘛，那就能过河了。"

tʰaːn⁵⁵　kʰou⁵⁵sai⁵⁵，　daŋ⁵⁵　da⁵⁵　kʰau³³　sit⁵⁵　lau⁵⁵　kɯ³¹tou⁵⁵　tʰai¹¹kʰiu⁵⁵　kɛ¹¹，　da⁵⁵
砍　　树枝　　　　出　汁　就　　溅　上　眼睛　　　瞎子　　　那　汁

kɛ¹¹　sit⁵⁵　lau⁵⁵　kɯ³¹tou⁵⁵，　kʰau³³　ləːŋ⁵⁵　a⁵⁵，　biən¹¹　ŋɔ³³　kʰiu⁵⁵　hai³³　o³¹.
那　　溅　　上　　眼睛　　　　就　　睁开　起来　变　NEG　瞎　ASP　MOOD

e¹¹，　lau⁵⁵　kʰiu⁵⁵　tou⁵⁵　dou³³　maŋ⁵⁵　o³³.　nei⁵¹　kʰau³³　kʰɛ⁵¹　da⁵⁵　muɯŋ¹¹
INTERJ　上　瞎　眼睛　都　　好　　MOOD　3sg　就　　拿　汁　来

meːk⁵⁵　lau⁵⁵　hɔːk⁵¹　nei⁵¹，　ja³³　biən¹¹　ŋɔ³³　heːŋ³¹　hai³³，　biən¹¹　maŋ⁵⁵　hai³³　lo³¹.
抹　　上　　脚　　3sg　也　变　　NEG　瘸　　ASP　变　　好　　ASP　MOOD

瘸子一斧头刚砍到树枝，树汁就飞溅出来，溅到瞎子的眼睛上，瞎子的眼睛变好了。（看到这情形，）瘸子马上用树汁来擦脚，他也不瘸了，脚变好了。

"nei⁵¹	lɔːt⁵¹	su³³	nɛ⁵¹,	muan⁵⁵	da⁵⁵	nei⁵¹	lɔ⁵¹	tei⁵¹,	ɔːi⁵¹	dou³³	tʰau¹¹."	tɔm⁵⁵
3sg	死	PREP	这里	给	汁	3sg	BEN	吃	会	都	活	抬

nei⁵¹	kʰəːn⁵⁵	pʰɔ⁵⁵	kuək⁵⁵	nei⁵¹	a⁵⁵,	kua¹¹	da⁵⁵	kɛ¹¹	muan⁵⁵	tei⁵¹,	kiət⁵⁵kuəi³¹
3sg	上	坡	扶	3sg	起来	灌	汁	那	给	吃	结果

tʰau¹¹	a⁵⁵	ŋɔ³³	lɔːt⁵¹.	taːu⁵⁵	ŋuən⁵⁵	luəi³¹	tʰa⁵⁵	pə¹¹.	pə¹¹	tʰw³¹	liau³¹aːu⁵¹,
活	起来	NEG	死	三	CL	带	RECIP	回	回	家	以后

"ku³¹kəp⁵⁵	ŋɔ³³	lɔːt⁵¹	ei³¹,	ku³¹kəp⁵⁵	mɔ⁵¹	aŋ³³	pə¹¹	tʰen⁵¹"	lou⁵¹	hu⁵⁵.
蛤蟆	NEG	死	MOOD	蛤蟆	那	又	回	ASP	别人	说

（瞎子和瘸子说：）"蛤蟆死了，给他喝下树汁，说不定能活过来。"他俩把蛤蟆抬到坡地上，给他灌树汁喝，结果蛤蟆活过来了。三个人就结伴回家了。回到了村里，谁见了都说："蛤蟆没死，他又活过来了。"

na³³ti⁵¹	hua³¹	zi¹¹keŋ³³	lɔːt⁵¹	ei³¹.	nei⁵¹	kʰau³³	hai⁵⁵	tsiap⁵⁵	hua³¹	leŋ⁵¹,
CONJ	地主	已经	死	MOOD	3sg	就	去	接	官	做

hua³¹	mɔ⁵¹	lɔːt⁵¹	hai³³,	nei⁵¹	kʰau³³	mu³¹	hua³¹	leŋ⁵¹.	lou⁵¹	vun¹¹	ku³¹kəp⁵⁵
地主	那些	死	ASP	3sg	就	得	官	做	别人	说	蛤蟆

mɔ⁵¹	ti⁵¹	kuːi³¹kuai⁵⁵	tʰai¹¹	ə³¹,	vai⁵⁵	tʰai¹¹	ə³¹,	nei⁵¹	ti⁵¹	tʰai¹¹
那	是	妖怪	人	MOOD	NEG: COP	人	MOOD	3sg	是	人

biən¹¹daŋ⁵⁵	leŋ⁵¹	tseŋ³³	kai¹¹	tou¹¹maːu⁵⁵.
变成	做	聪明	ASSOC	东西

那些想害他的地主已经死了。蛤蟆还是继续当官，地主都死了，没人给他使坏了。人家都说，那个蛤蟆是妖怪，不是人类，但他是由人变成的精灵。

（黄仁芬讲述，2016年）

参考文献

保亭黎族苗族自治县地方志编纂委员会编　1997　《保亭县志》，海口：南海出版公司。

〔英〕伯纳德·科姆里　2010　《语言共性和语言类型》(第二版)，沈家煊、罗天华译，北京：北京大学出版社。

范俊军、宫齐、胡鸿雁译　2006　语言活力与语言濒危，《民族语文》第3期。

符昌忠　2005　黎语坡春话概况，《民族语文》第6期。

符昌忠　2011　来语概况，《民族语文》第3期。

符镇南　1990　黎语的方言岛——那斗话，《民族语文》第4期。

顾　阳　1999　双宾语结构，徐烈炯主编《共性与个性——汉语语言学中的争议》，北京：北京语言文化大学出版社。

黄成龙　2007　《蒲溪羌语研究》，北京：民族出版社。

黄成龙　2014　类型学视野中的致使结构，《民族语文》第5期。

黄　权主编　2016　《黎族·赛方言》，海口：南海出版公司。

李锦芳等　2006　《西南地区濒危语言调查研究》，北京：中央民族大学出版社。

梁　敏、张均如　1996　《侗台语族概论》，北京：中国社会科学出版社。

刘丹青　2008　《语法调查研究手册》，上海：上海教育出版社。

刘援朝　2004　黎语方言声调的对应问题，《语言科学》第4期。

刘援朝　2006　黎语方言的语音交替现象，《语言科学》第5期。

刘援朝　2007　加茂话 kɛ⁴ 的语法化，《民族语文》第4期。

刘援朝　2008　黎语加茂话概况，《民族语文》第1期。

刘援朝　2009　闰黎方言牙叉土语的内部分歧，《民族语文》第2期。

吕叔湘　1985　《近代汉语指代词》，江蓝生补，上海：学林出版社。

吕叔湘　1990　指示代词的二分法和三分法——纪念陈望道先生百年诞辰，《中国语文》第6期。

罗美珍　1986　黎语声调刍议，《民族语文》第3期。

罗美珍　2008　《傣语方言研究（语法）》，北京：民族出版社。

〔美〕马蒂索夫 J. A.　1988　原始黎语的声母和声调——初步近似构拟，欧阳觉亚译，中国社会科学院民族研究所语言室编《民族语文研究情报资料集》（第十集）。

欧阳觉亚、符镇南　1988　海南岛村话系属问题，《民族语文》第1期。

欧阳觉亚、郑贻青　1980　《黎语简志》，北京：民族出版社。

欧阳觉亚、郑贻青　1983　《黎语调查研究》，北京：中国社会科学出版社。

潘立慧　2010　黎语的反身代词和强调代词，《民族语文》第3期。

〔法〕萨维纳　2012　《海南岛志》，辛世彪译注，桂林：漓江出版社。

王士元　2002　竞争性演变是残留的原因，石锋、廖荣蓉译，《王士元语言学论文集》，北京：商务印书馆。

文明英　1993　黎语虚词的语法功能，《中央民族学院学报》（哲学社会科学版）第2期。

文明英、文京　2003　《黎–汉–泰–英词典》，曼谷：泰国玛希隆大学。

文明英、文京　2009　《黎语长篇话语材料集》，北京：中央民族大学出版社。

吴安其　2000　黎语古音构拟，《民族语文》第5期。

吴　艳　2007　汉语量词和黎语量词对比研究，中央民族大学硕士学位论文。

吴　艳　2015　语言接触下黎语语序类型的变化，《百色学院学报》第1期。

徐烈炯、刘丹青　2007　《话题的结构与功能》（增订本），上海：上海教育出版社。

苑中树　1994　《黎语语法纲要》，北京：中央民族大学出版社。

詹　慈编　1983　《黎族研究参考资料选辑》（第一辑），广州：广东省民族研究所。

张伯江、方梅　2014　《汉语功能语法研究》，北京：商务印书馆。

张　雷　2010　黎语志强话参考语法，南开大学博士学位论文。

郑贻青　1984　黎语的形补词组，《民族语文》第1期。

郑贻青、欧阳觉亚　1993　《黎汉词典》，成都：四川民族出版社。

中共保亭黎族苗族自治县委史志馆编　2020　《保亭黎族苗族自治县年鉴（2020）》，海口：南方出版社。

中国科学院广东民族研究所编印　1964　《海南岛民族志》（上册）（内部参考资料）。

中国科学院少数民族语言调查第一工作队海南分队　1957　《关于划分黎语方言和创制黎文的意见》（油印本），黎族语言文字问题科学讨论会（内部参考资料）。

中国科学院少数民族语言调查第一工作队海南分队　1957　《黎语调查报告初稿（二）》（油印本），黎族语言文字问题科学讨论会（内部参考资料）。

《中国少数民族语言简志》编委会、《中国少数民族语言简志丛书》修订本编委会　2009　《中国少数民族语言简志丛书》（修订本·卷叁），北京：民族出版社。

中国社会科学院民族研究所语言研究室等编　1980　《汉藏语系语言学论文选译》（内部参考资料）。

朱德熙　1979　与动词"给"相关的句法问题，《方言》第2期。

朱晓农　2005　元音大转移和元音高化链移，《民族语文》第1期。

Keenan, E.L.& Comrie B. 1977 Noun Phrase Accessibility and Universal Grammar, *Linguistic Inquiry*, (8), 63–99.

Labov, W. 1994 *Principle of Linguistic Change:Internal Factors*, Cambridge, MA: Blackwell.

Lyons, J. 1999 *Definiteness*, Cambridge: Cambridge University Press.

Smith, Tomoko Y. 1998 How "give" and "receive" Provide Structure for More Abstract Notions: The Case of Benefactives, Adversatives, Causatives, and Passives, *Proceedings of the Twenty-Fourth Annual Meeting of the Berkeley Linguistices Society: General Sessiul and Parasession on Phonetics and Phonological Universals.*

调查手记

　　2016年5月份，黎语加茂话获中国语言资源保护工程濒危语言点立项，同时，加茂话也是我的博士学位论文选题。这也就意味着接下来的几个月，我除了要按时完成基本的摄录工作，还要收集尽可能多的语料来支撑自己的论文。时间紧迫，我明显感觉到了压力。这是我第一次独立调查一个陌生的语言点。虽然加茂话是黎语的一支方言，但是它与黎语其他方言差别较大，能否在如此短的时间内归纳其语言特点、呈现其全貌，我不是太有把握。

　　最初选择论文选题时，我原本想选择母语点做专题研究，看似求稳，但本质上是因为自己习惯了研究的舒适区，缺乏接受新挑战的勇气。导师希望我能拓宽研究范围，去深入挖掘加茂话这个有价值的黎语方言。虽然曾经顾虑重重，但想到老师和语保中心对我的信任，我还是慢慢放下了内心的不安和焦虑，我想我应该勇于接受挑战，圆满完成任务，为黎语深入调查研究与语言资源保护尽自己的一份力量。

　　加茂话的方言地位至今在学界仍有不同看法。早在黎语普查时，加茂话就被视为特殊的一支方言，是当时划定的黎语两大方言之一，另一支方言则包含了现今四种黎语方言（侾、杞、美孚、润）。或许考虑到黎族各支系的自我意识，欧阳觉亚先生1983年重新将黎语划成五种方言，可这样的划分大大淡化了加茂话在黎语中的特殊性和重要性。所以，一部分学者对此持有不同的看法，刘援朝先生就是其中一位。他（2006）认为根据加茂话与其他黎语方言的相异程度，加茂话更像是黎语支的一支独立语言。

　　从前辈们的研究来看，加茂话在黎语中的地位和重要性显而易见，但这么一个独特的黎语方言，相关的研究论著少之又少，尚有很多问题有待解决。对加茂话做深入调查，也许就能为认识黎语历史演变及还原黎族历史迁徙轨迹找到一个重要的突破口。想到要做的事情是各位先贤前辈工作的延续，我就充满了动力。

加茂话使用人口仅占黎族总人口的7%，主要分布在保亭东南部及陵水西部一带。跟其他黎族支系相比，加茂支系受汉族文化影响较深，这在语言、服饰、口头文化、习俗上都有所体现。从语言使用状况来看，加茂话正面临传承断代的问题，语言转用问题在青少年群体中普遍存在，可以预见，若不抓紧时间去调查和保护，这个特殊的黎语方言将不断衰退，逐渐走向消亡。

加茂支系虽有共同的黎族意识，但也自认与其他黎族支系有区别，甚至当地还流传加茂黎族先民来自福建莆田的说法。这不禁让人啼笑皆非。可见"祖先莆田说"在粤西、海南一带广为流传，只要是历史来源不明的族群都纷纷"跟风"采用这种说法。这也告诉我们，一定要全面、客观地去揭示一个语言的面貌，以正视听。

调研开始了，首先要确定调查点。50年代黎语普查的调查点在加茂区加茂乡（今加茂镇）。我先后到加茂镇加茂村、毛林村、金不弄村做摸底调查。选点工作与选定发音人工作紧密相关，只要确定了发音人，就能敲定调查点。而选择什么样的发音人，也是有一点眼缘的成分存在的。在加茂村和毛林村碰到的发音人都很好，我还去拜访了刘援朝先生的发音人，但在交谈的过程中，感觉还是定不下来。语保工作不仅需要做传统的纸笔调查，还要进行录音摄像，如果发音人没有耐心，中途甩手不干了，那一切都得重新开始。调研时间紧迫，实在禁不起这样的折腾，所以，我需要一个有足够责任感和耐心的发音人。来到金不弄村，见到黄仁清大哥的第一眼，第六感告诉我他就是我要找的主要发音人。

黄仁清大哥是一个非常好的发音人，在前期摄录阶段和后期补充调查阶段，他都积极配合，给予我极大的帮助。但在调研初期，曾经有一个小插曲。第一天摄录时，黄大哥非常配合，乖乖听我指挥，不让眨眼就不眨眼，让别晃动身体就一动也不动，我还以为大哥适应了我们的工作强度和节奏。可到了第二天，等了大半天也没见大哥过来，我以为出了什么事，赶紧给他打电话，没想到电话那头，大哥吞吞吐吐地说他不想干了，觉得太辛苦了，让我另找他人。听到这些话，我急坏了，最担心的状况发生了，万一大哥真的不干了，那目前为止所做的工作可就全泡汤了。我火急火燎赶到村里，搬出大嫂当救兵，求她去做大哥的工作。在我的软磨硬泡下，大哥最终答应了继续拍摄。

这次"罢工"风波之后，大哥再也没发生过类似的情况，反而完全融入了发音人的角色。有时我摄录走神，他自我感觉眨眼了、身体晃动了，还主动提出重录。我不禁感慨，原来任何工作都是有磨合期的，人与人之间的相互理解也是需要时间的。黄大哥后来完全适应了工作，他甚至总记得我的需求，主动帮我解决问题。比如加茂地区民族文化流失情况相对严重，很难找到能用加茂话来唱歌或叙述长篇故事的合作对象，大哥就到处帮忙找人，最终找到了。后来大嫂告诉我，黄大哥参加丧事时，还不忘帮我留意合适的口头文化发音人，我听了非常感动。像这样的事例还有很多，我还记得大哥顶着烈日，骑着摩托车带我去各个乡镇采录语料的情形，为了让我的工作获得更多的支持，他逢人便宣传语保工作的价值和意义。能够碰到这么好的发音人，我实在是太幸运了。

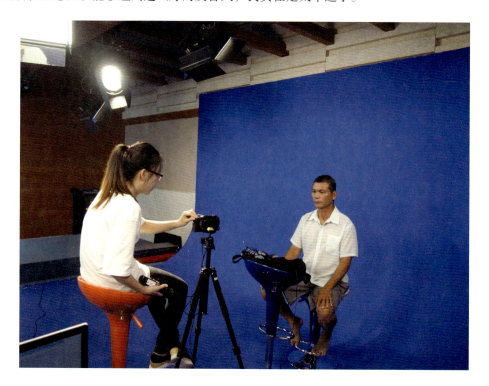

摄录环节　保亭保城镇保亭电视台 /2016.8.15/ 吴艳 摄

　　摄录工作总体比较顺利，但中间也遇到了一些小状况。因为受到场地、天气、人为等不可控因素的影响，摄录工作或多或少存在变数。记得刚开始摄录的时候，摄录环境比较理想，所以工作效率还挺高，摄录三千词汇只用了四五天时间。我暗自高兴：按照这样的进度，顶多再花一周时间就能完成句子和口头文化部分的摄录工作，马上可以开展下一阶段的语言深度调查工作了。可是没想到事态的发展并没有预计的那么顺利，保亭很快进入雨季，天天下雨，摄录工作被迫中断。雪上加霜的是，保亭迎来了"嬉水节"及旅游旺季，宾馆再也没有之前那么安静，摄录工作因此停滞了一段时间。我着急上火却无计可施。最后还是原保亭史志办的符开勇主任帮忙联系了保亭电视台，摄录工作才得以继续。

　　调研工作既漫长又枯燥，好在有一个好搭档陪着我，那是我的侄女杨子嘉。侄女当时大学刚毕业，被我拉过来一起做调研。她不是学语言学的，但跟我做调研的时间长了，居然能分清元音大ɔ和小o。我有时前后鼻音相混，她却能精准地分辨出来，当我不够确定时，还得问她意见。我负责提词和录音，她负责摄像，我俩配合得非常默契。可能是家人的缘故，碰到了问题也不会相互埋怨。白天的工作结束了，晚上我们会一起追剧放松，让调研工作变得不那么枯燥乏味。

我还有一个小助手，那就是李彬彬小师妹。李彬彬小师妹当时是中央民族大学少数民族语言文学系的大一学生。她是城里长大的孩子，却一点都不娇气，陪我去村里做调研，尽心尽力地帮我整理音视频材料，是一位做事认真又可爱的好姑娘。

摄录工作结束之后，就到了语言深入调查阶段。这时侄女要找工作，不能再陪我了。因为担心我一个人，妈妈就陪着我继续做调研。在我心目中，我妈妈是天底下最伟大的妈妈。2015年第一次承担语保项目，调查点是我的母语点——黎语侾方言，从对音、选点、拍摄到后勤保障，妈妈忙前忙后，为了我能完成任务操碎了心。这一次，妈妈跟着我每天往返于村里和城里，一直在支持着我。

调研加茂话的过程中，我收获了很多人的无私帮助，包括单位领导黄育琴书记。他是一个没有架子、非常平易近人的领导。黄书记是保亭人，是讲加茂话的，得知我要去保亭调查加茂话，他热心地帮我联系调查点，还安排我去他的老家做调查。他听说加茂话要成书，很是高兴，说感谢我为加茂黎族做了一件好事，还说到时出书一定要送他一本。我是多么希望能送给他，但已经不可能了。去年暑假听到黄书记过世的消息，我非常震惊。他是那么乐观的一个人，还时常开玩笑说要我回五指山请他吃五脚猪，我总是说好呀，等我，下一次回五指山就请，可是，不会再有下次了。

调查加茂话的经历，让我懂得了珍惜：珍惜即将消逝的语言，抓紧时间去调查、记录；珍惜人与人之间的缘分，因为世事无常。

后　记

　　这本语言志是在我的博士学位论文《黎语加茂话研究》的基础上完成的。论文选题为导师李锦芳教授所建议。李老师把这个重要的任务交付于我，希望我能够完成选题，为探讨黎语发展演变找到有价值的线索。老师对我的期望和无条件的信任是促使我完成课题的最大动力。

　　《黎语加茂话研究》写成于2016年，时光飞逝，不知不觉已过了7年。这7年，我又陆续调查了黎语本地（润）方言、美孚方言、杞方言，加上2015年调查的侾方言，我基本上完成了黎语5大方言的调查工作。调查完黎语5大方言之后，我对黎语的认识更深入了，有了更多黎语方言的材料作为印证，我对于很多问题的看法与当时写博士学位论文时已不一样。我由衷地感谢这7年，让我有足够多的时间来审视我的博士学位论文，不断修正不够成熟的观点，继续打磨和完善文章细节，最终才有了这本语言志。

　　此次调查得到了很多人的帮助。原保亭史志办主任符开勇、保亭国税局符兴政、保亭劳动监察局黄海清、保亭电视台黄鹏等人为我提供了很多的便利条件，在此表示感谢。

　　特别感谢黄大翔一家，在调研过程中，他们为我创造了良好的调研环境，后期还不厌其烦地帮我核对语料。我还得到了黄仁清王菊容夫妇、黄仁芬老师及各个调查点的发音人的协助，非常感谢他们的支持和配合。

　　感谢我的硕导周国炎教授，中国社科院民研所的尹蔚彬研究员、黄成龙研究员、徐世璇研究员为我的博士学位论文提供了很多有价值的思路和可参考的建议。

　　特别感谢李大勤教授在书稿完善的过程中给予我的诸多帮助，有了李老师尽心尽力的审阅和修改，书稿才逐步成熟。在此向李老师表示由衷的感谢。另外，还要感谢林鑫博士在审核书稿时付出的辛苦劳动。

　　感谢导师李锦芳教授、李大勤教授、黄行研究员，还有商务印书馆的编辑老师在语言志撰写阶段提出的宝贵修改意见。

感谢同门唐蒙、龙润田、姜静、莫廷婷、黄莹洪在我修改书稿过程中给予的帮助！感谢我的侄女杨子嘉和可爱的李彬彬小师妹协助我完成了加茂话的调查工作。也感谢我的家人对我的支持。

由于时间仓促，学力有限，书中难免有错漏与不足之处，皆由本人负责，同时也恳请各位专家学者批评指正。

吴艳

2023 年 9 月 20 日

后记

289